中国古代政治法律制度史析

柏桦 著

天津出版传媒集团
天津人民出版社

图书在版编目(CIP)数据

中国古代政治法律制度史析 / 柏桦著. -- 天津：
天津人民出版社, 2019.1
ISBN 978-7-201-14335-4

Ⅰ. ①中… Ⅱ. ①柏… Ⅲ. ①法制史—研究—中国—
明清时代 Ⅳ. ①D929.4

中国版本图书馆 CIP 数据核字(2019)第 077785 号

中国古代政治法律制度史析
ZHONGGUO GUDAI ZHENGZHI FALÜ ZHIDU SHIXI

出　　版　天津人民出版社
出 版 人　刘　庆
地　　址　天津市和平区西康路35号康岳大厦
邮政编码　300051
邮购电话　(022)23332469
网　　址　http://www.tjrmcbs.com
电子信箱　tjrmcbs@126.com

责任编辑　郑　玥
装帧设计　明轩文化·王烨

印　　刷　河北鹏润印刷有限公司
经　　销　新华书店
开　　本　787毫米×1092毫米　1/16
印　　张　30.75
插　　页　2
字　　数　350千字
版次印次　2019年1月第1版　2019年1月第1次印刷
定　　价　128.00元

前　言

这部文集收录的26篇论文，是从2012年至2016年发表的四十余篇论文中遴选出来的，取名《中国古代政治法律制度史析》。之所以称“析”，第一，此书是前两部拙集《中国古代刑罚政治观》《中国政治制度史论》的延续；第二，此书是在近年教学与科研工作中一些新的认识与体会。敝帚自珍，不因浅露而自闭，故汇编成集，以就正于海内外学者同仁。

1979年，有幸成为中国人民大学韦庆远教授的助教，开始从事中国政治制度史的教学及研究，不知不觉已近四十年。从硕士毕业论文《论宫省制度》，到博士论文《明清州县官群体》《明代州县政治体制研究》，再到《中国政治制度史》（第3版）的出版，一直以政治制度史为研究重点。2001年，从日本国立大阪大学回国到南开大学任教，又承担中国法制史的教学任务，法律制度史也就成为研究的重点。这十几年间，可以说进入了研究的黄金时期，前后出版18部专著，发表学术论文一百二十余篇，指导博士研究生也多达三十余名。作为周恩来政府管理学院、法学院的双聘教授，我主讲的课程是《中国政治制度史》《中国法制史》，其教学与研究当然也集中在政治制度与法律制度方面，论著也

无外乎是这些。

研究中国政治法律制度史，固然可以从宏观上来论述，但也应该注意中观的分析，更不能忽略微观的研究。本书所收录的有关政治制度史方面的论文，既有古代地方官的设置与管理智慧、历代便宜权的授予、古代官设救助机构设置等较为宏观的论述，也有各种相关的制度，诸如明代常礼、明代府与县的关系、明清官员俸禄等问题的分析，还有诸如武当山管理、闸坝官、《诸司职掌》、宣慰司与宣抚司等细小制度的研究。在法律制度方面，远论《周易》中的犯罪学说，外论朝鲜的《经国典》，而重点还是放在明清法律制度方面的研究，这也是此前学者关注比较少的问题，诸如《大明律》的编纂、明代宫廷法规、明清收养孤老及越诉律例、正法与就地正法、罪犯发遣新疆、涉藏民刑案件处理，以及各种与法律相关的制度。这些说不上是全面的研究，但就某些问题来说，还是有一些心得体会，且提出了一些自认为有益的见解。

了解历史上存在的政治法律制度，不单单是为了解过去的存在，而且是为了理解它的实质，两者不能偏废。前者有政治法律制度的明文规定，可以说是一目了然；后者则要纳入当时社会政治、经济、文化、生活总体中来进行考察，认识和总结其发展的基本规律与特点，给予正确的评价。政治法律制度是由一定的人来倡议、制定和执行的，有一部分人拥护，也有一部分人反对，由此引发出某些事变和事件，不但影响到政治法律制度的制定与执行，而且影响到社会的发展。在研究中国政治法律制度史时，必须注意到政治法律制度史本身存在的特性，也要注意人为的各种因素。系统地、正确地理解政治法律制度史与社会政治、经济、文化、生活等的关系，了解政治法律制度存在的基础，就能对今天，乃至于未来的政治法律和社会保持清醒的认识。

政治法律制度是人们在社会政治生活、物质生活、精神文化生活中形成和完善的，既有人们对历史相沿积久而成的政治法律文化的传承，又有因时代变迁而导致新的政治法律制度的形成和衍变。因此，政治法律制度有着承传性、变革性、创新性等多元社会文化的特征。中国几千年的文明传统是在一代一代地传承、变革、创新过程中发展的，现代是历史的延续，新文明只有在旧文明基础上进行开拓才能有所发展。千里之行始于足下，在行进的路上总会遇到各种各样的问题，不能回避，也不能停止不前，只有积极地面对问题，找到解决问题的办法，才能继续前进。这也是研究者在研究过程中不可避免的，也决定了研究问题一定是分散的，但总的大方向不变，在研究不断深入的时候，也会涉及新的领域。

或有论者认为，一个已经年过花甲的老人还在开拓新的研究领域，似乎为时已晚，是不是有些自不量力？应该承认，学术本为天下公器，治学也不分老幼；闻道可以有先后，唯在力行而已。正因为年事已高，更需锲而不舍，加倍努力，刻苦勤奋，庶几在老而未朽之际，将五十余年积累之资料、教学研究之心得体会写出，期能够添砖加瓦，方不负治学之初衷。

目　录

政治制度编

法律制度编

政治制度编

古代地方职官设置与管理智慧

中国国情的特点是民族众多、地域辽阔、地区的差别较大,中央政权要对之实行有效管理,就必须建立和健全便于加强控制的地方行政体制。地方行政体制的设计安排是否合理,关系到国家的统治权力是否完整,也关系到全国疆土是否稳固,能否维护正常的地方社会秩序。

一

将以血缘划分居民改变为按地区划分居民,按照一定行政区划进行管辖,是国家政权产生和臻于成熟的必然措置,没有行政管辖,国家就不具备存在的必要条件。夏、商曾经把全国划分为九州,西周又调整为九畿,春秋战国时期出现了郡县分级的行政管辖,其特点都是按照地域进行划分,也意味着地方行政管理逐渐走向完善。

秦统一中国后,将专制主义中央集权制度推向全国,将中央政权的权力集中掌握在皇帝手中，又将各级地方政权的权力集中到中央。按照这个原则,秦以后的历代王朝对地方的控制程度不断加强,地方官府组织机构和职权也相继发生变化,设官分职向着有利于中央集权

的方向发展。

在夏代以前，曾经存在过数目极多的部族，他们之间进行过长期的兼并战争，由于夏的势力扩大，一些邻近于夏的部族逐渐向夏臣服。夏王朝就是建立在大量降服各部族并对之实行管辖的基础上的。相传“禹会诸侯于涂山，执玉帛者万国”（《国语·鲁语上》），“禹朝诸侯之君会稽上，防风之君后至，而禹斩之”（《左传·成公三年》）。这些都如实地反映出许多分散的弱小部落纷纷成为夏禹的部属，以及夏对这些部族实行统治的情况，说明早期国家是建立在以强制力凝聚各部族的基础上的。当然，这种凝聚的结果可能是不牢固的，必然会出现反复，只有在王朝统治力量强大时才可以维持，一旦王朝势力衰落，各部族和诸侯必然会纷纷脱离其统治，甚至取而代之。这种建立在以共主的身份和强大的军事力量为后盾，使其他部族或诸侯对自己负担象征性贡赋和臣服基础上的君主专制，实际上只是征服和慑服，君主权力受到很大的制约。

臣服于王朝的部族和诸侯国称为甸、侯、绥、荒、要“五服”。甸服是王朝直辖地，侯服是王朝近亲部族，绥服是王朝远亲和姻亲部落，荒服是名义上归属王朝的部落，要服是臣属于王朝的非亲部落。这种“九州”的划分，虽然是自然地理，但也蕴含着政治地理因素，所设定的“五服”也有给王朝缴纳贡赋和提供军役的义务。“五服”各自有领地和军队，有较独立的政治自主权，是相对独立的政治实体。在某种程度上，这些“五服”也具有一定的地方行政区划性质，与王朝直接控制的地区共同构成王朝的地方政权。在这种被称为“服制”的地方行政区划体制下，地方诸侯与王朝构成一种不太牢固的臣服和贡纳关系，在历史发展过程中，作为统一国家的过渡形态，有其形成和存在的客观必然性。

早期国家君主为保持自己天下共主的地位，凭借手中的权力,致力于建立以暴力统治为主的关系,并利用宗法和思想等为自己的专制服务。诸如,建立以宗法血缘关系为基础的分封制作为王朝的屏藩,扩大王国的联合体,不断兼并弱小国家,利用宗教观念和礼法为自身统治服务等。然而分封的诸侯各自拥有独立的政权机构和军队,经济自成体系,一旦羽毛丰满,便往往停止对王朝的朝觐纳贡,拒绝王的会盟,实际上成为独立的国家。

对于不服从王朝的诸侯国,王朝虽然可以使用兵力并会同其他诸侯国对其实行军事制裁,但这样做的前提是王朝必须强大。为此,王朝君主在精神上维持自己的崇高威望,“以德不以力”“义立而王”，用道德和精神的感染力来维系王国与诸侯的联合体,这就导致王朝无法实现绝对专制。如果君主专横暴虐,失去诸侯国的支持,就会造成诸侯国叛离对立的局面。诸侯国的强大称霸极大地威胁王的共主地位,以致春秋时期没有任何实质上可以约束各诸侯国的君主,各诸侯国实际上各自为政,互争雄长。虽然在春秋时期出现过霸主,但各诸侯国都是独立的政治实体，霸主仅仅是以盟主的身份与邻近诸侯国建立会盟关系。在这种情况下,各诸侯国不断完善自己的制度,并逐渐摆脱来自盟主的制约,向高度的君主专制过渡。战国时期,这种过渡速度加快了,各国相继形成了本国的君主专制集权制度,并逐步消除了地方分封自治的封君封侯体制,改行郡县制。

从秦代开始,中央严格控制地方属郡,并建立起一套从郡县到乡里什伍,层层控制而又十分严密的地方统治网络,由皇帝提控主纲,递次铺向全国各个角落,要求将一切民户丁壮,包括其财产、人口等都纳入这个网络之内,以符合专制主义中央集权制的根本原则。秦以后的

地方行政体制始终是依据这个基本原则而发展和修订充实的。

秦统一中国，建立起比较完整的政治制度，这套政治制度从皇帝及于中央朝廷，从中央朝廷下达到地方政权，形成一个结构严密、完整的管理体系，并且直接影响以后各朝代的政治制度，从秦到清的政治制度一直是因循渐序地发展的。

二

秦以后的地方行政区划有郡县或州县两级制；有州、郡、县或路、府（州）、县，道、府（州）、县三级制；有省、路、府（州）县或省、道、府（州）、县（州）四级制。地方行政区划从两级制到四级制，由大及小的层层划分，是政治制度日益完备的表现。自秦以后，县一直作为基础行政区存在，县以下的乡里、村社、里甲、保甲、乡镇等基层行政组织，历代都没有被纳入行政区划内。其实这些基层组织也有一定的管辖区域，在古代政治中发挥着巨大的作用。

秦代郡设有郡守，汉代郡国并行，郡设守（太守，京师称尹）、国设相，为郡国最高行政主官；设郡尉（国设中尉）以辅佐郡守（国相），分管军事；置郡监以为中央的耳目，主管监察，汉改为郡丞（国设内史），则郡没有固定的监察官，仅管理郡国的行政及刑狱事务；此外还有郡三老，掌管教化。与郡相对应，大县设令、小县设长，还有县尉、县丞、县三老，以承应郡的上司。乡设有秩、游徼、啬夫、乡三老，以承应县的上司。

由上可见，这套职官的设计与中央官制相对应，形成的上下体系是：

皇帝—丞相—郡守（太守、国相）—县令长—有秩

皇帝—太尉—郡尉（都尉）—县尉—游徼

皇帝—御史大夫—郡监(郡丞)—啬夫

皇帝—国三老—郡三老—县三老—乡三老

这是上下统属关系,还构成左右相互监督的关系:

郡守(太守)—郡尉(都尉)—郡监(郡丞)—郡三老

县令长—县尉—县丞——县三老

乡有秩—游徼—啬夫—乡三老

这是一个纵横交错的网络,既有上下级的统属关系,也蕴含着左右相互监督的内容,无论是中央的三公、国三老,抑或是郡的郡守、郡尉、郡丞、郡三老,县的县令长、县尉、县丞、县三老,乡的有秩、游徼、啬夫、乡三老,都不能直接决定事务,必须要协商解决,而协商如果有分歧,这四套机构可以按照自己所属的上下级关系向上汇报,最终汇总到皇帝,由皇帝裁决。

这种四套班子的官制构成,应该说有利于皇帝集权统治,但也有致命的失误,那就是不能够保证办事效率。在和平时期,四套班子完全可以慢慢地协商,不能解决的就各自逐级上报,最终由皇帝裁决,但也难免办事效率低下,不利于政务的办理。要是遇到紧急情况,比如说天灾人祸,这种体制显然难以应付。天灾救助迟延,人民深受其害,而人祸平定缓慢,则要威胁王朝的统治。

为了王朝的统治,从汉武帝时期便开始实行主官负责制,这样,郡守、县令长、乡有秩在政务上起到主导作用。主官负责制,必然导致主官的权力膨胀,而绝对权力导致的腐败也就成为统治者面临的新问题。为了制约主官的权力,汉武帝把全国划分为13部(州)监察区,各部

派遣刺史（京师地区为司隶校尉），专以“六条”[①]监察郡国，年终回京汇报。主要监察对象是郡主官，与此同时，郡设督邮以监察县令长，县设督乡以监察乡有秩。这样，在原有的四套班子之上又出现了监察系统，介于行政系统之间。

由于监察权力控制了主官，即便是监察官员级别远远低于主官（郡守二千石，刺史六百石，县令六百石，督邮百石），因为权力的作用，主官也必然要屈服于监察。《三国演义》的张飞怒鞭督邮，则可见监察官的气势。由于监察官权力集中，监察区在东汉时成为行政区划，刺史成为最高的地方行政主官，级别也从原来的六百石提升为两千石，不但统辖属郡，而且自辟僚属，可以组成自己的私人集团。黄巾起义爆发后，刺史率领郡兵进行镇压，为提高刺史的地位而将之改为州牧，同时又加封监军、将军名号，从而使这些人合法地拥有一州的军事、行政、财政和司法大权。这些州牧不断发展自己的势力，甚至兼并其他州郡县，成为割据一方的实际统治者。

当主官权力膨胀、难以控制的时候，朝廷无可奈何地采取分州析郡的方法。以州来说，三国时期有19州（魏12州、蜀2州、吴5州），西晋有21州，延至南北朝末期，南陈有42州，北周有211州，南北合计竟有253州。分州析郡固然可以分散地方的权力，使地方不能够与中央抗衡，但是州郡的增加也必然会增加官吏的人数，尤其是在州郡主官身兼军政两职的情况下，以至于“十羊九牧”，朝廷财政难以负担，只好任凭地方

---

① “六条”即：“一条，强宗豪右田宅逾制，以强凌弱，以众暴寡。二条，二千石不奉诏书遵承典制，倍公向私，旁诏守利，侵渔百姓，聚敛为奸。三条，二千石不恤疑狱，风厉杀人，怒则任刑，喜则淫赏，烦扰刻暴，剥截黎元，为百姓所疾，山崩石裂，妖祥讹言。四条，二千石选署不平，苟阿所爱，蔽贤宠顽。五条，二千石子弟恃怙荣势，请托所监。六条，二千石违公下比，依附豪强，通行货赂割损正令也。”（《汉书》卷十九上《百官表上》注引《汉官典职仪》）。

自行筹集，增加人民的负担，致使国穷民亦贫。

隋代统一以后，废除州制，改行郡县制，唐代因隋制而改州县制，而且收回主官辟署权，所有官吏都要由中央任命。这样中央要面对三百五十多个州，显然不符合最佳管理原则，专制君主不但记不住这些州的名称，更难处理地方事务，在无可奈何的情况下，只好又启用监察制度。唐太宗贞观十年(626)，分天下为10道，派遣黜陟使或观风俗使分巡。10道是依据山川地理形势划分的，是监察区，还算不上一级行政区。开元二十一年(733)，唐玄宗李隆基改10道为15道，置采访使、观察使常驻，道开始向行政区转变，在权力集中的情况下出现了“安史之乱”，最终形成藩镇割据的局面。

宋初为加强中央集权，仿照唐代的道制，分所统辖领土为路，直接统属于中央。宋代的路设有帅、漕、宪、仓(这种简称是在南宋时形成的)等司，官员均由皇帝直接委任，各司互不统属，各自对中央负责。帅司即经略安抚司，是路中最高级军政主官，多由文臣充任，但统辖军队；漕司即转运使司，主管财赋和转运并兼有监察职责；宪司即提点刑狱司，主管司法和监察，本来是文武臣兼用，后专用文臣；仓司即提举常平司，主管赈灾和专卖事务。路一级的各司互不统属，因此地方的军、民、财、法和人事权都集中到中央。这种着眼于削弱地方权力，使之相互牵制的做法，必然造成官无专职、人无专责、办事效率低下、人浮于事等弊端，使地方失去应对突发事变的能力。在内忧外患的情况下，也曾经采取主官负责制，因此也出现过四川割据，所以没有推行主官负责制。各司除主官之外，均设有副职，如副使、判官等，这些副职除执行本司职权所辖事务之外，还兼有监视主官的职责，可以直接向朝廷奏闻。而各司的政令文书，必须由主官和副职共同签署，因此副职与主

官构成相互制约的关系。

金、元时，在全国重要地带设行尚书省或行中书省，作为中央临时派出机关，以便于管理某个地区的事务。元世祖忽必烈为了有效地控制全国，把行省变为固定的行政区。行省即行中书省，或简称为省。元代除大都周围一带称为“腹里”，直属中央的中书省管辖，吐蕃和诸王封地由宣政院管辖之外，在全国设立了河南、江浙、江西、湖广、陕西、四川、辽阳、甘肃、云南、岭北、征东11个行省，以实现对国土的管辖，省制自此形成。元代的省设丞相一人、平章二人、左右丞和参政各二人，为省的主要长官。丞相一般都由中央朝廷的大臣兼衔，不轻易实授，实际上主持省务的是平章事，而平章事是二人并列，不分高下，为的是防止个人独断专行。元代设行中书省，意在加强中央对地方的控制，故在划区时突破以山川地理自然环境划分疆界的故套，而是以便于中央控驭为前提，以去险破固为要点，着重防范地方势力的坐大及据险割据挟兵力和资源以对抗中央的行为。

明初一承元制，地方设行中书省，洪武九年(1376)，在尚未废中央的中书省的情况下，便率先废去地方行中书省，改制为承宣布政使司，意即承皇帝的旨意，推行宣布皇帝颁发的政令，其明显的目的是为了有力地集中权力，加强对地方的控制。布政司一级由承宣布政使司、提刑按察使司、都指挥使司等三司(别称藩司、臬司、都司)分管行政、司法监察、军事行政。布政司没有省之名，却有省之实，把一省的事权一分为三，以消除省级官员独揽全省政务权力的局面。三司各有分工，但在本身分管的政务中遇有问题，必须会同其他两司共议，不允许独断，而所议定的政务必须上报朝廷核准，使三司的权力受到限制和牵制。

一省之内取消统率全省政务的部门和官员，三司鼎立，分别垂直

接受朝廷的领导，本意是为了加强中央集权，但也随之出现了无人主管全省性的大事、政务处理缓慢互相推诿责任，乃至延误时机的现象。特别是遇有紧急军务、突发事变和复杂事件，三司分治就更显得迟滞，难以及时裁定和迅速采取措施。明永乐年间（1403—1424），派遣都察院都御史、御史及其他特委官员到各地总督漕运。为完成任务，这些官员被授权统一指挥“三司”长官。明中叶以后，相继出现总督、巡抚、巡略、巡按等官，这些官虽是以监察官或军事长官的身份被临时差遣，但掌有总管一方的实际权力，说明地方政务需要有一定的集中处理权，完全撤销省级集中统率的部门和职官并不符合政务的需要。

清代的总督、巡抚是法定的省级封疆大吏。总督辖一省或数省，是地方最高军政长官，例兼兵部尚书、侍郎和都察院右都御史衔。巡抚辖一省，例兼都察院右副都御史或加兼兵部侍郎衔。总督和巡抚各设有衙门，但衙门内不设职能机构，仅设书吏、笔帖式若干人，辅助督抚办理一些文案工作。各省还设有布政使司、按察使司、提督军门。布政使司设布政使一人，主管本省的民政和财政；按察使司设按察使一人，主管司法和监察；提督军门设提督一人（有水师的省加设一人分管），主管一省军政。从品级来看，布政使为从二品、按察使为正三品，低于巡抚（正二品）；提督为从一品，高于巡抚而与总督平级。但从政务上来看，他们都是督抚的下属和职能部门，需要接受督抚的领导；从统辖上看，他们都直接对中央负责，有权直接向皇帝奏报政务，乃至密报督抚的言行。由此可见，督抚虽然是各省军政事务的总负责人，但必须受到下属官员的监督和牵制，很难形成自己的势力团伙。

三

从秦代开始，中央严格控制地方属郡，并建立起一套从郡县到乡里什伍，层层控制而又十分严密的地方统治网络，由皇帝提控主纲，递次铺向全国各个角落，要求将一切民户丁壮，包括其财产、人口等都纳入这个网络之内，以符合专制主义中央集权制的根本原则。秦以后的地方职官设置及管理方式，始终是依据这个基本原则而发展和修订充实的。

首先，中央严格控制地方行政权，不允许有相对独立的行政体系存在。汉代在继承秦制的基础上，裂土封爵，欲以同姓诸侯王镇抚天下，诸侯王国有相对的独立性，从而形成郡国两制并存。建立诸侯王国，本意在拱卫中央，加强中央集权。然而却适得其反，诸侯王依恃本身的政治、经济、军事实力与中央对抗，对中央构成威胁。经过几十年的“削藩”努力，诸侯王的实际权力被剥夺了，虽有王国之名，但却仅有衣食租税的利益，王国和郡县一样必须直接接受中央的领导，郡国两制便变成郡县一制，加强了中央集权。这一精神基本为以后各代所继承，虽然也曾经出现西晋初、隋唐初、蒙古初、明代初的大分封的反复，但最终还是走上集权的道路，不给诸王以治理地方的权力。

中央对地方实行严格控制，不仅对宗亲，对于地方官吏也是如此。历代政治制度都明确规定地方官的首要职责是“掌宣德化”，要求下级服从上级，地方服从中央，最后一切听命于君主，否则便是有违“行君之令”和“乖上”之责。各级官吏在君主面前永远只能处于被管理、被驱策的地位，绝不能按自己的意图或根据客观条件运用独立的治理权。

在设官分职上有意造成职权重复，相互牵制，乃至一职数官，一官数职。无限制地将权力高度集中于上，必然会影响实际管理的功效。于是，君主又派遣使臣作为自己的代表，以各种名义督促地方官的工作，事专则有诸使，事重则有钦差，缺乏机动性的地方管理体制，因事而定策，随事而订补，以权宜而不是以制度来完善地方的管理。

中央严格控制地方，这对一个强大的中央集权的形成、维护一个幅员辽阔和多民族国家统一，曾经起到了重要作用。但地方没有一定的自主权力就不能实行有效的治理。汉代的诸侯王在持有独立的行政权的情况下，曾经国用饶足，地方经济有很大的发展。当然，这些诸侯王是为了发展自己的势力，是出于“一己之私”，势必造成分裂。从另一方面来说，对地方管制过死，也必然会限制地方政治、经济和文化等方面的发展。给予地方一定的行政自主权力，不是地方分权。历史经验告诉我们，中央集权制与君主专制是联系在一起的，而地方分权又几乎与军阀割据同义，对于人民来说，无论选择哪种都是痛苦的。只有人民当家做主的国家，才有可能解决这个矛盾。

其次，中央对地方实行多层次、多渠道的管理，不断调整地方政府层级，以对幅员广阔的国家进行有效管辖。地方政府的层级设置，历来是国家政权运行中的重要问题。秦以后的地方行政区划有过二级制、三级制、四级制，其中以三级制实行时间最长。

秦代为郡县二级制，汉代则以秦郡太大，不断分置，进而出现百余郡。中央对郡的管理出现困难，汉武帝时便设十三部刺史分部进行监察，演至东汉，州成为地方行政区划。由于东汉末年的地方割据，以后的朝代又采取分州析郡的方法以分割和缩小地方权力，地方区划增多则不便集中管理，便设置都督诸州军事进行集中，又造成地方割据。隋

统一后，地方改为二级制，唐代则难以对三百余州进行管理，随后出现道一级，地方又变成三级制。道一级权力过大，形成藩镇割据，至宋代采取路级分权的方法完善三级制，消除了地方权重，却影响了行政效率。元代实行地方四级行政区划，明代则改为三级，清乾隆后又出现四级，北洋政府先是省县二级，后改省道县三级；南京国民政府开始也是省县二级，不久出现行政督察专员，虽不能算是一级行政区划，却也证明三级制的必要性。

为了加强中央集权，中央一直对地方行政采取分割权力的职官设置，从上到下按纵的方面采取系统的监督考核，在横的方面则建立起相互制约的关系。从历史上看，地方官府有采取平行的几套机构相互制约的，各自对中央负责；有实行主官负责制而采取层层监督控制，各自对自己主管上司负责的；有主官负责制与职能机构分离，各职能机构分别与中央对口设置并自成体系的，其基本方针都是以有利于中央集权为主要目的。问题是在固定的行政区划上增加集中的层次，而这个层次最容易侵夺中央的权力，也容易形成地方割据。无论是汉代的刺史制、魏晋南北朝的都督诸州军事制、唐代的藩镇制、明清的督抚制，还是北洋政府的巡阅使、南京政府的政治分会，都说明在高级地方行政区划上不宜增加直属中央的统治层次，而在高级地方区划与县级区划之间却应该设置层次。历史上长期实行地方区划三级制，则说明这个中间层次有存在的必要，可以收到中央使地方高级行政层次如臂，并以臂使指的功效。

再次，中央掌握对地方官的任免权力，不允许地方官形成自己政治势力，但以王朝的财政力量，只能控制地方官，却不能直接干涉地方具体管理形式。

从秦开始，地方主官就有自辟僚属权，虽然中央限制郡一级只能辟署百石以下的掾史，县一级只能辟署斗食以下的小史，但地方上设官除几位主要主官的官秩是在百石以上外，具体办事的诸曹掾史都在百石以下。这实际上承认了地方主官可以用自己的亲信组成官府人事体系。当形成地方割据时，由这些亲信组成的人事团伙很快会变成割据政权的核心，成为掌握重要权力的职能机构。隋代以后，收回地方主官自辟僚佐的权力，流内九品以上的官均由中央任命，流外佐史小吏也有严格的考核制度，这就使地方主官难以组成自己的亲信体系。

王朝要对数目众多的官吏实施有效管理，就必须有足够的财政收入。古代王朝一直实行量入为出的财政体制，因此没有足够的财力解决日益扩大的官僚队伍的薪金，支付日益增加的行政开支。没有财政对官吏的管理就出现困难，也不得不默许或容忍官吏们勒索。在"明主治吏不治民"的传统政治方针下，王朝只能加强对地方官的管理，却没有能力顾及地方官的具体治理方式，进而在地方上出现了王朝正式与非正式机构相结合的管理形式。地方官雇用幕友，自带家人，组成自己参谋政务的班子，与王朝规定的正式机构一起对地方实施管理，成为一种特有的政治现象。

还有，正佐监督制与主官负责制的矛盾，一直是历代王朝难以解决的问题。正佐相互监督机制是整饬吏治、督促各级官吏恪守朝纲法律的有效措施。一方面，同僚之间的相互监视，使彼此的行为都要有所检点，可以促进吏治，提高工作效率；一方面，以官制官，造成权力上的互相制约，有利于朝廷对他们的控制。然而在专制政体下，正佐监督机制也存在着难以克服的弊病。专制政体是向上负责，正佐监督机制必须得到上峰的认可才能发挥效用，而在多头领导下，上峰往往会否认、

甚至破坏这种监督机制。

一个部门内分工，应该是以调动每一个工作人员的积极性为原则，这就要明确责任，严明奖惩，既要使他们按照一定的规章而有条不紊地完成本职工作，又要使他们对自己的前途充满信心。古代王朝正佐监督制度设置并没有按照这个原则。在权责规定上，主官的权责规定具体，佐贰官的权责规定含糊；在升进的仕途上，主官迁调比例较大，佐贰官则升进艰难。前程无望而事事受制于人，不但使他们对前途失去信心，而且使他们更加看重眼前利益，拼命地去谋私利，却不履行监督主官的责任。

主官负责制容易导致主官权力膨胀，乃至于失控。因此，历代王朝以监察权力控制主官，在某种程度上又导致监察权力的失控，而将监察权力转化成为地方行政权力，不但导致原有的行政体制发生变化，而且使权力更加集中，成为与中央相抗衡的势力。东汉的刺史成为割据诸侯，唐代的节度使成为藩镇割据，都是显证。监察权力不能够取代行政权力，因为行政权力是实现统治所必须要存在的权力，而监察权力则不是实现统治必须存在的权力，其性质有如润滑油，是保证国家机器正常运转，而不是取代国家机器。

总之，秦以后的地方职官设置一直是在实施正佐监督制与主官负责制之间徘徊，在不能理顺关系的情况下，以监察权力来统领地方事务。正佐监督制在权力制约上起到重要作用，但在职权责利不明的情况下，办事效率低下则成为难以解决的问题。主官负责制使权力集中，便于政务的处理，但在权力集中的情况下，权力高度集中也导致权力无法制约。为了制约权力，以监察权力约束主官，却使监察权力凌驾于行政权力之上，最终也成为行政权力，从而使权力更加集中，以至于难

以控制。其实,正佐监督制、主官负责制、监察制应该各有功效,既不能因为实施某种制度而忽略其他的制度,也不能重视某种制度而轻视其他的制度。如果能够以主官负责制来责其行政效率,以正佐监督制来控制权力的扩张,以监察权力来保证主官负责制与正佐监督制的正常运行,则会使地方的行政管理更加顺畅。古代王朝并没有努力构建这种制度,完善与协调主官负责制、正佐监督制、监察权力之间的关系,常常是重此轻彼,因此产生了种种弊端,这是值得我们深思的。

历代便宜权的授予

所谓的“便宜者，盖谓便于公，宜于民也”①。即是以方便、适宜来斟酌处理的意思。古代设官都有一定的职掌规定，在职权范围内可以处理的事情不能称为“便宜”，而超过自己职权范围，或者拥有某方面独断的权力，只要通过朝廷授予便宜权，被授予者就可以按照便宜权而全权处置。便宜权授予本来是为了处理来不及上报的事情，所以多用于军事、司法及赈灾。按规定，便宜权是有一定权限范围的，如果臣下在没有得到应有的便宜授权而擅自处理事务，就要获得重谴；在规定的权限范围以外使用便宜权力，必须要获得殊勋才可以免罪，也只不过是功过相抵。在规定的权限范围才能使用便宜权，超出权限范围必须是特殊情况，而且事后必须申说明白。经过历代的实践与发展，便宜权有便宜行事、便宜从事、便宜、从宜等形式，授予有听、命、令、诏、使、得、许、赐、可、权、假、以、请等区别。不同的形式与不同的授予，其便宜权是有明显的区别的。

---

① （南朝梁）萧子显：《南齐书》卷四六《陆慧晓传附顾宪之传》，中华书局点校本，1972年，第808页。

一

将在外君命有所不受，这是古人普遍的看法，但是在君命不受，是否擅权的问题上一直存在着不同的认识。如西汉赵充国在指挥对羌作战时，采取步步为营的策略，与朝廷最初战略相左，因此受到汉宣帝的让责。“充国既得让，以为将任兵在外，便宜有守，以安国家。”乃上书自陈理由。颜师古认为：“言为将之道，受任行兵于外，虽受诏命，若有便宜，则当固守以取安利也。”[①]而“宣帝时，长罗侯常惠使乌孙还，便宜发诸国兵”，颜师古却认为是“以便宜擅发兵也”。[②]一个“固当守”，一个“擅发兵”，简直是天壤之别。正因在便宜权问题上存在不同的看法，就有必要明确便宜权的权限范围，所以有了便宜权授予的制度。便宜权的授予是有等级的，依据历史及典章制度记载，有便宜行事、便宜从事、便宜、从宜等名目。

“便宜行事”是根据事态可以独立处理，一般授予方面大员。如十六国时的姚兴所讲：“吾每思得廉颇、李牧镇抚四方，使便宜行事。然任非其人，恒致负败。”[③]南越女首领冼氏兼有岭南，曾经受南齐和陈朝的官职，隋平陈则接受隋的册封，并帮助隋平定岭表，隋文帝便册封她为谯国夫人，“仍开谯国夫人幕府，置长史以下官属，给印章，听发部落六州兵马，若有机急，便宜行事”[④]。北宋末年，同知枢密院聂昌在金兵大举入寇的情况下，大言能够“激合勇义之士，设伏开关，出不意扫其营

① （东汉）班固：《汉书》卷六九《赵充国传》，中华书局点校本，1962年，第2981页。

② （东汉）班固：《汉书》卷九六下《西域渠犁传》，第3916~3917页。

③ （唐）房玄龄等：《晋书》卷一一八《姚兴载记下》，中华书局点校本，1974年，第2995页。

④ （唐）魏徵等：《隋书》卷八〇《列女谯国夫人传》，中华书局点校本，1973年，第1803页。

以报”。宋钦宗深受感动，“帝壮之，命提举守御，得以便宜行事”[①]。聂昌乃是大言误国的罪魁之一，亦可见授予方面便宜行事大权必须谨慎，故此权从不轻易外放。

“便宜从事”是在规定的职权范围内来斟酌处理，主要授予军事将领或地方长官。《隋书·地理志》在谈各州风俗的时候，冀州则引前谚云：“仕官不偶遇冀部”，来说明此地难治。“汲有卫地，习仲由之勇，故汉之官人，得以便宜从事，其多行杀戮，本以此焉”[②]。在难治地区任官所授予的便宜从事权，有专行杀戮之权，也有不拘常制之权。如曹魏时，夏侯惇“迁伏波将军，领（河南）尹如故，使得以便宜从事，不拘科制”[③]。北魏时，“营州城民就德兴谋反，除（卢）同度支尚书，黄门如故，持节使营州慰劳，听以便宜从事”[④]。在军事方面取得便宜从事权，其主动权是很大的，如后周太祖郭威在北汉时曾经被隐帝“委以河朔之任，宰相苏逢吉等议，藩臣无兼枢密使例”。郭威的亲信“史弘肇以帝（郭威）受任之重，苟不兼密务，则难以便宜从事”[⑤]，为郭威争得便宜从事权，“故伐蒲之役，周祖（郭威）以便宜从事，卒成大功，然亦军旅归心，终移汉祚”[⑥]。

便宜行事与便宜从事的“行”“从”，虽然只是一字之差，但在权力行使上却有很大的区别。如清入关以后，授予多尔衮以一切赏罚俱便宜从事的大权，以后根据需要，不断授予总督、巡抚、将军等军政长官

---

① （元）脱脱等：《宋史》卷三五三《聂昌传》，中华书局点校本，1977年，第11143页。

② （唐）魏徵等：《隋书》卷三〇《地理志中》，第860页。

③ （晋）陈寿：《三国志》卷九《魏书·夏侯惇传》，中华书局点校本，1959年，第268页。

④ （北齐）魏收：《魏书》卷七六《卢同传》，中华书局点校本，1974年，第1684页。

⑤ （宋）薛居正等：《旧五代史》卷一一〇《周书·太祖纪一》，中华书局点校本，1976年，第1452页。

⑥ （宋）薛居正等：《旧五代史》卷一一三《周书·太祖纪四》，第1505页。

以便宜权。顺治二年(1645)闰六月,“命(洪)承畴以原官总督军务,招抚江南各省,铸‘招抚南方总督军务大学士’印,赐敕便宜行事”①。从授予便宜权的敕书来看,便宜权的大小是根据官职和责任而定的。摄政王是实际皇权的代理者,所以“一切赏罚俱便宜从事”。洪承畴是明朝的降将,第一次授予他便宜权是为了招抚江南,是以明人而进入明朝腹地,在制度没有确立和胜负尚难料定的情况下,授予便宜权既没有制度上的保障,又有所保留,所以对满洲兵的处置要“会同固山额真叶臣及督、抚、镇等官,调遣约束。其有不法扰民,在各旗旗下者,即移文咨会,依法处治”,实际上对满洲人没有处置权。至于进止机宜,洪承畴也要与“平南大将军、贝勒勒克德浑参酌施行”,也没有单独决定权。在刑罚权上,虽然规定洪承畴对“文官五品以下,武官副将以下,皆以军法从事”,但是有“用兵之际”的先决条件,②而且明令他是“便宜行事”,而不是“便宜从事”,其与多尔衮的授权有明显的区别。

第二次授予洪承畴以便宜权是在清王朝基本控制了局势,制度建设也基本上走上正轨之时。所以有内三院的“便宜条款”,而且是“宣示中外”。这里既有其他总督要洪承畴请示而行,又有他可以便宜行事的权力,对“文官五品以下,武官副将以下,有所违命,听以军法从事”③,也没有了先决条件,而“不从中制”又不受朝廷掣肘,既有用人权,又有财政权,其便宜行使的权力明确了,也制度化了,但还不是便宜从事,依然是便宜行事,因为便宜从事权只授予亲王、郡王等重臣。

“便宜”是在特殊的情况下运用本身拥有的权力来斟酌处理事务,

① 赵尔巽等:《清史稿》卷二三七《洪承畴传》,中华书局标点本,1977年,第9469页。

② 《清世祖实录》卷一九,顺治二年七月壬子条,载《清实录》第三册,中华书局影印本,1985年,第167页。

③ 《清世祖实录》卷七六,顺治十年闰六月戊辰条,载《清实录》第三册,第602~603页。

这种便宜权力有特许的,也有先决而后奏的。如汉武帝时,汲黯以谒者持节前往河内郡视察火灾情况,还报时讲:“臣过河内,河内贫人伤水旱万余家,或父子相食,臣谨以便宜,持节发河内仓粟以振贫民。请归节,伏矫制罪”①。是汲黯的便宜权力在视察灾情,没有赈济的便宜权,所以自劾以“矫制罪”,是先决而后奏,因此有一定风险。南宋初,“诏令安抚使、发运、监司、州军官,并听制置司节制。其后,议者以守臣既带安抚,又兼制置,及许便宜,权之要重,拟于朝廷,于是诏止许便宜制置军事,其他刑狱、财赋付提刑、转运,后又诏诸路帅臣并罢制置使之名,惟统兵官如故”②。制置使从没有明确便宜权限范围,到明确仅有军事上的便宜权都是属于特许的。辽金则专门设拥有便宜权的官府部门,如辽代设官有“便宜从事府。亦曰便宜行事,便宜从事”③。这里包括有大详稳司、东都省、西都省、大将军府等管军官府。根据需要,一些没有便宜权的官府和地方可以申请便宜权,如统和二年(984),“五国乌隈于厥节度使耶律隗洼以所辖诸部难治,乞赐诏给剑,便宜行事。从之”④。这种制度一直因循到明清,特别是地方遇到天灾人祸以后,往往特别授予一些地方官便宜权。如乾隆八年(1743),内阁大学士福敏在河患和灾荒频仍的情况下建议:“河防事重,请如灾民请赈例,便宜处置,以时上闻。”⑤结果得到批准,也就允许地方大员在灾荒情况下有了先决后奏的赈济便宜权,后来这种便宜权还下放到府州县。

---

① (东汉)班固:《汉书》卷五〇《汲黯传》,第2316页。

② (元)脱脱等:《宋史》卷一六七《职官志七·制置使》,第3955~3956页。

③ (元)脱脱等:《辽史》卷四六《百官志二·北面军官条》,中华书局点校本,1974年,第736页。

④ (元)脱脱等:《辽史》卷一〇《圣宗纪一》,第113页。

⑤ 赵尔巽等:《清史稿》卷三〇三《福敏传》,第10472页。

“从宜”是根据现实情况运用自己的权力来适当地处理事务。“《国语》曰：匏竹利制，议宜。谓便于事用从宜者也”①。只要便于处理事务又无害于大局，就可以称为“从宜”。但何者无碍大局？如果没有明确的规定，则难以断定何者越权，宋、金则在制度上有了规定。是时“河北封九公，因其兵假以便宜从事，沿河诸城置行枢密院元帅府，大者有‘便宜’之号，小者有‘从宜’之名”②。是“从宜”也是便宜权，大小仅是辖区和授予权限的区别。如宋宁宗嘉泰四年（1204）和开禧三年（1207），曾经两度“命诸路提刑司从宜断疑狱”③，是仅仅下放断疑狱的权力。金世宗大定三年（1163）诏曰：“朕比以元帅府从宜行事，今闻河南、陕西、山东、北京以东及北边州郡，调发甚多，而省部又与他州一例征取赋役，是重扰也。可凭元帅府已取者例，蠲除之。”④由于各元帅府在“从宜”的基础上，往往不遵循朝廷的政令，因此贞佑三年（1215），行尚书六部事侯挚上书言九事的第一事便讲：“省部所以总天下之纪纲，今随路宣差便宜、从宜，往往不遵条格，辄劄付六部及三品以下官，其于纪纲岂不紊乱，宜革其弊。”⑤但已经相因成俗，所以“上略为施行”，而不能革除。贞佑四年（1216），监察御史陈规上言：“河北濒河州县，率距一舍为一寨，籍居民为兵。数寨置总领官一人，并以宣差从宜为名。其人大抵皆闲官，义军之长、偏裨之属尤多无赖辈，征逐宴饮取给于下，日以为常。及敌至则伏匿不出，敌去骚扰如初。此辈小人假以重柄，朝廷号令威权无

① （唐）房玄龄等：《晋书》卷一六《律历志上》，第484页。
② （元）脱脱等：《金史》卷四四《兵志》，中华书局点校本，1975年，第1004页。
③ （元）脱脱等：《宋史》卷三八《宁宗纪二》，第736、744页。
④ （元）脱脱等：《金史》卷四七《食货志二·租赋》，第1057页。
⑤ （元）脱脱等：《金史》卷一〇八《侯挚传》，第2384页。

乃太轻乎。臣谓宜皆罢之,第委宣抚司从宜措画足矣。”①金宣宗虽然“制可”,也仅仅是限制“从宜”权力的范围。明清允许地方官在自主权范围内进行从宜,并且予以鼓励,因为“顺俗从宜,各因其便”②,往往会收到更好的效果。

便宜与从宜也是一字之差,但二者也有明显的区别。便是从其便,其权操在官员之手,因此朝廷予以严加控制,如明代“惟巡抚得以便宜从事”③。从者从其宜,是根据情况而灵活处理。虽然是官员应急处理,但顺应事务的发展规律,会取得良好的效果,所以朝廷予以鼓励。如乾隆十二年(1747),江苏发生潮水灾荒,地方官根据情况,在没有请示朝廷的情况下予以应急处理,乾隆帝就认为:“此次灾固异常,而汝等从宜办理,可谓知轻重,足慰朕怀。”④

二

便宜权一般都要经过朝廷授予,并且因此产生了不同的授予方式,如听、命、令、诏、使、得、许、赐、可、权、假、以、请等。不同的授予方式所得到的便宜权也完全不同,并且因此出现便宜权的等差。

“听便宜”是便宜权中较大的。如苻坚重用王猛,“遣猛于六州之内听以便宜从事,简召英俊”⑤,不但六州内事可以处理,还拥有用人权。

---

① (元)脱脱等:《金史》卷一〇九《陈规传》,第2403页。

② 《清高宗实录》卷一一一九,乾隆四十五年十一月己亥条,载《清实录》第二二册,中华书局影印本,1986年,第947页。

③ (清)张廷玉等:《明史》卷一五九《熊概等传赞》,中华书局点校本,1974年,第4352页。

④ 《清高宗实录》卷二九九,乾隆十二年九月是月条,载《清实录》第一二册,中华书局影印本,1985年,第918页。

⑤ (唐)房玄龄等:《晋书》卷一一四《苻坚载记下附王猛载记》,第2931页。

再如，北周时，“诏（赵）刚使三荆，听在所便宜从事”。此行是前往南梁招回流亡的贺拔胜、独孤信等，赵刚运用便宜权而不辱使命，最终“梁人礼送贺拔胜、独孤信等”[①]。“听便宜”的权力范围要根据授予而定，如宋太宗时，“岭蛮叛，改（李重诲）广、桂、融、宜、柳州招安捉贼使，听便宜从事”[②]，其权力是在规定的区域以内，也在于平定叛乱。宋仁宗派右正言田况，“度视保州，仍听便宜行事”[③]。时“保州云翼军杀州吏据城叛”，田况“督诸将攻，以敕榜招降叛卒二千余人，坑其构逆者四百二十九人”[④]。可见，这种在区域内的平定叛乱所拥有的听便宜行事权力是很大的，既可以随机行事，又可以专杀。有重大的军政要务而在某些地区授予将领，或主要长官，以听便宜行事或从事的权力是历代通行的制度。听便宜是拥有自主权力最大者，也容易引起君主怀疑，所以被授予“听便宜”者，不是篡权，就是被杀。

“命、令、诏、使”的便宜权则要视情况而定。如曹魏太和二年（228），雁门太守牵招在护乌丸校尉田豫被围时，“招以为节将见围，不可拘于吏议，自表辄行”。因为兵马已经出发，魏明帝也只有“使从便宜讨之”[⑤]。南齐明帝萧鸾辅政，“防备诸蕃，致密旨于上佐，使便宜从事”[⑥]。这是辅政假皇帝的命令给予便宜权，而这种便宜权本应君主授予。所以萧鸾在即位前，“先使裴叔业赍旨诏（行荆州事何）昌寓，令以便宜从事。昌寓拒之曰：‘国家委身以上流之重，付身以万里之事，临海王未有失，宁

① （唐）令孤德棻等：《周书》卷三三《赵刚传》，中华书局点校本，1971年，第573页。

② （元）脱脱等：《宋史》卷二八〇《李重诲传》，第9506页。

③ （元）脱脱等：《宋史》卷一一《仁宗三》，第218页。

④ （元）脱脱等：《宋史》卷二九二《田况传》，第9782页。

⑤ （晋）陈寿：《三国志》卷二六《魏书·牵招传》，第732页。

⑥ （唐）李延寿：《南史》卷二七《孔靖传附灵符弟子琇之传》，中华书局点校本，1975年，第726页。

得从君单诏邪？即时自有启闻，须反更议。’叔业曰：‘若尔便是拒诏，拒诏，军法行事耳。’答曰：‘能见杀者君也，能拒诏者仆也。君不能见杀，政有沿流之计耳。’昌寓素有名德，叔业不敢逼而退”[①]。何昌寓以萧鸾尚未即位，自己之上又有临海王萧昭秀，其拒不奉诏是依据制度，没有遇害则因为有名德。北宋太宗认为，钱若水是“儒臣中知兵者也”，因此派遣他“巡抚陕西缘边诸郡，令便宜制置边事”[②]。这种因才而授予便宜权往往会收到较好的效果。“诏以”或“诏许”是授予最为正规的便宜权，因为有公开的诏书和明确的权力范围。如金太宗吴乞买诏令宗翰曰：“今寄尔以方面，如当迁授必待奏请，恐致稽滞，其以便宜从事。”[③]“命、诏”便宜权多用于军事方面，如金世宗（1161—1189年在位）时，陕西元帅右都监徒单合喜“表陈伐宋方略，诏许以便宜从事”[④]。至正十五年（1355），刘福通起义，立韩林儿为小明王，元顺帝“命刑部尚书董铨等与江西行省平章政事火你赤专任征讨之务，便宜从事”[⑤]。徐达率军攻打张士诚的老巢平江城，特遣使请事，朱元璋敕劳之曰：“军中缓急，将军其便宜行之，吾不中制”[⑥]。顺治十二年（1655），“定远大将军济度统师取漳州，诏便宜置郡县吏”[⑦]，就拥有选拔和任命官吏的权力。诸如此类因被授予便宜权而立功勋者历代均有，枚不胜举。

“得、许、赐、可”的便宜权应用比较广泛，只要需要，一般都可以授予，但其权力大小也是有区别的。如西汉景帝“使使即拜（郅）都为雁门

---

① （唐）李延寿：《南史》卷三〇《何尚之传附弟子昌寓传》，第795页。

② （元）脱脱等：《宋史》卷二六六《钱若水传》，第9170页。

③ （元）脱脱等：《金史》卷三《太宗吴乞买纪》，第48页。

④ （元）脱脱等：《金史》卷八七《徒单合喜传》，第1942页。

⑤ （明）宋濂等：《元史》卷四四《顺帝纪七》，中华书局点校本，1976年，第923页。

⑥ （清）张廷玉等：《明史》卷一二五《徐达传》，第3725页。

⑦ 赵尔巽等：《清史稿》卷四八四《文苑丁炜传》，第13356页。

太守，而便道之官，得以便宜从事”[①]。汉成帝元延（前12—前9年）间，尹赏“以三辅高第选守长安令，得壹切便宜从事”[②]。南朝宋元嘉十二年（435），东诸郡大水，“以（沈）演之及尚书祠部郎江邃并兼散骑常侍，巡行拯恤，许以便宜从事。演之乃开仓廪以赈饥民，民有生子者，口赐米一斗，刑狱有疑枉，悉制遣之，百姓蒙赖”[③]。由于是许以在赈灾时便宜从事，连刑狱事务都顺便处置。隋开皇十七年（597），隋文帝以第五子杨谅为并州总管，“自山以东，至于沧海，南拒黄河，五十二州尽隶焉特许以便宜，不拘律令”[④]。因为是亲王而特许便宜行事，而且还不拘律令，故称“特许”。隋文帝“以岭南夷、越数为反乱，征拜（令狐熙）桂州总管十七州诸军事，许以便宜从事，刺史以下官得承制补授”[⑤]。康熙五十四年（1715），“策妄阿喇布坦侵哈密，命（吏部尚书）富宁安赴西宁视师，许以便宜调遣”[⑥]。拥有军事方面的便宜权，即有了在军事行动上的自主权，以及一定级别以下的官吏的生杀处置权，还有征用地方财力物力权。嘉庆十八年（1813），黄河在睢州决口，嘉庆皇帝便诏以东河总督戴均元前往治理，“许便宜调用工员，责速堵合”[⑦]。这类的事例也很多，但远比命、令、诏、使的便宜权要小。

“赐便宜”既是出于一种恩典，也是对其功绩的肯定。如南宋绍定五年（1232），加史嵩之“大理卿兼权刑部侍郎，升制置使兼知襄阳府，赐便宜指挥”。后来又“赐便宜指挥，兼湖广总领，兼淮西安抚使”。史称

① （东汉）班固：《汉书》卷九〇《酷吏郅都传》，第3648页。

② （东汉）班固：《汉书》卷九〇《酷吏尹赏传》，第3673~3674页。

③ （梁）沈约：《宋书》卷六三《沈演之传》，中华书局点校本，1974年，第1685页。

④ （唐）魏徵等：《隋书》卷四五《庶人谅传》，第1244页。

⑤ （唐）魏徵等：《隋书》卷五六《令狐熙传》，第1386页。

⑥ 赵尔巽等：《清史稿》卷二五〇《阿兰泰传附子富宁安传》，第9740页。

⑦ 赵尔巽等：《清史稿》卷三四一《戴均元传》，第11101页。

其“恩数视执政”。[1]赐便宜一般都有信物，如辽将耶律德威被“赐剑许便宜行事，领突吕不、迭剌二糺军”[2]。明天启二年(1622)，贵州在“兵燹之后，斗米一金”，身为贵州巡抚的蔡复一“劳徕拊循，人心始定”。于是天启皇帝以蔡复一“代杨述中总督贵州、云南、湖广军务，兼巡抚贵州，赐尚方剑，便宜从事”。[3]这种赐尚方剑而授予便宜权在明代成为一种制度，有一定的程序和隆重的授予仪式。[4]

“可便宜”是在职权范围内的便宜权，有朝廷认可的，也有臣下擅行的。如唐昭宗光化三年(900)，宦官刘季述废昭宗而以皇太子李裕监国，即先“诣中书谓宰相崔胤曰：‘宫中必有不测之事，人臣安得坐观？我等内臣也，可以便宜从事。’即以禁兵千人破关而入”[5]。这是臣下擅行的。辽咸雍(1065—1074)中，辽道宗以耶律仁先“为西北路招讨使，赐鹰纽印及剑”，并谕曰：“卿去朝廷远，每俟奏行，恐失机会，可便宜从事”。[6]这是朝廷认可的。即便是君主认可，若没有明确授权，也有擅权之嫌。嘉庆十年(1805)，湖广总督百龄以“两湖多盗，下令擒捕，行以便宜，江、湖晏然”。使用法律方面的便宜权，必须有明确的授权，即便是皇帝的默许也不能平息朝野的议论，于是有人“讦百龄在粤用非刑毙命，逼勒供应，临行用运夫二千余名”。其他的官员也趁此落井下石，嘉庆皇帝只好“命吴熊光等按鞫，议褫职遣戍”。[7]

“权、假”便宜是临时因为某事，或在某种特殊情况下暂时授予的

① (元)脱脱等:《宋史》卷四一四《史嵩之传》，第12423~12425页。
② (元)脱脱等:《辽史》卷八二《耶律隆运传附弟德威传》，第1291页。
③ (清)张廷玉等:《明史》卷二四九《蔡复一列传》，第6459页。
④ 参见柏桦:《明代赐尚方剑制度》，《古代文明》，2007年第5期。
⑤ (后晋)刘昫等:《旧唐书》卷二〇上《昭宗纪》，中华书局点校本，1975年，第770页。
⑥ (元)脱脱等:《辽史》卷九六《耶律仁先传》，第1397页。
⑦ 赵尔巽等:《清史稿》卷三四三《百龄传》，第11133页。

便宜权。如西汉成帝时，西域都护段会宗曾经“以擅发戊己校尉之兵乏兴，有诏论赎”。不久因为乌孙内乱，段会宗以精兵30人直入乌孙，亲手斩杀未振将太子番丘，还报朝廷，“公卿议会宗权得便宜，以轻兵深入乌孙，即诛番丘，宣明国威，宜加重赏”。前者擅发是因为朝廷没有让他兴兵，后者是已经发兵，则有将领的便宜权力，故称“权得便宜”。[①]武则天时，“突厥入赵、定，杀掠甚众，诏（狄）仁杰为河北道行军元帅，假以便宜”。狄仁杰没有追上突厥，“时民多胁从于贼，贼已去，惧诛，逃匿”。安抚之事不在假便宜权限之内，狄仁杰只有上疏“愿曲赦河北，一不问罪”。[②]得到允许，方可实行，亦可见权、假的便宜权力有限。明正德十二年（1517），王守仁巡抚南赣时，“疏言权轻，无以令将士，请给旗牌，提督军务，得便宜从事。尚书王琼奏从其请”。因此王守仁得以更改兵制，“皆临事委，不命于朝；副将以下，得递相罚治”。[③]正因为王守仁可以“假便宜提督军务”[④]，才能够在围剿南中盗贼和平定宁王朱宸濠反叛中立有殊功，不过此事在朝廷内曾经有过很大争议。

“以便宜”是在特殊情况下以自己的职权行使的便宜权，事后要奏报，得到认可则无罪，否则便是擅权。如西汉宣帝时，使臣冯奉世“即以便宜发诸国兵击杀之，更立它昆弟子为莎车王”[⑤]。冯奉世是以使者的便宜权发诸国兵的，是否合宜，朝廷是有争议的。丞相、将军皆曰：“《春秋》之义，大夫出疆，有可以安国家，则颛之可也。”少府萧望之则认为：

① （东汉）班固：《汉书》卷七〇《段会宗传》，第3030~3031页。
② （宋）欧阳修等：《新唐书》卷一一五《狄仁杰传》，中华书局点校本，1975年，第4212页。
③ （清）张廷玉等：《明史》卷一九五《王守仁传》，第5160页。
④ （清）张廷玉等：《明史》卷一九八《王琼传》，第5233页。
⑤ （东汉）班固：《汉书》卷九六上《西域莎车国传》，第3897~3898页。

“奉世奉使有指，而擅矫制违命，发诸国兵，虽有功效，不可以为后法。”①再如，东汉建武二年（公元26年），大司空王梁“与大司马吴汉等俱击檀乡，有诏军事一属大司马，而（王）梁辄发野王兵，帝以其不奉诏敕，令止在所县，而（王）梁复以便宜进军。帝以（王）梁前后违命，大怒，遣尚书宗广持节军中斩（王）梁”②。可见，没有特许的便宜权在使用上是有风险的，需要即时上报，听候朝廷处置。如东汉明帝时，青州刺史王望，因本州发生旱灾，“因以便宜出所在布粟，给其廪粮，为作褐衣。事毕上言，帝以（王）望不先表请，章示百官，详议其罪。时公卿皆以为（王）望之专命，法有常条”。幸亏尚书仆射钟离意引《春秋》大义论之，“帝嘉（钟离）意议，赦而不罪”③。这种制度一直为后代因袭，但也要看君主的好恶。如明宣宗（1426—1435年在位）时，南畿浙江巡抚熊概，在“诸卫所粮运不继，军乏食”的情况下，“以便宜发诸府赎罪米四万二千余石赡军，乃闻于朝。帝悦，谕户部勿以专擅罪（熊）概”④。天顺元年（1457），林聪以右副都御史督捕江淮盐盗，“以便宜，擒戮渠魁数人，余悉解散，而奏籍指挥之受盗赂者”⑤。对于这种能够稳定社会而不妨碍权力格局的“以便宜”一般都会赦免专擅之罪，有时还会得到重用。

“请便宜”是臣下根据情况向朝廷请给便宜权，在请的过程中也可以在一定程度上行使便宜权。如西汉宣帝时，渤海郡盗贼并起，新被选用的太守龚遂已经七十余岁，在被召见时特别请曰：“臣愿丞相御史且无拘臣以文法，得一切便宜从事。”汉宣帝“许焉，加赐黄金，赠遣乘

① （东汉）班固：《汉书》卷七九《冯奉世传》，第3294页。

② （南朝宋）范晔：《后汉书》卷二二《王梁传》，第775页。

③ （南朝宋）范晔：《后汉书》卷三九《刘平传附王望传》，第1297页。

④ （清）张廷玉等：《明史》卷一五九《熊概传》，第4330页。

⑤ （清）张廷玉等：《明史》卷一七七《林聪传》，第472页。

传”。①在没有文法的拘束下，龚遂得以施展，最终使渤海大治。再有，曹魏时的都督扬州毌丘俭不服司马师专权，据寿春起兵时上表有云：“臣等道远，惧文书不得皆通，辄临时赏罚，以便宜从事，须定表上也。”②这是在请便宜权时已经使用了便宜权，事后必须上奏。唐广明元年(880)，凤翔陇西节度使郑畋率兵抗御黄巢，在向唐僖宗辞行的时候讲：“方艰虞时，事有机急，不可中覆，请便宜从事，臣当以死报国。”唐僖宗曰：“利社稷，无不可。”③这是直接向皇帝请给便宜权，其权力大小则看授予的范围。宋熙宁(1068—1077)中，郓州知州王克臣以京东多盗，“请以便宜处决，遂下诸郡使械送尤桀者斩以徇，盗为少衰”④。这是用上疏的形式请给便宜权的，批准以后便有处置权。南宋初，潭州知州刘珙“移书制使沈介，请以便宜出师”⑤。这是通过上司向朝廷请给便宜权，在朝廷令未下时已经行使了便宜权。请便宜并不见得批准，如建炎三年(1129)，浙西安抚大使刘光世“乞便宜行事，不许”⑥。再如明嘉靖七年(1528)，韩邦奇以右副都御史巡抚辽东，“时辽阳兵变，侍郎黄宗明言(韩)邦奇素有威望，请假以便宜，速往定乱。帝方事姑息，不从”⑦。请便宜所得到的便宜权是有时效的，过期使用则为擅权。如天顺七年(1463)，巡抚陕西项忠在洮、岷羌叛时上疏“请听臣便宜从事”。而成化四年(1468)，在河套石城之战中，项忠“身当矢石不少避，大小三百余战”。当时的辅政彭时、商辂明知项忠“不从中制，卒用殄贼”，并没有提

① (东汉)班固：《汉书》卷八九《循吏龚遂传》，第3639页。

② (晋)陈寿：《三国志》卷二八《魏书·毌丘俭传》裴松之注，第765页。

③ (宋)欧阳修等：《新唐书》卷一八五《郑畋传》，第5403页。

④ (元)脱脱等：《宋史》卷二五〇《王审琦传附曾孙克臣传》，第8819页。

⑤ (元)脱脱等：《宋史》卷三八六《刘珙传》，第11850页。

⑥ (元)脱脱等：《宋史》卷三六九《刘光世传》，第11481页。

⑦ (清)张廷玉等：《明史》卷二〇一《韩邦奇传》，5318页。

出忠告，而项忠却因为没有再次申请便宜权被宦官汪直抓住把柄，竟把项忠“斥为民”[1]。“请便宜”有自请，也有别人代请。如天启二年（1622），贵州发生叛乱，贵州巡抚王三善“疏请便宜从事，给空名部牒，得随才委任。帝悉报可”[2]。康熙十四年（1675），陕甘王辅臣反叛，攻入兰州，甘肃巡抚华善“疏请假提督张勇便宜讨（王）辅臣”[3]。请便宜权也是有风险的。如明代拥有便宜权的贵州巡抚王三善征战遇害，按制度，战死沙场应该优恤，但王三善生前不阅邸报，却说：“吾方办贼，奚暇及此？且朝议纷纷，阅之徒乱人意。”因为有便宜权而不关心朝廷的事务，也就决定王三善的请恤为“所司格不行”[4]。再如嘉靖年间，在处理安南问题上广东巡按御史余光上疏：“道里悬远，往复陈请，必失事机。乞令臣便宜从事。”结果，嘉靖帝“以（余）光疏中引五季、六朝事，下之兵部。咎（余）光轻率，夺其俸”[5]。

三

被授予便宜权乃是一种荣崇，一般会换取臣下的忠诚。如北魏太和二十一年（497）使持节源怀，巡行北边六镇“存恤有方，便宜运转，有无通济”。运用便宜权安抚了北边，也获得声望。所以在正始元年（504），蠕蠕进犯，源怀“出据北蕃，指授规略，随须征发，诸所处分皆以便宜从

---

① （清）张廷玉等：《明史》卷一七八《项忠传》，第4727~4731页。

② （清）张廷玉等：《明史》卷二四九《王三善传》，第6455~6457页。

③ 赵尔巽等：《清史稿》卷二五六《哈占传附华善传》，第9795页。

④ （清）张廷玉等：《明史》卷二四九《王三善传》，第6455~6457页。

⑤ （清）张廷玉等：《明史》卷二〇三《唐胄传附余光传》，第5361页。

事”[①]。由于源怀的声望已经远播，因此人到云中，蠕蠕便引兵而去。再如，唐太宗李世民提拔原太子李建成的旧臣魏徵为“谏议大夫，封钜鹿县男，使安辑河北，许以便宜从事”。魏徵认为：“今日之行，许以便宜从事，主上既以国士见待，安可不以国士报之乎？”从此，效忠唐太宗，被史家称为“前代诤臣，一人而已”[②]。另如，元初勋臣董文炳平宋有功，忽必烈特谕：“山以南，国之根本也，尽以托卿。卒有不虞，便宜处置以闻。中书省、枢密院事无大小，咨卿而行，已敕主者，卿其勉之。”董文炳感恩戴德，在临死时言：“愿董氏世有男能骑马者，勉力报国，则吾死瞑目矣。”[③]

在行使便宜权的过程中，只要是无关于人事、军事、刑罚等重事，即便违反常规，也很少受到处罚，有些还能得到褒奖，其主要原因是这些便宜往往能稳定社会，或者有利于朝廷。如北齐河清三年(564)，大丞相骑兵参军白建管理牧马数万匹，“(白)建以马久不得食，瘦弱，远送恐多死损，遂违敕以便宜从事，随近散付军人。启知，敕许焉。戎乘无损，(白)建有力焉”[④]。当然，如果这种便宜权的应用不是为了王朝的利益，而擅行其私，擅征其利，则为王朝所忌，史云：“自唐室藩镇多便宜从事，擅其征利，以及五季，诸国益务掊聚财货以自赡，故征算尤繁。”[⑤]所以自宋以后的地方官如果被查出是擅征赋税都要受到处罚。

地方官和负有相关责任的官员使用便宜权来稳定社会和发展经济，朝廷一般还是认可的，有时还给予鼓励。如淳化四年(993)，宋太宗曾经诏：“分遣近臣巡抚诸道，有可惠民者得便宜行事，吏罢软、苛刻者

① (北齐)魏收：《魏书》卷四一《源贺传附子怀传》，第926~927页。

② (后晋)刘昫等：《旧唐书》卷七一《魏徵传》，第2547、2562、2563页。

③ (明)宋濂等：《元史》卷一五六《董文炳传》，第3673~3674页。

④ (唐)李白药：《北齐书》卷四〇《白建传》，中华书局点校本，1972年，第533页。

⑤ (元)脱脱等：《宋史》卷一八六《食货志下八·商税》，第4542页。

上之，诏令有未便者附传以闻。”[1]以惠民为标准，实际上是以稳定社会为根本。再如宋仁宗时（1023—1063年在位），卢鉴在知利州时，“会岁饥，以便宜发仓粟振民。秩满，民请留，诏留一年”[2]。违例赈灾，非但没有受到处罚，还给予留一年的奖励，是因为没有使灾民流离出境，破坏王朝的统治秩序。宋神宗时（1068—1085年在位），朱服知庐州，“庐人饥，守便宜振护，全活十余万口”[3]。没有使饥民啸聚，所以朝廷对之奖赏，并在因母丧守制之后，再授知庐州。宋徽宗时（1101—1125年在位），唐恪知沧州，正逢河决，“乃上疏请暂免保甲、保马呈阅及复诸县租，等第振贷，以宽被水之民。未报，悉便宜罢行之，民大悦”[4]。没有得到朝廷批复而行便宜是明显的违制，但以“民大悦”的结果没有处分唐恪，反而升授知扬州。宋宁宗时（1195—1224年在位），知福州真德秀见“属县苦贵籴，便宜发常平振之”[5]。嘉熙三年（1239），知宁国府杜范在大旱之时，“即以便宜发常平粟，又劝寓公富人有积粟者发之，民赖以安”[6]。

自宋代以后，“有可惠民者得便宜行事”的成为惯例，并且在明清时形成制度。如嘉靖时，兵部右侍郎蔡天祐“以藩禄久缺，又岁当缮边垣，用便宜增淮盐引价，每引万加银五千，被讦。帝宥之”[7]。使用便宜权而增加盐价，当然要受到言官的攻击，但嘉靖皇帝还是赦免了他。明万历十一年（1583），巡抚保定宋纁，在“获鹿诸县饥，先振后以闻。帝以近

① （元）脱脱等：《宋史》卷五《太宗纪二》，第91页。
② （元）脱脱等：《宋史》卷三二六《卢鉴传》，第10528页。
③ （元）脱脱等：《宋史》卷三四七《朱服传》，第11004页。
④ （元）脱脱等：《宋史》卷三五二《唐恪传》，第11118页。
⑤ （元）脱脱等：《宋史》卷四三七《儒林真德秀传》，第12963页。
⑥ （元）脱脱等：《宋史》卷四〇七《杜范传》，第12283页。
⑦ （清）张廷玉等：《明史》卷二〇〇《蔡天祐传》，第5286页。

畿宜俟命，令灾重及地远者便宜振贷，余俱奏闻”[①]。地在京师附近，不先请示而使用便宜权，万历皇帝非常不满，但先前有例，不便治罪，便制定了新例，对于臣下先行赈济而后奏报有了限制。清代督抚一般都有先行赈济而后奏报的便宜权力，在太平天国运动兴起之后，这种便宜权逐渐下放，以至府县官都可以根据情况行使这种便宜权。

在便宜权授予与使用过程中，除对用人权控制较严之外，就是对刑罚权的控制。在一般情况下，是不允许臣下拥有刑罚上的便宜权，一旦臣下违规使用，往往要受到严厉的处罚。如隋代潭州总管权武因为“晚生一子，与亲客宴集，酒酣，遂擅赦所部内狱囚”，而权武“常以南越边远，治从其俗，务适便宜，不依律令，而每言当今法急，官不可为”。在没有取得便宜权的情况下“务适便宜”，当然不能为朝廷所容，于是“上令有司案其事，皆验。上大怒，命斩之”。史家认为：“权武素无行检，不拘刑宪，终取戮辱，宜哉。”[②]

虽然限制臣下的专杀便宜权，但在特殊的情况下，又不得不授予臣下专杀的便宜权。如北宋淳化四年（993），王小波、李顺起义，宋太宗就授予平叛将领以专杀大权。“北宋君臣在相当长的时期内，始终认为蜀地属于另类，视之为不稳定的新征服区，容易形成割据政权”[③]，所以对蜀地实行特殊刑罚制度。据《宋史·刑法志》载：“先是，诸路经略、钤辖，不得便宜斩配百姓。赵抃尝知成都，乃言当独许成都四路。王安石执不可，而中书、枢密院同立法许之。其后，谢景初奏：‘成都妄以便宜诛释，多不当。’于是中书复删定敕文，惟军士犯罪及边防机速，许特

① （清）张廷玉等：《明史》卷二二四《宋纁传》，第5889页。

② （唐）魏徵等：《隋书》卷六五《权武传》，第1537、1542页。

③ 陈振：《宋史》，上海人民出版社，2003年，第39页。

断。及抃移成都，又请立法，御史刘孝孙亦为之请依旧便宜从事，安石寝其奏。”①对于这种立法，在蜀的地方官是严格执行的。如田况知成都府事，“蜀自李顺、王均再乱，人心易摇，守得便宜决事，多擅杀以为威，虽小罪，犹并妻子徙出蜀，至有流离死道路者。（田）况至，拊循教诲，非有甚恶不使迁，蜀人尤爱之”，但田况在保州之役却曾经“坑杀降卒数百人”②。宋代对“左道乱法，妖言惑众”是严惩不赦的，“凡传习妖教，夜聚晓散，与夫杀人祭祀，皆著于法，诃察甚严”③。故此，地方官在镇压妖教时就拥有便宜特别处置权。

对于以下犯上者，地方官也拥有便宜裁量权。如宋神宗时，知江宁府事吴中复，“邮兵苦巡辖官苛刻，絷而鞭之。狱具，法不至死，中复以便宜戮首恶，流其余，入奏为令”④。有的朝臣认为刑罚的便宜权不应该滥授，如建炎三年（1129），谏议大夫郑瑴在苗傅、刘正彦之乱以后言：“仍谕军法便宜，止行于所辖军伍，其余当闻之朝廷，付之有司，明正典刑，所以昭尊君之礼而全臣子忠义之节也。”⑤要求将刑罚便宜权只应用于军队，不能下放到地方，但在内忧外患的情况下，朝廷虽然规定：“诸重刑，皆申提刑司详覆，或具案奏裁，即无州县专杀之理，（州县）往往杀之而待罪”，但对于地方擅杀囚徒、人犯，朝廷“虽累诏切责而禁止之，终莫能胜”⑥。金代情况也是如此，正大二年（1225），监察御史陈规在大旱年接受审理冤滞的任务时上奏：“今河南一路便宜行院，帅府从宜凡

① （元）脱脱等：《宋史》卷一九九《刑法志一》，第4979页。
② （元）脱脱等：《宋史》卷二九二《田况传》，第9783页。
③ （元）脱脱等：《宋史》卷一九九《刑法志一》，第4981页。
④ （元）脱脱等：《宋史》卷三二二《吴中复传》，第10442页。
⑤ （元）脱脱等：《宋史》卷三九九《郑瑴传》，第12122页。
⑥ （元）脱脱等：《宋史》卷二〇〇《刑法志二》，第4997页。

二十处，陕西行尚书省二、帅府五，皆得以便宜杀人，冤狱在此不在州县。”但金哀宗不能更改祖制，只能“善其言而不能有为也”①。早在金世宗即位时（1161），就因为“盗贼公行，兵甲未息，一时制旨多从时宜，遂集为《军前权宜条理》”。这个《军前权宜条理》一直没有废除，“是以深文傅致为能吏，以惨酷办事为长才”②。元初大体因循金制，至元二十年（1283），忽必烈诏谕诸王相吾答儿：“先是云南重囚，令便宜处决，恐滥及无辜，自今凡大辟罪，仍须待报。”③开始逐渐收回各地方官的刑罚便宜权，并严格控制起来。

明代不但将地方官的刑罚便宜权全部收回，连三法司也不能专断。这种高度集权于上的刑罚制度，显然不能应付复杂的社会，尤其是当社会发生动乱之时。所以在特殊的情况下，授予一些地方官吏及军事将领以刑罚便宜权就显得十分必要。如永乐十六年（1418），“有言秦民群聚谋不轨者，擢（邝）埜陕西按察副使，敕以便宜调兵剿捕。（邝）埜白其诬，诏诛妄言者”④。对于这种授权是有理由的，正德年间（1506—1521），御史王廷相上疏言：“盗有生杀权，而将帅反尤之，故兵不用命。宜假便宜，退却者必斩。”因为权力集中，使在外将领和官吏无权处置，既不能平定内乱，又不能抵御外侮，所以正德皇帝“切责总督诸臣，悉从其议”⑤。正德六年（1511），以陈金总制军务，“得以便宜从事，广东镇巡听协同议处，江西及浙江、福建、湖广、南直隶各镇巡听督同处置，都布按三司官悉听节制，军卫有司有罪者得自决之，临阵不用命者，都指

① （元）脱脱等：《金史》卷一〇九《陈规传》，第1410页。

② （元）脱脱等：《金史》卷四五《刑志》，第1014~1015页。

③ （明）宋濂等：《元史》卷一二《世祖纪九》，第254页。

④ （清）张廷玉等：《明史》卷一六七《邝埜传》，第4503页。

⑤ （清）张廷玉等：《明史》卷一九四《王廷相传》，第5155页。

挥而下以军法从事”[①]。领有这方面权利的总督、巡抚在制度上开始拥有便宜从事的权力，是明代“惟巡抚得以便宜从事”[②]。

清代督抚在刑罚方面虽拥有一定专断的便宜权，但必须有皇帝的敕命及王命旗牌。乾隆以后，对于谋反、大逆、恶逆、不道、劫狱、反狱、戕官，并洋盗、会匪、强盗、拒杀官差及各种“匪类”的处置权开始下放，凡是罪在立决以上的罪犯都可以根据情况授予请旨即行正法、一面请旨一面正法、请王命正法、先行正法、立毙于杖、就地正法的权力。咸丰以后，这种本来用于特别重犯的先行正法已经施用于普通罪犯，中央的死刑复核权在逐渐减少的过程中，地方督抚的权力逐渐膨胀，不但道府州县等地方官拥有了“就地正法”权，就连乡绅团练也拥有了“格杀勿论”权。

四

便宜权的授予一般都是在特殊的情况下实施的，若便宜所授非人，容易使大权旁落。如南朝刘宋的刘义宣一直拥有便宜权，“朝廷所下制度，意不同者，一不遵承”。所以在兵败被擒之后，“反道叛恩，便宜专行大戮”[③]，就是大罪。再如清初，顺治皇帝授予多尔衮“大将军印，并御用纛盖，敕便宜行事，率武英郡王阿济格、豫郡王多铎及孔有德等伐明”[④]。在这种成败难定之时，多尔衮不但获得全权指挥权，实际上是代

---

① 《明武宗实录》卷七二，正德六年二月己酉条，载《明实录》第七册，台北“中央”研究院历史语言研究所缩编本，1962年，第6920页。

② （清）张廷玉等：《明史》卷一五九《熊概等传赞》，第4352页。

③ （唐）李延寿：《南史》卷一三《南郡王义宣传》，第376~378页。

④ 赵尔巽等：《清史稿》卷二一八《睿忠亲王多尔衮传》，第9024页。

行王政，奠定了清王朝统一的基础。但这种大权在握，终究是功高震主，其死后被清算也在情理之中。

拥有便宜权者容易招来谗毁，有时还会因谗毁而丧命。如南宋余玠为四川安抚制置使，“久假便宜之权，不顾嫌疑，昧于勇退，遂来谗贼之口”。在猜疑中伤之下，宝祐元年（1253），余玠“闻有召命，愈不自安，一夕暴下卒，或谓仰药死”[①]。再如明宣德五年（1430），周忱“巡抚江南诸府，总督税粮”。这位理财专家在得到明宣宗授权的情况下，实行一系列改革，“其因灾荒请蠲贷，及所陈他利病无算，小者用便宜行之，无所顾虑”。这样难免遭人物议，四方弹劾骤至，周忱上书自陈：“缘奉宣宗皇帝并太上皇敕谕，许臣便宜行事，以此支用不复具闻。”[②]虽然有圣旨可以开脱罪责，但抵挡不住言官的交章弹劾，若不是大臣保护、景泰帝的偏爱，周忱难免被正罪于朝。嘉靖二十六年（1547），倭寇在闽、浙为乱，嘉靖皇帝以朱纨为提督浙闽海防军务，巡抚浙江，“纨奉诏便宜处分”。“乃严为申禁，获交通者，不俟命辄以便宜斩之。”[③]朱纨使用便宜权的戮杀行为被弹劾为“擅杀”，嘉靖帝“命兵科都给事中杜汝桢按问。（朱）纨闻之，慷慨流涕曰：‘吾贫且病，又负气，不任对簿。纵天子不欲死我，闽、浙人必杀我。吾死，自决之，不须人也。’制圹志，作俟命词，仰药死”[④]。既然授予便宜权，但又以“擅杀”治罪。嘉靖三十三年（1554），嘉靖皇帝特命张经“总督江南、江北、浙江、山东、福建、湖广诸军，便宜行事”。张经拥有便宜权，却不能自主，结果被兵部侍郎赵文华“密疏（张）经糜饷殃民，畏贼失机”，最终“论死系狱”而被斩首。拥有便

① （元）脱脱等：《宋史》卷四一六《余玠传》，第12473页。
② （清）张廷玉等：《明史》卷一五三《周忱传》，第4215~4217页。
③ （清）张廷玉等《明史》卷三二二《外国日本传》，第8350页。
④ （清）张廷玉等：《明史》卷二〇五《朱纨传》，第5403~5405页。

宜权而不能便宜行事，总督半年，灭寇五千而不能抵死，“当寇患孔炽，扑灭惟恐不尽，便宜行诛，自其职尔，而以为罪，则任法之过也”[1]。虽然说是“谗贼”之可恶，但也是专制政体之必然。

便宜权无论通过什么方式取得，在朝廷尚有控制能力的时候，其便宜权力是要受到制约的，但朝廷如果失去控制能力，授出的便宜权则容易失控。如靖康元年(1116)，金兵入侵，所向披靡，朝廷不得不“下哀痛诏，命河北、河东诸路帅臣传檄所部，得便宜行事”[2]。在朝廷已经不能控制局面、权力不能出于国都的情况下，即便不授予臣下以便宜权力，朝廷也不能掌控了。由于便宜权力的授出，臣下可名正言顺地运用便宜权，进而导致朝廷失控，尤其是“建炎兵兴，杂流补授者众，有曰上书献策，曰勤王，曰守御，曰捕盗，曰奉使，其名不一，皆阃帅假便宜承制之权以擅除擢”[3]。

朝廷失去最重要的用人权，其威信自然下降，所以朝廷在有能力的情况下，一定要收回用人上的便宜权。如宋高宗在政权稍事稳定时，便有步骤地收缩地方将领的便宜权。建炎四年(1130)三月，“张浚请便宜辟官不许冲改”。当时，张浚为四川宣抚处置使，与朝廷隔绝，朝廷鞭长莫及，只得允许，而在秋七月，都统制“刘光世援宣抚使例，乞便宜行事，不许。诏：军兴以来诸州得便宜指挥者，并罢”。不但不允许刘光世便宜行事，以前各地军政长官取得便宜权的也被收回。就在“是月，张用据汉阳军，沿江措置副使李允文招降之，以便宜徙鄂州路副总管，以右军统制马友知汉阳军”。李允文在朝廷下令之后，依然使用便宜权来

① (清)张廷玉等：《明史》卷二〇五《张经传及赞》，第5407~5408、5424页。

② (元)脱脱等：《宋史》卷二三《钦宗纪》，第431页。

③ (元)脱脱等：《宋史》卷一五八《选举志四·铨法》，第3717页。

任免部下，所以不久便被以“恣睢专杀，赐死大理狱”。同年九月，“禁宣抚司僚属便宜行事，及京西、湖南北路勿隶川、陕宣抚司节制”。十二月，又“禁节制军马守臣便宜行事”。[①]

这一年里朝廷不断回收地方将领的便宜权，尤其是用人方面的便宜权，还使用了赐死等严厉手段。绍兴三年（1133）二月，“郑州兵马钤辖牛皋、彭玘率兵与（副统制）李横会，横以便宜命皋为蔡、唐州镇抚使，玘知汝州”。后来“李横遣人奏颍昌之捷，诏许横便宜行事”。李横领兵在外，使用便宜权授官，朝廷在战事紧张之时，不得不承认其便宜权。不久战事稍为平定，于五月便诏令李横等收军还镇，并“罢宣抚司便宜黜陟”，收回便宜权。对于川陕独立实行的类省试，朝廷既然允许，当然要给予承认，绍兴二年（1132）十二月诏令：“川、陕宣抚司类试陕西发解进士，得周谟等十三人，以便宜赐进士出身。”[②]这种承认是在朝廷不能掌控川陕的基础上，一旦收回掌控大权，对原来川陕以便宜权所授的官及发解的进士进行清算就不可避免。绍兴八年（1138）三月，“命考核川、陕宣抚司便宜所授官，冒滥尤甚者悉与裁减”。绍兴九年（1139）八月，“命前川、陕宣抚司便宜所补官，限一年自陈，换给告身”。绍兴十年（1140）五月，“以吴璘同节制陕西诸路军马，听胡世将便宜黜陟、处置军事”。绍兴十一年（1141）十二月，“罢川、陕宣抚司便宜行事”[③]。

在不得已的情况下放权，在有能力的情况下收权，其内情正如当时的中书舍人季陵所言：“今天下不可谓无兵，刘光世、韩世忠、张俊各招亡命以张军势，各效小劳以报主恩。然胜不相逊，败不相救，大敌一

① （元）脱脱等：《宋史》卷二六《高宗纪三》，第477、480、491、482、484页。

② （元）脱脱等：《宋史》卷二七《高宗纪四》，第503、504、502、505页。

③ （元）脱脱等：《宋史》卷二九《高宗纪六》，第536、541、544、551页。

至，人自为谋耳。周望在浙西，人能言之。张浚在陕右，无敢言者。夫军事恐失机会，便宜可也，乃若自降诏书，得无窃命之嫌邪？官吏责以办事，便宜可也，乃若安置从臣，得无忌器之嫌邪？以至赐姓氏，改寺额，此皆伤于太专，臣恐自陕以西不知有陛下矣。"提醒宋高宗要"爵当贤，禄当功，刑当罪，施设注措无不当理，天下不心服者未之有也"①。这一番议论正中宋高宗下怀，其收回便宜权的速度也逐渐加快，乃至抗金英雄岳飞也被横加迫害。

授予便宜权都是为了处理重大事务，尤其是人事、军事、刑罚方面的便宜权，事过境迁，都必须收回，或由臣下主动交回，因为这是一时权宜之计，不是长治久安之道。由君主收回，若是在任务还没有完成时，则是一种处罚。如万历四十七年(1619)，熊廷弼为辽东经略，万历皇帝"且赐尚方剑重其权"，但为言官所连章弹劾，有"荷戈之士徒供挑浚，尚方之剑逞志作威"之语，还有"无谋者八，欺君者三"，逼迫熊廷弼"遂交还尚方剑，力求罢斥"。②臣下主动交回，则是避祸之道。如大将军徐达为开国元勋，朱元璋一直允许他在外以便宜行事，因为徐达每次征战，"功成而还，拜上印绶，待命于家，略无几微矜伐之色"③，才得以善终，而子孙也因此得到世袭爵位。再如，顺治二年(1645)，洪承畴被"赐敕便宜行事"，招抚江南，经略西南，屡遭谗毁，多次申请致仕以求自保。因为平定事宜必须依靠洪承畴，几次申请都没有批准，但全国大体平定以后，洪承畴再提出申请，马上就得到了批准，虽然是"特准解

---

① (元)脱脱等:《宋史》卷三七七《季陵传》，第11647~11648页。

② (清)张廷玉等:《明史》卷二五九《熊廷弼传》，第6692~6703页。

③ 《明太祖实录》卷一七一，洪武十八年二月己未条，载《明实录》第一册，台北"中央"研究院历史语言研究所缩编本，1962年，第681页。

任，回京调理”[①]，但夺其便宜权是真。所以《清史稿》论曰：“国初诸大政，皆定自太祖、太宗朝。世谓承畴实成之，诬矣。承畴再出经略江南、湖广以逮滇、黔，皆所勘定；桂王既入缅甸，不欲穷追，以是罢兵柄。”[②]洪承畴能够看到顺治帝不满意，以交出便宜权为自保，才能得以善终。

总之，便宜权的授予在君主专制政体下既是必要的，也是无奈的，还是必然的，而且能以制度予以规范，在具体政务上往往能发挥官员的主观能动性。在君主专制集权制度下，一切设官任职以及机构的调整，无不先从君主的统治利益出发，如故意采取政务系统的多轨多元化，故意造成他们之间的相互牵制和监督，君主一再以便宜权授予臣下，也便于君主控制，所以说是必要的。中国古代有一个难以改变的观念，凡是祖宗定下来的制度，子孙总是表示要“恪守成宪”，不敢轻率改变。

然而社会在不断发展，政治、经济、军事情况也在不断发生变化，祖宗的制度总是不能适应现实的需要。在这种情况下，统治者往往采用一些变通的方式，在不明显变更祖制的情况下，采取一些临时措施，以弥补官制的不足，所以说便宜权授予也是无奈的选择。因为天下事无大小皆决于上，而君主又不能亲临其境，所以君主才能将有的便宜权授予臣下。这也是使君权得以顺利行使的必然措置。用制度进行规范，就能在一定程度上保障君权不会旁落，因此有敕书、凭信等授予制度，也有回收的制度，在法律还有明文规定。典章制度的规范严格、官员缺乏自主的权力，固然可以在一定程度上遏制权力腐败，但也制约人的主观能动性的发挥，特别是在水、旱、蝗等天灾，兵、乱、叛等人祸的情况下，也就难以进行应急处理，因此在制度上授予官员一定的便

① 《清世祖实录》卷一二九，顺治十六年十月庚戌条，载《清实录》第三册，第1001页。

② 赵尔巽等：《清史稿》卷二三七《洪承畴传论》，第9488页。

宜权力,对于应对突发事件、救援救助都有益处,也确保官员能够发挥主观能动性。

明代《诸司职掌》

经朱元璋敕定，于洪武二十六年（1393）三月由内府刊印的《诸司职掌》，被认为“是明初最为重要的职官法典，它详细规定了明朝政府设官分职之制”[①]。或者是“明初最重要的行政方面的立法，为明一代的职官制度奠定了基础”[②]。至于是职官法典，还是行政法典，抑或是令典汇编、综合法典，必须细加分析，才能予以准确定位。

一

《诸司职掌》颁行于洪武二十六年（1393），是朱元璋“以诸司职有崇卑，政有大小，无方册以著成法，恐后之莅官者，罔知职任政事施设之详，乃命吏部同翰林儒臣，仿《唐六典》之制，自五府、六部、都察院以

① 鞠明库：《〈诸司职掌〉与明代会典的纂修》，《史学史研究》，2006年第2期。

② 杨一凡：《明太祖与洪武法制》，载《中国法制史考证》（甲编第6卷），中国社会科学出版社，2002年，第122~139页。

下诸司，凡其设官分职之务，类编为书”[①]。该书是由翟善[②]同翰林儒臣编成的，并得到朱元璋的认可而刊行颁布天下。

《诸司职掌》以吏、户、礼、兵、刑、工六部及都察院、通政司、大理寺、五军都督府为门。

其吏部门有选部、司封部、司勋部、考功部四目，每目之下列有子目。选部下有选官（含作缺、类选、抄选）、衙门、官制、还职役官吏人材生员、给假五个子目；司封部有封爵（含见封、袭封）、封赠（含加赠、追封）、荫叙、诰敕、散官、吏役、勘合、皂隶、到任须知九个子目；司勋部有勋级（含文勋、武勋）、资格（含官、吏）、贴黄、实写、丁忧、致仕、侍亲、更名复姓、杂行（含官吏俸给）九个子目；考功部有考核（含官、吏）、事故（含极刑、老疾、行止、纪录、贡举、朝覲）、诸司职掌三个子目。

户部门有民科、度支科、金科、仓科四目。民科下有州县（含图志、田土、农桑、灾伤）、户口（含丁口、赋役、婚姻、读法）、会计（含粮储、草料、转运、杂行）三个子目；度支科下有经费（含赏赐、月粮、月盐、杂支）、廪禄（含俸给、廪给、行粮马草）两个子目；金科下有库藏（含课程、赃罚、钞法、盐法）、权量（含斛斗秤尺、时估）两个子目；仓科下有征收（含税粮、刍草）、仓庾（含盘拨粮斛、内外仓廒）两个子目。

礼部门有仪部、祠部、膳部、主客部四目。仪部有朝贺（含正旦冬至朝贺、中宫正旦冬至命妇朝贺仪、东宫正旦冬至朝贺、万寿圣节百官朝贺礼仪、中宫千秋节命妇朝贺礼仪、东宫千秋节百官朝贺礼仪）、朝仪（含京官常朝仪、百官朝见礼仪、常朝君父之礼、诸蕃朝贡）、庶人常见

---

① 《明太祖实录》卷二二六，洪武二十六年庚午条，台北“中央”研究院，1962年，第3308页。

② 翟善，字敬甫，江苏泰兴人，洪武二十六年（1393）夏四月，以吏部司封主事署理吏部事，以领衔编纂《诸司职掌》有功，次年升为吏部左侍郎，再迁至尚书，洪武二十八年（1395），以受贿当死，因其父翟谦诉于朝廷，特宥其罪，降为南宁府宣化县知县以终。

礼仪、冠服、皇帝冕服(含衮冕十二章)、东宫冠服(含衮冕九章)、亲王冠服、文武官冠服、命妇冠服、房屋器用等第、亲王冠礼、婚礼(含亲王婚礼仪式、定亲礼物)、公主婚礼(含册公主、册文、公主受醮戒、驸马受醮戒、亲迎、谒祠堂、合卺、见舅姑、赐驸马冠带衣服)、宴礼(含大宴、中宴、常宴)、传制、进春、颁诰、开读、表笺、贡举、学校、旌表、印信、杂行二十四个子目;祠部下有祭祀(含郊祀)、时享太庙、祭社稷、祭山川、祭历代帝王、祭先师孔子、祭先农、祭旗纛、合祀神祇、牺牲、历日、艺术、僧道、祥异、丧葬十五个子目;膳部下有膳羞、厨役、俸给、藏饩、器皿、行移六个子目;主客部下有朝贡、宾客、给赐三个子目。

兵部门有司马部、职方部、驾部、库部四目。司马部下有铨选(含官制、勋录、武官资格、除授官员、袭职替职、升用总小旗)、贴黄(含写黄续黄、缺官、更名复姓)、优给、诰敕(含给授、封赠、加赠)、军务(含开设卫所、整点军士、声息)、赏赐六个子目;职方部下有城隍、军役(含收补军士、重役、冒名、军士缺伍、老疾军人)、关津(含设置巡检司、断发逃军囚徒)、烽堠、图本五个子目;驾部下有卤簿、羽仪、仪仗(含皇太子仪仗、亲王仪仗)、守卫军士食钱、牌面、驿传(含马驿、水驿、递运所、开设驿所、市民马户、囚充站户、应合给驿、应付脚力、陈告消乏、符验、急递铺)、马政(含厩牧、关换、折粮、收买)、力士校尉八个子目;库部下有军器、勘合、给聚、根捕逃军勾捕军士、杂行(含俸给、印色、纸札、考核、拘收皮张、军士盐粮、皂隶)五个子目。

刑部门有宪科、比科、司门科、都官科四目。宪科有律令、问拟刑名、除拨官吏、会计粮储、月支俸给五个子目;比科有律令、类进赃罚、收买纸札、处决重囚、详拟罪名、岁报罪囚六个子目;司门科有律令、编发囚军、皂隶狱卒、营造四个子目;都官科有律令、提调牢狱、拘役囚人

(含真犯死罪、杂犯死罪)、申明诫谕、官吏过名、类填勘合、抄札(含应合抄札)、狱具八个子目。

工部有营部、虞部、水部、屯部四目。营部有营造(含仪仗、城垣、坛场、庙宇、公廨、仓库、营房、狱具)、工匠(含工役囚人、轮班人匠)两个子目;虞部有采捕(含野味、皮张、翎毛)、禁令、军器军装、窑冶(含砖瓦、陶器、铸器、铜铁、铸钱、颜料、纸札、石灰)四个子目;水部有河渠(含河渠、桥道、船只)、车辆、织造(含缎匹、诰敕、冠服、器用、斛斗秤尺)三个子目;屯部有屯种(含开垦、农具、牛只)、坟茔、抽分、夫役、杂行、农桑六个子目。

都察院十二道监察御史职掌有纠劾百司、问拟刑名、出巡、刷卷、追问、审录六个子目。

通政司有出纳帝命、通达下情、开拆实封、关防诸司公文勘合、月奏五个子目。

大理寺有审录囚人参详罪名、合律照驳式、番异式、二次番异式、请旨发落、详拟罪名、月报囚数、处决重囚八个子目。

五军都督府断事官有问拟刑名、起解赃罚、月报军官、处决重囚、详拟罪名、杂行(含工役囚人、官吏俸给、公用纸札、牢狱)、分问衙门(含左司、右司、中司、前司、后司)七个子目。①

当前研究都认为《诸司职掌》是行政法典,因为其“内容涵盖吏、户、礼、兵、刑、工、都察院、通政司、大理寺、五军都督府断事官十门的官职建制沿革和职权范围,成为明初最重要的行政立法,为明一代的

---

① 参见(明)《诸司职掌》,载续修四库全书编写组:《续修四库全书》,上海古籍出版社,2002年,第748册。

职官制度奠定了基础”[①]。唐代的律、令、格、式的区别在于,“令者,尊卑贵贱之等数,国家之制度也。格者,百官有司之所常行之事也。式者,其所常守之法也。凡邦国之政,必从事于此三者。其有所违及人之为恶而入于罪戾者,一断以律”[②]。这里强调“令、格、式”涉及邦国之政,“律”用于断罪。因为明代没有“格”及“式”,所以认为《诸司职掌》与《明会典》都是行政法,但在认识上是有歧义的。[③]

二

《诸司职掌》到底具有什么样的法律效力呢?从永乐开始,到正德时颁行《大明会典》,《诸司职掌》一直影响各项制度的实施,有较高的法律效力。

明成祖朱棣因为《诸司职掌》没有皇后册文格式,所以依据《诸司职掌》完善册立皇后及亲王仪仗礼。[④]靖难之臣广平侯袁容继母罗氏封赠,因不符合《诸司职掌》而破例予以封赠,但下不为例。[⑤]由此可见,《诸司职掌》在具体实施过程中还是能够突破的。

---

① 鞠明库:《〈诸司职掌〉与明代会典的纂修》,《史学史研究》,2006年第2期。另外,杨一凡、刘笃义:《明代例考》,载杨一凡:《中国法制史考证续编》(第一册),中国社会科学出版社,2002年,第162~194页;杨一凡:《注重法律形式和法律体系研究——全面揭示古代法制的面貌》,《法学研究》,2009年第2期;张晋藩、怀效锋:《中国法制通史·明》,法律出版社,1999年,第98~116页。此外多部《中国法制史》均持此观点论述,这里不一一列举。

② (宋)宋祁、欧阳修等:《新唐书》卷六十五刑法志,中华书局,1975年,第1407页。

③ 如认为《大明会典》不具有法典的性质,而只是明朝编纂的一部会典体史书,可参见原瑞琴:《大明会典性质考论》,《史学史研究》,2009年第3期。

④ 《明太宗实录》,卷十四洪武三十五年十一月戊子条,台北“中央”研究院历史语言研究所,1973年,第255页。

⑤ 《明太宗实录》,卷二十五永乐元年十二月癸未条,台北“中央”研究院历史语言研究所,1973年,第479~480页。

明宣宗时，以《诸司职掌》指斥朱高煦“擅改旧制”，因此“逆煦俛首无言，愧悔不及”[①]。宣德四年（1429），北京国子监助教王仙，请按照《诸司职掌》将从八品国子监博士、助教考满升为从七品散官。明宣宗认为“其言皆有理”[②]，同意所请，依《诸司职掌》行，则可见此时《诸司职掌》还能够严格贯彻执行。

明英宗时，吏部验封清吏司主事李贤认为：“《国朝诸司职掌》，于诰敕一事，至为详备，可为万世法程也。”因此要求严格制度，“今后诰敕仍照《诸司职掌》施行”。但制度已经有所变革，所以“命礼部会官议行”[③]。正统四年（1439），因为水灾加旱灾，敕谕公侯伯五府六部都察院等衙门官，列举合行事宜二十二条之二条，即停罢冗官，“自今悉照洪武年间《诸司职掌》官额，选其廉能者存留，其余悉送吏部改除，如无缺员，照依永乐年间事例，放回宁家，俟有缺员，挨次取用”[④]。则可见在正统时期，《诸司职掌》已经与事例并行。正统六年（1441），有关武官子孙及母妻袭封降一品的问题，而按照《诸司职掌》改定母妻先从其夫之品，次从子孙之品，令兵部重新整理诰封。[⑤]正统八年（1443），针对吏科给事中姚夔提出文武官员给予谥号问题，礼部尚书胡濙提出，按照《诸

---

① 《明宣宗实录》，卷五十三宣德四年夏四月戊寅条，台北“中央”研究院历史语言研究所，1973年，第1268页。

② 《明宣宗实录》，卷五十八宣德四年九月乙卯条，台北“中央”研究院历史语言研究所，1973年，第1381~1382页。

③ 《明英宗实录》，卷三十九正统三年二月癸未条，台北“中央”研究院历史语言研究所，1973年，第765页。

④ 《明英宗实录》，卷五十六正统四年六月戊戌条，台北“中央”研究院历史语言研究所，1973年，第1073~1076页。

⑤ 《明英宗实录》，卷八十五正统六年十一月辛丑条，台北“中央”研究院历史语言研究所，1973年，第1703页。

司职掌》所载："公侯卒有谥，文武大臣卒而功绩显卓者，特旨赐谥"[1]，而不能凡是三品以上官都能得到谥号，则可见凡是《诸司职掌》没有规定的事项，可以用皇帝的特旨来定，而特旨正是《诸司职掌》规定的原则。

景泰三年（1452），有关公侯大臣去世免朝时日问题，朝臣认为应该遵照《诸司职掌》规定，而礼部提出"俱如永乐间例"[2]，而没有遵照《诸司职掌》的规定。景泰四年（1453），巡按山东监察御史提出"六部各官或偏执己见"的问题，应该依照"见行事例"，"须会同内阁大臣计议"。景泰帝认为："天下事祖宗立法已定，不可擅自更改"[3]，应该遵循《诸司职掌》。景泰五年（1454），礼科都给事中张轼等提出太常寺不选择给事中、中书舍人为分献官的问题。诏"今后分献官，仍照《诸司职掌》"[4]。景泰六年（1455），有关东宫官考核问题没有遵照《诸司职掌》规定，掌詹事府事礼部尚书章文提出应该按照《诸司职掌》实施，景泰帝"命如《诸司职掌》行"[5]。有关尚宝司、中书舍人、都给事中、行人司正官的考核，"误依在京堂上官例"不予考核，诏仍"依《诸司职掌》，从本部考核"[6]。针对大理寺驳回的案件，刑部、都察院往往"痛肆棰楚，迫其曲承，是致刑狱多冤"，南京大理寺右寺正向敬按照《诸司职掌》规定而"举正其

---

① 《明英宗实录》，卷一〇五正统八年六月癸卯条，台北"中央"研究院历史语言研究所，1973年，第2140~2141页。

② 《明英宗实录》，卷二一三废帝郕王附录卷三十一景泰三年二月癸未条，台北"中央"研究院历史语言研究所，1973年，第4589页。

③ 《明英宗实录》，卷二二九废帝郕王附录卷四十六景泰四年五月丁卯条，台北"中央"研究院历史语言研究所，1973年，第5006页。

④ 《明英宗实录》，卷二三七废帝郕王附录卷五十五景泰五年春正月癸酉条，台北"中央"研究院历史语言研究所，1973年，第5168页。

⑤ 《明英宗实录》，卷二五八废帝郕王附录卷七十六景泰六年九月丁酉条，台北"中央"研究院历史语言研究所，1973年，第5550页。

⑥ 《明英宗实录》，卷二五九废帝郕王附录卷七十七景泰六年冬十月丙辰条，台北"中央"研究院历史语言研究所，1973年，第5557页。

罪”[①]，得到景泰帝认可。亦可知当见行事例与《诸司职掌》冲突时，采取何者，要看具体情况而定。

天顺元年（1457），重新即位的明英宗敕令都察院，“凡遇一应政务，悉依《诸司职掌》及《宪纲》施行，言事必以直道而务存大体，治事必以正法而务循旧章”[②]。认为以前都察院所出现的弊端都是没有遵照《诸司职掌》与《宪纲》所致，而见行事例在具体实施过程中逐渐成为主导。

明宪宗时期，《诸司职掌》与见行事例之间的冲突逐渐增多。如成化元年（1465），国子监助教李伸上言五事之一，荫大臣之子中提出，近日以来大臣致仕而子孙得不到优礼之事，应该按照《诸司职掌》给予大臣子孙世禄，是“朝廷崇德报功之意厚矣”[③]。成化六年（1470），尚书姚夔等会议兴利除害诸措施，提出在京卫所军职，应该“俱视《诸司职掌》定额，罢其老疾庸懦者”[④]的问题。有关御史弹劾官员考核问题，吏部提出应该会官考察，明宪宗认为：“不必复考，有不当者，待考满时奏请处置，按《诸司职掌》”[⑤]进行考核升贬。成化七年（1471），礼部尚书邹干奏请为其父邹济加恩赠一级，因为违反《诸司职掌》规定，特地加恩，而“不为例”[⑥]，亦可见《诸司职掌》执行之严格。刑科给事中白昂等提出大

① 《明英宗实录》，卷二五九废帝郕王附录卷七十七景泰六年冬十月丁卯条，台北“中央”研究院历史语言研究所，1973年，第5562页。

② 《明英宗实录》，卷二七六天顺元年三月戊子条，台北“中央”研究院历史语言研究所，1973年，第5891页。

③ 《明宪宗实录》，卷一十三成化元年春正月己巳条，台北“中央”研究院历史语言研究所，1973年，第285~286页。

④ 《明宪宗实录》，卷七十六成化六年二月乙亥条，台北“中央”研究院历史语言研究所，1973年，第1473~1474页。

⑤ 《明宪宗实录》，卷七十八成化六年夏四月辛亥条，台北“中央”研究院历史语言研究所，1973年，第1509~1510页。

⑥ 《明宪宗实录》，卷八十八成化七年二月戊辰条，台北“中央”研究院历史语言研究所，1973年，第1716页。

理寺“审录罪囚,参详罪名”,应该“使遵《诸司职掌》事例行之”①。这里的事例是《诸司职掌》内新增加的内容。成化九年(1473),巡抚浙江右副都御史刘敷等条上各项事宜中,对《诸司职掌》所载浙江税粮虽然已成四分之一,因为“坍江倒岸,并籍没田地,概欲减征,则税粮视旧益少,而内外供给何以措置?”②申请再减,没有得到批准。成化十年(1474),宁晋伯刘聚卒,其子请追封谥号,因为“《诸司职掌》未有伯追封侯例”③,吏部不同意加封为侯,而明宪宗特命加赠为侯。刑部右侍郎林鹗申请按照《诸司职掌》“所载例赐母敕命”④,特赐其生母敕命。成化十二年(1476),成国公朱仪等陈言十五事之四事,提出“江淮济川二卫,事少官多,宜如《诸司职掌》员数,留官管事,余俱令带俸差操”⑤。户部会议《诸司职掌》规定,“凤阳田土比旧以减十分之八,而税额如旧”⑥,提出以常州等府折银送南京库,抵凤阳税额,对《诸司职掌》的适用性提出质疑并更改。成化十五年(1479),襄王祁镛奏请为生母加封号,因为《诸司职掌》没有规定,所以没有应允。⑦成化十七年(1481),太子太傅

① 《明宪宗实录》,卷九十四成化七年八月己巳条,台北“中央”研究院历史语言研究所,1973年,第1812页。

② 《明宪宗实录》,卷一一九成化九年八月庚申朔条,台北“中央”研究院历史语言研究所,1973年,第2285页。

③ 《明宪宗实录》,卷一二八成化十年五月乙酉朔条,台北“中央”研究院历史语言研究所,1973年,第2433页。

④ 《明宪宗实录》,卷一三三成化十年九月丁卯条,台北“中央”研究院历史语言研究所,1973年,第2507页。

⑤ 《明宪宗实录》,卷一五五成化十二年秋七月戊申条,台北“中央”研究院历史语言研究所,1973年,第2821页。

⑥ 《明宪宗实录》,卷一五七成化十二年九月庚戌条,台北“中央”研究院历史语言研究所,1973年,第2869页。

⑦ 《明宪宗实录》,卷一九七成化十五年十一月壬寅条,台北“中央”研究院历史语言研究所,1973年,第8469页。

英国公张懋提出散官勋级的问题，吏部以为超过《诸司职掌》规定者，可以奏请批准。明宪宗认为："公侯勋号，《诸司职掌》既有定制，不宜轻议。文职考满进阶常例，又非可施于勋臣者。懋等所请，于二义皆无所当，其已之。"[①]

在《诸司职掌》的权威性不断遭到质疑的情况下，君主还在努力维护。成化二十年（1484），礼部尚书周洪谟等提出文职三品荫子入监读书问题，应该"依《诸司职掌》考试，有能通经书大义者方许入监"。不过，因为"加以考试之严，则人皆畏惧，不敢乞恩"[②]，希望按照近例，由礼部审查即可入监读书，得到批准，而《诸司职掌》的规定也就形同具文。

明孝宗时期，《诸司职掌》的权威逐渐减弱，见行事例为具体实施的首选。成化二十三年（1487），南京工科给事中章应玄等言五事之三事，"重爵赏以杜幸门"，提出应该"照《诸司职掌》裁革冗员，以清仕途"。[③]明孝宗仅仅"行所司知之"而已，《诸司职掌》的约束力也逐渐丧失。弘治元年（1488），右评事鲁永清所言三事之三事，刑官委有司勘问之事，出现淹禁，以至于"无辜死于犴狱"的问题，都察院认为刑官"悉照《诸司职掌》行提紧关干证之人，亲自问理"[④]，如果有违，监察官进行弹劾，《诸司职掌》依然为更正现行制度的标准。监察御史王嵩等提出应该修省五事之五事，乃是按照《诸司职掌》所载监察御史的职责，整

---

① 参见《明宪宗实录》，卷二二二成化十七年十二月丙寅条，台北"中央"研究院历史语言研究所，1973年，第3830页。

② 《明宪宗实录》，卷二五四成化二十年秋七月戊戌条，台北"中央"研究院历史语言研究所，1973年，第4293页。

③ 《明孝宗实录》，卷七成化二十三年十一月丁巳条，台北"中央"研究院历史语言研究所，1973年，第137~138页。

④ 《明孝宗实录》，卷一十三弘治元年四月丁未条，台北"中央"研究院历史语言研究所，1973年，第303页。

顿监察事宜,“乞复旧制,以作新庶政”[①]。

弘治二年(1489),太子太保吏部尚书王恕等以灾异言七事之一,就是针对《诸司职掌》有关教官考满以后贬降问题作出修正,今后采用升降级的办法,而不先贬职,“如此则事体适均,人心惬服”[②]。则可见《诸司职掌》实施百余年以后,与现行制度多有冲突,统治者不得不采取补阙的办法予以修订。河南左布政使徐恪责革徽王府承奉司吏,徽王朱见沛请治徐恪罪,明孝宗“以祖训条章并《诸司职掌》俱无承奉司吏典,贻书谕王及各王知之,吏典令照例裁革。谓徐恪处事率易,停其俸两月”[③]。弘治五年(1492),鸿胪寺右少卿李鐩应诏言十二事之一事“定礼制”,要求将“近年行过仪注”增补在《诸司职掌》之后,并与之并行,也只是“命所司看详以闻”[④]。刑科给事中王钦言四事之二事“全台宪”,认为各处巡抚都御史,应该“照《诸司职掌》额数选补”,也只是“下其奏于所司”[⑤],最终不了了之。通政使司奏“建言、自陈,或认罪等奏本,宜遵《诸司职掌》俱赴本司投进,违者请治以罪。礼部覆奏从之”[⑥]。弘治六年(1493),太医院院判刘文泰中伤吏部尚书王恕违例“除授吏

① 《明孝宗实录》,卷一十九弘治元年十月戊申条,台北“中央”研究院历史语言研究所,1973年,第452页。

② 《明孝宗实录》,卷二十八弘治二年七月癸未条,台北“中央”研究院历史语言研究所,1973年,第631~632页。

③ 《明孝宗实录》,卷三十〇弘治二年九月丙子条,台北“中央”研究院历史语言研究所,1973年,第675页。

④ 《明孝宗实录》,卷六十三弘治五年五月乙未条,台北“中央”研究院历史语言研究所,1973年,第1224页。

⑤ 《明孝宗实录》,卷六十八弘治五年十月癸丑条,台北“中央”研究院历史语言研究所,1973年,第1294~1295页。

⑥ 《明孝宗实录》,卷六十五弘治五年七月乙亥条,台北“中央”研究院历史语言研究所,1973年,第1243页。

目，升用御医”，王恕认为自己“俱是遵依《诸司职掌》及见行事例”[①]，最终将刘文泰投入锦衣卫狱。可见《诸司职掌》与见行事例并行的情况。

弘治九年(1496)，有关定襄伯郭嵩之子荫袭问题，是荫袭叔祖之职，因为《诸司职掌》及见行事例没有明文规定，吏部不同意，明孝宗认为：“既例不应袭，其已之。”[②]弘治十年(1497)，宗室为生母请封之事，礼部认为《诸司职掌》没有规定，因此不能够破例。明孝宗认为：“既例不应封，已之。”[③]弘治十二年(1499)，在查革传奉官员问题上，太医院认为《诸司职掌》有“黜陟取自上裁之旨”，应该保留太医院传旨升职者，明孝宗认为：“太医院官系用药有效，传旨升职者，不必查”[④]，所重视的乃是见行事例。弘治十六年(1503)，依照《诸司职掌》所载两京及各布政司铸钱之数，“稍损益之”，而前代的钱依然可以通行。[⑤]工科左给事中张文认为：“《诸司职掌》虽有各处铸钱例，然久已不行，今若令天下一体开局鼓铸，未免冒滥纷扰。”孝宗认为：“铸钱既尝采集众议，今但照原议行之。”[⑥]弘治十七年(1504)，刑部主事朱瑬提出大理寺审录罪囚使用刑讯问题，大理寺卿杨守辨争，认为大理寺是“遵《诸司职掌》问拟审录”。针对双方争论，孝宗“命今后各遵职掌旧制，毋得互相

① 《明孝宗实录》，卷七十五弘治六年五月辛未条，台北“中央”研究院历史语言研究所，1973年，第1406页。

② 《明孝宗实录》，卷一二〇弘治九年十二月丙戌条，台北“中央”研究院历史语言研究所，1973年，第2153~2154页。

③ 《明孝宗实录》，卷一二七弘治十年七月己巳条，台北“中央”研究院历史语言研究所，1973年，第2263~2264页。

④ 《明孝宗实录》，卷一五五弘治十二年十月辛亥条，台北“中央”研究院历史语言研究所，1973年，第2781~2782页。

⑤ 《明孝宗实录》，卷一九六弘治十六年二月丙辰条，台北“中央”研究院历史语言研究所，1973年，第3622~3623页。

⑥ 《明孝宗实录》，卷一九七弘治十六年三月戊子条，台北“中央”研究院历史语言研究所，1973年，第3646~3647页。

偏拗,有乖体统”①。在祭祀社稷日期问题上,御史弹劾礼部所行日期不对,孝宗认为应该按照《诸司职掌》所记日期,“今后只照职掌旧制,用上戊日致祭”②。弘治十八年(1505),礼部尚书张昇等言五事之一“禁侈靡”,请“今后请悉遵《诸司职掌》及《洪武礼制》制度,违者,依律重治”。孝宗认为:“所言切中时弊”③,但令听朝廷处置。工科给事中许天锡等条陈鼓铸弘治通宝事宜十事,认为固然应该按照《诸司职掌》规定鼓铸,但也应该有所变通。④

明武宗时期,《大明会典》的颁行,《诸司职掌》内容被编入会典者则按照执行,新出现的事例则逐渐“著为令”或“著为例”,成为新的事例。如正德二年(1507),“太监李荣传旨,文武官并命妇应得祭葬赠谥恩荫”,这项制度虽然按照《诸司职掌》制度所行,但“时刘瑾方专权,政必已出,又欲裁抑文臣,乃著为此式”⑤。正德四年(1509),翰林院编修李时以六年请归省父母,吏部认为《诸司职掌》及历朝事例都有规定,所以著为令。⑥有关王亲不许仕京职的问题,吏部认为“祖训及《诸司职

---

① 《明孝宗实录》,卷二一五弘治十七年八月乙丑条,台北“中央”研究院历史语言研究所,1973年,第4047~4048页。

② 《明孝宗实录》,卷二一六弘治十七年九月庚寅条,台北“中央”研究院历史语言研究所,1973年,第4063~4064页。

③ 《明孝宗实录》,卷二二三弘治十八年四月丁卯条,台北“中央”研究院历史语言研究所,1973年,第4220~4221页。

④ 《明武宗实录》,卷二弘治十八年六月戊寅条,台北“中央”研究院历史语言研究所,1973年,第80~82页。

⑤ 《明武宗实录》,卷二十四正德二年三月庚申条,台北“中央”研究院历史语言研究所,1973年,第656~657页。

⑥ 《明武宗实录》,卷四十九正德四年夏四月辛巳条,台北“中央”研究院历史语言研究所,1973年,第1118~1119页。

掌》俱无明载”，但按照服制，五服之外不应该限制，得到批准。[1]正德四年（1509），有关大臣三品以上三年考满例得荫子的问题，给事中提出应该按照《诸司职掌》执行，吏部尚书杨一清“以《诸司职掌·荫叙》列司封部下为言”，最终还是按照现行制度执行。[2]

由上可见，《诸司职掌》在明宪宗以后多与见行事例并行，具体实施过程中，除了有关礼仪方面的问题遵照《诸司职掌》外，其余事务则多以见行事例为主，而《诸司职掌》的权威性也不复以往，全面修订也就呼之欲出了。

三

洪武三十年《大明律》颁行时，朱元璋曾经明令将“递年一切榜文禁例，尽行革去”[3]。这里的“尽行革去”乃是他以前发布的榜文禁例，并没有明确讲明以后不再用榜文禁例这种形式，因此给其子孙留下实施新政与修改制度的余地。颁布榜文禁例是祖制允许的，因此自建文帝以后，随时颁布榜文禁例就成为该时期施政的重点。

这种既没有违反祖制，而又与祖制相冲突的做法在新旧交替时就有些名不正了，所以新帝的即位诏书，便明令废除前朝的榜文禁例。如永乐帝即位诏：“建文年间上书陈言，有干犯之词者，悉皆勿论所出，一

① 《明武宗实录》，卷五十六正德四年冬十月甲辰条，台北“中央”研究院历史语言研究所，1973年，第1257~1258页。

② 《明武宗实录》，卷八十七正德五年五月辛亥条，台北“中央”研究院历史语言研究所，1973年，第1864页。

③ 怀效锋点校：《大明律》，法律出版社，1999年，御制大明律序。

应榜文条例，普皆除毁。”[①]仁宗即位诏：“法司今后问囚，今后一依《大明律》科断，不许深文。”[②]宣宗诏书：“今后一应罪悉依《大明律》科断，法司不许深刻，妄引榜文及诸条例比拟。”[③]英宗即位诏：“法司问拟罪囚，今后一依《大明律》科断，不许深文，违者罪之。”景泰帝即位诏：“法司所问罪囚，一依《大明律》科断，不许深文，其有一应条例，并除不用。”[④]这些诏书在明确《大明律》的地位的同时，几乎都明令宣布废除前朝的榜文、条例，而在英宗复辟诏书中则讲：“法司今后问囚，一依《大明律》科断，照例运砖运灰等项，赎罪发落，不许深文。”[⑤]这里则明确了条例的地位，而不再强调“妄引”与“并除不用”，也就所条例成为合法的法规。所以天顺二年（1458），当吏部尚书兼翰林院学士李贤等就提出《诸司职掌》应该重新修订的问题时，明英宗“即命各衙门查报”，将本衙门“委官数员，仍照旧式，类编为书，完备进呈，官为刻印”[⑥]。这里的类编就是所谓的“条格”。明人沈德符认为：“太祖初著《诸司职掌》，至英宗复辟，复命词臣纂修《条格》，以续《职掌》之后。盖《会典》已

① 《明太宗实录》，卷一〇洪武三十五年秋七月壬午朔条，台北“中央”研究院历史语言研究所，1973年，第146页。

② 《明仁宗实录》，卷一永乐二十二年八月丁巳条，台北“中央”研究院历史语言研究所，1973年，第20页。

③ 《明宣宗实录》，卷五洪熙元年闰七月己亥条，台北“中央”研究院历史语言研究所，1973年，第126页。

④ 《明英宗实录》，卷一八三正统十四年九月癸未条，台北“中央”研究院历史语言研究所，1973年，第3559页。

⑤ 《明英宗实录》，卷二七四天顺元年正月丙戌条，台北“中央”研究院历史语言研究所，1973年，第5797页。

⑥ 《明英宗实录》，卷二八八天顺二年闰二月丁丑条，台北“中央”研究院历史语言研究所，1973年，第6171页。

权与于此,但未及成帙耳。”①这应该是《明会典》编纂之始。

既然开了先例,也就有了正当的理由,《诸司职掌》的修订也就在所难免。成化六年(1470),翰林院侍读尹真等认为国朝典章“虽有《诸司职掌》一书,然遗漏尚多,更革不一,或事同而例异,或名有而实无,百年于兹,未有定制,欲示治平之永,则合梓典章之大成”。因此奏请设局纂修,将“《诸司职掌》而删润以为《大明通典》”。②许多官僚都认为:“必得删订增广成书,使一代之制,粲然明白,垂之万世,而足征可也。”③成化十年(1474),兵科给事中祝澜提出《诸司职掌》没有备载的事例,应

---

① (明)沈德符:《万历野获编》,(卷一重修会典),中华书局,1959年,第25页。“《会典》一书,盖仿《唐六典》而加详焉。太祖初著《诸司职掌》,至英宗复辟,复命词臣篡修《条格》,以续《职掌》之后。盖《会典》已权与于此,但未及成帙耳。至弘治十年丁巳始创立,此书成于弘治十五年,赐名《大明会典》。进呈之日,上御奉天殿受之,宴总裁刘健等于礼部,命英国公张辅侍宴,典极隆重。即日孝宗御制序序之,但未及刊行。至正德四年,删润而登之板。又至嘉靖八年,世宗再命诸词臣重修之,已有绪矣。二十四年春,阁臣严嵩等又请续添新例,以成全书。上允之。至嘉靖二十八年而始成。初则张永嘉、桂安仁、夏贵豁等为政,以故如宗献王,如分郊,如四禘,如改制冠服,俱详载新制,而旧仪反略焉。又,礼部仪司所列大行皇太后丧礼一款,则兴献王之章圣蒋后,反居太祖孝慈马后之前。至其后又皆严分宜总裁,徒知取媚主上,而紊礼逾法则极矣。进呈御览之后,世宗留之禁中,不制序,不发刊,圣意深矣。至今上四年,又命辅臣张江陵等偕史臣重修,至十五年始竣事,今刊行者是也。盖此书虽四修,而人间传行板本,止正德与万历两部而已。”

② 《明宪宗实录》,卷七十五成化六年春正月丙午条,台北“中央”研究院历史语言研究所,1973年,第1453~1454页。

③ (明)陆容撰,佚之点校:《菽园杂记》(卷十一),中华书局,1985年,第132~133页。“《诸司职掌》是唐、宋以来旧书,本朝因而损益之。洪武二十三年,改户、刑二部所属皆为浙江等十二部,后又改六部,子部为清吏司。然今衙门名目,制度改革,官员品秩,事体更易,又多与国初不同,亦多该载未尽者。衙门名目不同,如吏部所属文选等四清吏司,旧云选部、司封等部;鸿胪寺旧云仪礼司之类是也。制度改革不同,如北平都、布、按三司,今改为顺天府,并直隶府卫,承天门待诏、观察使、中都国子监、回回钦天监、五军断事司、蒙古卫,今皆裁革。旧有左右春坊而无詹事府之类是也。官员品秩不同,如六科都给事中正八品,左右给事中从八品,给事中、行人司正俱九品,各衙门司务、行人司行人皆未入流之类是也。事体更易不同,如兵部之整点军士,飞报声息,旧属司马部,今属职方清吏司之类是也。该载未尽者,如兵部之将官、将军、勇士之类是也。必得删订增广成书,使一代之制,粲然明白,垂之万世,而足征可也。”

该将“见行条例刊板印行,则天下皆可遵守而无惑矣”①。经礼部会议,仅能够遵从部分事例,其余还要遵从《诸司职掌》,而弘治编纂《会典》时,则遵从这个原则,即先《诸司职掌》,后列事例。

《御制明会典序》云:“发中秘所藏《诸司职掌》等诸书,参以有司之籍册,凡事关礼度者,悉分馆编辑之。”②是最初的《大明会典》主要以《诸司职掌》及各衙门见行事例为本。《明会典·弘治间凡例》云:“本朝旧籍,惟《诸司职掌》,见今各衙门遵照行事,故《会典》本《职掌》而作。”其基本原则是:“官制衙门《诸司职掌》所载,具有次第,今另开衙门,以此为准。”“其类注有不尽者,依《诸司职掌》例,各注于本条之下。”“衙门官职品,有定于《诸司职掌》之后者,今仍书职掌旧名,而各注其下。”“《诸司职掌》所开衙门,皆今之南京,后两京并置,以北京为政令所出,故事例悉载于是,而两京衙门各开于后,其见行事例有不同者,则另书之。”“户口赋税等数目则例,《诸司职掌》所载,后有增减不同者,各书原数之后。”“仪注依《诸司职掌》,各具于本事之下,惟先定者备书,间有损益,止书损益者于后。”“郊社等项图式,《诸司职掌》所载,皆存其旧,有未备者,则补之。”③这里涉及职品、官制、户口赋税、仪注、郊社等,除了《诸司职掌》所载之外,以见行事例增补损益。万历《明会典·重修凡例》云:“《会典》旧列《诸司职掌》于前,历年事例于后,然《职掌》定于洪武二十六年,而洪武事例,有在二十六年之前者,不无先后失序。今皆类事编年,凡《职掌》旧文,俱称洪武二十六年定。”④这样的处理,

① 《明宪宗实录》,卷一二九成化十年六月壬戌条,台北“中央”研究院历史语言研究所,1973年,第2448页。

② (明)申时行等修:《明会典》,中华书局,1989年,序1。

③ 同上,凡例5。

④ 同上,凡例7。

便使《诸司职掌》不能再单独援引，而《大明会典》的援引，则替代了《诸司职掌》。

要想说明《诸司职掌》的性质，就必须讲明《大明会典》的性质。《明会典》在学界颇有争议，大致有三种看法：一是行政法典[①]；二是法令汇编[②]；三是典章制度史书，或者是会典体史书[③]。都是从不同角度来理解，行政法典之说是以现代的眼光来看，未免有些偏见。史书说者是以史学史角度而言，因此将历年事例编排起来。法令汇编说者则以当时的法律而言。

无论是行政法典，还是法令汇编，抑或是史书编纂，都是在没有弄清楚明代法规体系的基础上形成的，对于这个问题，明人已经给予了关注。如“太祖高皇帝，稽古创制，分任六卿，著为《诸司职掌》提挈纲领，布列条贯，诚可为亿万年之大法也”[④]。《礼部志稿·纂志凡例》云：“其不专于礼而礼政居多者，曰《皇明祖训》，曰《大诰》，曰《大明令》，曰

---

① 蒲坚：《中国法制史》，光明日报出版社，1987年，第190页；曾宪义主编：《中国法制史》，北京大学出版社，2000年，第203页；林明：《中国法制史》，上海人民出版社，2003年，第222页；朱勇主编：《中国法制史》，法律出版社，1999年，第70页；张生、李超：《中国法制史》，法律出版社，2001年，第116页；林咏荣：《中国法制史》，大中国图书公司，1976年，第62页；郑杰：《行政法文献巨篇——略谈清代五朝会典》，《行政法学研究》，1999年第1期；陈国平：《明代行政法研究》，法律出版社，1998年，第4~7页。

② 张晋藩、怀效锋：《中国法制通史》（第7卷），法律出版社，1999年，第25、43页；张晋藩：《中国法制史》，群众出版社，1992年，第365页；叶孝信主编：《中国法制史》，复旦大学出版社，2002年，第293页；钱大群：《明清〈会典〉性质论考》，载中国法律史学会编：《法律史论丛》（第4辑），江西高校出版社，1998年，第78页；鞠明库：《万历〈会典〉的编纂特色及其存在的问题》，《图书馆杂志》，2004年第12期；杨一凡：《明太祖与洪武法制》，载《中国法制史考证》（甲编·第6卷），中国社会科学出版社，2002年，第122~139页。

③ 瞿林东：《中国史学史纲》，北京出版社，1999年，第598页；金毓黻：《中国史学史》，商务印书馆，1999年，第162页；商传：《〈明会典〉及其史料价值》，《史学史研究》，1993年第2期；原瑞琴：《〈大明会典〉性质考论》，《史学史研究》，2009年第3期。

④ （明）申时行等：《明会典·正德四年御制明会典序》，中华书局，1989年，序1。

《教民榜文》，曰《诸司职掌》，典礼之盛，彻今古，通幽明，极天地，和上下，优优大哉，不可以加矣。”[①]基本上都将《诸司职掌》的地位视为王朝的“大法”，这个“大法”是什么性质？也有一定的辩解。

明人丘濬认为：唐代是律、令、格、式，宋代则是敕、令、格、式，明代的法律则兼有律、令、格、式及编敕的功能。律与令的关系是“令以教之于先，律以齐之于后”。“律者刑之法也，令者法之意也，法具则意寓乎其中。”此外《洪武礼制》《诸司职掌》《大诰》等，“凡唐宋所谓律、令、格、式与其编敕皆在是也，但不用唐宋之旧名尔”。作为基本法律应该是律与《大诰》，所以朱元璋所做《祖训》有“子孙做皇帝时，止守律与《大诰》，而不及令，而《诸司职掌》于刑部都官科下具载死罪，止载律与《大诰》中所条者可见也。是诰与律乃朝廷所当世守，法司所当遵行者也。事有律不载，而具于令者，据其文而援以为证用，以请之于上可也”[②]。认为除了“诰”与“律”应该遵守奉行外，凡是“诰”与“律”不载者，可以援其文上请。《诸司职掌》是可以援引的条文，当然也就具有法律效力。其法律层面相当于“格”与“式”，尔后的《大明会典》的编纂则确立了“则例”的地位。

《诸司职掌》所规定的细则成为以后修订“则例”的基础，也是当时重要的法律形式。“则”是法则、准则或规则之意；“例”是指先例、成例或定例。其名起于唐、五代时期，是一些中央机构及地方官府在实施某些职权过程中而制定的规则，在本部门得以应用，对整个社会的影响及作用并不明显。明代的则例涉及王朝各项事务管理，广泛适用于行

① （明）林尧俞等纂修、俞汝楫等编辑：《礼部志稿·纂志凡例》，台湾：商务印书馆影印文渊阁四库全书本第597册，1986年，第1页。

② （明）丘濬：《大学衍义补》，卷103，《治国平天下之要·慎刑宪·定律令之制》，台湾商务印书馆影印文渊阁四库全书本第713册，1986年，第20页。

政、经济、军政管理等领域。除了各部门的则例之外，还有许多单行的则例，如赋役则例、商税则例、开中则例、捐纳则例、赎罪则例、宗藩则例、军政则例、官吏考核则例、钱法则例、钞法则例、漕运则例、救荒则例等，涉及的领域十分广泛，与各部、院、寺、监、府的则例共同成为规范行政机构活动的规则，在政务具体执行过程中起到重要而独特的作用，也成为主要的法律形式之一，并且为清代所因袭。

在法律适用方面，律例与则例存在处罚方式、处罚范围、处罚对象、主管部门的不同。在实际运用过程中，律例规定的刑罚，官吏则主要以则例规定的处罚为主。如《诸司职掌·刑部·都官科·提调牢狱》条规定，牢狱管理方面如果出现淹禁、克扣狱囚食粮、开放枷锁、私通信息等行为，要“提牢官审察明白，呈堂整治”[①]。也就是说由刑部堂官（刑部尚书）决定行政处罚，即按照罚俸、降级、革职来处分。罚俸有一月、二月、三月、六月、九月、一年、二年、三年，共八等。降级则分调用、留任，降级调用从降一级到降五级，分为五等；降级留任从降一级到降三级，分为三等。革职分革职留任、革职、革职永不叙用、革职交刑部审拟。由轻及重，直至追究刑事责任。那么按照《大明律》的规定，这些行为都要受到笞杖处罚。因此可以看出则例与律例互为表里，互为发明，体现出以律例为基点，而自律而外颁而奉行者有则例，可见二者相通之处颇多，也可以看出明代法规体系所展现出的整体性、系统性和周延性的特点，从中可以体会明代政治制度所蕴含的深意和魅力。

① （明）《诸司职掌》，载续修四库全书编写组：《续修四库全书》，上海古籍出版社，2002年，748册第740页。

明代的常礼与应用

古人认为,人的行为都要按照常规而正礼,就是常礼,如果不按照常礼行事,就是变礼。正如《礼记》讲:“谓不得正礼,故谓之变,以其变常礼也。所以有变者,或时有迫促,或事有忌讳。”[①]要改变常礼,必须有一定的原因,是因时因事。在一般的情况下,都要遵循常礼。常礼应该是为时人所认可的礼节,具有恒久、质、始终不变、一般、普通、正常的意思,在《尔雅》中,将典、彝、法、则、范、矩、庸、恒、律、职、秩等都解释为“常也”,说明“常”就是规则,而这种规则来源于人民遵守的习惯,与社会发展是合拍的。管子认为:“天有常象,地有常形,人有常礼,一设而不更,此谓三常”(《管子·君臣》)。常礼是人之常行,是与天地自然规律相符合的。

一

在古代有关五礼中,一般原则性规定是制度层面的礼,与一般仪

① 《礼记注疏》卷九《檀弓下》,见阮刻《十三经注疏》,中华书局,1979年,第1302页。

注，也就是制度规定的礼节有所区别。从制度层面来考察五礼，主要有五：一为常礼，指长期遵循不变之礼；二为变礼，指已有所变化之礼；三为新礼，指新增之礼；四为稍礼，即在常礼上稍加隆重；五为隆礼，因有大事或加重礼节。在具体实施过程中有“权”，但“权不离经，权所以济经也，故曰权而得中，是乃礼也，只是于事之常者用常礼，事之变者用变礼，权只是礼之变者，非有背乎礼，乃委曲以成乎礼也，故曰权非体道者不能也”①。在礼的原则基础上，以加减礼节以区别轻重，而加减礼节是基于常礼而来的。

常礼是长期遵循不变的礼，所以历代都非常重视常礼的构建，因为其对巩固与维护统治秩序最为有效，是“尊君父，卑臣子，其仪不易”的大节。由于常礼是“礼典不悬者”，所以在各种礼典中往往不记载常礼的具体仪式，而随着社会发展，具有传统意义的常礼反而被遗忘了，但其总的原则没有改变，即是“君明、相信、五官肃、士廉、农愚、商工愿，则上下(各得其)体，而外内别也”②。这是常礼的别尊卑、明上下的作用，既是“君子之所行，当以守常为贵”③，也是历代统治者所提倡的行为准则。

“国之常礼，则不书之于册也，夫所书者，或志其过时，或刺其失礼，皆非徒然。”④对于一般常礼，典章制度多不记载其仪式，只是在超

---

① (明)蔡清：《四书蒙引》卷十二《离娄·章句上》，台湾商务印书馆影印文渊阁四库全书，1986年，第33页。

② (唐)房玄龄注：《管子》卷十《戒第二十六·内言九》，台湾商务印书馆影印文渊阁四库全书，1986年，第17页。

③ (宋)李樗、黄櫄：《毛诗集解》卷二十二《小雅·鸿雁》，台湾商务印书馆影印文渊阁四库全书，1986年，第12页。

④ (宋)章如愚编：《群书考索续集》卷十二《经籍门·春秋·隐公》，台湾商务印书馆影印文渊阁四库全书，1986年，第24页。

出常礼范围,或高于常礼,或低于常礼的情况下,史籍才记载其事,以体现常礼待常人,隆礼待圣德,是“古语有云:凡天下之常礼,止可以论天下之常人。若夫圣德非常之士,虽至尊如君,苟无其德,不得而以之为臣;至亲如父,苟无其德,不得而以之为子”[①]。可以说,常礼是有关礼仪的一般原则性规定,是制度层面的礼,与具体的仪注是有所区别的,因此考察礼仪中的常礼应用,主要应看其基本原则和一般性规定是否得到遵行。

常礼的范围应该说是很广泛的,举凡衣食住行、居家相处、在学师友、为人处世、聚众会餐、出门会客、旅行问俗、亲友馈赠、往来庆吊、彼此称呼等都有一定的礼节, 这些礼节是人类社会所不能够缺少的事情。虽然随着社会的发展,礼节仪式的繁简及形式会发生一些变化,但出于对别人及自己的尊重,以及人与人感情的交流,总会有一些被称为常态的礼节。

中国传统礼俗观念特别强调别尊卑、明上下,所尊奉的是人际之间尊卑有别,所崇尚的是以忠孝为核心的儒家伦理。一般来说,伦理道德与政治制度是两个不同的领域,政治制度与伦理道德相分离,是社会政治发展的必然趋势。然而在中国历史上,这种分离始终没有完成。在中国传统政治观念中,社会等级关系往往就是家庭内部伦理关系的延伸,以“父慈、子孝、兄良、弟悌、夫义、妇听、长惠、幼顺、君仁、臣忠,十者谓之人义”(《礼记·礼运》)。由父子推及君臣,形成“人之五伦”,即:君臣、父子、夫妇、兄弟、朋友。于是,“父子有亲、君臣有义、夫妇有别、长幼有序、朋友有信”,成为儒家礼法礼俗的价值核心。然而历代统

① (清)喇沙里、陈廷敬等具呈:《御制日讲四书解义》卷二十一《孟子·万章章句上》,台湾商务印书馆影印文渊阁四库全书,1986年,第14页。

治者并不是提倡双方都有的相应义务，而是强调下对上的单方面义务，明确尊卑上下的关系，卑幼必须屈从尊长，下级必须服从上级，因为“人有五常之性，天命也，发为君臣。父子、兄弟、夫妇、长幼、朋友之道天伦也，天伦之常，天命之本”。将这些解释为顺乎天而应乎人，不允许提出任何质疑的“天道”，要求“循天之理以治天下国家，故天命立；天伦正，而治功成风俗淳”[①]。为了维护所谓的“天道”，统治者不但在思想上不断向社会灌输，而且在政治制度上予以推广与保障，形成一套有律法作保障的，以传统的“礼”为基础的制度，以及约定俗成而渗透到当时人们日常生活中的习俗习惯，制度与习惯彼此照应，以完成教化与规范功能。因此通过这一套无所不在的礼俗教化，要求人们“循五常之性，施之五品之伦，本于身，行于家，达于乡党州闾，使皆兴于善”[②]。由个人、家庭扩大到国家和社会，这种贯穿于人们的思想观念渗透到各种制度当中，形成所谓的“常礼”。

常礼基于人之“五常”，即：仁、义、礼、智、信。五常是古人规范个人的行为，调节各种人际关系的必备条件，称之为“五常之性”，将之与“三纲”联系在一起，就成为维系社会等级秩序的重要条件。如果谁要破坏“五常之性”，不按照常礼行事，就很难立于当世。

明代中后期的文渊阁大学士李东阳曾经讲述过《都城故老》的事情，以为：“民函五常之性，刚柔缓急音声不同，系乎水土之风气者谓之风。”认为只要按照常礼，人人都会有善报，违背常礼则必遭报应，且举其所知为例：一是在某国公府为教书训导的刘志，国公“欲迁其嫡母之

① （明）方孝儒：《逊志斋集》卷十六《石镜精舍记》，台湾商务印书馆影印文渊阁四库全书，1986年，第19页。

② （明）王直：《抑庵文集》卷三《太平府修学记》，台湾商务印书馆影印文渊阁四库全书，1986年，第12页。

墓，而以生母配葬”，便请刘志代具奏草，刘志认为这不符合常礼，便婉言拒绝，而国公便请另外一名训导钱暄草疏以进，结果引起明英宗的震怒，严饬查办，将钱暄枷号于市。遵循常礼者虽然得不到什么好处，但违背常礼者却会受到惩处。此外，李东阳又举例讲，寓居于京师的姑苏人徐本，“素习家礼，士大夫家有事敛殡，请之必往，然非礼致不轻造访，访亦不俟茶而出”。严格按常礼行事，虽然“气棘棘好面折人过”，有些不近人情，但受人尊重，能够“年八十余乃卒”，算是享尽人间“五福”（寿、富、康宁、攸好德、考终命）之中的“寿”“康宁”“考终命”三福，也是循常礼所得。那么鬻酱为业，被人呼为“酱杨”的商人，在明英宗复辟的时候，“武官胄士争乘势纳赂以冒官赏”，别人劝他也纳贿买个官，酱杨说：“我粗人，无食肉相，财帛非所惜，恐反蹈祸机耳。”坚决不随波逐流，结果是“不越岁，冒官者事败，尽革职任，或遭贬窜”。酱杨因循本分，虽然没有取得“贵”，但也“富”终生，得到“五福”之中的“富”“康宁”“攸好德”三福。

遵守常礼者有福，不按常礼，或者是违背常礼，必然要受到惩罚。李东阳以寓居于京师的姑苏人陈谦为例，该人能够模仿元人赵孟頫的字迹，于是“时染古纸为作赵书，猝莫能辨，购书者踵接户外，势家贵人每酬以金帛”。陈谦以此发家，但其死后，“家所蓄古书名画，其子并其屋尽鬻之”，最终也没有给子孙留下什么财富。此外，没有什么官阶的府军卫籍蔡通，退伍之后，常常到皇城外散步，默数城墙损坏的砖瓦数目，然后“佣善书人具奏疏，赴通政司上之，请命工修葺”。一个平头百姓的建议，触动了官僚们的利益，所以“事下工部，寝弗行”。然而蔡通不明事理，依然寻找机会具奏，最后卖掉其妻的银簪，才能够具疏上之，却不想被工部郎中项文泰“恶其渎也，送法司讯治之”。结果因赎罪

而费家赀，其妻若子交怨不置，蔡通也因此“郁悒以死”。蔡通违法常礼所遭受惩罚，在别人看来是多此一举，不在其位不谋其政，但他所关注的事情是亲眼所见，所以他说：“自某年至某年，已加损若干数矣，久而不治，必大坏极弊，所费何可胜计哉。”他应该是为王朝考虑，但“彼所谓有官禄者，不能触类而长，计直而事，而顾笑且抑之，独何心哉，独何心哉”①。可见，常礼要求人们认命守分，但也潜存着依靠自己的能力，通过允许的途径来改变自己社会地位，最终争取到自己期望的身份等级的可能。因此，历代统治者在强调礼义观念时，一方面依赖于礼治礼俗，另一方面则利用自己的社会身份，在一定情况下变通礼治礼俗，以提高自己的道德声望，巩固自己的统治基础，而作为“五常之性”的常礼应用，更是统治者经常运用的手段。

二

常礼在日常生活中随意就可以做到，既不费力，也不劳神，是日常生活细节中的礼貌礼仪。在现代社会，这种日常生活的常礼是社会文明的体现，而在古代社会，既是当时社会文明的体现，也是儒家伦理纲常的体现。礼仪制度和习俗，历来被作为体现“治世”的标志，是所谓的“礼乐教化”，并以此为准则来评人论事，而“生活常礼”，与那些繁文俗节还是有一定区别的。

明代宫廷礼仪中，常礼应用于各种礼仪之中。如册立皇后、皇太子的进册仪中的“前导侍从，警跸如常仪”；“设皇后御座于中宫殿上如常

① （明）李东阳：《懐麓堂集》卷七十一《都城故老传》，台湾商务印书馆影印文渊阁四库全书，1986年，第4~5页。

仪”;“尚宝卿捧宝前导,侍卫如常仪”;“内使监官陈御座香案于奉天殿如常仪”等。[①]再如,大将奏凯仪中有,“皇帝常服乘舆出,升楼即御座,侍卫如常仪”;“文武官就位,四拜搢笏,舞蹈山呼如常仪”。论功行赏仪中有,“内使监陈御座香案于奉天殿如常仪”;“进表称谢如常仪”。[②]皇太子婚礼中有,“内使监设御座香案于奉天殿正中如常仪”;“内使监官设御座于奉天殿如常仪”;“侍卫擎执导从如常仪”;“左右侍御如常仪”;“障扇侍从如常仪”;“左右侍从如常仪”等。[③]亲王分封受册宝仪中有,“皇帝出御奉天殿, 尚宝卿奉宝及导从奏乐如常仪”;“文武百官迎诏书,开读于午门外,颁行俱如常仪”;“奉天殿内外陈设侍卫,奏乐鸣鞭如常仪”等。[④]册妃礼中有,“诣庭中受册,位立侍从如常仪”;“引内命妇诸亲,以次贺如常仪”等。[⑤]皇帝生日的天寿圣节,“赐宴华盖殿如常礼”[⑥]。钦天监奏祭祀日期时,“皇帝升座,百官叩头如常礼”。[⑦]这些常礼就是按照礼制规定的礼节,如“四拜搢笏,舞蹈山呼如常仪”,就是“赞搢笏,鞠躬三,舞蹈赞,跪唱山呼,百官拱手加额曰‘万岁’;唱,山呼曰‘万岁’;唱,再山呼曰‘万万岁’。凡呼万岁,乐工军校齐声应之”[⑧]。这是礼制规定的常用仪式,是所谓的常仪或常礼。

此外,在祭祀大社、大稷的祝文中有:“谨因仲秋,祗率常礼,敬以牲帛,嘉荐醴齐备,兹禋瘗用伸报本。”祭祀后土的祝文有:“爰兹仲秋,

---

① 《明太祖实录》卷28,吴元年十二月乙丑条。
② 《明太祖实录》卷33,洪武元年闰七月条。
③ 《明太祖实录》卷37,洪武元年十二月癸酉条。
④ 《明太祖实录》卷51,洪武三年四月条。
⑤ 《明太祖实录》卷52,洪武三年五月乙未条。
⑥ 《明太祖实录》卷156,洪武十六年八月戊午条。
⑦ 《明世宗实录》卷191,嘉靖十五年九月戊午条。
⑧ 《明史》卷53《礼志七·嘉礼一·大朝仪条》,第1350页。

揆日维吉，恭修常礼，荐于大社，惟神水土平治，永赖其功。”[①]这种常礼是一般祭祀规模，是按照规定的礼制进行。

“常仪”与“常礼”是基于儒家伦理道德，明确尊卑上下等级之常，也是当时人习以为常的常，是不能随意改变的。所以“朝有朝仪，射有射仪，车有车仪，乐有乐仪”，不能够紊乱，尤其是宾仪事关国家大体，容不得有失，“盖朝觐宗遇，岁有常礼，弁冕绅緌，四方朝贡，鳞次辐集，交际酬酢，爵列少紊，则礼容乖错，而位者不恪，其系于观瞻岂细事哉”[②]。但统治者灵活运用常礼，在常礼上略为加减等级，往往会收到“亲亲和睦”“崇尚孝道”“至德至善”等美誉。如洪武二十六年(1393)，定诸王来朝仪，“凡伯叔兄见天子，在朝行君臣礼，便殿行家人礼。伯叔兄西向坐，受天子四拜。天子居中南面坐，以尚亲亲之义，存君臣之礼”[③]。这是既讲君臣关系，又有亲亲之谊，但毕竟是拘谨，所以明成祖朱棣改为：“亲王来朝，初至及将归，宴于华盖殿为常礼。闲暇就宫中会宴，以叙亲亲之情者，不必拘也。”[④]史家评论明成祖在“革除之际，倒行逆施，惭德亦曷可掩哉”[⑤]。这实际上是明成祖假亲亲之谊，而掩饰其用法特苛，诛除异己的行为。

无论是故意掩饰，还是出于人之本情，在常礼上略有加减，统治者都希望能够收到对自己有利的效果。钦定儒家思想体现了政治统治建立在伦理道德的基础之上。在治国原则上，主张以道德治国，所以统治

① 《明太祖实录》卷34，洪武元年八月戊寅条。

② (明)王志长：《周礼注疏删翼》卷26《小行人》，台湾商务印书馆影印文渊阁四库全书，1986年，第31页。

③ 《明史》卷53《礼志七·嘉礼》，第1354页。

④ 《明太宗实录》卷47，永乐三年十月戊寅条。

⑤ 《明史》卷7《成祖纪三》，第105页。

者如果能够妥善运用常礼，既可以得到伦理道德表率的效用，又可以起到教化全国子民的功效，成为道德伦理的楷模，博得贤君明主的声名。如宣德帝要带着皇太后、皇后去谒长陵和献陵，先征求重要的辅臣蹇义、杨士奇、杨荣、金幼孜、杨溥等的意见，这些人认为："皇太后圣孝，陛下敬承之，天理人心之正也。"经过准备以后，在谒陵启程之时，宣德帝与皇太后、皇后到奉先殿告慰先祖，然后启程，本来前两天密云布雪，天气不好，但出发时，"天气和畅，道路洁清，风埃不作"。在路上，宣德帝"躬橐鞬骑，导皇太后辇至清河桥，下骑扶辇，既渡桥，上复乘骑"。这种行为超出一般常礼，而当时"畿甸之民迎拜夹道，瞻望感悦，山呼之声，震动林野"[①]。不但成为伦理道德表率，而且让畿甸之民看到自己的孝行，且通过畿甸之民之口传诵天下，而史臣也会大书特书，以致清康熙帝也不无感叹地讲："尝阅《明宣宗实录》，其奉侍母后和敬有礼，至今览之，犹足令人感慕。朕尝思先王以孝治天下，故夫子称至德，要道莫加于此。自唐宋以来，人君往往疏于定省，有经年不一见者，独不思朝夕承欢，自天子以至于庶人，家庭常礼出于天伦至性，何尝以上下而有别也。"[②]将宫廷常礼改为家庭常礼，这样就使宣德帝博得"陛下圣孝"之名，既期望能够得到"祖宗在天之灵应当永佑"，又"足以感格天人"[③]，收到统治者预期的效果。

明初制定的"郊社宗庙礼"就规定皇帝"岁必亲祀以为常"[④]，这就是所谓的常礼。明代规定："天子所亲祀者，天地、宗庙、社稷、山川。"[⑤]

① 《明宣宗实录》卷63，宣德五年二月乙未条。

② 《圣祖仁皇帝御制文集》卷二十七《杂著》，台湾商务印书馆影印文渊阁四库全书，1986年，第30页。

③ 《明宣宗实录》卷63，宣德五年二月乙未条。

④ 《明史》卷2《太祖纪二》，第19页。

⑤ 《明史》卷47《礼志一》，第1125页。

如果违反这种常礼，群臣就会认为是违制，要具奏抗争。如嘉靖十一年(1532)，应该“肇举祈谷礼于圜丘，帝不亲祀”。对于这种有违常礼的做法，户科给事中叶洪便上疏谏诤，结果是“帝责洪妄言”。在“大礼议”之时，嘉靖帝要重新勘定礼仪，言官违背君主意志，即便是基于礼之有常，但不明当时政治趋势，也就无怪乎“居二年，复以大计夺其职。言者屡讼冤，不复用”①，仕途也就从此结束。还有，嘉靖十三年(1534)，在正月祭祀太庙的时候，嘉靖帝以“圣体违和，暂遣勋臣代祭”，而四月初一，又当祫享太庙，嘉靖帝又托故不准备亲自祭祀。于是，户科给事中张选以自己言官之责所在，便上疏敦请嘉靖帝亲自祭祀。疏中引用《论语》的“吾不与祭，如不祭”；《左传》的“神不享非类，宗庙之祭，不可不躬不敬不诚也”。认为嘉靖帝派遣勋臣郭勋替代祭祀，是“异姓之臣气脉不通，祖宗在天之灵，恐不来享”。如果皇帝不祭祀，“则迹涉怠玩，惧无以风四方而示来世也”。嘉靖帝看后，很不高兴，发下圣旨云：“时享命官，一时权暂，皆非无故，是否朕偷安忽祀，礼部看了来说。钦此。”时主持礼部的夏言只好回复，先找出三月二十八日的圣旨：“朕连日未出视事，咳疾之患，犹未尽除，孟夏时祫享祖考，暂命武定侯勋代之，朕仍须静适一二旬，遇神气和平之日，间出视事，卿等即录示礼官，以共悉朕意。钦此。”有了皇帝患病的理由，然后引用《周官·大宗伯》等经书所载的内容，认为：“今陛下以圣躬未康，遣官代事，乃礼之正”；即便是派遣勋臣，也是遵循周礼孔孟之训，“所谓神不享非类者，盖指立异姓以莅宗祀之谓，非指代祭言也”。于是指斥张选，“官以谏名，学未闻道，不以保君身体为念，而独以岁事常礼为拘，君父之情不通，臣子之心安

① 《明史》卷206《叶洪传》，第5456页。

在？推原措意，不过邀名，遂致谬迷，堕于诽讪，相应重治，用警将来”。

在官场上官官相护之习已经根深蒂固的当时，无限上纲乃是为了脱罪，所以在上纲之后，转而辩护云：“但昨来先奉圣谕，未能遍播廷臣，(张)选罔有闻知，轻率发议，伏望皇上少霁天威，曲垂开赦。”殊不想嘉靖帝是“威柄在御，要亦中材之主也矣”[1]。他明白官僚们的手段，所以接到夏言的奏疏即下圣旨云：“你部里既看得明白，罪人自无可释之理，如何末复，回护他，知道了。钦此。”[2]你为什么不拟定张选的处罚呢？是不是官官相护？夏言再辩解，“帝愈怒，责言等党比。命执(张)选阙下，杖八十。帝出御文华殿听之，每一人行杖毕，辄以数报。杖折者三。曳出，已死。帝怒犹未释。是夕，不入大内，绕殿走，制《祭祀记》一篇。一夕镂成，明旦分赐百官。而(张)选出，家人投良剂得苏，帝竟削(张)选籍。(张)选居职甫三月，遽以言得罪，名震海内”[3]。基于常礼的君臣博弈，可以说没有失败者，君主以权势变通了不利于自己的常礼，而臣下因为维护常礼而“名震海内”，这应该是各取所需吧！

常礼渗透到人们的日常生活，使人的活动体现出伦理道德，并通过礼仪形式潜移默化，进而深入到当时人们的意识当中。因此，违背常礼的言行与行动，以维护圣贤之道为己任的士人们总会挺身而出的。如隆庆二年(1568)正月，应该祭飨太庙，隆庆帝不愿意亲身前往，要派遣大臣替代，这本来是有先例的，但礼部尚书高仪，“偕僚属谏，阁臣亦

① 《明史》卷18《世宗纪赞》，第251页。

② (明)夏言：《南宫奏稿》卷五《祭祀疏》，台湾商务印书馆影印文渊阁四库全书，1986年，第47~51页。

③ 《明史》卷207《张选传》，第5476页。

以为言，乃亲祀如礼”[1]。以不能违背常仪为理由进行力争，君主也不能够违背常礼。要保证国家之礼有常，不能够妄加更改，乃是长治久安之道，君臣都明白这种道理。不过，如果皇帝违背这种常礼，则有各种原因。如礼科都给事中张贞观，在万历帝郊庙祭享率遣官代行的情况下，便“力请帝亲祀。俄秋享，复将遣官。贞观再谏，不报”。不久，又因为皇长子出阁讲读，废去常礼旧仪，张贞观再次上言云：“皇长子见群臣之礼，载在旧仪；即诸王加冠，亦以成礼而贺，贺毕谒见。元子初出，乃不当诸王一冠乎？且谒谢止两宫，而缺然于陛下及中宫母妃之前，非所以教孝；贺靳于二皇子，而漠然于兄弟长幼之间，非所以序别。”因此忤旨，被夺俸一年，众言官及首辅王锡爵上疏营救，“帝竟除贞观名，言官亦停俸。中外交荐，卒不起”[2]。朝臣们要求早日确定皇长子的太子地位，而皇长子出阁讲读，不但没有皇太子的礼仪，连诸王的礼仪都没有，是“祖宗二百年来，东宫不待嫡，元子不封王，创有此旨，殊骇人耳”的事，朝臣不能够容忍万历帝如此不顾礼制，于是群起谏诤，轮番伏阙力争，纷纷上疏，所谓“是举也，文臣中无疏者，祭酒曾朝节也”。力争者纷纷遭贬，首辅王锡爵“不得已而反污焉”[3]，暂时得以保全，而无疏者的曾朝节则升南京礼部侍郎、兼经筵日讲官，不久又擢礼部尚书、充东宫侍讲，这是他不结党营私之报。当然，一个常礼的变通并不是问题的本质，但是成为君臣与朝臣、朝臣与朝臣之间政治斗争的导火索。

常礼虽然是不能够改变的，但往往会根据当时的政治形势而略有变通，而所有的变通都是围绕着君主统治利益而来的，君主在变通常

---

① 《明史》卷193《高仪传》，第5127页。

② 《明史》卷233《张贞观传》，第6084页。

③ （明）高攀龙：《高子遗书》卷十《并封记事》，台湾商务印书馆影印文渊阁四库全书，1986年，第68页。

礼的过程中，君主身边的各种政治势力也需要从中获取政治利益,这就使常礼变通充满了政治色彩。

三

君主专制制度以君主为统治核心,而围绕着君主所形成的各种政治势力,既是君权的支持者,又是君权的分取者,还是君权的觊觎者,甚至是君权的窃夺者,在某种特定形势下,更是现有君权的颠覆者和代替者。其间关系复杂,纵横捭阖。由此决定了君主与这些政治势力存在着一种相互利用和排斥的关系。各种政治势力之间为捍卫和扩大自身的利益,也存在另一形式的相互利用和排斥的关系。由于君主和各种政治势力之间的争斗不息,所以君主笼络人才为己用,扩大统治基础,就使常礼在具体运用上存在许多变数。所谓“丹山彩凤不可以常网而罗之,沧海长鲸不可以常竿而钓之,寰区薄海不可以常士而治之,命世大贤不可以常礼而招之”[①]。那么统治者根据情况,运用常礼来笼络和驾驭各种政治势力,就成为“君临之术”的一个重要环节。

朱元璋“肇迹民间”,“备历艰难,饱谙物态”,作为开国之君,挟有极高的权威,又具有丰富的政治、军事经验和才能,他在论述君臣关系时,常常冠冕堂皇,一方面表示自己是虚怀若谷,另一方面恩威叵测,其对待开国功臣的手段可以称得上是“圣贤、豪杰、盗贼之性,实兼而有之者也”[②]。比如“当时佐命诸臣,奉行天讨削平僭乱于外者,有徐达、

① (明)杨士奇等:《历代名臣奏议》卷152《用人》载元世祖时东平布衣赵天麟《礼大贤策》,台湾商务印书馆影印文渊阁四库全书,1986年,第44页。

② (清)赵翼:《廿二史札记》卷36《明祖以不嗜杀得天下》,中国书店,1987年,第528页。

汤和辈，而徐达为最；察观天象，运筹帷幄之内者，惟刘基一人而已，是刘基之功与徐达相伯仲也，太祖常礼敬之而不名，每曰吾子房也，所以待之者至矣。当功成之日，举报锡之典，封徐达为魏国公，食禄甚厚，春秋祭祀之外，时享不一。封刘基为诚意伯，恩宠有加，所以报之者，亦至矣厥"①。为了取得臣下的尽忠，他常常在一般常礼上加等，以示优崇贤能，显示出礼贤下士的姿态，如他对太子朱标讲："宜亲贤乐善，以广聪明，逆已之言必求其善，顺已之言必审其非，如此则是非不混，理欲判然，天下之事可得而治矣。"②但其内心与实际做法却大相径庭，如他曾经"与宋濂饮，濂素不胜杯酌，举觞即辞。上强之至三觞，面如赭，行不成步。上欢笑，亲御翰墨，赋《楚辞》一章以赐，仍命侍臣咸赋《醉学士歌》，且曰：'俾后世知朕君臣同乐若此也'"③。即便如此，当宋濂长孙宋慎牵扯入胡惟庸党案时，朱元璋还是"欲置濂死。皇后、太子力救，乃安置茂州"④。也就难怪后人评论云："明祖藉诸功臣以取天下，及天下既定，即尽举取天下之人而尽杀之，其残忍实千古所未有。盖雄猜好杀，本其天性"⑤。崇贤、驭下、残杀，各种行为兼而有之，无不是为维护自己的统治，巩固朱家之天下。

专制君主区分善恶的标准往往是凭个人意志来判断，那么在常礼上加减，既反映出君主好恶的一面，也反映出其虚伪的一面，而围绕在君主周围的各种政治势力，基于常礼是否能够加减变通的争斗，往往成

---

① 雍正《浙江通志》卷259载(明)潘润《请重建刘诚意伯祠疏》，台湾商务印书馆影印文渊阁四库全书，1986年，第37页。

② 《明太祖实录》卷85，洪武六年十月乙卯。

③ (明)沈节甫编：《纪录汇编》卷14《国初礼贤录》，中华全国图书馆文献缩微复制中心，1994年，第136页。

④ 《明史》卷128《宋濂传》，第3787页。

⑤ (清)赵翼：《廿二史札记》卷32《胡蓝之狱》，中国书店，1987年，第467页。

为各种政治势力争夺政治利益的导火索,如辅臣张居正丁父忧之事。

万历五年(1577)九月,张居正的父亲张文明在原籍去世,按照当时的制度,他必须回家丁忧守制二十七个月,但张居正不愿意离职,“自以握权久,恐一旦去,他人且谋己”[①]。然而“丧必三年,自周公、孔子以来,未之有改,世人之所讲说,民俗之所习安,千百年以来,未之有改,非小节常礼之云也”[②]。在传统伦理纲常与政治权柄之间,张居正选择了政治权柄,并运用自己的各种政治关系,要万历帝“夺情”。夺情是以朝廷的需要,特许不必解职,素服办公而不参加喜庆吉礼;或者在回家守制期未满时召回任职。明代先例有宣德时的大学士金幼孜、杨溥,成化时的首辅李贤,被夺情任职,但他们都是先解职回家守制,然后再下诏夺情。张居正不愿意解职,就想直接夺情,实在是首创,也违背了常礼,而他自柄政以来,“擅作威福,蔑祖宗法。如逐大学士高拱去国,不容旦夕缓;成国公朱希忠无边圉功,而赠王爵;引用阁臣张四维及冢卿张瀚,不以廷推;斥遣谏官余懋学、傅应祯等,几空言路;为一身固宠计,则献白莲、白燕以为祥;为子弟科第谋,则假京堂、巡抚以为报;翰林不侵政事,而创为章奏考成;江陵膏血已枯,而大起违禁宫室”[③]。其政敌已经不少,又公开违背常礼,正好授人以柄,于是“卑者蚁附,高者鸷击”,拥护张居正夺情及反对夺情者展开斗争,结果张居正利用权力,对反对者实施廷杖与谪戍,却不想“人情汹汹,指目居正,至揭谤书于通衢”[④],张居正因此也声望大减。在传统纲常礼教占统治地位的当

---

① (清)夏燮:《明通鉴》卷66,万历五年九月己卯,清同治刻本,第1303页。

② (明)贺复征编:《文章辨体汇选》卷117载赵用贤《星变陈言疏》,台湾商务印书馆影印文渊阁四库全书,1986年,第2页。

③ 《明神宗实录》卷46,万历四年正月丁巳条。

④ (清)夏燮:《明通鉴》卷66,万历五年十月,清同治刻本,第1305页。

时,身为首辅而不奔丧守制,已经违法常礼,再用强权将反对者镇压下去,既授人以柄,又为反对势力发展壮大创造条件,张居正死后被清算,从他不守常礼时就已经埋伏下隐患,是不暇自哀而人哀之。

宋代知太常礼院事刘攽曾经认为:“侍臣应对顾问,日欲讨论,不可安坐自若,避席立语,乃古今常礼。”[①]因此,明代的经筵仪注规定:经筵、日讲的官员,不管地位多高,都不能就座,经筵、日讲在文华殿,开讲前,皇帝先入座,“将军侍卫如常仪,鸿胪寺官引三师、三少、尚书、都御史、学士及讲读、执事等官于丹陛上,行五拜三叩头,礼毕,以次上殿,依品级东西序立”。讲官开讲前,要由“鸿胪寺官赞,鞠躬拜,叩头,兴,平身,毕”[②],然后才可以开讲,讲完退回本班侍立。其程序繁琐复杂,这就是所谓经筵、日讲的常礼。有时候皇帝优崇讲官,允许讲官就座,这就是在常礼上加等。张居正参加经筵、日讲,因为被称为恩师、元辅、股肱,所以优礼有加,可以入座。在经筵日讲时,“万历有时一字读音不准,居正甚至厉声纠正,小皇帝一时亦觉怵然”[③]。这种超出常礼的恩遇,在万历帝反攻倒算的时候,便成为欺君罔上的罪名之一。

常礼是人人必须遵循的,即便皇帝违背常礼,群臣也有劝谏之责。如正德帝微行外出,“由大同抵太原,城门闭,不得入。怒而还京,遣中官逮守臣不启门者”。当时,为布政司吏的何麟一身独当之,上疏曰:“陛下巡幸晋阳,司城门者实臣麟一人,他官无预也。臣不能启门迎驾,罪当万死。但陛下轻宗庙社稷而事巡游,且易服微行,无清道警跸之

① (明)彭大翼:《山堂肆考》卷51《议讲官礼》,台湾商务印书馆影印文渊阁四库全书,1986年,第14页。

② 《明英宗实录》卷14,正统元年二月丙辰条。

③ 韦庆远:《论万历早年》,载《明清史新析》,中国社会科学出版社,1995年,第128页。

诏，白龙鱼服，臣下何由辨焉”[①]。本来皇帝没有按照常礼行事，没有清道警跸，这也不符合常礼。对于正德帝不按常礼进行清道警跸，以及微服出行，辅政大臣也多有谏诤。如大学士李东阳上疏讲：“天子之所居至深密也，臣等不知动止之详，而晨昏出入未闻警跸”，要求正德帝“严内外出入之防，正堂陛崇卑之分”。[②]吏部尚书杨一清上疏讲：“以天子之尊行将帅之事，以禁密之地为攻战之场，震撼喧呼，以夜继日，既无警跸之规，复乖堂陛之分。”希望正德帝能够“以平旦视朝，百官奏事悉照常规，仍乞端拱穆清，深居禁密，严警跸之制，以消意外之虞”[③]。大学士梁储上疏讲：“圣驾自西安门出外，经宿而回，不知临幸何所”，认为“天子出入，必备法驾，必传警跸，卫士环列，百官扈从，所以严至尊之分，而防意外之虞也”，要求正德帝“戒非时之宴游，屏无益之玩好”。[④]然而正德帝依然我行我素，大学士梁储只得再上疏讲：皇帝的“扈从供事数十万人，若至暮夜，则警跸不严，兵卫不肃，百官失趋跄之容，班行无等级之分，甲马或交驰于辇道，群众或喧呼于御街，非所以壮臣民之观瞻，而启四夷之尊戴也。况尘埃昏暗之中，虑有不测，禁门出入之际，尤难关防”[⑤]。这些疏言及劝谏最后都是“不报”，被留中而置之高阁，亦可见常礼对君主的约束力是有限的。

① 《明史》卷297《孝义何麟传》，第7606页。
② 《明武宗实录》卷86，正德七年四月丁酉条。
③ 《明武宗实录》卷120，正德十年正月庚辰条。
④ 《明武宗实录》卷126，正德十年六月辛未条。
⑤ 《明武宗实录》卷133，正德十一年正月庚寅条。

四

常礼作为一种常态的礼节，在待人处事过程中发挥着重要作用。“家无常礼”是指家人之间平居不必拘于礼,因此可以不使用常礼,有时候还会成为亲密无间的表示。然而不讲礼仪,即便是在家庭中也很难为家人所尊重,所以才有相敬如宾、举案齐眉的典故。就是因为在家庭内遵循常礼,才会有家庭和谐,减少不必要的纷争。“国有常仪”是指国家有正常的礼仪,如果这种礼仪遭到破坏,就有可能出现“国家之衅日生”,而王朝的“兴衰隆替,实系于斯”。[①]如成化元年(1465),朵颜等三卫因为朝廷“待以常礼,处之别馆,彼皆失望”,所以随同迤北使臣来朝,欲要厚赏。这是因为明廷在对待属地与藩国之间的礼仪上存在差别,致使属地不满,所以朝廷申明:“我祖宗以来四方朝贡使臣,管待赏赐,轻重厚薄,俱有定例,不可增减。”[②]将这种常礼的意义讲明,如果要破坏其常,远近都会认为不公正,也就失去人心。再如,宦官汪直专权时,因为“势焰可畏,所经行处,守臣极力奉承之惟恐后”。官员们认为这种行为是违反常礼的,实际上也促成了宦官专权为祸,而当时整饬蓟州山海等处边备兼巡抚顺天等府汪霖,“待以常礼,(汪)直怒有不平语,或以语霖。霖待如初而不改其常,(汪)直见其有常,怒亦解”[③]。正因为还有这样正直的官员来维护常礼,专横一时的宦官在明代也只能是

---

① (明)朱浵:《天马山房遗稿》卷1《疏大礼》,台湾商务印书馆影印文渊阁四库全书,1986年,第2页。

② 《明宪宗实录》卷14,成化元年二月乙酉条。

③ 《明宪宗实录》卷202,成化十六年夏四月癸酉条。

"为乱而不能为变也"[①]。

常礼是长期遵循不变之礼，也是人们所熟悉的礼，在古代社会是维护社会等级秩序的常道，如果破坏了常礼，也就是破坏了社会等级秩序，紊乱了朝廷的典制。例如，万历十五年（1587），都察院左都御史詹仰庇提出《御史出巡事宜》时讲到整饬纪纲，就是"留茶留饭，宜有等差，不得于常礼有加"[②]。而当时的官场对待上司和权贵，"岁时则有献，生辰则有贺，不谋而集，相攀而来，寻常之套数，不足以献芹，方外之奇珍，始足以下点，虽然自洗刷者固多，而拘于常例者不尽无也；萧然而来，捆载而去。夫此捆载者，非其携之于家，雨之于天，又非输于神，运于鬼，总皆为百姓之脂膏，又穷百姓卖儿卖女而得之耳"[③]。这种不按常礼的行为，不但加剧了政治腐败，而且破坏了王朝的政治秩序，所以"百姓视上官如仇雠，一旦有事，可献城则献城，可从贼则甘心从贼，计不反顾也"[④]。可见，常礼的破坏，不但会失去人心，还会把人们逼上反抗之道。

为什么常礼又时常不为人们所遵守呢？这是因为统治者在具体实施过程中总是以自己的利益为取舍，常常使用"权变"。例如，君主不按常规制度进行赏赐，以至于"市井庸流，不崇朝而立升朝籍；权门厮役，不数岁而骤至显融"。这种破坏常规制度的结果导致"祖宗法度之所以渐更，朝廷纪纲之所以大坏，府库之所以耗斁，仓廪之所以空虚，生民之所以困苦，盗贼之所以繁兴，灾异之所以叠见，未必不尽由于此也"

① （明）王世贞撰，魏连科点校：《弇山堂别集》卷90《中官考一》，中华书局，1985年，第1720页。

② 《明神宗实录》卷189，万历十五年八月戊寅条。

③ （明）方震儒：《方孩未集》卷1《整饬吏治疏》，清同治七年（1868）树德堂刊本。

④ （明）刘宗周：《刘子文编》卷4《静修职掌疏》，清光绪元年（1875）求是斋乾坤正气集本。

[1]。此外，诸如特殊礼遇，不按常规给赏等都是破坏常礼，而在破坏常礼的情况下，虽然有时可以取得一定政治效果，但也会以失去王朝赖以存在的政治基础为代价。朱元璋曾讲过："为治之道有缓急，治乱民不可急，急之则益乱；抚治民不可扰，扰之则不治。故烹鲜之言虽小，可以喻大，治绳之说虽浅，可以喻深。"[2]水可载舟，亦可覆舟的道理虽然浅显易见，却又是很高深的权术，是谋求长治久安的治国之道，因此要求君主善于使用"权变"。

在皇权专制下，君臣之间、大小官僚之间、各种政治势力之间，总是存在着各种矛盾和冲突。君主建立的各种制度，采取的各种措施，都有可能为臣僚所利用和破解，甚至反过来损害君主专制。君用权必使臣，臣有权必由君；君统臣以权术，臣事君以权变，正是对当时君臣关系的写照，而这种权变无不是在破坏常礼的情况下实施的，以至于变化无常，高深莫测，而官僚政治也会恶性发展起来。"在这种形式下，官僚或官吏，就不是对国家或人民负责，而只是对国王负责。国王的语言，变为他们的法律，国王的好恶，决定了他们的命运（官运和生命）结局，他们只要把对国王的关系弄好了，或者就下级官吏而论，只要把他们对上级官吏的关系弄好了，他们就可以为所欲为的不顾国家人民的利益，而一味图所以自利了。"[3]其实，无论是皇权专制，还是官僚政治，总是以破坏作为当时社会人们所公认的"常礼"开始，进而凸显其极端专制与政治腐败恶迹的。

---

① （明）陈子龙等选辑：《明经世文编》卷202载夏言《查革正德中滥授武职疏》，中华书局，1962年，第2106页。

② （明）余继登：《典故纪闻》，中华书局，1981年，第87页。

③ 王亚南：《中国官僚政治研究》，时代文化出版社，1948年，第8页。

明代对武当山的管理

明代武当山管理方面的研究并不深入，研究者多在香税征收与经济管理方面展开论述。如杨立刚《明清时期武当宫观经济收入初探》[①]，梅莉《明清时期武当山朝山进香研究》[②]，蔡泰彬《泰山与太和山的香税征收、管理与运用》[③]等。这些研究对武当山香税的内容、征收数额、管理方法、使用方式等进行论述，基本上是停留在经济层面，对于行政层面的管理并没有展开论述。下文概述的是武当山行政管理制度形成过程之后，重点则在探讨涉及武当山管理各个机构的职权，以及各管理环节上的利弊得失。

一

明太祖朱元璋即位后，对宗教实行严格控制政策，但也欣赏宗教方面的人才。如武当山道士丘玄清被“有司以其有治才，荐入京”以后，

① 杨立刚：《明清时期武当宫观经济收入初探》，《武当学刊》，1994年第4期，第13~16页。

② 梅莉：《明清时期武当山朝山进香研究》，华中师范大学出版社，2007年。

③ 蔡泰彬：《泰山与太和山的香税征收、管理与运用》，《台大文史哲学报》，2011年第74期，第127~179页。

朱元璋马上就授其监察御史之职，不久超擢为太常卿。朱元璋为了考察丘玄清，曾经“赐以媛女，玄清固辞不受”[①]，所以得到朱元璋的重视。因为太常寺主管祭祀，在丘玄清的努力下，道教在明王朝祭祀典礼中占有一定的地位。

永乐十年（1412），明成祖“命武当山道士孙碧云为道录司右正一（正六品），不任以事”[②]。孙碧云（1345—1417），号虚玄子，陕西冯翊人，本为西岳华山道士，洪武二十七年（1394）曾经被朱元璋召见，次年返回华山。明成祖因为孙碧云是张三丰的弟子，“著他去武当山南岩办道修行”。孙碧云到达武当山之后，明成祖又敕令他“审度其地，相其广狭，定其规制，悉以来闻，朕特卜日营建”[③]。由此可知，孙碧云参与了武当山建筑群的规划事务，也奠定了武当山道士参与武当山管理的格局。

孙碧云与朝廷所派官员一起考察了武当山后，永乐十年（1412），明成祖“命隆平侯张（信）、驸马都尉沐昕，董其役”[④]，实际上由工部侍郎郭琎主持，开始大兴土木。为了取悦明成祖，一年以后，隆平侯张信便以“武当山大顶五色云见，绘图以进”。明成祖大喜，将此图向百官出示，文武群臣当然是赞贺。于是，明成祖发下敕谕，申明自己的理念。[⑤]在这种情况下，武当山工程建筑一帆风顺。为了引起明成祖的重视，隆

① 《明太祖实录》卷225，洪武二十六年二月庚寅条。

② 《明太宗实录》卷125，永乐十年二月乙丑条。

③ （明）田玉等：《太岳太和山志》卷7《礼部敕书》。

④ 《明太宗实录》卷129，永乐十年六月戊午条。

⑤ 《明太宗实录》卷140，永乐十一年六月戊申朔条：“隆平侯张信言：武当山大顶五色云见，绘图以进。上出示百官，行在礼部尚书吕震，率文武群臣致贺。敕谕曰：武当创见宫观，上资皇考、皇妣之福，下祈福天下生灵，如岁丰人康，灾沴不作，此朕素愿。今兹祯应，盖皇考、皇妣之福，而山川效灵所致。朕德凉薄，资尔群臣，协心辅治，必共勉之，以答神贶。”

平侯张信将武当山所产灵芝千数百茎送到北京，[①]自此也建立了武当山向朝廷进贡灵芝的制度。

永乐十六年(1418)，仅用六年多时间，武当山宫观建筑群就建成了，由明成祖亲赐名为“太岳太和山”，并且御制碑文以纪其功，与此同时，制定了武当山管理的最初模式，即：各宫观用200名道士承担洒扫之职，给田地277顷及耕户作为养赡，以道士任自垣等9人为正六品提点宫观，承担各宫观管理及祭祀事务。[②]任自垣于宣德三年(1428)升为太常寺丞，仍掌玉虚宫事，[③]虽然仍为正六品，但在朝廷中有了职务，其地位当然不同。武当山宫观最初是由道士自行管理，以朝廷提供田地租粮为经费开支。由于是由朝廷主持修建的重要建筑群，也是朝廷确定的名山，其地位超过五岳，纳入朝廷祭祀大典，所以次年以湖北布政司的右参议专门提督太和山宫观，纳入朝廷的管理系列。[④]按照明代制度，布政司参议从四品，无定员，实际上兼任分守道之职。明代中叶，分守道有了固定的辖区，而武当山则纳入下荆南道的辖区。

永乐二十一年(1423)，武当山呈送瑞光图及榔梅、灵芝，由礼部左

---

① 《明太宗实录》卷200，永乐十六年五月壬戌条：“大岳太和山产芝千数百茎，隆平侯张信悉采以进。”

② 《明太宗实录》卷207，永乐十六年十二月丙子朔条：“武当山宫观成，赐名曰太岳太和山。山有七十二峰，三十六岩，二十四涧。峰之最高者曰天柱，境之最胜者曰紫霄。南岩上轶游气，下临绝壑。紫霄、南岩旧皆有宫，南岩之北有五龙宫，俱为祀神祝厘之所，元季兵毁，至是悉新建宫。五龙之东十余里，名玄元玉虚宫，紫霄曰太玄紫霄宫，南岩曰大圣南岩宫，五龙曰兴圣五龙宫，又即天柱峰顶冶铜为殿，饰以黄金，范真武像于中。选道士二百人供洒扫，佃田二百七十七顷并耕户以赡之。仍选道士任自垣等九人为提点，秩正六品，分主宫观，严祀事。上资太祖高皇帝、孝慈高皇后之福，下为臣庶祈弭灾沴。凡为殿观、门庑、享堂、厨库千五百余楹，上亲制碑文以纪之。”

③ 《明宣宗实录》卷35，宣德三年春正月丁酉条。

④ 《明太宗实录》卷218，永乐十七年十一月丁未条：“升吏部郎中诸葛平为湖广布政司右参议，专提督大岳太和山宫观。”

侍郎胡濙具奏明成祖。[①]自此继灵芝之后，榔梅也纳入贡品之列。贡品只能由皇家独享，一般人是不能够买卖消费的。武当山贡品此后相继增加了茶、黄精、竹笋等，弘治二年（1489）则予以停免。[②]

洪熙元年（1425），明仁宗免去均州千户所军及余丁杂泛差役，存留在州，作为修理宫观及道路的费用。这样除了原有277顷田地田租之外，又有了专项日常维修的费用。[③]除了日常维修之外，大维修则专门向朝廷申请，然后筹措资金兴工。[④]这些资金除了朝廷调拨部分之外，一般由地方筹措。如成化二十三年（1487），“诏湖广均州，盐钞、农桑、丝绢，并皮张、鱼油、翎鳔折银，悉留修理大岳太和山宫观”[⑤]。

自明宣宗即位以后，每当新皇帝即位，都会派遣重臣到武当山去祭祀，而祭祀之后，武当山宫观的管理者们往往会提出一些要求。如宣

① 《明太宗实录》卷262，永乐二十一年八月甲子条：礼部左侍郎胡濙进瑞光图及榔梅灵芝。具奏云：“今岁万寿圣节，大岳太和山顶金殿现五色圆光，紫云周匝，逾时不散，山石产灵芝，榔梅结实特盛往年。”于是礼部尚书吕震率百官进贺曰：“此圣寿之征也。”上曰：“朕创建大岳太和山宫殿，上资福于皇考、皇妣，下为天下生民祈福，初非为己，且朕岂不自知德之凉薄，不敢恃此为。卿等惟尽心庶政辅，朕不逮以上答天眷，下民贻福足矣，此不足贺。”

② 《明孝宗实录》卷25，弘治二年四月壬子条：巡抚湖广都御史梁璟言：比礼科给事中张九功奏：请查革武当山供给道士及额外进贡之扰民者。礼部移文臣等覆议：近奉登极诏旨。停止一切额外贡献。今提督武当山太监韦贵等，已贡茶梅，复贡黄精、竹笋，俱非永乐十四年所定常贡之数，乞赐停免。

③ 《明仁宗实录》卷10，洪熙元年春正月癸未条：敕湖广都督指挥使司曰：皇考太宗大皇帝建大岳太和山宫观，上以资福祖宗，下以祈福四海。近命湖广右参议诸葛平提督巡视，其免均州一千户所军及余丁杂泛差役，存留在州，听参议诸葛平及千户朱彝提调，遇宫损观坏，随即修理，沟渠道路有坏，亦即整治，尔等其敬承之。

④ 《明英宗实录》卷129，正统十年五月戊戌条：提调太岳太和山湖广右参议李偶奏：太和、南岩、紫霄、五龙、玉虚、净乐六宫俱渗漏，请预烧砖瓦，为修理计。从之。《明宪宗实录》卷42，成化三年五月甲申条：提督太岳太和山宫观奉御韦贵等言：本山宫观岩庙凡三十有三处殿宇，房舍岁久不葺，损者十六七。臣等顷已勘修，其绘饰所需，欲取之旁近郡邑。奏上，工部请命湖广布政司委堂上官会勘区处。从之。

⑤ 《明宪宗实录》卷291，成化二十三年六月庚午条。

德元年(1426),武当山宫观提出购买降真诸香的问题,明宣宗以自己刚刚即位,不便科扰民间为由,这7000斤降真诸香由京库支用。这样,武当山所用各种香蜡都由朝廷提供,朝廷则以地方赋税充抵。如成化三年(1467),"命给湖广太岳太和山宫观油蜡,每三年一给,令襄阳府于夏税内折办四万五千九百三十六斤"①。其中,含括神降真香10123斤,宿香3725斤,香油22512斤,黄蜡924斤,还有道官每年冬夏布4800匹。②

宣德十年(1435)以后,增设提督太监。这样便形成了由布政司右参议提督太和山宫观的朝廷官制系列,与提督武当山太监的内官共同管辖武当山事务的格局,再加上各宫观提点,武当山的管理也就变得错综复杂。

武当山是皇家祭祀的道场,不但纳入朝廷祭祀大典序列,也纳入朝廷管理序列。"国之大事,在祀与戎。"因为是皇家祭祀的道场,所以管理方式区别于府州县等地方官,宫观提点直属于中央道纪司,又受礼部、太常寺管辖,还要受到提督的节制,所以在这个管理序列中有一定的作用。明宣宗以后,代表皇帝的提督武当山太监(亦称提督太岳太和山宫观太监)逐渐受到重用,不但与朝廷设置的布政司右参议提督太和山宫观分庭抗礼,而且在不断授权的情况下,成为武当山管理的主导者。

二

布政司右参议提督太和山宫观,是从四品职,按照明代制度不属

① 《明宪宗实录》卷38,成化三年春正月丁丑条。

② 参见(明)范钦:《明抄本嘉靖事例》第2册《议处太和山香钱》,北京图书馆出版社,1997年。

于有司，也就是没有正规的衙门，属于差遣之职，因此不设职能部门，仅有一些书吏分管各种事务。明中叶以后，道基本确定有固定的辖区，逐渐转化成为地方行政区划。弘治七年(1494)，提督参议陈濬为湖广布政司右参议、提督太和山宫观，兼管下荆南道分守抚民之任。自陈濬以后至隆庆四年(1570)，有31位提督右参议，均明确讲明“分守湖广下荆南道”①。不过，同是分守，也可见职权的侧重面不同。如弘治十三年(1500)，“升南京刑部郎中华山为湖广布政使司右参议，及提督太岳太和山兼管抚民之事”②。这里则以抚民之事为兼管之职。嘉靖二年(1523)，陆杰“升湖广右参议，分守荆南，兼理太和山”。这里则是以抚民之事为主职，以提督太和山宫观为兼管之职。下荆南道的驻地不久便迁往郧阳，右参议提督因为主管下荆南道事务，也很少到武当山，所以武当山的管理实际上已经由内臣提督太监独自把持。

自弘治以后，由于内臣提督太监的权力不断膨胀，作为右参议提督的权力从开始能够与提督太监抗衡，到唯马首是瞻，再到远离武当山事务管理，与朝廷对宦官信任程度密切相关。如成化十五年(1479)，“工科右给事中韩文为湖广布政司右参议，提督太岳太和山宫观”③。时任提督太岳太和山司礼监监丞韦贵，不但主管武当山所有事务，还兼抚流民防奸戢盗之职，气焰嚣张，韩文不惧权势，阻止韦贵“干没公费”，最终“以其羡易粟万石，备赈贷”④。然而韩文的抗争并没有取得胜

① (明)凌云翼：《大岳太和山志》，湖北人民出版社，1999年，第293~295页。(清)吴裕仁：嘉庆《惠安县志》卷23《乡贤·陈濬》载：“改湖广提督太和宫分守下荆南道，太和宫专考校道流及会计香钱之事，其兼分守也，自濬始，濬在荆南最久，以清白著闻。”清嘉庆八年(1803)刊本。

② 《明孝宗实录》卷167，弘治十三年十月己酉条。

③ 《明宪宗实录》卷196，成化十五年闰十月乙卯条。

④ 《明史》卷186《韩文传》。

利，韦贵通过朝廷的关系，要韩文到布政司去主管该司事务，[①]看起来是重用，实际上是免除其在武当山管理方面的权力，韦贵便可以一手遮天了。成化十六年(1480)，兵科给事中李谦升为湖广右参议提督太岳太和山，[②]所有的事情都听任中贵提督韦贵做主，自己则不置一词，右参议提督则变为闲职，以至于弘治三年(1490)，湖广布政司抚民右参议马铨提督大岳太和山，是"以剩员裁革改调"[③]。成为可有可无的职位，才能够以"剩员"调充此职。嘉靖时期，由中贵提督实际上主持武当山所有事务，右参议提督则多以提督太和山为兼职，主要精力是在下荆南道的各种政务上。

本来在道士任宫观提点的选任上，右参议提督有比较大的权力，由于提督太监的设置，便成为"大岳太和山提点有缺，该提督本山太监，会同提督参议，考选堪补住持"[④]。中贵提督在宫观提点选用上成为主导，而参议提督仅仅是会同，按照一般规定，"会同"者列衔而已，而领衔则成为中贵提督。

参议提督应该是主管武当山各项事务，所以宫观修理等事务都由参议提督勘察，提出修理申请。如正统十年(1445)，参议提督李侗奏："太和、南岩、紫霄、五龙、玉虚、净乐六宫，俱渗漏请预烧砖瓦为修理计。"[⑤]当中贵提督把持权力以后，这类事务则由中贵提督提出。如成化三年(1467)，中贵提督韦贵上言："本山宫观岩庙，凡三十有三处殿宇

---

① 《明宪宗实录》卷206，成化十六年八月戊午条："命提督太岳太和山湖广布政司右参议韩文管司事"。

② 《明宪宗实录》卷208，成化十六年冬十月癸丑条。

③ 《明孝宗实录》卷34，弘治三年正月辛未条。

④ (明)李默：《吏部职掌》，明万历刻本，四库全书存目丛书史部第258册，第4页。

⑤ 《明英宗实录》卷129，正统十年五月戊戌条。

房舍,岁久不葺,损者十六七。”[①]奏上之后,得到明宪宗批准修理,而中贵提督韦贵在主持维修过程中,提出免守御所旗军差役,兼同余丁,专给工役,“上允其奏仍敕贵及参议王豫督工,务在完固,其调用官军,一应差役,悉与优免”[②]。虽然明宪宗还要求参议提督参与督工,但中贵提督显然为主导。

由于参议提督的从四品级别不能单独上奏,因此发现中贵提督的不法行为也没有办法弹劾,只有告之巡抚或巡按奏劾,或由科道官进行弹劾。如弘治二年(1489),巡抚湖广都御史梁璟上奏讲“武当山道士滥费无厌”[③],而礼科给事中张九功则弹劾“武当山供给道士及额外进贡之扰民”[④]。正德十六年(1521),巡按湖广御史陈则劾奏以后,御史唐符亦劾。[⑤]

总之,明成祖设立参议提督总管武当山各项事务,但自宣德十年(1435)增设了中贵提督以后,参议监督的权力逐渐丧失,而在参议提督公署从均州城移往郧阳城以后,武当山各项事务便实际上由中贵提督主持,参议提督只有会同商议之责而无实际权力。因此,在选用上也多为“剩员”,成为了名符其实的闲职,在武当山管理上发挥的作用也有限。

① 《明宪宗实录》卷42,成化三年五月甲申条。

② 《明宪宗实录》卷67,成化五年四月庚辰条。

③ 《明孝宗实录》卷25,弘治二年四月丁未条。

④ 《明孝宗实录》卷25,弘治二年四月壬子条。

⑤ 《明世宗实录》卷4,正德十六年七月乙亥条:巡按湖广御史陈则劾奏镇守湖广太监李镇,太岳太和山分守太监吕宪、潘真。御史唐符亦劾镇、宪及参随指挥高升、千户李缙等,并荆州抽分太监李文,并请罢还以安地方,逮问(高)升等寘之于法。得旨:(吕)宪调用,(李)镇革还。前已有旨,(潘)真姑勿问,(李)文令工部勘报,(高)升等下御史鞫之。

三

中贵提督之设，原本寓意监督参议提督，有事可以直接向皇帝上奏。因为是皇帝的近臣，又有上奏权力，中贵提督逐渐成为主导，把持武当山管理事务。

景泰七年（1456），火居道士李珍、武当山道士魏玄冲，率苗民二万谋反，被“都指挥湛清等设策擒获”①。自此以后，武当山流民日众，民变纷起。成化二年（1466），提督湖广军务工部尚书白圭、总兵官抚宁伯朱永等认为：“正统十四年以来，始将各卫官军调遣麓川、两广等处征进，及于太岳太和山等处修造，以致城池空虚，武备废弛。”因此，奏请增设千户所、巡检司、捕盗同知、捕盗县丞。②成化十二年（1476），因为荆襄等处流民越来越多，还有“外郡安置回回、达达，结合成群，假以贩马为名，侵扰道路”，所以巡抚湖广右副都御史刘敷奏请“令提督太岳太和山监丞韦贵，兼抚流民，防奸戢盗”。这个提议引起轩然大波，兵科给事中进行弹劾，由兵部会议，而兵部尚书项忠等“承望内旨”，认为“以（韦）贵兼理，意在责成一人，以近就近，易于遍历”，因此“请令（韦）贵分守湖广荆襄二府所属州县，兼管附近南阳所属浙川内乡二县之境”。③这样，中贵提督不仅限于管理武当山，而且兼有管理地方、统领军队之责，其官名全称则为“分守湖广行都司，并荆州、襄阳、郧阳三府所属州

① 《明英宗实录》卷268，《废帝郕戾王附录》卷86，景泰七年秋七月壬申条。

② 《明宪宗实录》卷36，成化二年十一月癸酉条。

③ 《明宪宗实录》卷151，成化十二年三月丁卯条。

县并卫所，及河南附近淅川、内乡二县各该山场、哨堡、巡司”①。因为深受信任，所以太和山神殿的金银供器被盗窃，明宪宗“命俱宥免，特令严督捕盗，期在必获”②。成化二十一年（1485），主管太岳太和山香火的太监潘记“自陈权轻，不能服人，欲兼提督，正伍官军，操守城池”。本来军伍操守之事有太监韦贵，以及朝廷派来的总兵都御史负责，已经是多头管理，如今管香火的太监也要军权，兵部当然反对。不过，由于明宪宗特许“太监潘记同督均州官军操守”③，更使中贵在武当山管理上成为主导。

明孝宗即位，欲革前朝弊政，中贵提督大岳太和山太监“不许分守地方”④，朝臣以为明孝宗欲抑制宗教，所以礼科给事中张九功上言，讲武当山内官及道士“荧惑圣听，虐害生民”，而且“日进邪术，遂使香火之地，几为奸盗之区”，请求废除中贵提督，“止照洪武间例，每年以三月三日、九月九日，用素馐遣太常寺官致祭，其余祭祀悉皆停免”⑤。结果明宪宗以“既系祖宗旧制，不必会议”⑥为名，并没有改动，仍遵旧制，所以五府六部等衙门应诏直言三十四事之一就有“提督湖广太和山内臣，不许分守湖广行都司地方”⑦，亦可见在弘治朝中贵提督仍兼有行都司及地方之责。

明武宗即位，“命太监韦兴往太岳太和山司香，兼分守湖广行都司地方”。对于这一举动，科道官们在《即位诏》中提出“革天下守备内官

---

① （明）凌云翼：《大岳太和山志》，湖北人民出版社，1999年，第297页。

② 《明宪宗实录》卷265，成化二十一年闰四月乙酉条。

③ 《明宪宗实录》卷270，成化二十一年九月乙亥条。

④ 《明孝宗实录》卷2，成化二十三年九月壬寅条。

⑤ 《明孝宗实录》卷13，弘治元年四月庚戌条。

⑥ 《明孝宗实录》卷21，弘治元年十二月丁酉条。

⑦ 《明孝宗实录》卷143，弘治十一年十一月壬子条。

非旧额者”，如今“诏墨未干，弊端复作，何以全大信于天下？且数(韦)兴罪恶，乞寝其命，仍加斥逐”，结果“上皆不听”。①不久兵部尚书刘大夏也提出“革(韦)兴分守，止令于太和山司香”，明武宗依然“不听”。②从凌云翼《大岳太和山志》卷3《敕提督内臣》所载来看，自弘治元年(1488)至嘉靖三十六年(1557)，凡是内臣出任太和山提督太监者，其职衔均有兼分守湖广行都司地方。③不过，嘉靖十二年(1533)，“抚治郧阳都御史胡东皋劾奏管太和山左少监王敏贪婪当黜。上命敏回京，所劾事情，令巡按御史核实以闻”④。王敏因此被罢免，“自是名号虽存，不复预民事矣”⑤。有兼分守湖广行都司地方之衔，而无管理之权。

当中贵提督失去地方管理权，重点则在于香税的征收，因此难免侵渔，成为有钱而无权者，最终也要受参议提督的约束。如嘉靖十三年(1534)，中贵提督李学过生日时得到参议提督陈良谟的诗。李学本想与陈良谟交好，便借此机会派人“袖数百金及他珍物为报”。没有想到陈良谟欲以此进行弹劾，所派来的人只有“长跪谢过乃已”。李学随便就可以拿出数百金，而陈学谟只有“垂橐萧条”⑥。李学要讨好陈学谟，亦可见权力的作用。再如，嘉靖二十二年(1543)，参议提督秦鳌奏报中

① 《明武宗实录》卷7，弘治十八年十一月辛丑条。

② 《明武宗实录》卷9，正德元年春正月戊戌条。

③ (明)凌云翼：《大岳太和山志》卷3，湖北人民出版社，1999年，第301~308页。

④ 《明世宗实录》卷146，嘉靖十二年正月甲辰朔条。

⑤ (清)顾炎武：《天下郡国利病书·湖广·郧阳府》，续修四库全书史部第597册，上海古籍出版社，2000年，第156页。

⑥ 陈良谟尝以参议督太和山，中贵人守太和者，冀交欢公。诞日得公诗，袖数百金及他珍物为报，公怒欲劾治之，急麾出，长跪谢过乃已。公归而垂橐萧条，山田百亩荒芜，藿食勿计也。有巨商介公有为，沈侍御居间。侍御公所厚，心许之。徐出千金为寿，公入内，竟日不复出。盖湖俗士大夫以财相高，独见公，口不敢及利矣。参见(明)张萱：《西园闻见录》卷12《狷介》，续修四库全书子部杂家类第1168册，上海古籍出版社，2000年，第314页。

贵提督王佐，“主香案，颇为民害”[1]。嘉靖四十二年（1563），中贵提督吕祥“颇擅威福”，参议提督杨储“辄戒其下，毋轻相犯”，[2]使其手下不敢妄作非为。凡此均可见参议提督对中贵提督的制约，而这种制约是在中贵提督失去军民事务管理权的情况下发生的。

中贵提督的设置原本是皇帝派出的监督人员，因为得到皇帝的信任，所以权力不断膨胀，以至于总领武当山军、民、宗教所有事务。在中贵提督王敏被罢免之后，中贵提督的主要精力则放在武当山的香税征收上，毕竟这是武当山重要的财源。

早期武当山宫观的财政都由朝廷拨付，弘治六年（1493），武当山金殿开始征收香税，其数额一直没有明细数字，大致推算“明代中晚期太和山香税的年收入，未必有上万两，约仅4千余两”，其征收以每年四月以前归参议提督委官收受，五月以后则归中贵提督委官收受。[3]嘉靖十二年（1533）以后，香税的征收实际上全由中贵提督负责，这是因为下荆南道迁往郧阳，而参议提督主要政务在下荆南道，是“曩时，分守下荆南道一员，驻扎均州，奉敕提督一应香税，委官收理，尽归官库，所从来旧矣。自该道移镇郧阳，而后内监专董其事，内监官不便监守，又委之均州所千户，及各宫提点分理收贮”。因为“此辈纨绔之子，披缁之流，始蚁聚而贮之私家”，或者“藉本山为奇货而垄断罔利”，所以香税“公得十之三四”，而“私匿十之五六”。[4]这笔香税一直都是一笔糊涂

---

① （清）冯桂芬：同治《苏州府志》卷92《人物》光绪九年刊本，第40页。

② （明）胡直：《衡庐精舍藏稿》续稿卷8，台湾商务印书馆景印文渊阁四库全书，1986年，第7页。

③ 参见蔡泰彬：《泰山与太和山的香税征收、管理与运用》，《台大文史哲学报》，2011年第74期，第142页。

④ （明）陈子龙：《明经世文编》卷406，载郭中丞《三台疏草》（第5册），中华书局，1962年，第4412页。

账，所以在隆庆三年（1569），“提督太和山太监柳朝，乞留岁收香钱银四千三百余两，修理本山”时，户部尚书刘体乾就认为：“太和山香钱岁入不止此数”，因为“旧虽守土藩臣与内臣共理，而收掌出入多内臣主之”。所以提出“令抚按官选委府佐一员专收，正费之外，余银尽解部供边，其修理诸务，俱命有司董之，内臣不得干预”的建议。因为违背明武宗的明旨，冒犯天威，所以要刘体乾“自陈状”之后，以“不遵明旨，屡次奏扰”为名被“夺俸半年”。[①]由此可见，中贵提督实际上把持武当山的财政，而参议提督仅仅能够“会同”，是既乏管理之责，又无监督之权。

正因为缺乏对中贵提督的有效监督，中贵提督才能够横行无忌。弘治初，“太监陈喜别带道士三十余人，俱领敕护持，往往离本宫百余里外深山之中，或擅创庵观，或寄住民家，甚至招集无赖，强占土田，不遵提督等官约束”[②]。本来巡抚湖广都御史梁璟“奏裁减各宫观之费三之一，军夫万一千六百余，盐课仍输有司，阖境称便”，但中贵提督潘记提出申请复旧，这些费用全部给还，“惟道士月粮减一斗，岁衣减一疋”，而此时武当山开始征收香税，加上朝廷的拨款，武当山比较富有，以至于正德元年（1506）三月，“抚治郧阳都御史孙需议：国家祈祷诸取诸香钱”[③]。嘉靖初年，各方官僚常常奏请用武当山香税进行赈济灾荒，

① 《明穆宗实录》卷32，隆庆三年五月壬子条。

② 《明孝宗实录》卷25，弘治二年四月壬子条。

③ （明）雷礼等：《皇明大政纪》卷19，正德元年三月：“初祈祷诸费皆民出，需曰：山有香钱巨万，典守者私之，是不可取为享神之用耶？令有司籍记，悉贮均州。于是祈祷之费，不扰于民。”续修四库全书史部编年类第354册，上海古籍出版社，2000年，第309页。

抵充宗藩、官军俸粮的不足。[①]

四

武当山有太和、南岩、清徽、紫霄、五龙、玉虚、遇真、迎恩、净乐9宫[②]。按照规定，各宫观提点都是正六品，而玉虚宫提点往往兼有太常寺丞[③]，因此玉虚宫是"山中甲宫"[④]。最初，武当山9宫各设提点一名，嘉靖二十六年(1547)，"诏添设武当山太岳太和宫、大玄紫霄宫、大圣南岩宫提点各一人，仍降敕禁护"[⑤]。这样，宫观提点便有12名。嘉靖以后，添设的提点废除，而朝天宫因为塌废，不再设提点。

依据成化元年(1465)给中贵提督韦贵的敕令："今特命尔与湖广布政司右参议王豫，率同玉虚宫提点、均州千户所千户，提督军余，时

---

① 《明世宗实录》卷14，嘉靖元年五月丁卯条：湖广抚按等官以常赋拖欠，蠲免数多，宗藩禄米，官军俸粮不足，请动支库贮，营建余银，收取武昌盐船商税，借留荆州府抽分料价，太和山香钱各二年，并掣回安庆等处借拨粮米，暂停操备戍守军余月粮。《明世宗实录》卷26，嘉靖二年闰四月条癸丑条：诏蠲太岳山太和山香钱一年备赈。从湖广守臣奏请也。太监潘真奏留，不许。《明世宗实录》卷36，嘉靖三年二月辛酉条：以湖广民饥，发太和山香银二千两赈之。从巡按御史马纪请也。《明世宗实录》卷67，嘉靖五年八月丙寅条："以灾伤，诏以湖广漕运米十万石，俱徵折色，仍发太和山香钱赈济饥民，并补月粮之缺者。《明世宗实录》卷69，嘉靖五年十月戊寅条：以湖广灾伤，诏减免税粮，仍发太和山香钱赈济。《明世宗实录》卷79，嘉靖六年八月庚午条：湖广大水，漂没民田庐，凡五府二十四州县。巡抚孙修等请……今岁以前太和山香钱，发一二万，尽留盐钞折银，及诸仓库赃罚，相兼赈济，并补禄粮。

② 另说9宫为：净乐、遇真、玉虚、紫霄、五龙、南岩、清徽、朝天、太和。成化二年(1466)添建迎恩宫，后来朝天宫塌废，而迎恩宫因不符祖制，不再设提点，故《大明一统文武诸司衙门官制》宫观提点列玄天玉虚宫、太岳太和宫、遇真宫、兴圣五龙宫、大圣南岩宫、清徽宫、太玄紫霄宫、净乐宫8宫，其提点也就成为8名。

③ 《明宣宗实录》卷35宣德三年春正月丁酉条：以太岳太和山玄天玉虚宫提点任自垣为太常寺丞，仍掌玉虚宫事。

④ (明)任自垣：《敕建大岳太和山志》卷8，湖北人民出版社，1999年，第136页。

⑤ 《明世宗实录》卷329，嘉靖二十六年十月己酉条。

常洒扫洁净。但遇宫观殿宇有所渗漏损坏,及桥梁道路有所坍塌淤塞,即便修理完整。”[①]宫观提点的地位是在中贵提督与参议提督的“率同”,也就是领导之下,参与宫观的维修及道路的修筑等事务。不过,宫观提点也有建言的权力。如成化十年(1474),参议提督王豫九年秩满,按例应该调任,因“本山提点及佃户,言其清慎有守,乞升职仍旧理事”,最终被“升俸二级”[②],再留任三年。

宫观提点的主要责任在于祭祀祈祷及管理本宫观道士及各种物品。在祭祀祈祷时,如果有灵验,便能够得到奖赏。如正统四年(1439),因为祷雨有灵验,“赐神乐观乐舞生董以诚、大岳太和山道士黄永安,各钞一千贯”[③]。武当山各宫有许多祭祀器皿,还有许多御赐之物。如正统十三年(1448),“敕赐太岳太和山紫霄宫、南岩宫、五龙宫、净乐宫,道经各一藏”[④]。正德二年(1507),“遣御用监太监甄瑾,往湖广太岳太和山奉安圣像”[⑤]。祭祀器皿及御赐之物损坏,宫观提点要受到处罚,如果是被外来的贼盗所偷窃,则要由中贵提督与参议提督承担罪责,[⑥]是宫观提点的管理权限应该仅限于本宫观所辖之区。

永乐时武当山各宫观共有200名道士,此后不断扩充。由于朝廷控制度牒的发放,僧道只能向朝廷申请。宣德三年(1428),礼部提出“天下僧道行童至京请给度牒,动以千计,而神乐观、太和山、五台山为多”的问题,明宣宗认为:“祖宗之制度,僧道有定额”,所以仅批准“不及额

① (明)凌云翼:《大岳太和山志》卷3,湖北人民出版社,1999年,第296页。

② 《明宪宗实录》卷131,成化十年秋七月丙子条。

③ 《明英宗实录》卷54,正统四年夏四月壬辰条。

④ 《明英宗实录》卷163,正统十三年二月丁卯条。

⑤ 《明武宗实录》卷28,正德二年秋七月壬戌条。

⑥ 《明宪宗实录》卷265,成化二十一年闰四月乙酉条:太岳太和山有盗入神殿,窃金银供器数事。提督太监韦贵、潘记,布政司右参议李谦,皆坐误事有罪。

数”，以及“不违例者”发放度牒。[①]按照明代“旧例十年一次给度天下僧道”[②]，但武当山各宫观往往例外。如成化九年（1473），一次就“给太岳太和山各宫观道童一百四十名度牒”[③]，因此“永乐中武当山食粮道士不过四百，近至八百余人，道童亦有千余”[④]。到了万历时期，“无赖羽流万计”[⑤]，这是因为他们不再食朝廷俸禄，而是依靠香税及给游客算命服务赚钱。游记中多有记载，此不赘述。

五

按照《大明一统文武诸司衙门官制》，襄阳府设经历司、照磨所、司狱司、儒学、大盈仓、樊城税课司、襄阳递运所、阴阳医学、僧纲道纪司。府辖襄阳、宣城、南漳、枣阳、谷城、光化、均州等州县，州县属巡检司有10个，水马驿6所。除襄阳县、均州不设僧道会司之外，其余各县均设有。这是因为襄阳府设有僧纲道纪司，均州则有宫观提点衙署。襄阳府有襄王府、镇宁王府、枣阳王府，还有襄阳护卫（领5所）、襄阳卫（领4所），以及直接隶属于行都司的均州守御千户所。

府州县是地方官，凡辖区之事都在其管理范围之内。由于武当山宫观管理自有体系，府州县在原则上是不插手宫观具体事务的，但重要事务都要有地方官参与。如武当山香税的征收与使用，均州知州要

① 《明宣宗实录》卷44，宣德三年六月丁酉条。

② 《明宪宗实录》卷254，成化二十年秋七月辛丑条。

③ 《明宪宗实录》卷116，成化九年五月戊申条。

④ 《明孝宗实录》卷25，弘治二年四月壬子条。

⑤ 《明神宗实录》卷417，万历三十四年正月辛未条。

参与。[1]如果道士与百姓发生纠纷，或者道士在宫观之外犯罪，就要由府州县审理。成化二年（1466），因为武当山地区社会治安混乱，“词讼纷纭，盗贼时发”，襄阳府专门增设同知一名，驻扎均州，“专抚安人民，缉捕盗贼，防革奸弊”。[2]这样地方官序列就有了专门负责武当山地区社会治安的官员，再加上隶属襄阳府各州县的10个巡检司盘诘奸细，就使地方官序列在维护武当山日常社会治安中发挥了主导作用。另外，均州所属各里还要摊派武当山宫观洒扫事务。本来永乐初建武当山宫观，选道士200人负责洒扫，但宫观之外无人洒扫，后来则摊派到各里派丁洒扫。天顺四年（1460）以后，宫观之外的洒扫事务统归均州千户所军余承担。

襄阳护卫是襄王府的护卫，在明代抑制藩王的政策下，藩王是不能随便调动护卫的，要由朝廷统一指挥。襄阳卫所领4个千户，专一控制诸县，也归朝廷指挥。直接隶属于行都司的均州守御千户所则专一守御地方，与武当山关系尤为密切。

均州守御千户所署设在距府城西北390里的均州，也是中贵提督的驻地。弘治十四年（1501），千户所的编制有：指挥1员，正千户3员，副千户7员，统领正军1832名，军余3000名[3]。正军人数时有变化，一般在

---

① （明）范钦：《明抄本嘉靖事例》第2册《议处太和山香钱》载：“况臣（提督太监李学）嘉靖十二年三月二十七日，自任以来，未经二载，虽然该部题准，勘合内事，例行委均州守御千户所千户一员，玉虚等宫轮流提点一员，接管收受香钱，督同均州并千户所掌印官及净乐宫提点、住持、掌书人等，眼同秤验，收贮库注簿。凡有支用，必会提调本山参议，公同（均）州、（千户）所掌印等官，撙量给发支销，岂敢滥费。”这里接收香钱要督同均州，是均州知州参与接收事务；支用则公同均州知州给发。北京图书馆出版社，1997年。

② 《明宪宗实录》卷36，成化二年十一月癸酉条。

③ （清）党居易：康熙《均州志》卷2，海南出版社，2001年，第14页。

1200名以上。①

军余亦称余丁，是食粮正军的替补。以均州守御千户所而言，正军负责轮班守护山场，而军余则要承担修理宫观、清理道路、疏通沟渠等杂务，随时听从千户所指挥的调遣，可以免除“杂泛差役”及“屯田籽粒”②，也就使“军余成为山场的专职工程部队”③。千户所指挥在名义上归省行都司调遣，而实际上却要听命于中贵提督。

六

从明代武当山管理机构来看，有属于行政系列的参议提督，也有直接隶属皇帝的中贵提督，还有各宫观提点、府州县官、防御千户所。等于是4套班子（参议、中贵、宫观提点、千户所），多个机构（参议府属、中贵随从、宫观道士、襄阳府衙署、均州州衙属、均州捕盗同知衙署、均州防御千户所衙署）都有管理之责。在职权归属上，并没有明确的划分，以至于政务不能协调，彼此之间难免发生冲突，尤其是处于高层的参议提督与中贵提督，更容易出现分歧。依照中贵提督设置的本意，是皇帝派出的监督人员，但没有区分何者为监督，何者为行政。因此，一旦政见不同，参议提督只能通过本省巡抚、巡按向朝廷提出建议，而中贵提督却可以直接奏报皇帝。在宦官专权时，朝官的会议往往遭到否决，这就使中贵提督日益成为武当山管理的主导。

---

① （明）王恕：《王端毅公奏议》卷1：“实有食粮正军一千二百余员名，余丁三千余名。”台湾商务印书馆景印文渊阁四库全书，1986年，第11页。

② （明）任自垣：《敕建大岳太和山志》卷2，湖北人民出版社，1999年，第31页。

③ 蔡泰彬：《泰山与太和山的香税征收、管理与运用》，《台大文史哲学报》，2011年第74期，第145页。

“天下政权出于一则治，二三则乱。”①由于参议提督与中贵提督彼此不能相容，因此武当山管理方面出现了很多问题，特别是盗贼的出现，迫使朝廷多次派出重兵围剿。面对这种形势，权力集中是消弭盗贼的最佳选择。应该说让中贵提督兼理武当山军民事务乃是权力的集中，便于统一指挥，而且也收到了一定成效。如正德三年（1508），在提督太岳太和山兼分守湖广行都司太监韦兴的指挥下，擒获强贼田思明等2900余名。本来朝廷派都御史汪舜民巡抚郧阳，刚刚平定叛乱，正德二年（1507）以地方无事召还，而该地山深地广，流民为患，难于抚治，如今有中贵提督统一节制，至少可以消除“体统分裂，莫能相一，苟图逭责于己者，正以邻国为壑而已”的体制弊端。②由于朝臣一直鄙视宦官，虽然不敢公开与宦官为敌，但也是处处刁难，所以兵部认为：“据兴所奏，皆类报之例，若以为功，则盗息民安，在在皆然，而要功挟赏者多矣。锡予之典，不可轻授，况镇巡官并无奏报，宜行巡按御史核实。”③虽然明武宗没有听从兵部的意见奖赏有功人员，但得不到朝廷的支持，中贵提督也难以施展，以至于正德八年（1513），“流民廖时贵、喻思俸，相继为乱”④，朝廷不得已再派重兵进剿。

参议提督与中贵提督彼此之间难以协调，发生争执也多。在朝臣看来，中贵“太和山提督专奉香火，为国家祝厘祈福”；“郧阳都御史专整饬军务，为国家弭盗安民”。⑤因此，不应该让中贵提督兼分守湖广行

---

① 《明史》卷208《许相卿传》。

② （清）顾炎武：《天下郡国利病书·湖广·郧阳府》，续修四库全书史部第597册，上海古籍出版社，2000年，第156页。

③ 《明武宗实录》卷39，正德三年六月乙亥条。

④ （清）顾炎武：《天下郡国利病书·湖广·郧阳府》，续修四库全书史部第597册，上海古籍出版社，2000年，第156页。

⑤ 《明神宗实录》卷139，万历十一年七月甲申条。

都司等处地方，如左都御史赵锦认为："太和山名止一山，而幅员八百余里，实在三省之间，分守参政不得协行，则抚治都御史亦难完诘，不幸有如刘千斤、曹仓辈窃发，其间将责之内臣乎？抑责之分守抚治等官乎？"①御史谭希思则认为："用内臣提督太和山，是改设官守土之制矣"②。所争论的都在于职责问题，朝廷不能明确划分职责，也就不能追究责任。其实在参议提督主管下荆南道事务以后，武当山所有事务都应该责成中贵提督统一指挥，因为没有明确的制度，中贵提督也很难大权独揽，而皇帝在具体处置时，"事涉中人，曲降温旨，犯法不罪，请乞必从"③。不明是非，凡事和稀泥，也就加剧了武当山管理上的混乱。

如万历三十四年（1606），湖广襄阳知府冯若愚偕推官程启南，因为公事路过武当山，来到净乐宫。按照管辖，这里乃是襄阳府的辖区，知府乃是顶头上司，如今来到净乐宫谒拜神像，本宫观的道士应该是夹道欢迎。冯若愚是进士出身，从骨子里看不起宦官，所以没有知照管理武当山宫观的提督太监王勋就独自来到净乐宫，却没有想到道官赵本深、袁进贤等因为喝醉了，根本就不以为礼。知府冯若愚大怒，喝令手下杖责这些道官。道官们因为有中贵太监撑腰，所以"击钟聚众呼噪"，一时砖石乱飞，冯若愚也束手无措，只好仓惶逃窜，额头还被瓦片击破出血。恶人先告状，中贵提督王勋先将此事奏报万历皇帝，说冯若愚是乘着轿子进入净乐宫，路过龙牌也不下轿，因此有"欺蔑龙牌"的行为。就是因为道官赵本深等阻拦冯若愚的轿子，他便借此发威，将赵本深等"痛决几毙"。无论是知府乘轿路过龙牌不下轿，还是道官赵本

---

① 《明神宗实录》卷149，万历十二年五月辛巳条。

② 《明神宗实录》卷150，万历十二年六月癸酉条。

③ 《明史》卷208《许相卿传》。

深等殴打知府，只要弄清事实，都可以按照律例治罪，但万历皇帝却认为："惩责道士，亦守土官所得行之法；乃戒（王）勋宜钤束道众，安静山场，不得忿争多事。"①既不追究知府的责任，也不治道官殴打知府之罪，还不指责中贵提督偏袒道官。君主不能够明辨是非，乃是明代武当山管理混乱的重要原因之一。

明代武当山"奔崖峭壁数千仞，郡邑辽远，有尽日之力而不与人遇者"②。因为是皇家道场，又是天下名山，所以"四方士女持瓣香、戴圣号，不远千里，号拜而至者，盖肩踵相属也"③。有自然灾害时，人民"衣食不给，是致结群聚党，携老扶幼，以求生路。荆襄多空地，所以为流民之渊薮也"④。以均州而言，从洪武年间的划分6里，到《大明一统志》（天顺年间）编纂时达29里，百年间人口增加将近5倍。在人口增加及远近拜祭者日益增多的情况下，明代对武当山的管理面临前所未有的问题，其中一些制度的厘定及管理措施的出台应该引起高度重视，当另撰文予以论述。

① 《明神宗实录》卷417，万历三十四年正月辛未条。

② （清）顾炎武：《天下郡国利病书·湖广·郧阳府》，续修四库全书史部第597册，上海古籍出版社，2000年，第156页。

③ （明）王士性：《五岳游草》卷6《太和山游记》，续修四库全书史部第737册，上海古籍出版社，2000年，第118页。

④ 《明宪宗实录》卷79，成化六年五月辛卯条。

明清官员俸禄

——兼论高薪养廉

俸禄是古代国家给予在职官吏的固定报酬，在一定的时期内，以物质和货币形式支付，旨在满足官吏个人和家庭生活的需要。在不同的历史时期内，还采用过免赋役、给力役、赐田土等形式作为补充。俸禄除了作为对官吏担任的职务给以报酬以外，还表明受俸人已经进入了统治机构，成为公职人员，也是对其作为统治阶层成员的认可。俸禄不是世袭待遇，而是随着职务的变动随时升降，其数额多寡也是根据职务的高低而定的。

一

明清文武官员实行的是低俸禄制，其根本原因在于俸禄制数百年不变，没有跟上社会的发展与通货膨胀，但最终官员的生活水平并没

有因此降低。他们不但在原籍置下许多田地房产[①]，而且还大肆行贿，以至于“至朝觐年，则守令以上，必人辇一二千金入京，投送各衙门及打点使费”[②]。因此，不能简单地以俸禄来确定官员的收入，要进行综合衡量。

明洪武二十五年(1392)，制定品官俸禄，正一品官月俸米87石，从九品官月俸米5石，最高官俸是最低官俸的17.4倍，其余未入流官月俸米3石，吏员月俸米分2.5石、2石、1石三等。官员得到封爵，按等差享有岁禄，公5000—2500石，侯1500—100石，伯1000—700石。俸禄的支付方式是米、银、钞、绢、布及各种实物兼给，其比例经常变化，一般是“官高者支米十之四、五，官卑者支米十之六、八。惟九品、杂职、吏、典、知印、总小旗、军并全支米。其折钞者，每米一石给钞十贯”[③]。自“一条鞭法”实施以后，官员的俸禄则主要以银来支付(参见附表一)。

清代的官俸大致参照明制，但废除了折钞折米制，实行俸银禄米制。其正从一品岁给俸银180两，俸米90石，从九品给俸银31.5两，俸米15.75石；其理论上差额，最高是最低的5.7倍强，但实际上支领的差额更大。按顺治元年至雍正十二年(1644—1734)平均岁支，汉文职官正一品岁实支215.5两，从九品实支俸银19.5两，实际差额为11倍强。有封爵的官员，按等差享有廪禄，每年公给银700—255两、米350—127石，侯给银610—230两、米305—115石，伯给银535—205两、米267.5—102.5

① (明)李乐：《见闻杂记》卷8之41则：“里中张公正，以贡为蕲水令。陈公观，以明经止官广文。张囊橐颇充，田产颇富。陈终身清约，颓然一小楼而已。”可见，主财的州县官与主文的教官在贫富上的差距之大，亦可见州县官得财之多。上海古籍出版社，1986年，第696页。

② (明)刘宗周：《刘子全书》卷17《遵例请旨严饬禁谕以肃觐典疏》，中文出版社，1981年，第292页。

③ (清)张廷玉等：《明史》卷22《食货志六》，中华书局标点本，1974年，第2023页。

石，子给银435—360两、米217.5—190石，男给银310—260两、米155—130石，轻车都尉给银235—160两、米117.5—80石，骑都尉给银135—110两、米67.5—55石，云骑尉给银85两、米42.5石，恩骑尉给银45两、米22.5石。[①]清代自雍正二年（1734）以后，开始发放养廉银，从总督到司狱年给银15000—40两（参见附表二、三）。

明初的社会物质不丰富，所定的俸禄相对比较合理，所以朱元璋认为："受俸如井泉，井虽不满，日汲不竭渊泉焉。"[②]当时官员们生活也比较简朴，如身为弘文馆学士罗复仁"负郭穷巷"，朱元璋偶尔来到其住处，"复仁方垩壁，急呼其妻抱杌以坐帝"[③]。学士已经是五品官，自己家的墙壁坏了还要自己修理。朱元璋所讲俸禄不少，是针对当时的消费水平而言。同样，清初商品经济不甚发达，人口不多，物质相对丰富和价格低廉，薪酬虽然不能说多，但也足够生活。以米价而言："康熙四十六年（1707），苏、松、常、镇四府大旱，是时米价每升七文，竟长至二十四文。次年大水，四十八年复大水，米价虽较前稍落，而每升亦不过十六、七文。雍正、乾隆初，米价每升十余文。二十年（1755）虫荒，四府相同，长至三十五、六文，饿死无算。后连岁丰稔，价渐复初，然每升亦只十四、五文为常价也。至五十年（1785）大旱，则每升至五十六、七文。自从以后，不论熟荒，总在廿七、八至三十四、五文之间为常价矣。"[④]当时一两银的官价是千文，官员们俸禄虽不高，但满足较有体面的生活乃是绰绰有余的。

① 参见（清）官修：《清朝文献通考》卷94《职官·禄秩》，浙江古籍出版社影印本，2000年。

② 《大诰·谕官之任第五》，载张德信、毛佩琦主编：《洪武御制全书》，黄山书社，1995年，第751页。

③ （清）张廷玉等：《明史》卷137《罗复仁传》，中华书局标点本，1974年，第3958页。

④ （清）钱泳：《履园丛话》卷1《旧闻·米价》，中华书局，1979年，第27页。

值得注意的是，官员俸禄并没有随着物价的上涨而进行调整。以土地而言，清代“顺治初（1644），良田不过二、三两。康熙年间长至四、五两不等。雍正间，仍复顺治初价值。至康熙初年（1662），田价渐长。然余五、六岁时（乾隆三十年左右，1765），亦不过七、八两，上者十余两。今阅五十年（约嘉庆二十年，1815），竟长至五十余两矣”①。物价的上涨及货币的贬值统治者并没有考虑，俸禄不但没有增加，而且还经常被罚俸，俸禄岂能保证官员的生活？也明显会影响到他们的生活质量。廉洁自律的官员生活难免拮据，如明人李贤所说：“今在朝官员，皆实关俸米一石，以一身计之，其日用之资不过十日，况其父母妻子乎。”②但值得注意的是，在物价上涨及货币贬值之时，官员们的生活水平并没有下降，不但奢侈程度令人咋舌，而且千里当官只为财也成为当时社会公认的价值，那么这些钱财是从何而来的呢？

二

清代有人专门为当时的首府首县填了一首词云：“红，圆融，路路通，认识古董，不怕大亏空，围棋马吊中中，梨园子弟殷勤奉，衣服齐整言语从容，主恩宪眷满口常称颂，坐上客常满樽中酒不空。”③从这首词中大概可以看出三个问题：一是官吏在俸禄之外另有额外的补充，二是官吏可以把部分公费作为自己应酬和生活开支，三是存在贪污受贿和

① （清）钱泳：《履园丛话》卷1《旧闻·田价》，中华书局，1979年，第27页。

② （明）陈子龙等选辑：《明经世文编》卷36，中华书局，1962年，第278页。

③ （清）独逸窝退士：《笑笑录》卷5《十字令》，载《笔记小说大观》，江苏广陵古籍刻印社，1983年，第23册第232页。

敲诈勒索。

首先，陋规收入是官员的最大收入。陋规实际上为王朝所默许，介于“非法”与“合法”之间，属于“政治畸形儿游荡在神州四海之内，润滑于京内外各衙署和大官小吏之间，其所以见怪不怪，视祟非祟，实因其具有着自己旺盛的生命力和赖以依存的社会政治基础”[①]。因此，应该将“陋规”视为由王朝默许，听任官吏们赚取的行政费用和经济收入。陋规的名目繁多，仅仅对州县的陋规进行粗略的统计就有521种之多。[②]在这众多陋规之中，“耗羡”是最大的项目。所谓“耗”就是在征收钱粮过程中的损耗，粮的损耗名目有仓耗、鼠耗、雀耗、湿耗、扬耗、运耗等；银则要加火耗，即将散碎熔炼成大锭的损耗。所谓“羡”是征收这些损耗的结余，按朝廷规定，加征耗羡可以达到十分之一至十分之三，而有些贪官曾经受到一倍以上。[③]耗羡一部分归于实际消耗，用于衙门的公费开支，因为朝廷拨给各衙门的公费不敷使用，只能在耗羡收入中解决，但大部分耗羡还是被官吏层层瓜分了。按照海瑞所讲：“收各项钱粮，每壹百两取五两”[④]，这是海瑞革去知县应得的陋规收入。海瑞在任时，有人户11371户，人口46505口，男子31836口，女子14669口，每丁收银3.4两，加耗0.6两，计收4两，加耗20%强，属于较为轻的加耗。据说，淳安夏税丝绵333848.261两，仅此一项按20%加耗，就有66769两强；秋粮米3882.9151石，每石折正银0.5892两，共计2287两强，按20%加耗，

---

① 韦庆远：《论清代官场的陋规》，载《明清史新析》，中国社会科学出版社，1995年，第243页。

② 参见柏桦：《明清州县陋规收入分析》，载《明清论丛》(第10辑)，紫禁城出版社，2010年。

③ (明)何良俊：《四友斋丛说》卷13《史九》讲：“夫下(等)乡粮只五升，其极轻有三升者，正额五升，若加六则正耗总八升。今每亩加耗一斗，则是纳一斗五升已增一半矣。夫耗米反多於正额，其理已自不通。”中华书局，1959年，第110页。

④ 陈义钟编校：《海瑞集》上编《兴革条例》，中华书局，1962年，第49页。

则457两强；此外，淳安官田有11882.2745亩，官地12693.1841亩，官山13224.36亩，官塘345.76亩，民田257139.77亩，民地228933.843亩，民山283267.79555亩，民塘7148.56亩，田地纳银，田1亩0.013两，地1亩0.009两，山1亩0.0046两，塘1亩0.007两，这些地亩可以征银7686两强，按20%加耗，则1537两强，仅这几项加耗，就有68763两强，这些均分为三，送府1/3，佐贰教杂及胥吏等1/3，知县1/3。海瑞革去自己应得的22691两强内的17191两强，此项收入依然还可以达到5500余两。

淳安在明清时为简缺，从人口规模及富裕程度而言，属于下等县份，如果是中等以上的县份，此项收入会更多。这种情况在清代依然如故。胡家玉[①]认为："即以南昌一县而论，丁银四万八千余两，每两以加二钱四分计之，岁取银万余两。漕米五万六千余石，每石以加三钱三分计之，岁取银一万八千余两。该县养廉一千九百两，今所加之数，比养廉多十五六倍，比巡抚藩司养廉多三四倍。摊捐各款，既已豁除，道府陋规另行提解，此盈千累万者，徒饱该县私囊也。"[②]这时候已经是耗羡归公，发放养廉银，州县官依然征收如故，仅丁银、漕米两项就多达3万余两。这些陋规乃是当时官员"不贪不滥，一年三万"[③]的主要收入来源。

---

① 胡家玉（1810—1886），字小蘧，南昌新建人，道光二十一年（1841）探花，授翰林院编修，后提督贵州学政，充军机处章京，累迁至太常寺卿，充四川乡试正考官，都察院左副都御史，兵部左侍郎，充任稽查京通十七仓大臣，多次被降级处分。光绪五年（1879）补为通政司参议，次年因病离职，后卒于南昌寄庐。

② （清）盛康辑：《清经世文续编》卷36《户政八·赋役三》，载胡家玉：《沥陈江西省违例加征诸弊疏》，光绪二十三年（1897）思刊楼刊本。

③ （清）王闿运：《湘潭县志》卷6《赋役》："湘潭湖外壮县也，财赋甲列，县民庶繁殖，官于此者，恒欣然乐饶，民间为之语曰：不贪不滥，一年三万。嗜利者不知足，见可以多取，辄增取之。自承平以来，屡以钱漕讼，然公私悦利，穰穰尤盛。城外沿湘十余里，皆商贾列肆及转移执事者，肩摩履错，无虑数十万人，其土著农甿，合巨亿计。"清光绪十五年（1889）刻本。

其次，各种减免赋役的收入。明清对官吏有优免赋税的待遇，这些优免实际上给官吏增加了其他收入。如嘉靖二十四年(1545)的《优免则例》规定："京官一品免粮三十石，人丁三十丁；二品免粮二十四石，人丁二十四丁；三品免粮二十石，人丁二十丁；四品免粮十六石，人丁十六丁；五品免粮十四石，人丁十四丁；六品免粮十二石，人丁十二丁；七品免粮十石，人丁十丁；八品免粮八石，人丁八丁；九品免粮六石，人丁六丁。内官内使亦如之。外官各减一半。教官、监生、举人、生员，各免粮二石，人丁二丁。杂职、省祭官、承差、知印、吏典，各免粮一石，人丁一丁。以礼致仕者免十分之七，闲住者免一半。其犯赃革职者不在优免之例。如户内丁粮不及数者，止免实在之数；丁多粮少，不许以丁准粮；丁少粮多，不许以粮准丁。"①因为有了这些优免，官吏们就可以荫蔽户口，虚占田土。《儒林外史》所讲的范进中举以后，"有许多人来奉承他；有送田产的，有人送店房的，还有那些破落户，两口子来投身为仆，图荫庇的。到两三个月，范进家奴仆丫鬟都有了，钱米是不消说了"②。送房、送地、投身，都是为了免赋役，使官吏们增加许多额外收入。

再次，在支配各项公费时的变相收入。明清大小官吏都有一定数额的公费支配权，这些公费虽然不能作为官吏个人的收入，但也有增加收入的效果。如明代规定，知县有15两买办日用器具的银钞，这"银十五两倍收入己囊橐，去任时可带者尽数带回，不可带者又取之以与下人并所厚士夫"③。此外，在采买瓜果蔬菜、鱼肉酒水、宴请过往官员等开支上贱卖贵支的盈余，以及用此满足官吏及其家属生活也是不少

① (明)申时行等:《明会典》卷20《户部·赋役》，中华书局，1988年。

② (清)吴敬梓:《儒林外史》，人民文学出版社，1977年，第47页。

③ (明)海瑞撰，陈义锺编校:《海瑞集》(上编)，中华书局，1962年，第128页。

的收入。明清两代官吏吃喝成风，大量糜费公款，以致成为官场痼疾。他们以为公家之费可以糜费，因此许多官吏借此以谋私，凡有上司过署，差官经由，必然是美酒佳肴，大肆铺张，“上司一到，有饮食矣，有日廪矣；又办下程，备极水陆”[①]。这种“梨园子弟殷勤奉”，“坐上客常满樽中酒不空”的开销，实际上是以公用为名而谋私人享乐，借“公宴”为由而谋升官保职，所以“不怕大亏空”。为了限制官吏挥霍公费，清代一度将蔬菜烛炭、心红纸张、案衣什物、柴薪四项规定了数额，折成银两，直接发给官吏，禁止他们另外需索，以后又发觉领款之后，需索如故，所以又革除之。直至清末，因公费银逐年递增，糜费不已，所以将各官的公费银定出额定数目，发给官吏本人限额支用。如京官的公费银，军机大臣24000两，尚书10000两，侍郎8000两，各司官员自2400—180两分为7等。这样所谓的公费实际上成为官吏们的合法收入。

最后，除上述收入之外，官吏贪污受贿的收入更是难以数计。虽然一旦查出官吏贪污受贿必然会受到处罚，但查不出来的依然是多数。在朱元璋严惩贪官污吏时，仍然存在着“掌钱谷盗钱谷，掌刑名者出入刑名”[②]，几乎是“天下诸司尽皆赃罪”[③]。那么在政治腐败时期，贪官污吏与日俱增，大小官吏，“举止有同盗贼，贪黩无厌，不知自相愧悔”[④]。官吏们“宁可刻民，不可取怨于上；宁可薄下，不可不厚于过往”[⑤]。上下沆瀣一气，相沿成习。当然，贪污受贿一旦被查出是要受到严惩的，不

① （明）张萱：《西园闻见录》卷96《政术·前言》引张涛曰，哈佛燕京学社，1940年。

② 《大诰·谕官无作非为第四十三》，载张德信、毛佩琦主编：《洪武御制全书》，黄山书社，1995年，第767页。

③ 《大诰·朝臣优劣第二十六》，载张德信、毛佩琦主编：《洪武御制全书》，黄山书社，1995年，第760页。

④ （清）昭梿撰，何英芳点校：《啸亭杂录》卷9《魁制府》，中华书局，1980年，第292页。

⑤ （明）海瑞撰，陈义锺编校：《海瑞集》（上编），中华书局，1962年，第38页。

能算官员的合法收入。

三

有些人将当时官吏贪污日盛的原因归咎于俸禄过薄，如顾炎武讲："今日贪取之风所以胶固于人心而不可去者，以俸给之薄而无以赡其家也。"[①]这固然是官吏贪污原因之一，但并不是问题的要害所在，因为官吏贪与不贪，主要不在俸给之多少。例如，清代曾经一而再、再而三地增加官吏的收入，俾以养廉去贪，结果，就连"从前卓异之员，而后任内竟至贪赃枉法，罹于重罪"[②]。高俸禄固然可以给官员以较为体面的生活，但财富的诱惑却不是体面生活所能够遏制的。恩格斯认为："卑劣的贪欲是文明时代从它存在的第一日起直至今日的动力；财富，财富，第三还是财富——不是社会的财富，而是这个微不足道的单个的个人的财富。这就是文明时代唯一的、具有决定意义的目的。"[③]既然在文明时代的个人追求财富具有决定意义，即便是将所有的财富全部给予一人，也难以满足其占有更多财物的野心。因此，将政治、经济利益冲突限制在稳定和秩序的范围内，就成为各种制度构建的根本所在。

翻阅明清史料，认为官员俸禄过低的呼声甚高。早在明永乐十九年(1421)，太子左中允邹缉上疏就讲到，在朝廷兴办大工程购买材料

---

① (清)顾炎武著，(清)黄汝成集释，栾保群、吕宗力校点：《日知录集释》卷12《俸禄》，花山文艺出版社，1990年，第548页。

② (清)官修：《清文献通考》卷60《选举·考课》，浙江古籍出版社影印本，2000年，第5416页。

③ [德]恩格斯：《家庭、私有制和国家的起源》，载《马克思恩格斯选集》(第四卷)，人民出版社，1972年，第173页。

时，原本价值无多的染料一斤居然要二万贯钞，“而所用不足以供一柱一椽之费”。朝廷派出钦差官，就成为“其人养活之计”，因为“在外藩司府县之官，闻有钦差官至，望风应接，惟恐或后，上下之间，贿赂公行，略无畏惮，剥下媚上，有同交易，贪污成风，恬不为怪”。他以为这种靡费公款、贪污受贿都是因为薪俸太低，只有“有司百官全其禄廪，使有以养其廉耻，天下之人得以休养于田里之间，而有司官吏无贪残虐害之政，则灾沴不作，太平可臻”①。以为增加官员薪俸就可以全其廉耻，根除靡费公款和贪污受贿现象，实在是书生之见。清代史学家赵翼曾经讲道：“贿随权集，权在宦官，则贿亦在宦官；权在大臣，则贿亦在大臣，此权门贿赂之往鉴也。”②其靡费公款和贪污受贿的真正原因应该是因为权力的失控。

康熙初年御史赵璟也认为官员薪俸太低，“一月俸不足五六日之费，尚有二十余日将忍饥不食乎？不取之百姓，势必饥寒”。所以禁贪而愈贪，是因为他们“赖赃以足日用”③。即便是后来有了养廉银制度，但他们还认为这些养廉银乃是“官之室家赖之，亲友赖之，仆从赖之，而又以延幕宾，以恤丁役，以奉上司，以迎送宾客僚友，而又有岁时不可知之费，计其所需，岂止一端”④，依然满足不了他们的日常生活。所以“京官有俸而外官常无俸，乃外官未尝以无俸告苦者，岂皆吸露餐风，

① （明）陈子龙等选辑：《明经世文编》卷21，载邹缉：《奉天殿灾疏》（第1册），中华书局，1962年，第163~167页。

② （清）赵翼：《廿二史札记》卷35《明代宦官》，中国书店，1987年，第512页。

③ （清）蒋良骥：《东华录》卷9（康熙八年六月），中华书局，1980年，第151页。

④ （清）梁章巨：《退庵随笔》卷6《官常》，载《笔记小说大观》（第19册），江苏广陵古籍刻印社，第134页。

无非科取百姓以作当得之俸耳”[①]。更有人以为：“夫所给廉俸至薄也，而谓为利不可计，贪墨之外无他道也。”[②]陈登原先生也因此认为：“道咸政局，盖官吏俸给甚薄，官吏之开支至多，于是不能不临民而贪，更不能不临民以酷。”[③]于是乎，“财狼之噬人也，犹有饱时，而官府之私橐无时可饱也。盗贼之劫人也，犹有法治，而官府之剥民无法可治也”[④]。无论是当时的人，还是现在的研究者，都认为低薪俸是促使官员滥收陋规、靡费公款，乃至于贪污受贿的原因之一。但冷静分析，低薪俸不是主要原因，主要原因应该是统治者政治决策上的失误。这正是：“国赋三升民一斗，屠牛那不胜栽禾。”[⑤]

这样剥民以肥己，枉法以求财，官民之间的对立必然加深，社会危机必然日重，明清两代的衰亡实与统治集团内部日趋严重的腐败有关。官吏贪污受贿，营私舞弊，是专制政体腐败的主要特征之一，而其根源却在君主专制和官僚政治。

四

明清时代的官员及士大夫都认为：“制禄之薄，断自元始，明代承

---

① （清）李之芳撰，李钟麟编：《李文襄公奏疏·奏议》卷2《请省外官过当处分疏》，清康熙四十一年（1702）刻本，第20~21页。

② （清）甘韩辑：《清经世文新编续集》卷6《国用·论清国财政》，台北文海出版社据光绪二十八年（1902）商绛雪斋书局本影印，1972年。

③ 陈登原：《国史旧闻》（第3册），中华书局，2000年，第639页。

④ （清）陈忠倚辑：《皇朝经世文三编》卷14《治体二》，引自何启、胡翼南：《书曾袭侯中国先睡后醒论后》，清光绪二十四年（1898）上海书局石印本。

⑤ （清）龚自珍著，王佩诤校：《龚自珍全集·己亥杂诗》，中华书局，1959年，第521页。

之，遂相沿袭。”[1]以为这是官吏贪污受贿，政治腐败的重要根源之一，但谁都没有否认“利不归于国家而归于权幸之门”[2]。一些官之所以能够“初试为县令，即已买田宅，盛舆贩金玉玩好，种种毕具”[3]。并不是因为俸禄太低，而是权力所致。洪亮吉[4]儿时（1750年左右）“见里中有为守令者，戚友慰勉之，必代为虑曰：此缺繁，此缺简，此缺号不易治，未闻其它。及弱冠之后（1765年以后），未入仕之前，二、三十年之中，风俗趋向顿改。里中有为守令者，戚友慰勉之，亦必代为虑曰：此缺出息若干，此缺应酬若干，此缺一岁可入己者若干，民生吏治，不复挂齿颊矣。如今（1795年左右）守令满任回乡，连十舸，盈百车，所得未尝不十倍于前”[5]。四五十年，俸禄丝毫未变，此前当官考虑的是如何治理，而今当官考虑的是如何有收入，连十舸，盈百车，也满足不了这些官员的贪欲。

明人谢肇淛认为：“官至九卿，俸禄自厚，即安居肉食，有千金之产，原不为过，盖不必强取之民，而国家养廉之资，已不薄矣。今外官七品以上，月俸岁得百金，四品以上倍之，糊口之外，自有赢余。”[6]朝廷给予官员的俸禄及各种各样的待遇足以使他们过上比较体面的生活，但他们还是口口声声说自己俸禄低薄，希望得到高薪，或者将陋规变为

---

① 故宫博物院明清档案部编：《清末筹备立宪档案史料》（上册），中华书局，1979年，第417页。

② （明）陈子龙等选辑：《明经世文编》卷147，中华书局，1962年，第1464页。

③ （明）程三省、李登等纂修：《万历上元县志》卷10《名宦传序》，江苏广陵古籍刻印社影印本，1985年。

④ 洪亮吉（1746—1809），原名礼吉，字稚存，号此江，江苏阳湖（今江苏武进）人，清代著名的汉学家。乾隆庚戌（1790）榜眼，官编修，以言事获咎，遣戍伊犁，甫三月赦归，因自号更生居士。

⑤ （清）洪亮吉撰，刘德权点校：《洪亮吉集》（第1册），中华书局，2001年，第24~25页。

⑥ （明）谢肇淛撰，印晓峰标点：《五杂组》，上海书店出版社，2001年，第301页。

合法，丝毫没有考虑到“衣食有羡，即为丰饶；俸禄有余，即为充裕”①。因为没有大公至正之心，也就难免争名夺利。其“贪者嗜利，矫者嗜名，一也；贪者害物，而矫者不能容物，亦一也”②。贪官好财，清官好名，明人李贽“每云贪官之害小，而清官之害大；贪官之害但及于百姓，清官之害并及于儿孙”③。就在于这些官吏没有造福于社会，惠及人民之心，只是想着自身的利益。

就明清两代惩贪而言，当然存在很大的局限。因为当时的官场存在着一个“庇护制的网络结构”，也就是政治关系网，官僚之间形成相互庇护的关系，是在私利的基础上，“这样结合起来的私利能够破坏行政中的公益。招权纳贿、任人唯亲、裙带关系以及所有馈赠和小恩小惠是中国官场的通病，而这种事实是被接受，甚至在某些情况下是被体谅的”④。在这种结构中，相对于皇权所寄予的任务和职责，官员们更热衷于完成自己在关系网中的效忠与庇护义务。因为这种官员之间的相互卫护更能在严苛的行政责任面前给官僚们带来安全感。于是在权力运行中，必然出现“权大于法、情大于理、关系大于能力、依附大于独立等现象”⑤。在这种政治结构下，官僚们自身的利益有了保障，朝章国法和民生福利就成为被损害的对象了。

虽然有人提出：“夫贪官之所爱者财耳。若止去其官，不夺其财，彼犹不失其富，既不知耻，岂肯改行。若籍没法行，则虽不问以死罪，彼虑

---

① （清）汪辉祖著，王宗志等注释：《双节堂庸训》卷3《治家·宜量力赡族》，天津古籍出版社，第106页。

② （明）谢肇淛撰，印晓峰标点：《五杂组》，上海书店出版社，2001年，第301页。

③ （明）李贽：《焚书》卷5《论史·党籍碑》，中华书局，1975年，第217页。

④ ［美］费正清编：《剑桥中国晚清史》（1800—1911），中国社会科学出版社，1985年，第106~108页。

⑤ 韩庆祥：《现代性的建构与当代中国发展》，《天津社会科学》，2004年第3期。

并失其原有之财，必知警惧，则贪风庶乎可革。”[①]以为发现官吏贪污，将他们的所有财产及人口全部籍没就可以革除贪风，但事实表明，官僚的贪欲非酷刑所能根本遏制的。明太祖朱元璋“立法未尝不严，而用法未尝不审，然赃吏贪婪，如蝇蚋之趋朽腐，蝼蚁之慕腥膻”[②]。在专制政体内“蚁集膻，蝇逐臭，今之仕宦者皆是”[③]，岂能够不前腐后继！

严刑不能去贪，高薪也不能养廉，必须依靠有效的制度建构。明清两代通过两万多名文职官员，实现对幅员广阔的领土进行有效管辖。“明王朝甚至比帝国早起几个典型的王朝更加企图使政权的运转正规化，使官员的行为整齐划一，以便纠正像明初诸帝认为的几个异族王朝所强加给中原的那种目无法纪的、贪污腐化的窳政。”[④]“在清朝统治之下，中国比其他任何国家都更快地摆脱了17世纪的全球性经济危机。令欧洲君主羡慕的是，在多尔衮、顺治帝和康熙帝奠定的牢固基础上，清朝统治者建起了一个疆域辽阔、文化灿烂的强大帝国。”[⑤]这些都是有目共睹的，然而不受任何制约和监督的皇权和对皇帝的绝对权威与个人崇拜，以及血雨腥风的文化专制和官僚政治，无法对官吏们实行有效监督，更不能有民主化、法治化和科学化的决策，当然也不能有效地遏制腐败。

给予官员一定的薪酬，让他们能过上较为体面的生活，不再为柴

---

① （明）陈子龙等选辑：《明经世文编》卷144，何瑭《民财空虚之弊议》，中华书局，1962年，第1438页。

② （明）叶盛撰，魏中平点校：《水东日记》卷11《记王轸父家书事》，中华书局，1980年，第115页。

③ （明）沈德符：《万历野获编补遗》卷3《续忧危竑议》，中华书局，1959年，第878页。

④ ［美］牟复礼、［英］崔瑞德编：《剑桥中国明代史》，中国社会科学出版社，1992年，第3页。

⑤ ［美］魏斐德：《洪业：清朝开国史》，陈苏镇、薄小莹等译，江苏人民出版社，2003年，第391页。

米油盐酱醋茶而担忧，也是使官员能安心工作的一个条件，但不是养廉的条件。只有在民主化、法治化高度发展，对权力能实行有效监督，才能遏制腐败。因为在权力主宰一切的情况下，作为权力核心的帝王，必然会发挥出巨大的政治能量，辐射并影响着制度的制定与实施。同时，围绕着皇权的各种政治势力，不断进行着你争我夺的权力交锋，频繁上演着尔虞我诈的人间倾轧。在这种情况下，“群臣背公行私，日甚一日；虏寇之患愈迫，朋党之相攻愈苛。虽持论有短长，大抵世谓小人者皆真小人，而所谓君子者则未必真君子也。民益贫而吏愈贪，风俗日坏。将士不知杀敌，惟知害民；百官不知职业，惟以营进”①。可以说，败亡之典可述，败亡之政警人。绝对的权力导致绝对的腐败，但绝对不能有不受制约与监督的权力。

附表一：明代官俸表

官品	岁俸(石)	本色(石)	折色(石)	折银(石)	折绢(石)	折布(石)	折钞(贯)
正一品	1044	331.2	712.8	266	53.2	356.4	7128
从一品	888	284.4	603.6	227	45.4	301.8	6036
正二品	732	237.6	494.4	188	37.6	247.2	4944
从二品	576	190.8	385.2	149	29.8	192.6	3852
正三品	420	144	276	110	22	138	2760
从三品	312	111.6	200.4	83	16.6	100.2	2004
正四品	288	104.4	183.6	77	15.4	91.8	1836
从四品	252	93.6	158.4	68	13.6	79.2	1584
正五品	192	75.6	116.4	53	10.6	58.2	1163
从五品	168	68.4	99.6	47	9.4	49.8	996
正六品	120	66	54	45	9	27	540
从六品	96	56.4	39.6	37	7.4	19.8	396
正七品	90	54	36	35	7	18	360

① (清)谈迁：《国榷》卷83《万历四十八年七月丙子》引夏允彝曰，中华书局，1958年，第5154页。

续表

官品	岁俸(石)	本色(石)	折色(石)	折银(石)	折绢(石)	折布(石)	折钞(贯)
从七品	84	51.6	32.4	33	6.6	16.2	324
正八品	78	49.2	28.8	31	6.2	14.4	288
从八品	72	46.8	25.2	29	5.8	12.6	252
正九品	66	44.4	21.6	27	5.4	10.8	216
从九品	60	42	18	25	5	9	180

注:明官俸以粮米计算,支付时米物兼给,给米为本色,给物为折色。由于折色物品及纸钞日贱,官俸比例不变,官吏实际所得很少,故史称:“自古官俸之薄,未有若此者”(《明史》卷82《食货志六》)。

附表二:清代文职官俸表

官品	年俸银两	禄米折银	恩俸银两	官品	年俸银两	禄米折银	恩俸银两
一品	180	90	270	二品	155	75	230
三品	130	65	195	四品	105	52	157
五品	80	40	120	六品	60	30	90
七品	45	22	67	八品	40	20	60
九品	33	16	49	从九品	31	15	46
未入流	31	15	46	—	—	—	—

附表三:清代外官俸表

官职	年俸银两	养廉银两	官职	年俸银两	养廉银两	官职	年俸银两	养廉银两
总督	180	15000	巡抚	155	10000	布政使	155	8000
按察使	133	6000	道员	105	4000	知府	105	2500
知州	80	1500	府同知	80	1000	京府通判	60	600
知县	45	1000	通判	45	500	县丞	40	150
儒学训导	40	40	县主簿	33	60	司狱	31	40

明代闸坝官

明代闸坝官的官职卑微，文献记载只言片语，学界也很少予以关注，只是在论述京杭大运河及农田水利时略有涉及。有的谈到京杭运河闸官的设置与掌闸启闭、统领闸夫的职能；闸的建设、规模、建设技术、建设经费及管理；在谈及水利灌溉及水利社会的时候，论述水利设施的归属；从水利用水角度来论述朝廷的水利设施对人民生活的影响；从水利设施来论述社会各阶层的关系，说明地方水利事业建设的艰辛；从水利设施的修建过程与作用，论述水利对自然环境的影响；从河道运输管理谈及闸坝官的具体职能；从用水权谈及民间与官府对水利设施的管理。[①]诸如此类，很少论及闸坝官的设置，更没有涉及闸坝官具体的权责，对于闸坝官所受的领导也存在模糊认识，有必要进行

① 参见于琪：《明清时期京杭运河闸官研究》，《聊城大学学报》，2009年第2期；吴建新：《闸窦：明清广东农田水利的技术史和社会史探研》，《古今农业》，2007年第4期；钞晓鸿：《灌溉、环境与水利共同体——基于清代关中中部的分析》，《中国社会科学》，2006年第4期；卢勇：《清末民初关中水利用水过程中的作弊行为研究——以清峪河水利为例》，《古今农业》，2005年第2期；冯贤亮：《清代江南乡村水利兴替与环境变化——以平湖桥堰为例》，《中国历史地理论丛》，2007年第3期；周琼：《清代云南内地化后果初探——以水利工程为中心的考察》，《江汉论坛》，2008年第3期；方秋梅：《论晚晴汉口堤防建设对城市环境变化的影响》，《江汉论坛》，2009年第12期；吴欣：《明清京杭运河河工组织研究》，《史林》，2010年第2期；饶明奇：《明清时期黄河流域水权制度的特点及启示》，《华北水利水电学报》，2009年第9期。

深入探讨。

一

明代闸坝建造技艺较前代有所提高，闸坝也趋于专业化。从闸的功能来看，可以分为灌溉闸、防洪闸、航运闸。根据实际情况，灌溉、防洪、航运往往同在一闸，但也各有侧重。各种闸除了笼统划分之外，在功能上也有一定的区别，如航运闸有普通闸、减水闸、便民闸等。坝也是一种兼具防洪、灌溉、航运于一体的水利设施，可以分为灌溉坝、防洪坝、航运坝等。与闸相同，有些坝也兼有各种功能，也有单一的功能，诸如减水坝、顺水坝、车船坝；根据建筑材料的不同，还区分土坝、石坝、木坝等。

闸坝的存在是闸坝官设置的前提，从理论上讲，一闸便有一闸官，一坝便有一坝官，按照制度规定："各处闸坝，闸官各一员，坝官各一员。"[①]事实上，多数闸坝并没有设立专职闸坝官，有两个或数个闸坝设一闸坝官管理者，也有隶属于州县的闸坝而由管河佐贰官管理者，更有地方基层组织及社会组织管理者。一般来说，由朝廷批准设立的闸坝官纳入吏部铨选序列，是典章制度规定的官员，其余的闸坝并没有纳入职官序列。

纳入职官序列的闸坝官，其增添与裁撤是有严格程序的。如洪武十五年（1382），"浚扬州仪真河九千一百二十丈，置闸坝十三处"[②]，都

① （明）申时行等：《明会典》卷197《工部·闸坝》，中华书局，1988年，第992页。

② 《明太祖实录》卷144，洪武十五年夏四月癸未条。

设置了闸坝官。永乐元年(1403),“设溧水县广通闸,置坝官一员”①。这是溧水县民提出的,皇帝派工部核实,由工部提出设官管理固城、湖口二处闸坝。根据情况,朝廷可以裁减或增添。如“以河南道淤塞,革山东济宁州之耐牢坡、聊城县之周家店、来海务、临清县之临清闸、会通闸五坝官”②。“设直隶淮安府山阳县之清河福兴,清河县之新庄,邳州之乾沟,徐州之沽头、上沽头,下沛县之金沟山,东济宁州之谷亭、孟阳泊、鲁桥十闸,置闸官各一员。”③增添和裁撤一般由地方或主管河道的官员提出,工部复核,然后移交吏部增减编制。如“工部覆漕运尚书凌云翼题称:徐州戚家港溜急,运艘难行,议开新渠,建闸境山废闸,曰梁境闸、新河中闸,曰内华闸、新河口闸,曰古洪闸,乞移咨吏部。于梁境闸专设闸官一员,内华、古洪二闸共设闸官一员,并铸给条记。”④这些闸坝官从归属来看,有朝廷派出机构直接管理者,也有地方官府管理者。没有设官的闸坝,有州县派闸坝夫管理者,也有地方基层组织与民众组织自行管理者。

朝廷派出机构直接管理的闸坝,以航运闸坝为主、防洪闸坝为辅。这种类型的闸坝一般分布在运河及江南地区,《明会典》所载200余座闸坝大多属于这种类型。⑤明代在京杭运河重要河段,隶属于工部都水管闸主事,对闸坝以及闸坝官进行管理。宣德时(1426—1436)设济宁

① 《明太宗实录》卷19,永乐元年夏四月丁卯条。

② 《明太宗实录》卷23,永乐元年冬十月壬戌条。

③ 《明太宗实录》卷175,永乐十四年夏四月壬午条。

④ 《明神宗实录》卷135,万历十一年三月己亥条。

⑤ 参见(明)申时行等:《明会典》卷197《工部·闸坝》,中华书局,1988年,第992~994页。

管闸主事[①]，成化十九年（1483）设沽头闸主事[②]，嘉靖二十年（1541）设南旺管闸主事[③]等。

除派驻管闸主事对闸坝以及闸坝官进行管理外，朝廷时常派御史巡视闸坝事务，还派大臣巡视总理河道事务。如宣德三年（1428），命左都御史刘观巡视河道，“凡河道淤浅，闸坝损坏，躬自提督修浚，务俾舟楫顺利，输运无阻，公私两便”[④]。除此之外，各重要河道也特派专官总理，“所遣官专理河道，不与他事”[⑤]。自此以后，或派大员巡视总理河道，或在河道重要地区委派布政司参议、按察司副使专理河道。成化年间，总理河道成为常设之职，以后或设、或不设，并没有形成定制。嘉靖以后，总理河道大臣成为常职，有时也以巡抚兼任。万历时，以都察院右都御史潘季驯总理河道，驻扎济宁州，总河成为河道管理系统的最高长官，亦称为河道总督，或总督河道，成为常制。

总理河道是河道管理系统的最高长官，不但“督率原设管河、管洪、管泉、管闸郎中、员外、主事，及各该三司、军卫、有司掌印，管河兵备、守、巡等官”[⑥]，而且可以提调各府州县专门管河的同知、通判、州同、县丞、主簿等。总理河道以管理运河为主，“凡运河职官，永乐初年，差主事一员，疏宁阳县等处泉源以济运河，后又差通政郎中各一员，又

---

① （清）傅泽洪：《行水金鉴》卷165《官司》，台湾商务印书馆景印文渊阁四库全书，1986年，第10页。

② （清）傅泽洪：《行水金鉴》卷165《官司》，台湾商务印书馆景印文渊阁四库全书，1986年，第11页。

③ （清）傅泽洪：《行水金鉴》卷165《官司》，台湾商务印书馆景印文渊阁四库全书，1986年，第12页。

④ 《明宣宗实录》卷35，宣德三年春正月丁未条。

⑤ 《明宣宗实录》卷55，宣德四年六月辛巳条。

⑥ （清）傅泽洪：《行水金鉴》卷32《河水》，台湾商务印书馆景印文渊阁四库全书，1986年，第20页。

差主事一员，专管闸河。临清闸则令提督卫河提举司主事兼管，皆三年更代"①。沿运河的府州县多设有管河同知、通判、州同、县丞、主簿等，运河上的闸坝官要受他们的管辖，受朝廷任命的管河、管闸等主事及总理河道的节制。在运河之外的闸坝官，受府州县管农、管河的佐贰官管辖，也受府州县官的节制。

府州县自建的闸坝，朝廷不设官管理，地方官府设闸夫、坝夫负责看守，其启闭防堵，要听从地方官的指令。民间自建的闸坝大多由豪绅牵头动用社会资源修建，官府一般不参与闸坝的管理，只有发生纠纷时，官府才会介入。

二

闸坝官的官秩未入流，但也有例外。如洪武时期的闸坝官，"淮安等府七人系正九品"②。官制勘定以后，所有的闸坝官均未入流，纳入吏部铨选序列。作为官员，就有自己的衙门与所属。闸坝官的衙署多修建在闸坝附近，没有条件者往往也租借民房暂作衙署。闸坝衙门有独立的财政，"每闸坝各置公廨，其费取之修仓余银，巡仓赃罚，及所省脚价。其木石等，取之各厂"③。

闸坝有定的辖区，其辖区大小则要看闸坝的位置及水源情况。辖区小的仅仅是一个闸坝，辖区大的有几十千米，有些还管辖与闸坝相关的泉、浅、河、湖等。兼管两个或数个闸坝的官还设有行署衙门，以便

① （清）傅泽洪：《行水金鉴》卷165《官司》，台湾商务印书馆景印文渊阁四库全书，1986年，该卷第9页。

② 《明太祖实录》卷83，洪武六年六月辛未朔条。

③ 《明世宗实录》卷81，嘉靖六年十月戊午条。

闸坝官往来巡视。[①]

闸坝官衙门设置比较简单，一般只设闸坝吏一二人。如“庆丰等九闸，成化年间原设闸官四员、闸吏四名”[②]。闸吏要由吏部铨选，“依拟闸成通舟之日，漕司移咨吏部，铨选闸官一员，拨闸吏一名，礼部铸条记一颗，以司启闭”[③]。根据事务的繁简，有不同数量的闸夫、坝夫、溜夫、纤夫、浅夫、行夫等。有些闸坝没有设置专门的闸坝官，则由老人、驿丞、巡检、递运所大使等兼管，也有州县佐贰官兼管者，都有额定的闸夫、坝夫、溜夫、纤夫、浅夫、行夫等，这些人的工食银纳入州县力役之中，由州县支给，是可以向朝廷奏销的项目。

由此可见，闸坝衙门大体有官、吏、役三类人。官是朝廷任命的闸坝官，或者是佐贰官、杂官兼管者。值得注意的是“老人”，这是基层组织里的老人，被官府委以管理闸坝，虽然属于在官亦在民者，其权限与闸坝官相同。老人不是官，没有俸禄，也没有工食银，其管理闸坝则主要靠陋规收入。吏有额定的称为经制吏，属于官府在册，制度也允许有经制之外的吏，但没有工食银，也是靠陋规收入。闸坝的役属于力役，闸夫、坝夫、溜夫、纤夫、浅夫、行夫等负责闸坝的启闭、维修、运送等事务，原本为地方的徭役，“一条鞭法”实行以后，大部分成为雇役，有一定的工食银。闸坝有工程修建的时候，可以临时招募夫役，工程完成之后，即可遣散。

① 参见(清)傅泽洪:《行水金鉴》卷170《夫役》，台湾商务印书馆景印文渊阁四库全书，1986年，该卷第16~24页。

② (明)吴仲:《通惠河志》(卷上)，上海古籍出版社影印续修四库全书，2002年，第16页。

③ (明)郑晓:《郑端简公奏议》(卷9)，上海古籍出版社影印续修四库全书，2002年，第32页。

闸坝官对夫役有招募及管理的权力，虽然在招募问题上没有决定权，但有参与权，地方官大多是按例核准，同意闸坝官的招募。明代实行严格的户籍制度，闸夫、坝夫、溜夫、纤夫、浅夫、行夫等也有户籍，世代承担此役，参与闸坝工作，除了官府发给的工食银之外，还有许多陋规收入。闸坝管辖地方有许多土地，如山阴县三江闸，“附闸沙田一百二亩三分三厘九毫，坐落山阴四十四都二图才字号。除拨十亩与汤祠僧种收食用外，余俱与闸夫佃种，每年纳租二十五两三钱七分五厘三毫，于内纳粮差八两外，净银一十七两三钱七分五厘三毫。又草荡一所，每年纳租五两，其银二十二两三钱七分五厘三毫征收府库，另贮一匣，以备异日修闸之费。积有多余，止供塘闸取用，不许别支”[①]。这是在册的附闸土地，所缴纳的租银比一般土地要少，闸夫等耕种则可以补贴生活。除了在册的附闸坝土地之外，在干旱水浅的时候，有许多滩涂地，闸坝官让闸坝夫耕种，其种地所得则归闸坝官与闸坝夫，不纳入官府征收范围。

闸坝官是未入流的官员，最初每月禄米一石五斗，再加上一些折色绢钞，后来未入流官员不用折色，年俸银二三十两，属于低收入者。因为有朝廷允许的陋规，闸坝官的收入颇为可观。如每年闸坝维修所需要的物资采办，闸坝官可以收取回扣；归属闸坝官衙门的田产收入，除了上缴部分田租之外，所余也是闸坝官可以支用的费用。[②]闸坝官管理水利运输，特别是京杭大运河的闸坝官，陋规收入很多。比如，闸坝的启闭宣泄有着严格的规定，也就赋予闸坝官合法把持运河咽喉的权

① 浙江省地方志编纂委员会编：雍正《浙江通志》卷57《水利六》，中华书局标点本，2001年，第1492页。

② 参见（明）何士晋：《工部厂库须知》卷10《都水司》，江苏广陵古籍刻印社，1987年。

利。按照规定：各种船只必须凑够一定数量，而闸坝内蓄水又达到标准，闸坝官才能开闸放行，为的是节约水资源。如果船主希望尽快过闸，缩短航行时间，就会给闸坝官一定的陋礼。往来运河的漕帮属于公务船只，按例不用缴纳陋规，但事实恰恰相反。如正统二年（1437），直隶巡抚丘濬就讲道："比闻徐州至临清闸河，方春漕舟胶浅，余舟可行，而闸官以不得贿固阻，或漕卒胁使不得启闸，遇驰驿及豪势者过时，一启輒复闭之。及夏秋水泛，则又于闸上横桥以阻，规求小利。且各闸及二洪下舟，往往失势呼号乞救，洪闸官坐视舟坏人溺，若不闻见。其管洪闸主事等官，亦恬不顾"①。漕运船只固然可以胁迫闸官放行，但他们多违例携带货物，在南北倒卖获利，为了不惹麻烦，往往会向闸坝官缴纳可观的"帮钱"，从一两到几十两不等。紧急公务及达官权贵的船只路过闸坝是有优先权的，但朝廷有积水及则的规定，闸坝官也可以此拒绝放行，因为朝廷还有水浅而改行陆路的规定，如果达官权贵用强，也可能受到处罚，也会向管闸坝者行贿。②

闸坝官治下的闸夫、坝夫、溜夫、纤夫、浅夫等，虽然都是力役，但也有助纣为虐者，是所谓"闸夫皆系积年地棍，熟知水性，放闸打闸，俱能巧弄机关，操人祸福，勒取钱财。除商民船只每只索银若干，方肯包管拽放外，即如漕粮、白粮亦必预先讲定，每石索银八厘一分不等"③。如果不从，他们在开闸之际略施手段就可以使船只倾覆。这些闸棍是

① 《明英宗实录》卷30，正统二年五月壬寅条。

② （明）焦竑编：《国朝献征录》卷53《南京工部主事李君沧墓志》云："仪真当漕河冲，置坝蓄水，惟大僚乃启闸泄之。中贵人利舟便，多决闸以行，君以法守拒之，砣不为动，惧而止者甚多，或赠以文绮之属，君例坚辞不受，中贵人亦雅闻君名，不敢强。"

③ （清）傅泽洪：《行水金鉴》卷135《运河水》，台湾商务印书馆景印文渊阁四库全书，1986年，第3页。

闸坝官的下属，此种行为势必为其默许，闸坝官事后分一杯羹也是太自然不过的事情。可以说，京杭大运河的一座座闸坝好似现今一个个高速收费站，闸坝官手握稽查与调度大权，自然是有各种手段从中牟利，因此也是时人艳羡的肥缺。

三

闸坝官在辖区内不仅职掌闸坝事务，对于该地的社会治安也有一定的责任。从官府职能来看，闸坝官除了闸坝启闭蓄泄之外，对于闸坝的安全也有保卫责任，特别是在航道上的闸坝官，还要负责航道的秩序，稽查走私，督理闸坝工程，在必要的时候，既要协助官府关押与递送犯人，又要协助河道官员整顿河道秩序，将自己管辖的夫役调出，协济其他工程项目。辖区出现强盗命案等重大案件，负责看管现场，协助地方官缉拿人犯。闸坝官是专职官，既然是官，就要履行官的职责。弘治年间管闸主事王纳诲曾经立有条章云："一曰时启闭，二曰谨蓄泄，三曰急贡献，四曰重漕运，五曰第公私，六曰程缓急，七曰备材用，八曰具夫役，九曰绳奸惰，十曰戒凌暴。"①这些基本上涵盖了闸坝官的职责与权限。

在闸坝方面，"闸官掌启闭蓄泄，坝官掌典守堤防，各率其役，以通舟楫之利"②。根据闸坝的功能，闸坝官以启闭、蓄水、保运为主。朝廷重

---

① （明）焦竑编：《国朝献征录》卷97《山西右参政王公纳诲墓志铭》，上海古籍出版社，2002年。

② （清）永瑢等编：《钦定历代职官表》卷59《河道各官》，台湾商务印书馆景印文渊阁四库全书，1986年，第41页。

点管制的运河闸坝以保运为主。因为闸坝可以调节海拔不同河段的水位以保障通航，所以闸坝的合理启闭便成为运河效用的关键，但启闭时，对航道拥挤的京杭大运河来说，往往不能满足需要。过闸的船只既有漕运军户、小贩商贾，又有豪绅恶霸、达官显贵，他们当中有钱有势者通过贿赂及权势，逼迫闸坝官开闸放行，地位低下而收入微薄的闸坝官往往违规放行，使本来就缺水的运河更难以航行。如宣德帝认为："比年以来，缘河提督官，徇私灭公，贪弊百出，侍郎曹本催督秋粮，所至诸闸，作威肆虐，唯已所督运者得度，其他处运粮及军民商贾，皆不得行，舟楫积滞，雨水骤发，伤坏者多。"①

身为户部侍郎，催督秋粮，所过闸坝必须放行，这也就影响了其他运输船只。为此，宣德帝派左都御史刘观前往运河等处巡视河道，以期疏通航道。刘观巡视一年有余，效果不大，以至于"诸闸积水，旧有定规，而挠于豪横，启闭不时，水利日消，公私皆滞，甚者至于颓废"②。宣德帝再派右都御史顾佐巡视，特下谕旨云："临清以南诸闸专为蓄水，以便行舟。比闻闸官罢软，多为权势所协，不时开放，轻泄水利。强梁者即度，良善者候经旬日，甚至忿斗溺死者有之。尔即揭榜禁约，惟进荐新物者，舟行不禁，其余不分公私，必候积水及则，方得开闸。若有公事不可缓者，即于所在官司转给马驴以行，有仍前胁制及听从者，皆论罪

① 《明宣宗实录》卷35，宣德三年春正月丁未条。

② 《明宣宗实录》卷53，宣德四年夏四月戊子条。

不贷。"[1]经过顾佐的榜示禁约，以后还有《闸坝禁令》[2]。积水及则，也就是积水达到六七板，深度达两米左右，才能开闸通航。如果积水达不到一定标准，公务人员则改走陆路通过。这种规定比较含糊，因为有进荐新物者舟行不禁，如果打着进贡的旗号，闸坝官依然不敢不放行。

在官府职能方面，闸坝官有约束官绅豪强、严申闸禁、保障通航、维护治安的权力，特别是运河上的闸坝官，因为运河运力有限，如果出现船只超载、违规夹带私货、违规闯闸坝等行为，还有稽察走私的权力。如成化十三年(1477)圣旨讲："近闻两京公差人员，装载官物，应给官快等船，有等玩法之徒，恃势多讨船只，附搭私货，装载私盐，沿途索要人夫，指取银两，恃强抢开洪闸，军民受害不可胜言。运粮官物，仿效成风，回还船只，广载私盐，阻坏盐法，恁都察院便出榜通行禁约。敢有不思改悔，仍蹈前非者，船只等项，許管河、管闸官员，弁军卫有司，巡捕官兵，严加盘诘，应拿问者，就便拿问，如律照例发落。应奏请者，指实参奏以闻。若管河、管闸等官，容情不举，坐视民患，事发一体究治。"[3]

这些公差人员依仗权势，运粮兵弁假公济私，成为走私的主要人群。河道总督潘季驯曾经讲："官旗挟带私货，十倍明例。"仅江西南饶

---

① 《明宣宗实录》卷53，宣德四年夏四月丁亥条。

② (明)申时行等：《明会典》卷198《工部·河渠》："凡闸坝禁令。宣德四年令：凡运粮及解送官物，并官员军民商贾等船到闸，务积水至六七板，方许开放。若公差内外官员人等，乘坐马快船，或站船紧急公务，就于所在驿分给与马驴过去，不许违例开闸。进贡紧要、不在此例。成化十年令：凡闸，惟进鲜船只随到随开，其余务待积水。若豪强擅开，走泄水利，及闸开不依帮次争斗者，听闸官拿送管闸并巡河官究问。因而阁坏船只，损失进贡官物，及漂流官粮，并伤人者，各依律例，从重问罪。干碍豪势官员，参奏究治。其闸内船已过，下闸已闭，积水已满，而闸官大牌，故意不开，勒取客船钱物者，亦治以罪。万历七年题准：往来船只，俱照例筑坝盘坝，如有势豪人等阻挠者，拿问治罪，于该地方枷号三个月发落。干碍职官，参奏处治。"中华书局，1988年，第999页。

③ (明)谢肇淛：《北河纪》卷6《河政纪》，台湾商务印书馆景印文渊阁四库全书，1986年，第4页。

两个卫所的运粮船，一次就违例携带“板木一百三十六万五千一百九斤”，以至于“壅阻漕渠”[1]。对于这样的强横者，官职卑贱的闸坝官如果敢于履行职责，是可以进行稽察的，临清管河主事就是接到闸官的举报，“缉内使私盐数万引没官”[2]。不过，在一般的情况下，闸坝官是不敢稽察这些强横之人的，因为“闸官及吏职任卑微，往来官豪，得以擅自开闭，走泄水利，阻滞运舟”[3]。所有的官豪他们都惹不起。“使客怙威，至即起闸，吏胥莫能禁。”[4]“两京往来内外官，多不恤国计，不候各闸积水满板，輙欲开放，以便己私，而南京进贡内臣尤甚，以此走洩水利，阻滞粮运。”[5]这些“势豪横行，禁例沮格，管闸官莫敢谁何”[6]。在运河上，“运粮军旗，不守法度，故将船只横栏河道，沮滞民船，或逞凶殴人，夺去篙橹等物，或以整船为由，辄棰缚人，勒要财物，该管军职坐视不理”[7]。在这种情况下，官河官吏更不敢得罪他们，即便是地方官也无可奈何。如“浙运过郡，官卒闭闸，留滞数日，公（东昌知府叶天球）命闸吏启行，官卒遂哄捶吏几死”。知府因此惩处了漕运官卒，结果被“调简登州”[8]。面对权豪的违法行为，闸坝官根本不敢管，也不会认真履行官府职能。

在保护闸坝方面，闸坝官有巡视、维修、保护闸坝的职责。如徐州

---

① （明）潘季驯：《河防一览》卷12《官旗挟带私货疏》，台湾商务印书馆景印文渊阁四库全书，1986年，第28页。

② （明）焦竑编：《国朝献征录》卷50《工部尚书李恭敏公鐩传》，上海古籍出版社，2002年。

③ 《明武宗实录》卷2，弘治十八年六月丙寅条。

④ 《明英宗实录》卷80，正统六年六月壬辰条。

⑤ 《明宪宗实录》卷87，成化七年春正月甲申条。

⑥ 《明世宗实录》卷16，嘉靖元年七月辛未条。

⑦ 《明英宗实录》卷42，正统三年五月庚寅条。

⑧ （明）焦竑编：《国朝献征录》卷98《四川布政司左参政叶公天球墓志铭》，上海古籍出版社，2002年。

的运河,“萧砀原额浅夫,专令在沛,时常防守。仍令徐州管河判官,督同沛县主簿、闸官,往來阅视,随宜疏筑”①。闸坝前后水道的安危,闸坝官是有责任的,而闸坝的防护要栽树固坝固堤,也要闸坝官督率闸坝夫栽种。许多闸坝都有一些不纳入田赋的沙田,闸坝官也可以将这些土地给予闸坝夫役耕种,或者是出租,从而收取一定的租金,并让他们承担一些护理闸坝的责任。

闸坝官卑微,没有上言的权力,但利用职务之便向路过的高官提出建议。如永乐四年(1406),武城侯王聪、同安侯火真等路过常州府,孟渎河闸官裴让言:“河自兰陵沟北至闸六千三百三十丈,南至奔牛镇一千二百二十丈,年久湮塞,艰于漕运,乞发民疏治。”二位侯爷将此转奏给皇帝,最终“发苏、松、镇江、常州民丁十万浚之”②。这是闸官遇到热心公事的侯爷,在一般情况下,闸坝官是不能向来往的权贵讲这种事,因为按例要逐级反映,否则有越级陈诉之嫌。

四

《明史》将闸坝官列为杂职,附属于府州县官之后,实际上有些闸坝官要受双重领导。从水利与航运来看,大型水利与航运系统的闸坝官受河道官与所在府州县官节制。从业务上看,河道官侧重于对河道的管理,府州县官侧重于一般水利建设,在有大型水利工程的时候,朝廷往往派遣专官进行督办。

---

① (清)傅泽洪:《行水金鉴》卷113《运河水》,台湾商务印书馆景印文渊阁四库全书,1986年,第6页。

② 《明太宗实录》卷62,永乐四年十二月丁亥条。

按照制度规定，总理河道可以节制管河、管洪、管泉、管闸郎中、员外、主事，所在地的三司、军卫、府州县官，以及管河的兵备道、守道、巡道，但在具体事宜上还是各有分工的。如沿运河的管河同知、通判、知县、主簿、县丞等，既隶属于总理河道及朝廷派出的管河郎中、员外、主事，又隶属于地方府州县官，也要受管河兵备、守、巡道官的节制，而作为微末之官的闸坝官更是要受到多重领导。

弘治三年(1493)，户部左侍郎修治河道白昂，曾经提出河道管理的问题，一是要扬州管河通判"常居瓜洲，总管闸坝，不许回府营干他事"；二是要南北直隶、山东府州县管河官"沿河居住，管理河道，不许别有差委"；三是要兖州府通判"常居南旺分水地方，专管捞浅，并提调各闸"；四是要山东布政司劝农参政"兼管河道脩理疏浚"①。其提议最终得到朝廷的批准，但没有改变各官的归属，他们仍然是地方官序列，接受地方官的管辖，其绩效考核也要由地方官负责。在这种情况之下，当河道利益与地方利益发生冲突时，这些兼职河道官员一般会站在地方官一边。白昂建议布政司劝农参政兼管河务，这样在河道航运蓄水与农田灌溉用水发生冲突时，此人可以居中协调。地方官的考核"以户口、钱粮、簿书为急务"②。明王朝对地方官征收税粮的要求不断地增量加码，似乎只有完成钱粮，才能升官保官而免于处分，所以海瑞认为地方官责任十之九在财赋。③在沿运河的各级地方官，一是要承受运河工程消耗财力民力的负担，二是要完成赋税征收。所以每当百姓盗取运河蓄水用以灌溉时，地方官多是抱着同情的态度，甚至暗中相助，但实

---

① 《明孝宗实录》卷45，弘治三年十一月癸未条。

② (明)张萱《西园闻见录》卷97《守令·前言》引叶居升曰，哈佛燕京学社，1940年。

③ 参见陈义锺编校：《海瑞集》下编《赠黄村赵先生升靖安大尹序》，中华书局，1962年，第341页。

际上是在破坏航运。

河道官员与地方官员之间的博弈，使地位卑微的闸坝官常常处于两难之地，其履职困境可想而知。如嘉靖十八年(1539)，山东按察司佥事于廷寅舟行到闸，“愤不启闸，杖其守者，遂决闸而行”。而管闸工部员外郎王佩因为要等待皇太后灵柩过闸，已经闭闸蓄水，得知闸官放行，“怒责闸官及诸役擅启闸”者，于廷寅“复捕系前闸官役十九人，淫刑榜掠”。[①]身受管河官员及地方官双重节制的闸坝官也受到双重的羞辱，虽然最终于廷寅被黜为民，但挨打的闸官及诸役也无处伸冤。

闸坝官虽然地位卑微，履职困难，但身为官员，还是有权力的，也能凭借权力谋取个人利益。以漕运而言，“首帮入闸以三月，尾帮入闸必以七月”[②]。在等候过程中，“守闸诸员役私通狗，不知有官法，而辄擅放行，往往以贿启，以私情启，所司或不能尽知也”[③]。在运输过程中，有军运，也有民运，“军运过洪闸一钱不烦，而洪夫闸夫，其与挽拽。民运每过一洪，用银十余两，过一闸用银五六钱，所过共三洪五十余闸，而费可知矣”[④]。闸坝官吏不敢勒索军运，但敢勒索民运。由于闸坝官大多缺乏基本的素质，再加上选官的弊端，以至于“管河官多不得人，沿河种艺军民，雨多则固闭闸洞不使泄水，天旱则盗水以资灌”[⑤]，使水利设施不能发挥效用。

---

① 《明世宗实录》卷226，嘉靖十八年七月辛巳条。

② （明）周起元：《周忠愍奏疏》卷上《题为摘陈漕河吃紧要务以裨国计事疏》，台湾商务印书馆景印文渊阁四库全书，1986年，该卷第22页。

③ （明）陈子龙等编：《明经世文编》卷383载姜宝《镇江府奉旨增造闸座记》，中华书局影印本，1962年，第4159页。

④ （明）陈子龙等编：《明经世文编》卷291载陆树德《民运困极疏》，中华书局影印本，1962年，第3072页。

⑤ 《明武宗实录》卷63，正德五年五月庚午条。

闸坝官受到权贵豪强们的威逼不得不违规开闸，但要按照规定启闭闸门以保证运河畅通，对于权贵豪强可以躲避，将闸坝放行权交给上司，以规避责任。如成化十一年(1475)，内阁大学士李东阳在过仲家浅闸时，“是时水浅舟在地，闸门崔嵬昼方闭。闸官醉睡夫走藏，仓卒招呼百无计。民船弃死争赴闸，楫倒樯摧动交碎。舟人号咷乞性命，十里呼声震天地”[①]。发生这样大事故，闸坝官却花天酒地，夫役全部躲藏，看上去是闸坝官的失职与傲慢，却也是他们的生存与生财之道。闸坝官不仅要善于利用这种方式与过往权贵豪强们周旋，更要善于以此为借口勒索旅客。闸官行使职权过程中的种种技巧似乎从某种角度揭示出特权社会对权力的监督不力，以至于地位卑微的闸坝官都能利用手中权力谋利。

在朝廷看来，既有官河官员，又有地方官，闸坝官似乎就是冗员，也曾经大规模裁撤闸坝官。如隆庆三年(1659)，一次就“裁革山东利建、鲁桥、枣林新闸、师家庄各闸官一员，及各处闸夫、溜夫、浅夫、泉夫、坝夫、浅铺夫、停役夫共六千余名”[②]。闸坝官的裁撤及官不得人，使本来就疏于管理的闸坝逐渐被地方豪强所侵蚀。如弘治十八年(1505)，高邮州的石闸、石桥、函洞，“为近堤人家，私立洞户掌理，遇水溢则窃自闭塞，水消又窃挖堤岸，以致冲决贻患”[③]。浙东的湖闸，为“塘下有田之家，递年撇削，致湖岸坍崩，不能蓄水，每遇岁旱，民辄艰食”[④]。嘉靖二年(1523)，“仪真、江都二县，有官磨五区，筑闸蓄水，以溉民田，后豪

① (清)朱彝尊辑《明诗综》卷26载李东阳《夜过仲家浅闸》，清康熙四十四年(1705)自序六峰阁刊本。

② 《明穆宗实录》卷28，隆庆三年三月戊辰条。

③ 《明孝宗实录》卷220，弘治十八年正月庚戌条。

④ 《明孝宗实录》卷223，弘治十八年四月戊寅条。

民规以为业，古迹废坏，真扬之间，运道梗阻”[①]。天启六年(1626)，丹阳县的练湖有“石闸者七，木函者十有六”，而“近年以来，势宦大家侵者侵，占者占，遂举此湖之制，荡然不可问”。国家的水利实施转化为势豪所有，是“所规者近，所失者远”[②]，进而导致航道壅塞，百姓难得水利之益。

闸坝所在地，因为船只等候过闸坝，聚集的船只很多，所以存在许多商机，于是便“有奸豪侵占牵路，于沿河水次起盖浮铺为买卖者”。为了避免官府拆除，“近坝居民谓为得计，就于临河牵路起盖文天祥祠宇，欲使后来不敢轻易改拆，而守备、指挥亦于闸上擅自盖亭，索取财物”[③]。不仅仅是奸豪及官员建立商铺，“他如游手之徒，号称皇亲名目，附搭盐船，声言各处马头，起盖店房，网罗商税。缘国家建都于北，仰给南方，商贾惊疑，大非细故。织造内官，纵使群小，采打闸河官吏，赶捉买卖居民，骚扰动地”[④]。有此厚利，闸坝官当然也不会等闲视之，也会在其中分一杯羹。在权力决定一切的君主专制政体下，官府对社会经济文化有绝对的支配能力，而官僚们在物质的诱惑下，滥用手中的权力谋取私利，本来就是官僚政治的通病。

明代闸坝官在航运及水利方面发挥重要作用，在履行官府的职能时也起到维护社会秩序的作用，但在极端专制下，官僚政治的恶性发展也使闸坝官不能认真履职。“在这种形式下，官僚或官吏，就不是对国家或人民负责，而只是对国王负责。国王的言语变为他们的法律，国王的好恶决定了他们的命运(官运和生命)结局，他们只要把对国王的关系弄好了，或者就下级官吏而论，只要把对上级官吏的关系弄好了，

---

① 《明世宗实录》卷27，嘉靖二年五月庚寅条。

② 《明熹宗实录》卷72，天启六年六月丙戌条。

③ 《明孝宗实录》卷17，弘治元年八月丁巳条。

④ 《明孝宗实录》卷186，弘治十五年四月甲寅条。

他们就可以为所欲为的不顾国家人民的利益,而一味图所以自利了。"①正如顾炎武所讲:"天启以前,无人不利于河决者。侵克金钱,则自总河以至于闸官,无所不利;支领工食,则自执事以至于游闲无食之人,无所不利。其不利者,独业主耳。而今年决口,明年退滩,填淤之中,常得倍蓰,而溺死者特百之一二而已。于是频年修治,频年冲决,以驯致今日之害,非一朝一夕之故矣。国家之法使然,彼斗筲之人焉足责哉。"②君主专制政体本身就是建立在以家天下计的基础上,也就不可避免造成官吏以私家权益计而入仕的事实。不能怪罪闸坝官不能认真履职,也不能说闸坝官设置不合理,因为一切弊端都在君主专制政体。

① 王亚南:《中国官僚政治研究》,时代文化出版社,1948年,第8页。

② (清)顾炎武著,(清)黄汝成集释:《日知录集释》卷12《河渠》,花山文艺出版社,1990年,第576页。

明代宣慰与宣抚司

宣慰使和宣抚使自唐代就已经出现了，最初只是代表朝廷到地方解决某些突发问题，或者是完成特定任务的临时官员。元代在江南、西南、西北设置的宣慰司和宣抚司，在西北、西南实行“土流参用”，也就具有土司性质。明代宣慰、宣抚成为土官、土职机构，并且围绕着袭替、官秩、朝贡等，制定了较为明确的管理制度。

一

明代在少数民族地区普遍设置宣慰司和宣抚司，是在取消元代内地宣慰使、宣抚使的基础上形成的，进而成为专门针对少数民族地区的制度。宣慰、宣抚司设置经常变化，终明之世“土官宣慰司十有一，宣抚司十，安抚司二十有二，招讨司一，长官司一百六十有九，蛮夷长官司五”[①]。这是明王朝灭亡前最后的数字，其间或改或废，经历了多次变革。对明王朝先后设立的宣慰、宣抚司，以布政司为单位进行了归纳整

① (清)张廷玉等:《明史》卷41《地理志序》，中华书局，1974年，第881页。

理，则可以看出变革的痕迹。

其一，湖广布政司的少数民族较少，且多集中在湖广西部地区。明王朝先后设有宣慰司二、宣抚司四。永顺军民宣慰使司：洪武二年（1369）为永顺军民安抚司，六年（1373）升为永顺等处军民宣慰使司，领州三、长官司六，隶湖广都指挥使司；保靖州军民宣慰使司：明初置保靖州军民安抚司，洪武六年（1373）升为保靖州军民宣慰使司，领长官司六，隶湖广都指挥使司。施南宣抚司：元为施南道宣慰司，洪武四年（1371）归附明王朝，为施南宣慰司，以流官参用；十四年（1381）置施州卫军民指挥使司，十五年（1382）置施州宣抚司，永乐二年（1404）改为长官司，四年（1406）以田添富入朝之故，仍改为宣抚司，领安抚司四，隶施州卫。散毛宣抚司：元为散毛宣慰司，洪武五年（1372）归附，二十二年（1389）以其"洞蛮叛服不常"①，革除散毛并入大田军民千户所；永乐二年（1404），以土官之子覃友谅请求招复蛮民设立治所，仍设施南宣抚司，领安抚司二，隶施州卫。忠建宣抚司：洪武五年（1372）置长官司，六年（1373）升宣抚司，二十七年（1394）改为安抚司，不久废；永乐四年（1406）重新设宣抚司，领安抚司二，隶施州卫。容美宣抚司：洪武五年（1372）置长官司。七年（1374）升宣慰司，后废；永乐四年（1406）复置宣抚司，领长官司五。

其二，四川布政司境内少数民族分布比较集中，而且各居一方。明王朝统治期间先后设有宣慰司一、宣抚司四。播州宣慰使司：元为播州宣抚司，洪武四年（1371）归附，六年（1373）升为宣慰使司，领安抚司二、长官司六，十五年（1382）改隶贵州都指挥使司，万历二十七年

① （清）张廷玉：《明史》卷310《湖广土司传》中华书局，1974年，第7985页。

(1599)改为遵义府。永宁宣抚司:元时为永宁宣抚司,洪武四年(1371)归附明朝,置永宁军民安抚司,九年(1376)升军民安抚司为永宁宣抚司,领长官司一。酉阳宣抚司:元为酉阳军民宣慰司,洪武五年(1372)归附明朝,初置酉阳州,八年(1375)改为酉阳宣抚司,领四长官司。石砫宣抚司:宋末置石砫安抚司,元为军民安抚司,洪武七年(1374)归附明朝,八年(1375)改为石砫宣抚司,隶重庆府。龙州宣抚司:明玉珍置龙州宣慰司,洪武六年(1373)设龙州,宣德七年(1432)设立龙州宣抚司,直隶布政司,后因宣抚使薛兆乾与副使李蕃相攻讦,于嘉靖四十五年(1566)改为龙安府,设流官知府。

其三,云南布政使司各少数民族杂居,因此宣慰、宣抚司的设置数量都比较多,而所谓的"云南六慰"不但有较大的自治权,往往也反映朝廷控制能力的盛衰。

缅甸宣慰使司:洪武二十七年(1394)命吏部设立缅中宣慰使司,不久被废除;永乐元年(1403)应缅甸头目那塔罗所请,命兵部设缅甸宣慰使司。车里宣慰使司:洪武十五年(1382)归附明王朝,置车里军民府,十七年(1384)改为军民宣慰使司;永乐十九年(1421),分割车里属地,因而将车里一分为二,设靖安宣慰使司;宣德九年(1434),靖安宣慰使请求将两宣慰使司合二为一,于是革除靖安宣慰使司,以车里、靖安长官同为车里宣慰使。木邦宣慰使司:洪武十五年(1382)平云南,改为木邦府;永乐二年(1404),麓川诉孟养木邦侵其地,因而改为军民宣慰使司。八百大甸宣慰使司:洪武二十一年(1388),设八百宣慰司;永乐二年(1404)将八百宣慰司地一分为二,以土官刀招你为八百者乃宣慰使,其弟刀招散为八百大甸宣慰使。孟养军民宣慰使司:洪武初为云远府,明成祖改为孟养府,永乐二年(1404)因麓川诉孟养木邦数侵其

地,改为军民宣慰使司,以土官刀木旦为使;永乐四年(1406)宣慰使为平缅宣慰使所杀并占其地;十四年(1416)重新设立孟养军民宣慰使司。老挝军民宣慰使司:明永乐二年(1404)设。

孟密宣抚司:初为木邦宣慰使司下辖部落,后叛木邦,成化二十年(1484)设立孟密安抚司,万历十三年(1585)升为宣抚司。南甸宣抚司:洪武十五年(1382)改南甸府;永乐九年(1411)隶腾冲千户所,十二年(1414)改为南甸州,隶布政司;后因麓川宣慰司多次侵占其地,正统九年(1444)升为宣抚司。干崖宣抚司:初为麓川平缅宣慰司属地,永乐元年(1403)从宣慰司分离设干崖长官司,直隶云南都司,后改隶布政司;正统九年(1444)升干崖为宣抚司。陇川宣抚司:洪武十五年(1382)置平缅宣慰使司,十七年(1384)改为平缅军民宣慰使司,不久以麓川与平缅连镜,使平缅宣慰使司兼统麓川,改为麓川军民宣慰使司;正统六年(1441)废宣慰使司,万历十二年(1584)设陇川宣抚司。

云南土司之间关系错综复杂,"各处土酋皆姻娅"①,姻亲及宗族关系交错其中,争夺继承权的内部宗族之争往往会牵涉众多的土司参与其中,因此经常相互征伐。出于实际控制能力的考虑,明王朝在处置上也厚此薄彼,如"六宣慰司,曰车里、曰木邦、曰缅甸、曰麓川平缅、曰八百大甸、曰老挝,视他宣慰加重"②。对他们的惩治过严会导致叛变,惩治过轻又起不到应有的惩戒效果;对靠近内陆的云南土司又很难理清其中的是非关系,因而作出的决断难免会有失公允而招致土司怨恨,被迫实行的改土归流,其政治效果也不太明显。

① (明)严从简著,于思黎点校:《殊域周咨录》卷9《云南百夷》,中华书局,2000年,第327页。

② (明)沈德符:《万历野获编补遗》卷4《六慰》,中华书局,1959年,第931页。

其四,贵州布政使司于永乐年间才开始设置,但是其境内贵州宣慰司在洪武四年(1371)已经设立。思州宣抚司和思南道宣慰使司,洪武初属湖广布政司,后因思州、思南相互仇杀,于永乐十一年(1413)将其地分为八府四州,设立贵州布政司。其境内仅有贵州宣慰司,多设土府州县、巡检司等文职官吏。

贵州宣慰司:洪武五年(1372)归附明王朝,以水西安氏实力最为强大,明王朝对安氏土司极尽安抚,太祖于《平滇诏书》言:"霭翠(贵州宣慰使)辈不尽服之,虽有云南不能守也。"[①]水西宣慰使霭翠之妻奢氏,即著名的奢香夫人承袭宣慰一职之后,贵州都督马晔对贵州土司大加迫害,试图改为流官政权,奢香夫人面见朱元璋,承诺"子孙世世相安无事",为明王朝效力。朱元璋为此将都督马晔召回京城治罪,换得贵州宣慰司对明王朝的忠诚,也树立了王朝的权威。

其五,西番即吐蕃地区,元时在河州置吐蕃宣慰司都元帅府。洪武初,遣人招谕,又令各族举旧有官职者至京,授以国师及都指挥、宣慰使、元帅、招讨等官,俾因俗以治。自是番僧有封灌顶国师及赞善、阐化等王,大乘大宝法王者,俱给印诰,传以为信。因设宣慰使司三:朵甘宣慰使司、董卜韩胡宣慰使司、长河西鱼通宁远宣慰使司。

明代宣慰、宣抚司的分布和设置虽然有所不同,但宣慰司无论是级别及管辖地域都大于宣抚司。在自治权方面,云南六慰及西番三慰最为独立,所采取的是羁縻政策,因此管理和控制比较宽松。在"众建以分其势"的理念下,调整宣慰、宣抚司的设置;在"改土归流"的情况下,省并宣慰、宣抚司,都是根据当时的情景而作出的改变。

① 《明太祖实录》卷141,洪武十五年春正月甲午条。

二

明代宣慰、宣抚司官员设置:“各宣慰使司:正官,宣慰使一员,同知一员,副使一员,佥事一员;首领官,经历一员,都事一员。各宣抚司:正官,宣抚使一员,同知一员,副使一员,佥事一员;首领官,经历一员,知事一员”[①]。兵部规定土官额数及品级:“宣慰使司:宣慰使一员,从三品;同知一员,正四品;副使一员,从四品;僉事一员,正五品。宣抚司:宣抚一员,从四品;同知一员,正五品;副使一员,从五品;僉事一员,正六品。”[②]显然,明代宣慰、宣抚司官职的设置是在参照朝廷文官及武官机构设置的基础上形成的。

宣慰、宣抚使为长官,负责该地军民之事;同知、副使、佥事为佐贰官,也就是副职;经历、都事、知事为首领官,也就是主管衙门文案事宜。由长官、佐贰官、首领官构成宣慰、宣抚司衙门管理序列,分别履行各自的职能。明代宣慰、宣抚使虽然明确为土官之职,但朝廷要任命佐贰官协助管理,也就是说同知、副使、佥事等,有相当一部分朝廷任命的流官。首领官的经历负责管理出纳文移,即文书的办理,知事佐之;都事则主要负责收发文书、稽查纠失和监印等事务;这些首领官也是土流参用。正因为如此,宣慰、宣抚司的长官都是少数民族首领,一般归兵部管理承袭任命之事,而佐贰官、首领官则是文职官序列,要由吏部选用。由于是土官衙门,即便佐贰官、首领官是文职官序列,也有会同兵部共同选用,这是土官衙门管理的特色。

---

① (明)申时行等修:万历《明会典》卷4《吏部三》,中华书局,1989年,第23页。

② (明)申时行等修:万历《明会典》卷117《兵部一》,中华书局,1989年,第613页。

此外，明王朝在宣慰、宣抚司内也如内地一样设置教职。“土官以文职居任，与流官同称者，自知府以下俱有之。惟教职必用朝迁除授，盖以文学非守令比也。”这些教职由朝廷选用，在文化交融中起到重要作用，因此一般都不选该民族的人充当。“惟宣德间，有选贡李源，为四川永宁宣抚司人，入监，宣抚苏奏：本司生员俱土獠朝家，所授言语不通。乞如云南鹤庆府事例，授源教职。上允之，命源为本司训导。盖是时滇蜀皆有之，然皆夷方也。”[①]当然，少数民族出于抵制汉文化，土司也常常“禁部中夷人不许读书识字，犯者罪至族”。沈德符“因思各宣慰司亦有设学者，何不仿以遍行，使袭冠带称儒生，或少革其犷戾”[②]。这原本是从教化方面的考虑，也是各民族司法拥护朝廷的具体表现。如万历时，湖广永顺宣慰使彭元锦，最初禁止土家族读书，在朝廷安抚之下，万历三十一年（1603）设立“若云书院”，不但对朝廷派来的教职恩遇有加，还延聘一些学者入书院教书，对提高本民族文化素质大有裨益。

与元代相比，宣慰、宣抚司的机构设置更加明朗化，不再加什么元帅、将军、管理兵马等名衔。元代宣慰、宣抚司长官是土流参用，以流官为主，明代则明确为土职、土官，但在佐贰官、首领官、教职序列采取土流参用，而且在实际政务运作过程中流官发挥主导作用。从名分上讲，佐贰官、首领官必须听命于长官，但朱元璋最初制度设计是以正佐相互监督制为基础的，要“待首领官若今之参谋”[③]。按照政务流程，长官将应办的政务与佐贰官、首领官等商议妥当，再按首领官、佐贰官、长官的顺序逐次签字，最后下发执行，政务流程才算完成。按照这种流

① （明）沈德符：《万历野获编补遗》卷4《土教官》，中华书局，1959年，第933页。

② （明）沈德符：《万历野获编》卷30《樊哙祠》，中华书局，1959年，第764页。

③ 《大诰初编·官亲起稿第二》，载张德信、毛佩琦主编：《洪武御制全书》，黄山书社，1995年，第750页。

程，佐贰官、首领官在土官衙门所发挥的作用就不能小觑，此前研究土官或土司制度者对此多有忽略。这些流官作为朝廷派遣官员，是明王朝在少数民族地区的代表，因而各宣慰、宣抚长官并不敢轻视。另外，各宣慰、宣抚长官多为少数民族头目或酋长，并不通晓汉语和汉字，这些朝廷派来的流官自然而然就担任了执笔文书的职能，随时将这些土官的一举一动上报给朝廷，实际上也起到了一定的监视作用。

宣慰、宣抚等司长官是少数民族首领，其职位是世袭的，主要依靠对其所辖地区征收的租税为生。但是作为朝廷命官，仍然享受朝廷规定的俸禄。按照朱元璋勒定的制度：宣慰使禄月米26石（一石约为今天的60公斤），宣慰司同知禄月米24石；宣慰司副使禄月米21石，宣慰司佥事禄月米16石，宣慰司经历禄月米7石，宣慰司都事禄月米6.5石。宣抚使禄月米21石，宣抚司同知禄月米16石，宣抚司副使禄月米14石，宣抚司佥事禄月米10石，宣抚司经历禄月米6石，宣抚司知事禄月米5.5石。[①]由朝廷发放禄米，则是将宣慰、宣抚司纳入朝廷的管理序列，也必须接受监督。

明代宣慰、宣抚司的制度构建，看上去只是与流官不同，管理方式也有区别，但其中的寓意却是很深刻的。正如朱元璋所讲："蛮夷之人，其性无常，不可以中国治之，但羁縻之足矣。"[②]但是"蛮夷向化，其心固善，怀柔之道，要不失其本性耳"[③]。在恩威并济的前提下，"如各夷自作不靖，仇杀地方，在两广则行鹏剿之法，云贵则行挟抚之法，但各使夷息争安业，则已果属结党构乱政，劫城池狱库，杀虏人众，方许请兵大

① 参见《明太祖实录》卷222，洪武二十五年十一月是月条。

② 《明太祖实录》卷230，洪武二十六年冬十月庚戌条。

③ 《明太祖实录》卷233，洪武二十七年七月乙卯条。

征”[1]。其实这种恩威并济在宣慰、宣抚司的制度构建中已经体现出来，总的原则是维护地方稳定。

宣慰、宣抚司作为明代在少数民族地区的特殊制度，两者的相同之处就在于虽然不同于内地主流地区的基本制度，但是二者仍然不能脱离当时中央与地方关系管理模式。明王朝基于社会因素的特殊性，在制度上作出的特殊设计就是因俗而治，任用土官，“以夷制夷”。在这种制度设计之下，宣慰、宣抚司作为军政合一的地方机构，对各自的领地拥有较大的权限，在行政事务上对各自所在的布政使司及都指挥使司负责；在军事事务上，宣慰、宣抚司都拥有训练有素的土兵，除了负责保护本土安全之外，还能听从朝廷的调遣，外出作战。

宣慰、宣抚，仅仅一字之差，这个差别可以从名称、所辖上司、地理分布特点方面进行比较分析。

首先，从字义来看。“慰”有安慰、慰抚、定居、止息、问、愤怒、郁闷、宽厚、通“蔚”8种意思[2]；“抚”有抚摩、用手按住、拍、轻击、拨弹、弹奏、握持、据有、占有、依凭、顺应、依循、拾、收敛、存恤、抚育、爱护、治理、抵临、巡、古代官名、抵补、弥补、通“憮”、掩、覆，也读为“mo”，有仿效、临摹的意思[3]。从字义上看，二者还是有一定的区别的。“慰”的强制因素少，因为是用心；“抚”则有一定的强制因素，因为是用手。一个用心，一个用手，明确了两个职官的不同。

其次，从隶属关系来看。宣慰司既是布政司下一级地方行政机构，也是都指挥使司下与卫大致相当的一级地方军政机构，大致相当于府

---

① 《明世宗实录》卷169，嘉靖十三年十一月甲子条。

② 《汉语大词典》(第7卷)，汉语大词典出版社，1991年，第699~700页。

③ 《汉语大词典》(第6卷)，汉语大词典出版社，1990年，第872页。

或卫。但是从其官员品级来看,宣慰使为从三品,而府最高长官知府则为正四品,卫指挥是正三品。也就是说,品级高于知府,低于卫指挥;宣抚司为府下一级地方行政机构,有些也是指挥使下与所大致相当的一级地方军政机构,大致相当于州,而高于所,宣抚使为从四品,而州最高长官知州则为从五品,所千户为正五品。元代宣慰、宣抚司参用土人为官,其级别没有什么意义,而明代宣慰、宣抚司正式成为设立于少数民族地区的土官机构,其级别的意义就重大了。有意提高土官的品级,显示出朝廷善待土官的意图,是示之以恩,而加强对他们的管理,则示之以威,这是恩威并济政策的体现。

再次,从宣慰、宣抚司的上下级隶属关系来看:宣慰司品级要高于宣抚司,但是二者不是垂直的上下级领导关系。宣慰、宣抚司在行政方面都直接隶属于该地最高行政机构——布政使司,而宣慰、宣抚司之间互不统属;在军事方面,宣慰使司直接接受该地最高军事机构——都指挥使司或行都指挥使司的管辖,而宣抚司则隶属于都指挥使司下一级军事机构——卫,是间接受都司的领导。由此可以看出,宣慰司较宣抚司有更大的军事自主权力,受到的钳制也更少;而宣抚司受到卫的管制,其军事自主权力少,受到的钳制则多。

最后,从宣慰、宣抚司的地理分布特点来看,宣慰司多设置于实力较为强大的土司,或者是较为偏远的地区;宣抚司多设置于实力较为薄弱的土司,或者是明王朝易于控制的内地地区。从这一点也可以看出,明王朝与宣慰、宣抚司的关系,以及对待不同土司的不同策略。明王朝往往在控制力较弱的地区设置宣慰司以拉拢安抚之,而在控制力较强的地区多设置宣抚司以钳制管理。宣慰、宣抚司的设置不同,也反映了明王朝与少数民族地区的实力对比。宣慰司的实力相对较强,明

王朝对其控制力也要弱一些，因此双方在进行博弈的时候，往往视各自的实力而转移，实力弱则控制不断加强，实力强则控制不断减弱。宣抚司的实力相对较弱，所控制的区域也小，比较容易控制，改置、分设则没有什么阻力。

三

明王朝在少数民族地区设置宣慰、宣抚等土司机构，并且任用少数民族部落首领或者酋长为最高长官，主要理念就是恩威并济，具体实施过程中则是“以夷制夷”。

“以夷制夷”应该有两层含义：其一是因少数民族“蛮性未驯”，而流官又“不谙其俗”，故任用土酋为官，以确保对土民的治理，维护边境的稳定；其二是利用和周旋于少数民族各部落之间的复杂关系和矛盾斗争，不断削弱土司的实力，“鹬蚌相争，渔翁得利”，确保王朝在少数民族地区的统治地位。这种“以夷制夷”的治理策略尊重了少数民族的风俗习惯，土人土治，实际上是一种因俗而治。这种因俗而治的制度设计不同于以往的羁縻制度，其目的除了保证朝廷所希望的“相安无事”之外，还要将少数民族地区纳入到高度中央集权体系的监管之下，建立一种由朝廷能控制的因俗而治制度。

首先，流官参治。土流并治在元代时就已经是少数民族治理中的常态，但是元代时对土官参治没有固定的限制，小到县级政权，大到行省都可以任用少数民族为官，甚至可以担任行省的平章政事、左右丞等高级职官。明代对土官的级别作了明确的限制，不得担任该地区最高级行政及军事长官。在少数民族地区专门建立土府州县、土司和卫

所等机构，由土官担任长官。在这些土官机构中，明王朝往往会安置流官为辅佐，其名义是佐贰官或首领官。这些佐贰官或首领官虽然品级低下，其职能也仅限于管理土司内部事务，多掌文书，或者是负责礼仪教化，但宣慰、宣抚各土司并不敢轻视之，特别是“云贵土官各随流官行礼，禀受法令”[①]。一方面，宣慰、宣抚等司长官崇尚儒教，对这些深谙儒家文化的流官自然奉若神明，而教职主管教育当地酋长与首领的子弟，起到移风易俗的作用；另一方面，这些流官为朝廷命官，虽无实权，但也是朝廷委派官员，代表朝廷监视着地方的一举一动，随时向中央汇报宣慰、宣抚司的行踪，对他们的行为也起到一定的监督和制约作用。

其次，行省兼管。明王朝为了加强中央集权，取消了行省制度，建立承宣布政使司、都指挥使司、提刑按察使司，分别负责地方的行政、军事、监察职能。“明初制定的疆土管理体制分为两大系统，一是属于行政系统的六部——布政使司（直隶府州）——府（直隶布政司的州）——县（府属州）构成；二是属于军事管理系统的五军都督府——都指挥使司（行都指挥使司，直隶都督府下的卫）——卫（直隶都指挥使司下的守御千户所）——千户所构成。”[②]明代中叶以后，三司之外又设总督、巡抚，凌驾于三司之上。巡抚负责一省的军事、行政、财政、司法、监察等事务。总督则负责调度兵马，也兼理粮饷，对都指挥使司以下的军事机构有一定的军法处置权。明王朝从行政、军事、监管三方面对行省权力进行了分割，又设督抚加以严格监管，形成了督抚三司制的地方管理模式，而少数民族地区也在这层层监管体系之内。宣慰、宣抚司作为明王朝在少数民族地区设立的自治机构，有一定的自主权，

① （明）王士性撰，吕景琳点校：《广志绎》卷5《西南诸省》，中华书局，1981年，第114页。
② 顾诚：《明帝国的疆土管理体制》，《历史研究》，1989年第3期。

但是其行政、军事和司法又处于该地区三司及后来督抚、镇守总兵的严格监管之下，在一定程度上实现了对土司的有效管理。

再次，朝廷管制。土司制度乃是明王朝与少数民族部落首领或酋长进行利益博弈的结果，迫于明王朝大兵压境的形势，少数民族地区纷纷归附。身为少数民族首领，为了不受战火侵扰，接受了明王朝的统治。明王朝通过恩赐，在笼络少数民族首领的同时，力图实现有效管理，以求地区的稳定，乃是双赢的策略。基于治理，赋予土司一些权力，但也明确他们的义务。因此，从品级到禄米，从朝贡到参与地方事务，都必须接受管制。

此外，宣慰、宣抚司长官的袭替必须要经过朝廷的任命，虽然这种任命大多数只是形式上的，并不能改变宣慰、宣抚长官的人选，但是朝廷的认可则决定了宣慰、宣抚等司官员是否具有“合法性”，在一定程度上也是朝廷在土司地区影响力和控制力的体现。宣慰、宣抚司官员的袭替必须符合朝廷规定的继承顺序，通过兵变或者入侵而获取首领者，并不能获得朝廷的认可，在朝廷或者都指挥使司的调节下，不但要除去首领之名，还要归还侵占的土地。永乐年间，缅甸宣慰使那罗塔趁孟养宣慰使刀木旦与戛里相互争斗之机，袭击并杀害刀木旦及其长子，占领孟养宣慰司的领地。明王朝下旨命张洪等人谴责之，“那罗塔惧，归其境土，而遣人诣阙谢罪”①。嘉靖年间，因云南地区各土司之间屡次杀戮，继而朝廷规定：“凡土官终身之日，子孙告替赴部者，若查册内有借仇杀者，即行停袭。”②因此这种朝廷任命的程序，在一定程度上

① （清）张廷玉：《明史》卷315《云南土司传三》，中华书局，1974年，第8130页。

② （明）严从简著，余思黎点校：《殊域周咨录》卷9《云南百夷》，中华书局，2000年，第339页。

约束了宣慰、宣抚司官员的行为。

还有，宣慰、宣抚等司要随时服从朝廷征调，定期对朝廷进行朝觐纳贡。宣慰、宣抚等司带领的土兵要听从朝廷的调拨，甚至土兵要离开故土去远方作战。如嘉靖三十四年(1555)四月，倭寇“江北淮、扬诸处”，“三丈浦倭贼分略常熟、江阴村镇，兵备任环督保靖土兵及知县王秩统兵三千攻其巢，破之”。[①]宣慰、宣抚等司的土兵要受到朝廷的节制，虽不在朝廷正规军备之列，但是在特殊情况下，朝廷可以调发，而一些宣慰、宣抚也时常主动请缨以表忠诚。天启元年(1621)，永宁宣抚使奢崇明及其子奢寅反叛，杀巡抚据重庆，石砫宣抚使秦良玉主动派土兵支援明军，“官军与平茶、酉阳、石砫三土司合围重庆”[②]，最终奢崇明兵败逃走，收复重庆。除了服从朝廷征调，还要定期向朝廷纳贡觐见，不仅要向明廷进贡一定数量的马匹、粮食、茶叶、金银器等，还要遵守明廷制定的觐见礼仪，不得越制。未能如期如数朝贡者要受到惩罚。由于西南西北土地贫瘠，又常年动乱，粮食经常不能定期交付，而且路途遥远，又多险阻，所贡马匹还未到达京城多已病死途中大半，也常常成为土司们的沉重负担。

总之，宣慰、宣抚司的设置是明王朝在少数民族地区实行的一种特殊制度，任用土官，因俗而治，授予土官以很大的权力，有一定的民族自治色彩。宣慰、宣抚司也是明王朝高度集权的产物，在中央与地方关系体系中，与其他行政区划一样，也受到层层制约。因此，宣慰、宣抚司在实际上仅是明王朝的特别行政区划，虽然实行特别管理，但不是独立的政权。可以说宣慰、宣抚司的设置是因俗而治，可以引申为民族

① (清)谷应泰：《明史纪事本末》卷55《沿海倭乱》，中华书局，1977年，第853页。

② (清)张廷玉：《明史》卷312《四川土司传二》，中华书局，1974年，第8055页。

自治，但不能脱离明王朝管理体制。

四

元代在少数民族地区曾经推行“土流并治”的原则，有意识地让一些少数民族首领担任此职，但不是土司制度。明王朝是将宣慰、宣抚司纳入土职序列，对之实行特别管理，不但标志着土司制度的确立，也创立了一种全新的管理模式。在这种管理模式下，因俗而治已经不是简单的羁縻，而是以实现最有效的管理为宗旨，所谓的土司制度也不过是明王朝在特别地区实行的特别行政区划，进行特别管理而已。

应该承认，明王朝的宣慰、宣抚司制度设计也存在缺陷。首先，宣慰、宣抚司归属与管理不统一。“四川宣抚司三，一属户部、二属兵部”，云南七个宣慰司隶于户部，湖广的宣慰、宣抚司都隶于兵部，贵州宣慰司隶于户部，“似此职掌分裂，当以守土管军民者与掌兵不同耶？但自宣慰而下，既为文臣，何以俱属都司钤辖？又如云南之澜沧军民指挥使司，乃武官也，何以又统浪蕖州文官耶？此皆官制之紊当议者”①。既然归属不同，除授予荫袭官吏，既有归吏部文选司，也有归兵部武选司，更有允许各宣慰、宣抚司自行除授佐贰官者。没有统一规定，也难以统一处理，相互推诿则更加剧管理上的混乱。

其次，恩威并济的理念也没有完全融入制度当中。是恩、是威，在举棋不定的情况下，不能将制度贯彻执行，却适得其反，往往促进矛盾的激化。明中后期相继爆发的播州之乱、永宁之乱等大规模的土司叛

---

① （明）沈德符：《万历野获编补遗》卷4《土司文职》，中华书局，1959年，第926页。

乱持续数年，明王朝耗费大量兵力才最终镇压，则可以显见制度的缺陷。当然，制度的实现最终还是要通过人，在“人治”特点突出的君主专制政体中，人为地对制度的破坏也不能被忽略。

再次，明王朝对待少数民族地区的态度决定了与少数民族的关系。从根本上来说，明王朝一直将少数民族当作“蛮夷”，缺乏彼此平等的意识，在一定程度上带有种族歧视的色彩。种族歧视的态度决定了明王朝对待少数民族治理的基本态度，就是对土司上层进行笼络，而置下层土民的生死于不顾。这种本末倒置的做法导致了土民下层对明王朝统治的不认可，甚至积累民怨，因而在各宣慰、宣抚使发动叛变时，土民们能够一呼百应，不但增强反叛土司的实力，也使明军得不到当地民众的支持。明王朝处理民族问题的基本对策就是“我国家设列土官，以夷制夷，逆则动兵剿之，顺则宜抚之”[①]。这种抚驭对策是建立在强大的军事实力的基础上的，一旦军事实力对比出现变化，无论是抚还是驭，最终都失去了根本，这应该是制度设置的根本缺陷。统治者一直强调各级官员都应该以教化为本，以移风易俗为长治久安之道，但忽略在土司地区推行教化，不能使他们产生对明王朝的认同感，应该是这种制度推行过程中的失败之处。

此外，明王朝与宣慰、宣抚等土司之间在利益博弈中没有保持很好的动态平衡。宣慰、宣抚等土司制度应该是明王朝与少数民族首领或酋长利益博弈的结果。在这场博弈中，明王朝与各地土司都想获得最大的利益，明王朝需要依赖土司治理土民，必要时征调土兵镇压叛乱，而各土司也抓住了明王朝的这一需求加以挟持，“每一调发，旗牌

① （明）严从简著，于思黎点校：《殊域周咨录》卷9《云南百夷》，中华书局，2000年，第348页。

之官，十余往反，而彼犹骜然不出，反挟此以肆其贪求，纵其吞噬。我方有赖于彼，纵之而不敢问。彼亦知我之不能彼禁也，益狂诞而无所忌”①。显然，在这场利益博弈中，明王朝往往会作出更多的让步与妥协。明王朝在恩威并济的前提下，实行抚驭政策，其本身也有失偏颇，“抚之而过在太宽，剿之而过在太严”②。无论是太宽还是太严，都不是抚驭政策所要达到的目的。一种建立在强大实力慑服基础上的抚驭，本身就容易走向偏失，再加上“人治”的作用，更容易走向极端。

还有，制度设计缺乏长远目标。明王朝最初在少数民族地区设置土职，不过是一种权宜之计，本来就缺乏长远目标，在以后推行的过程中，只考虑到“以夷制夷”，允许宣慰、宣抚司拥有土兵，这就使构建在抚驭政策下的制度难以实行。宣慰、宣抚司等土司拥兵自重，抚则益骄，驭则益恨，以至于抚和驭都不能取得效果，反而会加剧矛盾的激化，不得已走上以战争方式解决矛盾的道路。通过战争，虽然明王朝得以实现改土归流，将部分少数民族地区纳入王朝管理序列，但以这种方式解决问题所带来的后遗症，需要数代人的努力才能消除，甚至经过数代人也不能消除。

最后，宣慰、宣抚司制度虽然声称“一视同仁”，却忽略了“一视同人”的理念。孔子曾说：“仁者爱人”，而且是“己所不欲，勿施于人”。明王朝对待其他民族应该是一种居高临下的爱，而爱本身即具有极大的主观性。有爱而强加对方，也就谈不上爱，所以当其他民族的行为举止不符合统治者的要求时，所谓的“仁”也就不复存在了。对待民族问题，更准确的态度应当是一视同“人”，既无论哪个民族，哪个地域，哪种生

① （明）王守仁：《王阳明全集》卷14《奏报田州思恩平复疏》，中国书店影印本，2014年。

② 余贻泽：《明代土司制度》，中华书局，1968年，第12页。

产方式，哪种风俗习惯，都要从“人”的角度出发，在满足生存权的同时，关注发展权。只有这样，才能站在中华民族大团结的视角更好地实现民族团结，使各民族共同繁荣，实现中华民族伟大复兴。

平心而论，宣慰、宣抚司的设置，并不是明王朝进行多民族国家治理的良策。不能说存在就是合理的，但必须承认存在是必然的。一个没有构建在长治久安基础上的制度设计固然是基于当时的社会基础，但制度应该考虑到长治久安，适应社会的发展。明王朝没有这样做，只有在矛盾激化的时候，通过战争的手段以实现“改土归流”，却没有想到通过和平的方式，也就是逐渐增强少数民族对明王朝的认同感，最终一视同“人”，在失去被歧视的心理的情况下，能得到所有人都能得到的待遇，才是长治久安之道。

中国古代官设救助机构的得与失

从制度层面看，中国传统社会的社会救助主要是由官府承担的。其内容主要包括两个方面：一是灾害赈济，二是日常救助。商朝开国之君成汤，“夷境而积粟，饥者食之，寒者衣之，不资者振之，天下归汤若流水”（《管子·轻重法》）。成汤这种出于收买人心的政治措施应该是最早的官府社会救助行为，但没有史料可以证实商汤已经设置了社会救助机构。《周礼》大司徒的职责之一，有“养耆老以致孝，恤孤独以逮不足”（《礼记·王制》）。具体措置有慈幼、养老、振穷、恤贫、宽疾、安富等事务（《周礼·地官·大司徒》）。三代之中，周制最为后人推崇，特别是在社会救助方面，曾派专人负责掌管国家和地方的粮食储备，用来救济地方的灾荒与恤养老孤等，每年还派员巡视各地，调查百姓疾苦，对遭遇水火盗贼死丧之属给予赈济。[1]春秋战国时期，减免旧欠，救济穷人、抚恤鳏寡，不但成为诸侯成就霸业而争取民众的常见政治手段，往往还成为战争胜负的关键。[2]秦朝开创了中央集权的一元化统治，在政治上高度集权的同时，也控制了一切社会财富和社会资源，不仅由朝廷

① 周成编纂：《慈善行政讲义》，上海泰东图书局，1922年，第8页。

② 参见范文澜：《中国通史》第一册相关内容，人民出版社，1994年。

掌控了一切社会救助事务，而且还在乡以下广大农村设立里、社、单等基层政权控制编户，其中的“单”即属于救助类型的社会组织，承担着部分的救助责任。[1]这种以官府为主导，使民众尽量能参与社会救助的方针一直得以延续，而在汉武帝废黜百家、独尊儒术以后，“儒家模式”的管理方式以维持社会秩序为主要目的。因此，以官府为主导的社会救助机构设置成为当时制度设计的主要内容之一。

一、灾荒救助的仓储

《礼记·王制》云：“国无九年之蓄，曰不足。无六年之蓄，曰急。无三年之蓄，曰国非其国也。”在民以食为天的情况下，国家积蓄粮食就成为一项基本的制度安排，因为它关系到国家存亡。建立专门的粮仓储存粮食，用来稳定粮价，借贷或放粮救荒济贫，是古代荒政的重要内容。仓储称为“委积”，意指除税收以外储蓄的余财，其用途包括济贫救荒，供养阵亡将士的老弱眷属、招待宾客等。“委积”是司徒的职掌之一，具体管理这项工作的官员称“遗人”，“掌邦之委积，以待施惠。乡里之委积，以恤民之艰厄；门关之委积，以养老孤；郊里之委积，以待宾客；野鄙之委积，以待羁旅；县都之委积，以待凶荒”（《周礼·司徒·遗人》）。各种各样的“委积”各有不同的用途。公元前442年，李悝在魏文侯支持下颁布“平籴法”，将丰年与灾年各分成大、中、小三等，丰年由

① 秦晖：《传统中国社会的再认识》，《战略与管理》，1999年第6期。秦晖认为：这些组织虽然自筹经费，其首长也不由国家任命，但其合法性却是由上而下所取得，在职能上协助国家控制编户，在形式上完全模拟政府机构，实际上是国家组织的下延，不是基层自发的民间组织。

官方买入粮食，灾年卖出，“使民适足，价平而止”[1]，平籴仓由此设立。

汉宣帝时设立常平仓。所谓常平仓类同于平籴仓，就是在谷物价贱时籴入，谷贵时减价卖出，以供备荒赈恤，为稳定粮价和救济饥民而建立的官方仓储制度正式确立，也为后代所因袭。常平仓制度一直在不断完善，基本上是以官府为主导，尽量利用民间的力量。如清代常平仓粮食，除了要州县卫所官员设法劝输之外，还有官买、截漕、摊派、捐纳等办法。官买即朝廷动用帑银，在丰年时买余备贮；截漕是朝廷拿出部分漕粮在地方建仓备贮，以便在灾荒之年进行调济；摊派是按照地丁田亩捐输，一般是每亩捐输四合（约600克）；捐纳是民间捐贡监生员功名，贡生三百石，监生二百石，这些地方可以存留一些入常平仓。

后周显德年间设立惠民仓，“以杂配钱分数折粟贮之，岁歉，减价出以惠民”。宋仁宗后期，令天下置广惠仓，它的设置主要是在灾荒年景赈“给州郡郭内之老幼贫病不能自存者”。广惠仓以官府没收户绝之田产为主，募人耕种，以临时救济灾年中最容易受害的老弱病残。其具体救济方法是“自十一月始，三日一给，人米一升，弱儿半之，次年二月止”。在管理形式上，它也带有常平仓、义仓的痕迹，“收其租别为贮之”；各州郡中，“户不满万，留田租千石；万户倍之，户二万留三千石，三万留四千石，四万留五千石，五万留六千石，七万留八千石，十万留万石”。并且，“随市惠贱粜籴，仍以见钱，依陕西青苗钱例，愿预借者给之”。先在河北、京东、淮南三路施行，后推及于诸路，“其广惠仓除量留给老疾贫穷人外，余并用常平仓转移法”[2]。即在保障特殊困难群体的

① （宋）董煟：《救荒活民书》，载李文海等编：《中国荒政全书》（第一辑），北京古籍出版社，2003年，第18页。

② （元）脱脱等：《宋史》卷176《食货志·常平》，中华书局标点本，1977年，第4257~4280页。

前提下，也对一般灾民实施赈济，其救助范围有所拓展。

明代的仓储种类有很多，而且按级不同进行了区分，在中央有国家控制的太仓和水次仓，在地方上则有常平仓、社仓、预备仓等，其中以救助为主要任务的是常平、济农、预备、社等仓，其中济农仓与预备仓为明代特色。

洪武元年(1638)，令各处悉立预备仓，各为籴粜收贮以备凶荒。“预备仓之设也，太祖选耆民运钞籴米，以备振济，即令掌之。”①除了备荒，还能借贷，是因为“议者以粟藏久致腐，宜贷于民而收其新者，于是遣使给贷之”②。这是由地方耆民负责管理，地方衙门予以监督的管理体制。

济农仓为宣德年间周忱在江南做巡抚时所创立的，当时“苏、松民转输南京者，石加费六斗。忱奏令就各府支给，与船价米一斗，所余五斗，通计米四十万石有奇，并官钞所籴，共得米七十万余石，遂置仓贮之，名曰‘济农’。振贷之外，岁有余羡。凡纲运、风漂、盗夺者，皆借给于此，秋成，抵数还官”③。这是以地方官府为主导，得到朝廷默许，因此并没有进行推广。

社仓也称义仓，是隋开皇五年(585)，工部尚书长孙平奏请建立的，“诸州百姓及军人，劝课当社，共立义仓。收获之日，随其所得，劝课出粟及麦，于当社造仓窖贮之。即委社司，执帐检校，每年收积，勿使损败。若时或不熟，当社有饥馑者，即以此谷赈给”④。之所以称义仓，“寓

① (清)张廷玉等:《明史》卷79《食货志三·仓库》，中华书局标点本，1974年，第1295页。

② (明)官修:《明太祖实录》卷231，洪武二十七年春正月辛酉条。

③ (清)张廷玉等:《明史》卷153《周忱传》，中华书局标点本，1974年，第4213页。

④ (唐)魏徵等:《隋书》卷24《食货志》，中华书局标点本，1973年，第648页。

至公之用,置之于社,则有自便之利”[①]。这实际上是官方倡导,以民间力量为主兴办的,有着互助互济性质的基层备灾机构。开皇十五、十六年(596—597),隋文帝命令西北诸州的义仓改归州县管理,劝募的形式也改为按户等定额征税,即上户不过一石,中户不过七斗,下户不过四斗,虽然仍是储之里巷,备凶年济灾之用,但却演变成了国家管理的官仓。义仓在唐代天宝年间达到鼎盛,所储竟达“六千三百七十余万石”,约占全国总藏谷量的四成。[②]

在前代义仓基础上,宋代朱熹于乾道四年(1168)由官府给常平米六百石,在建宁府崇安县开耀乡又创设了社仓。所谓社仓就是这种仓储机构设立于基层的里社,有别于设立在州县义仓、常平、广惠等仓,在管理上由当地民间人士负责,故称社仓。在朱熹的大力提倡下,社仓得到发展并形成了一套较为完备的制度。其要点有:借官府之谷米为谷本,由民间人士与官府派员共同管理;如富户有自愿出谷米作谷本者听之,有不愿设置社仓者官府亦不强加。实行借谷还谷,并计以利息,歉收利息减半,大荒之年免除利息。这种制度为后代所因循,大概是“义仓立于州县,社仓立于乡郡,皆民间积贮,储以待凶荒者也”[③]。明代曾经在朝廷倡导下普遍建立社仓,“弘治中,江西巡抚林俊尝请建常平及社仓。嘉靖八年乃令各抚、按设社仓。令民二三十家为一社,择家殷实而有行义者一人为社首,处事公平者一人为社正,能书算者一人为社副,每朔望会集,别户上中下,出米四斗至一斗有差,斗加耗五合,

① (明)俞汝为辑:《荒政要览》,载李文海等编:《中国荒政全书》(第一辑),北京古籍出版社,2003年,第384~387页。

② 邓云特:《中国救荒史》,上海书店,1984年,第315页。

③ (清)俞森:《社仓考》,载李文海等编:《中国荒政全书》(第二辑),北京古籍出版社,2004年,第105页。

上户主其事。年饥,上户不足者量贷,稔岁还仓。中下户酌量振给,不还仓。有司造册送抚、按,岁一察核。仓虚,罚社首出一岁之米”[①]。这也是官督民办,以备荒年的措置。清代规定:“其由省会至府、州、县,俱建常平仓,或兼设裕备仓。乡村设社仓,市镇设义仓,东三省设旗仓,近边设营仓,濒海设盐义仓,或以便民,或以给军。”[②]雍正七年(1729),规定社仓只准民办,禁止官府插手。咸丰、同治年间,社仓大都名存实亡,甚至名实俱废。

二、收养孤老机构

南朝梁普通二年(521),梁武帝下诏曰:“凡民有单老孤稚不能自存,主者郡县咸加收养,赡给衣食,每令周足,以终其身。又于京师置孤独园,孤幼有归,华发不匮。若终年命,厚加料理。尤穷之家,勿收租赋。”[③]大致包括收留贫病老人的养老院、收留失依孤幼的福利院和安置流民的收容机构。普遍建立抚恤孤老的专门救助机构应该是在武则天统治时期。长安年间(701—704),长安和洛阳以及地方州道的佛寺广设“悲田养病坊”,由专门的僧人主持,朝廷设专官管理,对贫病孤老进行布施,在此后的百余年中,获得了前所未有的新发展。[④]唐武宗会昌五年(845),废天下佛寺,寺院财产也被没收,僧尼俱命还俗,悲田养病坊遂告废弛。后权臣李德裕奏请去掉“悲田”二字改为“养老坊”,由官府拨给寺产,接济物资,委派地方官管理,以救济贫病孤弱。至此,寺

① (清)张廷玉等:《明史》卷97《食货志三·仓库》,中华书局标点本,1974年,第1296页。

② 赵尔巽等:《清史稿》卷121《食货志二·仓库》,中华书局标点本,1977年,第3553页。

③ (唐)姚思廉《梁书》卷3《武帝纪下》,中华书局标点本,1973年,第64页。

④ 参见张志云:《唐代悲田养病坊初探》,《青海社会科学》,2005年第2期。

院机构完全由官府接管，性质发生了根本变化，成为典型的官方救助机构。①

宋代在东京城郊设立福田院，收养乞丐、残疾人和孤寡老人，至英宗时“增置南、北福田院，并东、西各广官舍，日廪三百人”，成为京师最大的官方专业救助机构。嘉佑年间（1056—1064），“凡鳏、寡、孤、独、癃老、疾废，贫乏不能自存应居养者，以户绝屋居之。无，则居以官屋，以户绝财产充其费，不限月。依乞丐法给米豆。不足，则给以常平息钱”。这些政策大大推动了官办养老机构的兴办，到宋徽宗时，“蔡京当国，置居养院、安济坊。给常平米，厚至数倍。差官卒充使令，置火头，具饮膳，给以衲衣絮被。州县奉行过当，或具帷帐，雇乳母、女使，糜费无艺，不免率敛，贫者乐而富者扰矣”②。虽然蔡京力行善事以邀誉，但还是将这种救助机构推广至全国。

元朝法律规定：“诸鳏寡孤独，老弱残疾，穷而无告者，于养济院收养。应收养而不收养，不应收养而收养者，罪其守宰，按治官常纠察之。”其收养范围是“诸父母在，分财异居，父母困乏，不共子职，及同宗有服之亲，鳏寡孤独，老弱残疾，不能自存”，以及“亲族亦贫不能给者”，如果官府“不行收养者，重议其罪”。③在法律规定的框架下，各地普遍设立养济院，都是由官府经营管理的。

《大明律·户律·户役·收养孤老》规定：“凡鳏寡孤独及笃废之人，贫穷无亲属依倚，不能自存，所在官司应收养而不收养者，杖六十。若应给衣粮而官吏克减者，以监守自盗论。”该律为清代所因循，在法律

① 参见（宋）王溥：《唐会要》卷49《病坊》，中华书局，1955年，第863页。

② （元）脱脱等：《宋史》卷178《食货志·振恤》，中华书局标点本，1977年，第4339页。

③ （明）宋濂等：《元史》卷103《刑法志·户婚》，中华书局标点本，1976年，第2640页。

上保证了孤贫人口的基本生存。统治者的初衷是为了维护社会的稳定，以维护自己的统治秩序，但通过立法、执法、监督等环节所建立的社会救助体系还是具有法制化的效应，所以除规定供养标准外，还对养济院的建设标准和形式有所统一，①以至清代的边远地区都普遍建立起来，并对养济院的经营管理制定了相应的考核标准。②

古代一些贫困家庭或迫于生计或受传统陋俗影响，多有弃子溺婴的行为，历代王朝也曾采取过一些救婴育婴措施。如对收养弃婴的家庭由官府给予补助，或将弃婴与其他救济对象混合收养。如蔡京当政时期，凡“孤贫小儿可教者，令入小学听读，其衣襴于常平头子钱内给造，任免入斋之用。遗弃小儿雇人乳养，仍听宫观、寺院为童行”③。南宋初年，育婴机构从养老机构分离而成为独立实体。各地所设慈幼机构或称慈幼局、慈幼庄，或称婴儿局、举子仓，虽然名称不一，但都是“为贫而弃子者设”④。这些慈幼局“官给钱典顾乳妇，养在局中，如陋巷贫穷之家，或男女幼而失母，或无力抚养，抛弃于街坊，官收归局养之，月给钱米绢布，使其饱暖，养育成人，听其自便生理，官无所拘。若民间之人愿收养者听。官仍给钱一贯，米三斗，以三年住支”⑤。慈幼之政在两宋时期盛极一时，直至元代才渐趋衰落。

梁其姿指出：“有明一代从中央政府至普通百姓几乎都完全遗忘

---

① 参见(清)黄六鸿：《六惠全书》卷26《教养部·恤贫孤》，清康熙三十八(1699)年种书堂刊本。

② 参见(清)光绪《清会典事例》卷269《户部·蠲恤·恤孤贫》，台北新文丰出版公司据清光绪二十五年(1899)原刊本影印。

③ (元)脱脱等：《宋史》卷178《食货志·振恤》，中华书局标点本，1977年，第4339~4340页。

④ (元)脱脱等：《宋史》卷438《儒林黄震传》，中华书局标点本，1977年，第12994页。

⑤ (南宋)吴自牧：《梦梁录》卷18《恩霈军民》，浙江人民出版社，1981年。

了宋代慈幼的理想。”[①]官方收养弃婴的机构不复存在了，官府救助弃婴则成为个人的善政。如明嘉靖年间，泗洲判官林希元就采取收养弃婴的措施。“这种作为救荒政策其中一环的育婴具有悠久的历史，大概在明代除了林希元以外的各地官僚也曾经实施过。其次，个人的、一时的慈善行为也所在多有。”[②]清代是我国历史上溺女问题最为严重的时期，在民间力量推动下，以官府为主导的育婴堂得以恢复和发展，至康熙、雍正两朝，江南各府州县大都创设婴育堂。“清朝当政约十年以后，第一所具规模的育婴堂在扬州成立，之后育婴堂、药局、普济堂、施棺养老等综合性善堂、收容寡妇的清节堂等在清三百年间渐渐布满全国，先在较大的都会，后遍及乡镇，成为前所未有的独特景象。”[③]据梁其姿统计，清代从1646年开始至1911年，共创建了973个育婴堂。这些育婴堂的创建与维持，既有地方官的努力，也有社会力量的支持。育婴堂不仅立足于以县治为中心的城区厢关，而且延伸到了都、图、里、甲这样的基层。[④]清代育婴堂大多具有官民合作的特征，是典型的官督民办，其经费大都来自社会捐助、政府补贴，在管理运作上一般都延请地方绅衿担任首事、轮季掌管，地方官员每月督查。这一方面是由于官府负担过重，力不从心，需借助社会力量；另一方面也是民间慈善组织已经具备相当规模，与官府合作成为可能。

清代对于外来无业或乞食之人另设专门机构——栖留所。这是基

① 梁其姿：《十七、十八世纪长江下游之育婴堂》，载中研院刊印《中国海洋发展史论文集》，1984年，第101页。

② ［日］夫马进：《中国善会善堂史研究》，伍跃、杨文信、张学锋译，商务印书馆，2005年，第182页。

③ 梁其姿：《施善与教化——明清的慈善组织》，河北教育出版社，2001年，第93页。

④ 王卫平、施晖：《清代江南地区的育婴事业》，《苏州大学学报》，1999年第4期。

于大量流民出现而采取的加强社会控制的措施。顺治十年(1653),京畿因流民聚集,在顺天府建成京师五城栖流所,凡遇无依流民及街道病卧者皆收容之,"日给柴薪等费制钱十五文,折仓米一升,制钱六文,立冬后人各给布棉袄一件,价银六钱,布棉被一条,价银一两"[①]。栖流所专门留养来自外乡各地的衣食无着的流民,和养济院一样,有完整的规章制度。其对象冬月留养,春融遣散。在直隶省多称留养局,该省140州县共设567处,平均每县多达4处。[②]除了直隶省之外,其他各省也有相应的机构,其性质基本上是官督民办,官府提供一定资金,由督抚委员与地方绅衿共同管理。

三、医救与助葬机构

对贫民实行医疗救助也是传统救助事务的重要内容。南齐文惠太子、竟陵王萧子良基于信奉释教"立六疾馆以养穷民"[③],还不是官方设立的机构。北魏永平三年(510),宣武帝诏令:"太常立馆,使京畿内外疾病之徒,咸令居处。严敕医署分师救疗,考其能否而行赏罚"[④],则具有官方的性质。唐长安年间(701—704),武则天在各寺院设置"悲田养病坊",既是救助鳏寡孤独者的机构,也是医疗救助机构。

---

① (清)官修:光绪《清会典事例》卷1035《都察院·五城》,台北新文丰出版公司据清光绪二十五年(1899)原刊本影印。

② 刘瑞芳、郭文明:《从地方看清代直隶的慈善事业》,《社会学研究》,1998年第5期。

③ (梁)萧子显:《南齐书》卷21《文惠太子传》,中华书局标点本,1972年,第401页。六疾之名,源于《左传·昭公元年》:"天有六气,降生五味,发为五色,征为五声,淫生六疾。六气曰阴阳风雨晦明也。分为四时,序为五节,过则为灾。阴淫寒疾,阳淫热疾,风淫末疾,雨淫腹疾,晦淫惑疾,明淫心疾。"

④ (唐)李延寿《北史》卷4《魏世宗宣武帝纪》,中华书局标点本,1974年,第139页。

宋代在朝廷的重视和地方官员的推动下，又设立了以治病为主的安济坊和以施药为主的惠民药局。安济坊最初是由苏轼在杭州太守任上创设的病坊发展起来的，当时杭州殁于病死者教他处为多，“乃裒缗集羡，得二十，复发私橐，得五十两，以作病坊，稍蓄钱粮以待之，名曰安乐”[①]。崇宁元年(1102)，权知开封府吴居厚奏请在各地设立将理院，“以病人轻重而异室处之，以防渐染，又作厨合以为汤药饮食”。宋徽宗赐名安济坊，其主要功能是“养民之贫病者”，“处民之有疾病而无告者”。为此，坊内设有专职郎中，并置有“手历”，记载诊疗情况，“岁终考其数”。[②]由于安济坊之设得到权臣蔡京的大力支持，地方官员乐于推广，各地遍设此类慈善医院，以至于有州县奉行过当，或具帷帐，或雇乳母、女使，费用剧增，浪费严重。惠民药局至迟在北宋仁宗时期即已出现，它是出售或施舍医药的专门慈善机构，多建于城郭关厢。仁宗在位期间，颁《庆历善救方》，同时在东京设置惠民药局，依处方制药施给贫病之民，“令太医择善察脉者，即县官授药，审处其疾状予之，无使贫民为庸医所误，夭阏其生”。后推广至各府州县，均“官为给钱和药予民”。[③]只要是“民有疾病，州府设施药局于戒子桥西，委官监督，依方修制丸散㕮咀。来者诊视，详其病源，给药医治。朝家拨给一十万贯下局，令帅府多方措置，行以赏罚，课督医员，同以其数上于州府，备申朝省；或民以病状投局，则畀之药，必奏更生之效”[④]。

元代也比较重视医疗慈善，在全国普遍设立惠民药局。早在窝阔

---

① (宋)李焘:《续资治通鉴长编》卷435，元佑四年(1089)十一月，中华书局，1979年。

② 参见(清)徐松辑:《宋会要辑稿·食货六八》，中华书局影印本，1957年。

③ (元)脱脱等:《宋史》卷178《食货志·振恤》，中华书局标点本，1977年，第4338页。

④ (南宋)吴自牧:《梦粱录》卷18《恩霈军民》，浙江人民出版社，1981年。

台当政之初就开始在北方燕京等十路仿宋之规制设立惠民药局，并派太医王壁、刘辑等人负责药局事务，给银五百锭。大德年间，元成宗将惠民药局逐渐推广至各行省、路，由政府提供经费，“置各路惠民局，择良医主之”[①]。地方惠民药局设“提领一员”，负责管理经费。“经营出息，市药修剂，以惠贫民”[②]。

明洪武三年（1370），“置惠民药局，府设提领，州县曰官医，凡军民之贫病者，给之医药”[③]。惠民药局设置比较普遍，基本上每州县有一至两所，经费由常平仓支出，在治疗与防范医病上发挥了重要作用。如万历十五年（1587），北京城内再度流行大疫，“小民无钱可备医药”，明神宗即令惠民药局“多发药材，分投诊视施给”。[④]清王朝对惠民药局建设不太重视，这类医疗救助机构实际上已经废而不存。

救生不能，但也不能忽略死人，因为埋葬不及时也会导致疫病的传播。如东汉桓帝建和三年（149），由于自然灾害导致“今京师厮舍，死者相枕，郡县阡陌，处处有之，甚违周文掩胔之义。其有家属而贫无以葬者，给直，人三千，丧主布三匹；若无亲属，可于官壖地葬之，表识姓名，为设祠祭”[⑤]。此后被水死流失尸骸者，令郡县钩求收葬；一家皆被溺死者，悉为收敛等，都是临时救助措施，还没有设立专门的丧葬救助机构。

宋代设立漏泽园，负责掩埋无主尸体及无力埋葬者的尸体。在宋神宗熙宁元年（1068）下诏说：“每年春首，令诸县告示村耆，遍行检视，

① （明）宋濂等：《元史》卷20《成宗纪三》，中华书局标点本，1976年，第425页。

② （明）宋濂等：《元史》卷88《百官志·太医院》，中华书局标点本，1976年，第2222页。

③ （明）官修：《明太祖实录》卷53，洪武三年六月壬申条。

④ （明）官修：《明神宗实录》卷186，万历十五年五月丙申、丁酉条。

⑤ （南朝宋）范晔：《后汉书》卷7《桓帝纪》，中华书局标点本，1965年，第294页。

应有暴露骸骨无主收认者，并赐官钱埋瘗，仍给酒馔酹祭。”[①]宋徽宗崇宁三年(1104)，蔡京建议置漏泽园，或一县一所或一县多所。择郊外旷野不毛之地筑围墙，栅栏护之，职守护墓的僧人，由官府支付工钱。[②]所葬者主要是寄留在寺院的无主棺木、无名死者、乞丐及遗骸暴露者。后军民贫乏亲属也可安葬于此。凡葬入园中者，官给葬地八尺或九尺，并深埋三尺，立有标记。各地漏泽园需将所收葬的数目置立图籍，供有关部门查检。[③]为了督促地方官吏严格执行，宣和元年(1119)还颁布诏令云：“比览四方奏文，吏趋目前，无一吏称述居养、漏泽、安济者。士夫失所守，废法自便，不知享上惠下，罪不可贷。仰诸路监司廉访使者，分行所部，按吏之不虔者，当重寘以法，胥吏配流千里。若失按容庇，其罪依此。”[④]元明清三代沿袭旧制，如洪武三年(1371)，明太祖颁诏称“令民间立冢，仍禁焚尸。若贫无地者，所在官司，择近城宽阔之地，立为义冢”[⑤]。清同治年间，衡州府清泉县立有漏泽园(义冢)10所；[⑥]衡阳县因系水陆交汇之处，流寓者众，所立漏泽园竟达26所之多。[⑦]

四、官设救助机构的得失

中国自秦以后，一直实行君主专制中央集权制度。“中央集权制度

---

① (清)徐松辑：《宋会要辑稿·食货五九，中华书局影印本，1957年。

② 参见(元)脱脱等：《宋史》卷178《食货志·振恤》，中华书局标点本，1977年。

③ 参见(清)徐松辑：《宋会要辑稿·食货六八》，中华书局影印本，1957年。

④ 不著撰人：《宋大诏令集·居养安济漏泽事务仰监司廉访分行所部按察御笔(宣和元年五月九日)》，中华书局，1962年，第681页。

⑤ (明)申时行等：《明会典》卷80《礼部·恤孤贫》，中华书局，1989年，第459页。

⑥ 参见(清)王开运等修：同治《清泉县志》卷2《建置》，清同治八年(1869)刊本。

⑦ 参见(清)彭玉麟等纂：同治《衡阳县志》卷4《建置》，清同治十一年(1872)刊本。

构成的三个主要条件是:君主独揽大权且君权至高无上,以中央政权有力管辖的地方行政制度,以君权强力统率的官僚制度”[1]。也正因为如此,官僚政治特征明显。“在这种形式下,官僚或官吏就不是对国家或人民负责,而只是对国王负责。国王的语言变为他们的法律,国王的好恶决定了他们的命运(官运和生命)结局,他们只要把对国王的关系弄好了,或者就下级官吏而论,只要把他们对上级官吏的关系弄好了,他们就可以为所欲为的不顾国家人民的利益,而一味图所以自利了。”[2]在官僚主义无比坚强的政治环境下,无论是严刑峻法,还是姑息养奸,都不能改变官僚政治的腐败,因此官办救助机构的腐败与不作为乃是一种通病。如号称官办救助机构完善的宋代,也因为“吏不奉法,但为具文,並缘为奸,欺隐骚扰,元元之民,未被惠泽”[3],导致各种救助机构名存实亡;还因为“小人乘间观望,全不遵奉。已行之令,公然弛废,怀奸坏政。如居养鳏寡孤独漏泽园安济坊之类,成宪具在,辄废不行”[4]。

即便是有众多的救助机构,也往往不能收到救助的效果,还有可能为官吏牟利作弊通过方便。如常平等仓“岁久法玩,吏缘为奸。州县监司,习以为常。事有稽缓至累年不决,文移取会,辄不具报,赴诉省部,日常有之,民失其平”[5]。拖延不办是官僚常态,而贪污挪用、损公肥私、侵吞盗窃也在所不免。“有一年之间,一县拖欠常平免役坊场等钱

① 柏桦:《中国政治制度史》(第三版),中国人民大学出版社,2011年,第60页。

② 王亚南:《中国官僚政治研究》,中国社会科学出版社,1981年,第22页。

③ 不著撰人:《宋大诏令集·奉行居养等诏令诏(崇宁四年五月二十九日)》,中华书局,1962年,第680页。

④ 不著撰人:《宋大诏令集·监司分按居养安济漏泽诏(崇宁五年六月十一日)》,中华书局,1962年,第681页。

⑤ 不著撰人:《宋大诏令集·右曹三催不报或逾年不结绝并行遣失当具奏御笔(政和六年九月二十二日)》,中华书局,1962年,第656页。

至数万贯石，并逃亡诡名，失陷本息者，不可胜计。或人吏冒税户姓名给纳拖欠，或当职官纵容知情，冒请钱谷，以新盖旧，支收不实。”①弊端重重，民失其养，官得其利，而官吏对于民众更是漠不关心，“旧制立养济院、惠民局以济穷察病。今院概非穷民，处局又弗核实，鳏寡孤独何利哉”②。因此“非孤贫而贸易隶其籍，实孤贫而反不得侧其列”③。养济院的名额成为官员手中的财富，而管理者也往往将自己的亲友厕身于内，以至于“会头因而盘据其间，亡者十不开一，存者十不给一，而利归一人”④。“在统治者眼里，一个名额不仅仅意味着一名孤贫，更重要的，它意味着一项钱粮的征收。”⑤在传统的量入为出的财政体制下，再加上官吏日益贪污腐化，也就无怪乎传统的官营救助机构时兴时废、时宽时严了。官营社会救助机构所反映出的“政府失灵”现象既有偶然，也有必然，其必然也是与朝代盛衰息息相关的。

在传统儒家控制型的管理体制下，一切制度都是按照“君者，出令者也。臣者，行君之令而致之民者也。民者，出粟米麻丝、作器皿、通财货以事上者也”⑥的原则制定，因此能给社会提供救助的，只能由官府操办，是“天下之穷民而无告者，责令官司收养，可谓仁政矣”⑦。在儒家看来，个人的救助活动与政府的仁政是不能并存的。因为个人救助活

① 不著撰人：《宋大诏令集·约束常平散敛粜籴等诏（宣和元年八月十二日）》，中华书局，1962年，第657页。

② （元）杨维桢：《东维子集》卷24《两浙转运司书史何君墓志铭》，台湾商务印书馆景印文渊阁四库全书本，1983年，第1221册。

③ 夏东元编：《郑观应集》，上海人民出版社，1992年，第525页。

④ （明）沈榜：《宛署杂记》卷11《养济院孤老》，北京古籍出版社，1983年，第89页。

⑤ 周荣：《明清养济事业若干问题探析——以两湖地区为中心》，《武汉大学学报》，2004年第5期。

⑥ （唐）韩愈：《韩昌黎集》卷11《原道》，上海商务印书馆，1933年。

⑦ 梁其姿：《施善与教化——明清的慈善组织》，河北教育出版社，2001年，第32页。

动的存在意味着政府的不“仁”，所以儒家思想对民间救助活动有很大的排斥性。子路曾在卫国出私财救贫，孔子止之曰：“汝之民饿也，何不白于君，发仓廪以赈之？而私以尔食馈之，是汝明君之无惠，而见已之德美矣。”(《孔子家语·致思》)在孔子看来，无视君王的权威擅自开展救助活动，不仅是沽名钓誉，而且有影射君王无能之嫌。基于这种认识，官府对于私人救助活动是十分关注的，也不想使之脱离官府的控制。如好佛的武则天，对寺院救助贫病之人采取管控，不但“置使专知”，而且管控其财政。即便如此，朝廷也不放心，所以唐玄宗开元五年(717)，宰相宋璟奏称：“悲田养病，从长安已来，置使专知，且国家矜孤恤穷、敬老养病，至于按比各有司存；今遂聚无名之人，著收利之使，实恐逃捕为蔽，隐没成奸，昔仲繇仕卫，出私财为粥，以施贫者，孔丘非之，乃覆其馈，人臣私惠，犹且不可，国家小慈，殊乖善政，伏望罢之，其病患之人，令河南府按比分付其家。”[①]朝廷也因此加大管理的力度，在限制各寺院收留贫病的同时，增加官府的投入。公元845年，唐武宗尽废天下僧寺，“两京悲田养病坊，给寺田十顷，诸州七顷，主以耆寿”[②]。即便是后来恢复寺院，官府也不再赋予其救助贫病的权力。北宋在经济繁荣之时，由官府承办各种社会救助机构，成为社会救助的主导，其“救贫政策所引起的关注及批评，已有类似近代国家福利政策之处”[③]。官府承办，既与王朝盛衰息息相关，也受到官僚体制的影响。如明代的养济院，在吏治清明的时候，还是有一定的效率的，而在吏治腐败的时

① (清)官修：《全唐文》卷207，中华书局，1987年，第7页。

② (宋)欧阳修、宋祁：《新唐书》卷52《食货志二》，中华书局，1975年，第1361页。

③ 梁其姿：《施善与教化——明清的慈善组织》，河北教育出版社，2001年，第35页。

候，官方的救助机构根本不能发挥作用。

官办社会救助机构在传统的政治体制下很难适应社会的发展，因为任何更改“祖制”的行为都会被认为是叛逆，而官僚制度的惰性，也不会使救助机构发挥最大的效用。值得一提的是，在不违反“祖制”的情况下，统治者往往也会有一些变通，而官府也会采取一些补救策略，进而将民间力量纳入到社会救助体制之中。如清代旌表乐善好施、急公好义的政策出台，鼓励民间参与社会救助的措施。“官方需要利用地方资源，而地方资源也希望得到官方保护，社会救济体系的‘官民合作’特色，给社会救助发展带来了生机。”[①]在这种情况下，“一般的地方官的确更在意慈善组织，有的甚至发挥了领导建堂的作用”[②]。构建官民相得的社会救助体系，不能忽略官府的作用，但在具体构建中，官府应该发挥监督的作用，而不是过多地干预民间社会救助组织的具体事务。

总之，历代王朝对民间参与社会救助始终怀有戒心，对民间参与社会救助的管控相当严格，不但设置很高的门坎，而且干涉其具体事务，即便是允许民间力量涉足社会救助领域，也不能充分调动其积极性，更不能有效地利用社会资源。不过，在传统的体制之下，官府如果能发挥其能动作用，还是能充分利用社会资源的。如发生在1876—1879年的“丁戊奇荒”，官府对于李金镛、胡光镛、经元善等一批江浙闽粤绅商发起的义赈活动和建立的协赈机构，采取不干涉其具体活动的办法，使西方传教士、在华外交官和商人组成的中国赈灾基金委员会向海外募捐款项204560两白银，分期分批由传教士解往灾区，再由另

① 柏桦：《明清“收养孤老”律例与社会稳定》，《西南大学学报》，2008年第6期。

② 梁其姿：《施善与教化——明清的慈善组织》，河北教育出版社，2001年，第137页。

外的传教士进行分发。[①]一个涉及北方五省，受灾人口近两亿的大灾荒，居然借助民间力量得以安抚，也创造了人类救荒史的奇迹。在具体救助过程中“且为异族诮，抚膺诚可差。何如行善举，慷慨法欧洲。筹赈设公所，登报乞同俦。乞赐点金术，博施遍神州”[②]。在官府已经不具备振恤能力的情况下，这种借鉴西方慈善救济的组织形式已经具有制度开放性的特点。“丁戍奇荒”的救助值得研究的问题很多，而如何构建官民相得的社会救助体系，无疑是值得关注的问题。充分发挥民间的积极性，而不是过多地干预他们的救助活动，更不能借助民间的积极性而由官府敛财，这也是历史的经验教训。

① 参见顾长声：《传教士与近代中国》，上海人民出版社，1995年。

② 夏东元编：《郑观应集·筹赈感怀》，上海人民出版社，1988年，第1278~1279页。

明代府与县的关系

明代的府(州)县都称为有司,“知府、知州、知县,三等视民之官,使非其人,则上司虽有好官,行得好事,不能实到百姓”[①]。这三等亲民之官,从职责上看,都承担着地方治理的责任,府州县官虽都是亲民之官,但在行政地位和权限上却有很大的区别。知府“千里之地,膺受朝命,安危休戚,一系厥政”,知州“亚于府,建官次之,有临乎上,有仰乎下”,知县“民之休戚,咸其所职”。[②]知府与直隶州知州“奉法循理,为下仪表”[③],主要在于督察下属州县,而州县官要对知府与直隶州知州负责,因此彼此之间的统属与政治运作以及经济利益,值得深入探讨。

一

明代府(州)县是按照主官、佐贰官、属官(首领官)、教职、杂职、吏

---

① (明)陈子龙等辑:《明经世文编》卷133载胡世宁《知人官人疏》,中华书局影印本,1962年,第1314页。

② 参见(明)张辅等:《明宣宗实录》卷92,宣德七年六月是月条,台北“中央”研究院历史语言研究所校印本,1962年。

③ (清)张廷玉等:《明史》卷75《职官志四》,中华书局,1974年,第1851页。

典、胥役等序列编制的。

府(州)县主官除特殊的情况之外,[①]只设有一人,在府为知府,在州为知州,在县为知县。知府最初分为上中下,上府知府从三品,中府知府正四品,下府知府从四品,不久所有知府均改为正四品。直隶州与属州知州都是从五品,知县正七品[②],大兴、宛平、上元、江宁四京县知县正六品。以他们的等级确定衙门等级,知府为四品衙门,知州为五品衙门,知县为七品衙门。府州县官因为有衙门,所以称为“有司”。他们是本地的首脑,所以不能阙员,即便是主官因公外出或调离职任,在空缺期间都要由上级委派他人署理其事,对于署理者的官阶也没有硬性规定,其署理期间的权责一如主官。

佐贰官,即副职和辅助官。府的佐贰官是府同知(正五品,俗称二府)、通判(正六品,俗称三府)、推官(正七品,俗称四府、刑厅),州的佐贰官是州同知(从六品,简称州同,俗称贰州)、州判官(从七品,简称州判,俗称三州),县的佐贰官是县丞(京县正七品,其余正八品,俗称二

---

① 明初有些(府)州县额定的主官不止一名,如《嘉靖句容县志》卷3《历代衙门官吏》载洪武初期的知县定额是三员。由于地方志没有详细记载多名知县是如何行使权力,具体情况则不太清楚,但可以肯定明代初期确实在一州一县设置过两名以上的主官。永乐初年,安徽祁门县曾经出现过一县两知县的情况:当时在建文四年(1402)就任的知县路达,因有惠政,得到百姓的拥戴。永乐三年(1405),新任知县顾均得奉命到任,百姓上书请将路达留任,永乐帝朱棣因此特许路达与新官同任。当时的施政情况是路达主外,顾均得主内,两人的关系也很和谐,都被地方志收入《名宦志》中。对明初一县设置多名知县的制度,明代所编纂的政书是没有记载的,明人的笔记也鲜有记载,沈德符在《万历野获编》卷22《一邑二令》中把一县出现两名县令当作新奇的事例来讲,所讲的事例都是在广西、云南实行改土归流中所出现的特例,而从未提起明初在制度上曾经有过两名以上的主官设置,因为这种制度实施的时间不长,典章也没有记载,后人也就淡忘了。应该说,明初在一县设置两名以上知县以及多名知县具体分工和实施权力的问题是一个重要的研究课题,有待进一步发掘。

② 在吴元年(1364)十二月,曾定上县知县从六品,中县知县正七品,下县知县从七品。不久则全部定为正七品。

衙)、主簿(京县正八品,其余正九品,俗称三衙)。府州县佐贰官或全设,或缺设,或不设,以本地事繁事简而定。事繁一职可设两人或多人,事简一职设一人或不设。佐贰官都属于朝廷命官,典制也明确规定了他们的权责,在本府州县也设有专门衙署。明代中期以后逐渐实行主官负责制,一些府州县佐贰官逐渐被裁撤,未被裁撤者也渐渐变为闲散,以致被主官及朝廷视为冗员。[①]在主官负责制的情况下,佐贰官往往"是凭家兄为驱使,了不能以自主"[②],甚至主官对之苛责辱骂也成为常事。

在实行主官负责制的同时,有些佐贰官开始实行分防,成为清代厅制的起源。佐贰官虽为辅助官,但却是朝廷的命官,所以不能阙员,一旦留有空缺,在朝廷任命者没有到任之前也要由上级派人署理其任。按照巡按《出巡事宜》规定,巡按有"委任府佐"的权力,"同知、通判皆可择贤而用,一切查盘差委,不必专属推官"。[③]佐贰官因为有巡按御史为后台,也有与主官相抗衡之势,所以并不完全如明人所认为的那样只能唯唯听命,是在主官之后署名的应声虫。正因为佐贰官有明确的权责,又有巡按御史为后盾,因此能与主官分庭抗礼,常使主官感到

① (明)褚宦等:《嘉靖兰阳县志》卷6《官师志》县丞条云:"国朝县小者亦不置丞,有丞者以杂途参用,〈白氏六帖〉云:佐理一同,贰职百里,其任如此其重,故〈通典〉谓之副司。〈南部新书〉谓之赞府。岂虚语哉!吾邑正统末又添设一员,专理马政,弘治中裁革。若曰俗号闲官,殊失建官之本意矣!"主簿条云:"国朝县小者亦不置簿,其置者参用杂途。〈四朝志〉谓佐理县务,其重任如此。古人拟诸舜鸾昂驹者,盖期待之也。吾邑弘治初添设一簿,专治河事焉。若张象以为立身矮屋者,则自重之意亦已甚矣。"佐贰官闲散无事,正官多认为他们妨碍政事,在朝廷裁冗员之时,往往借机请裁去而后快。如《国朝典汇》卷81《府州县》载洪熙元年(1425),"安平县丞耿福缘,累以冗员当汰,民怀其惠,累奏乞留","平度州同王鑺以冗员去,昌邑主簿刘整以旧官代还,民皆言其能恤民瘼,戢吏弊,请复其职"的事例,可见这些佐贰官是与主官有矛盾,故遭汰冗。(参见天一阁明代方志选刊第52册,上海书店,1982年。)

② 陈义锺编校:《海瑞集》上编《主簿参评》,中华书局,1962年,第147页。

③ (清)孙承泽纂:《天府广记》卷23《都察院》,北京古籍出版社,1982年,第318页。

头痛难治。

属官，府州县的属官，在府为经历司经历（正八品）、知事（正九品），照磨所照磨（从九品）、检校（未入流），司狱司司狱（从九品）。在州为吏目（从九品），在县为典史（未入流，京县从九品）。府经历、州吏目、县典史为首领官，不设佐贰官的府州县，首领官则分领佐贰之职。按《会典》规定：首领官主管文移出纳，所以称为幕职，相当于秘书长。明中叶以后，经历、吏目、典史被人们称为属官，不再以幕职称之。幕职的首领官转变为主巡捕的属官，其发展变化与地方政治密切相关。①属官的地位远不如佐贰，明代虽律有明文，令有禁止，不许主官责罚打骂属官，②但上官巡视，小不如意，便可以对属官棰杵相加。在主官负责制的情况下，主官对他们叱责辱骂，甚至施以刑杖，也被视为理所当然，故时人以卑微之职目之。

教职，除了府学教授官阶从九品之外，州学正、县教谕及府州县的训导均为未入流，也属于微末之官，但社会地位却高于属官和杂官。当时尊重知识，作为知识的传播人也会受到尊敬，所以被人们目为"门多立雪，庭有凝冰；空斋壁立，多士云从；风清芹藻，雪映图书"③的清高之职。教职受双重领导，"凡学政遵卧碑，咸听于提学宪臣提调，府听于府，州听于州，县听于县"④。由于教职受双重领导，在府州县的地位也特殊，在处理府县之间的关系时能发挥重要作用。比如说宣德时，汉中

① 王泉伟：《论明代州县幕官的职权转变》，《史学月刊》，2013年第9期。

② 《大明令·刑令》云："凡各衙门首领官，果有过犯，自有常宪。本衙门正官，毋得擅问。"而《大明律·刑律·骂詈·佐职统属骂长官》云："凡首领官及统属官，骂五品以上长官，杖八十。若骂六品以下长官，又各减二等。"是纳入以卑欺尊的范围，却没规定长官骂佐职统属的罪名。

③ （明）祁彪佳：《祁彪佳文稿·评语》，北京图书馆出版社，1991年，第2616页。

④ （清）张廷玉等：《明史》卷75《职官志四》，中华书局，1974年，第1851页。

府知府缺出以后，府学教授张迪便邀请“所属知县毕昇等”共同推举本府同知王聚“有实德真才，海内士夫罕比，乞典郡政”。[①]在一般情况下，府州县在有重大事务的时候，都会请教职参与会议。

府州县杂职中的巡检司虽然有固定的防区，但归府州县节制。还有驿、税课司局、仓、库、织染杂造局、河泊所官、批验所、递运所、冶铁所、闸官、坝官等，分别设巡检、副巡检、驿丞、大使、副使及各官管理，少数为从九品，多数为未入流。除了有专门业务的杂职之外，各府州县所设的医学、阴阳学、僧正司会、道正司会等也称为杂职。杂职既然是官，就要纳入职官序列，不但在府州县政务中发挥重要作用，还因为业务不同而接受双重，乃至多重领导，是“关略于承差舍余，网密于上司府县”[②]。府州县官对他们有考核权，但由于业务上的多重领导，府州县官在处置过程中也会有所顾忌，甚至可以影响府州县官的施政行为。

吏胥，即府州县衙门内的书吏及衙役、杂役。书吏是操办具体事务的人员，他们是经吏部注册，有工食银和任期，经考满可以进入官的行列。杂役是在衙门内外办理杂事的人员，是一种劳役，本来是被人役使的人，役之在官，则是被官役使的人。明代“吏弊”是朝廷关注的问题，朱元璋认为：“良家子弟一受是役，鲜有不为民害者。”[③]在府州县政治运作过程中，吏胥是不可或缺的重要群体，对于府州县官来说，驾驭吏胥而不使之为奸，乃是其施政能否顺利的必要条件。其上者可以“为政

① 参见(明)张辅等:《明宣宗实录》卷84，宣德六年十一月辛卯条，台北“中央”研究院历史语言研究所校印本，1962年。

② 陈义锺编校:《海瑞集》上编《驿传议》，中华书局，1962年，第34页。

③ (明)朱元璋:《大诰续编·戒吏卒亲属第十三》，载张德信、毛佩琦主编:《洪武御制全书》，黄山书社，1995年，第803页。

有方，吏不能欺”[1]，其中者则会“严待胥吏，绳豪吏以示警”[2]“厘剔奸胥，以法绳之”[3]，其下者难免“同恶相济，虐害吾民”[4]，“糊涂废事，听任书手”[5]。可以说，“相当一部分官员吏役之间的关系本来就是建立在极不正常的基础之上。他们既有相互依靠利用、串同联手作恶的方面，但亦有责任不清、分赃不匀，因而引发利益冲突激成火并的方面”[6]。在府州县政治运作中，胥吏是最不能忽略的群体。

二

明代府州县官受多头领导，他们“上承监司部使，而监司部使一省率数十人。此数十人者，满其意皆若欲得一令而为之役”[7]。这数十人是各省布政使、参政、参议，按察使、副使、佥事，又有巡抚、巡按、中使等。以一人当数十人之督责，则“政令纷然，守令欲举其职难矣”[8]。以府县关系而言：“府，非州非县，而州县之政，无一不与相干。府官，非知州、知县，而知州、知县之事，无一不与相同。是知府一身，州县之领袖，而

---

① （明）李贤等：《大明一统志》卷1《顺天府·名宦》，三秦出版社，1990年，第60页。

② （清）廖广珩等：《光绪青阳县志》卷4《职官志》，中国方志丛刊第651册，台北成文出版社，1970年。

③ （清）李应泰等：《光绪宣城县志》卷《官师志》，中国方志丛刊第654册，台北成文出版社，1970年。

④ 杨一凡点校：《中国珍稀法律典籍集成·大诰续编·闲民同恶第六十二》（乙编第1册），科学出版社，1994年，第148页。

⑤ （明）胡宗宪：《三巡奏议》卷2《题为纠劾贪酷有司以备考察事》，日本古典研究会影印德山毛利家藏本，1964年。

⑥ 韦庆远：《明清史新析》，中国社会科学出版社，1995年，第314页。

⑦ （明）唐顺之：《荆川集》卷7《赠宜兴令冯少虚序》，台湾商务印书馆影印文渊阁四库全书，1986年，第1267册。

⑧ （明）王鏊：《震泽长语》卷上《官制》，台湾新兴出版社，1973年。

知州、知县之总督也。”[①]如海瑞为淳安知县，“都御史鄢懋卿行部过，供具甚薄，抗言邑小不足容车马”[②]。致使鄢懋卿绕道而去。严州知府“虑祸且不测，盛怒待公(海瑞)入见，辄踞坐击案曰：‘几大官，敢尔！’詈不停口，公惟敛容长跽，无一语辨，气稍平，起揖而退，亦无后言”[③]。似海瑞这样强项的知县，在知府詈骂之下只有长跽听受，不敢有什么非议。知府对有过失的州县官还可以实行刑罚，[④]可见知府对州县事务的干涉之深。“县百事统于府，旧例，小有故，必参谒。”[⑤]在府的严格管辖下，州县官必须及时汇报政务，并且接受知府的考核及政务上的认可，这很容易造成“望风承应，惟恐或后，上下之间，贿赂公行，略无畏惮，剥下媚上，有同交易，贪污成风，恬不为怪”[⑥]的政治局面。

从制度上看，知府及直隶州知州既是州县官最直接的上司，又是州县官政绩考核监督人。倘若州县官“耳目有所不及，精神有所不至，遗下贪官污吏，及无籍顽民，本府方乃是清”[⑦]。要求他们“正其范防，去其蠹蠹”，特别要“奉法循理，为下表仪”。[⑧]不仅干涉州县政务，而且是

---

① (明)吕坤：《实政录·知府之职》，载《官箴集成》(第1册)，黄山书社，1997年，第550~552页。

② (清)张廷玉等：《明史》卷226《海瑞传》，中华书局，1974年。第5932页。

③ 陈义锺编校：《海瑞集》下编《海忠介公行状》，中华书局，1962年，第538页。

④ (明)李乐：《见闻杂记》卷8之37条云：“邹彦吉(迪光，无锡人)知黄州府，曾欲笞黄冈令，以诸府佐下礼求解而罢。然则，邹当乎曰？不知邹发怒时，中节与否，未敢以为当也。杨公承芳(继宗)知嘉兴，屡临各邑，邑令舛错，朴责以为常。此亦长老传闻之言。然此天顺间事也。”(上海古籍出版社，1986年，第692~694页。)

⑤ 陈义锺编校：《海瑞集》上编《知县参评》，中华书局，1962年，第146页。

⑥ (明)陈子龙等辑：《明经世文编》卷21，载邹缉：《奉天殿灾疏》，中华书局影印本，1962年，第164页。

⑦ (明)申时行等修：《明会典》卷12《吏部·责任条例》，中华书局，1989年，第74页。

⑧ 参见(明)张辅等：《明宣宗实录》卷92，宣德七年六月是月条，台北“中央”研究院历史语言研究所校印本，1962年。

州县官的表率。在制度安排上，知府与州县官同为亲民之官，但在具体运作过程中，两者还是有区别的：知府要督促州县官办理各项事务，而州县官也必须以循环簿，分月将州县所办理的事务送府进行查核。知府作为督促者，主要履行监督管理之责；州县官作为具体执行者，主要办理各种具体事务。

以政治而言，按照朱元璋的设计，“为府官者当平其政令，廉察属官，致治有方，吏民称贤者优加礼遇，纪其善绩，其有阘茸及蠹政病民者，轻则治之以法，重则申闻黜罚，然不得下侵其职，以扰吾民”。知府的重要职责就是指导及督察州县官，不能直接干涉州县的政务。州县官则不同，“宜宣扬风化，抚字其民，均徭役，恤穷困，审冤抑，禁盗贼；时命里长告戒其里人，敦行孝弟，尽力南亩，毋作非为，以罹刑罚；行乡饮酒礼，使知尊卑贵贱之体，岁终察其所行善恶而旌别之”。州县官是具体政务实施者，“州县之官，于民最亲，其贤不肖，政事得失，视民之安否可见”①。他们要将朝廷的政令落实到基层。府县本身也密不可分，州县官的治绩关乎知府、知州的治绩，而知府、知州的治道也左右着州县官。

以经济而言，州县官在经手钱谷刑名所得到的“规银”要分一半呈送知府、知州，特别是“至朝觐年，则守令以上，必人辇一二千金，入京投送各衙门及打点使费”②。虽然这些收入知府、知州也要按比例再向上级呈送，但毕竟州县官的“规银”收入多少关系到知府、知州切身利益，而州县官若无知府、知州认可，也不敢放手收取“规银”。

① 参见(明)李景隆等：《明太祖实录》卷161，洪武十七年夏四月壬午条，台北“中央”研究院历史语言研究所校印本，1962年。

② (明)刘宗周：《刘子全书》卷17《遵例请旨严饬禁谕以肃觐典疏》，中文出版社，1981年，292页。

以惩处而言，州县官出现问题，知府、知州有连带责任；虽然知府、知州有条件将罪责推卸到州县官身上，但州县官也会利用这种连带关系以证据相邀，因为“道府收我节寿陋规，不为我弥缝罅漏，我之馈送究从何来？”把这些贿赂记录在案，“执有书信，故为切据”[①]，将上司各种劣迹私记在册，一旦遇上司题参，以据相抗，迫使上司不得不息事宁人。这样会造成“媸妍因乎强弱，则刚者吐而柔者茹；美恶视乎苦甘，则佞人登而直人远；豺狼载道，豝豕为辜，貍鼠同游，狐蜮变态”[②]；也就无怪乎有人认为“普天之下，伶俐人也吃饭，痴呆人也吃饭”[③]。廉贪不分，好坏混为一体，这就使惩处制度失去其应有的效能，也败坏了社会和官场风气。

以人际关系来看，府州县之间的利害关系最为贴近，也最容易构成“猫鼠同眠”，其中包涵着许多“变幻离奇，不可思议”的事情。[④]“海内之势，譬者曰如身使臂，如臂使指。今由抚巡而藩臬，是坐论者也。繇藩臬而府州县，是役使者也。然县尤难，此譬以众身而加一臂，众臂而加一指也，为指者常病矣。”[⑤]面对这些直接领导以及难以数计的间接上司和上司的属下，府州县官不是难于政务，而是难于人际关系。明王朝对府州县管制十分严格，不鼓励府州县官发挥其政治才能，实际上造就了一批因循守旧的奴才。之所以“当今其有卓异之政，德泽传于遗

① （清）张集馨撰，杜春和、张秀清整理：《道咸宦海见闻录》，中华书局，1981年，第54页。

② （明）叶春及：《石洞集》卷2《审举劾》，台湾商务印书馆影印文渊阁四库全书本，1986年，第1286册。

③ （明）李乐：《见闻杂记》卷10之106条，上海古籍出版社，1986年，第905页。

④ （清）张集馨：《道咸宦海见闻录》，中华书局，1981年，第127页。

⑤ （明）高叔嗣：《苏门集》卷5《送徐君崇教江陵明府序》，台湾商务印书馆影印文渊阁四库全书本，1986年，第1273册。

老，故事载于铭碣，而名字并于山河，盖如晨星”[①]，是这种体制容不得府州县官有出色的表现。在这种情况下，大部分府州县官本着“凡事不可认真，真则祸随焉”[②]的心态，在施政上亦难免苟且偷安而因循守旧。“府州县官今称俗吏，狱讼钱谷周旋其间，而莫能解去。上官有驱使，下民有仰赖，能不因之而俗乎？”[③]这种普遍的因俗，不关心实际的行政能力，仅重视处理人际关系的能力。

三

海瑞认为：“令萃百责，大抵刑教十之一、理财十之九，百职惟令，临财惟琐惟多。”[④]州县官之责十之九在理财，也就是钱谷，其主要构成是各种税收及田粮。钱谷问题既关系到府县官的考成，也关系到府县官的具体收入。俗话说：“三年清知府，十万雪花银；知县不贪不滥，一年三万。”府县官的主要收入来源于钱谷征收方面的陋规。

明代府县陋规种类极多，如万历年间的黄岩县，“岁半银三百七十两九分七釐，杂办银二千二百三十九两九钱四分六釐”。这其中的名目有药材、弓箭弦翎、胖袄等67项。其均徭项目有53项，共计征银近2800两。此外，驿站银近1500两，兵饷力役近5000两，再加上课钞、匠班、食盐，总计征银万两以上，其门摊等商税还未计算，且不说征收中的截

① (明)沈鍊：《青霞集》卷1《送张石洲入觐序》，台湾商务印书馆影印文渊阁四库全书，1986年，第1278册。

② 陈义锺编校：《海瑞集》下编《赠赖节推署贵县序》，中华书局，1962年，第381页。

③ 陈义锺编校：《海瑞集》下编《赠昌化唐鲁斋得奖劝序》，中华书局，1962年，第407页。

④ 陈义锺编校：《海瑞集》下编《赠黄村赵先生升靖安大尹序》，中华书局，1962年，第342页。

留，仅按当时加征火耗三成计，羡余就在3000两以上。[①]

从海瑞在淳安县革去的常例名目来看，知县每年常例银有22项，六房吏每年常例有30余项。这些革除的陋规是地方官吏的额外收入构成部分，但并不能因这些陋规的革除使他们无法为生，因为"衙门愈大，其常例愈多"[②]，涉及的范围很广，更何况这些革除的仅是部分常例，更多的常例并没有革除。至于其他陋规名目更多，笔者粗略统计有521种之多。[③]

府州县官陋规收入的大宗是来自于赋税、平余、盐当、杂课。按照海瑞所讲："收各项钱粮，每壹百两取五两。"[④]地方官收取5%，这是征收钱粮上收入的大项。以松江府而言，洪武年间夏税大麦9945.1729石，小麦101534.3492石；秋粮秫米878397.0173石，糯米1677.7432石，赤米325508.1178石，黄豆93913.0962石，斑豆9966.776石，绿豆46.54石，赤谷943.3871石。这些粮食的总和约1421932石，府官按5%收取，就是约71096石。上海县夏税大麦3907.4295石，小麦67560.3109石；秋粮秫米233717.0995石，糯米203.3石，赤米262601.4945石，黄豆72143.3345石，斑豆4201.1043石，赤谷655.0721石。这些粮食的总和约644989石，县官按5%收取，就是约32249石。[⑤]这仅仅是粮食一项，而纳入田赋的除了粮食之外，还有丝绵及梨枣等项，按照当时均分原则，府取1/2，县取1/2。府取的按照知府1/3，佐贰教杂及胥吏等1/3，布政司1/3的比例分

---

① 参见(明)汪道昆序：《万历黄岩县志》卷3《赋役》，天一阁藏明代方志选刊第23册，上海书店，1982年。

② 陈义锺编校：《海瑞集》上编《兴革条例》，中华书局，1962年，第57页。

③ 柏桦：《明清州县陋规的存留与裁革》，《史学集刊》，2010年第3期。

④ 陈义锺编校：《海瑞集》上编《兴革条例》，中华书局，1962年，第49页。

⑤ (明)顾清序：《正德松江府志》卷7《田赋中》，天一阁藏明代方志选刊续编第5册，上海书店，1990年，第321~325页。

配。仅此一项，知府所得约23699余石，则可见知府收入之多。县取也是按照知县1/3、佐贰教杂及胥吏等1/3、知府1/3的比例分配，知县所得约10750石，也可见知县收入之一斑。

平余银两名目很多，以明代天启年间（1621—1627）的浙江平湖县为例，其均平银两有额办银、猫竹银等80余种，多者千余两，少者一二两，全部加起来，多达8020两以上，[①]按照30%加耗，此项羡余也有2400余两。

盐当也就是官盐与当铺，盐当的陋规收入也是可观的。海瑞革除官盐营运陋规有"经过盐每百引银壹钱，每年约有五万引。住卖盐每壹百引银壹两，每年约有柒千余引"[②]。也就是说，经过盐的收入约50两，住卖盐的收入约70两，两者合计120余两。明清"天下第一等贸易为盐商。故谚云：一品官，二品商。商者，谓盐商也，谓利可坐获，无不致富，非若他途交易，有盈有缩也"[③]。正因为经营盐可以获利，府州县官也视盐为利薮。

明代典当铺的数量惊人，有皇当、官当、民当之分。"所谓皇、官、民当，也并不是固定不变的，它们之间也经常有互相流动和渗透。由于政局及财政等原因，当铺的所有权也时有变更；原来的官当或民当可以因为'供奉入献'或被抄没而收为皇当，皇当也可以通过'恩赏'、'赐给'而变为官当；民当可以经过被吞并而变为官当，官当亦可以经过'价卖'而成为民当；官僚贵族吏役等有人入股于民当，民当东主中有欲倚恃官势送股于官绅人等。于是，这些民当中实亦具有部分官当的

① （明）程楷等：《天启平湖县志》卷8《役赋》，天一阁藏明代方志选刊续编第27册，上海书店，1990年，第518~528页。

② 陈义锺编校：《海瑞集》上编《兴革条例》，中华书局，1962年，第55页。

③ （清）欧阳昱：《见闻琐录》卷3《盐丁苦》，岳麓书社，1987年。

成分。官当中有民股、民当中有官资，在当时不是个别的。”①明代的典当业已成为社会上最重要的商业行业之一，不但要向府州县缴纳一定的常例，而且要送年节规礼，成为地方官陋规收入的重要部分，当铺提高利率勒索也在所难免。

杂课即是杂税，清人黄六鸿《福惠全书》开列的有颜料、药材等27项。仅以田房税契而言，“以大县之田房交易，何日无之？日以百金计，岁即数万计，岁银当不下千金。今州县一年报税，竟尔寥寥，其隐漏可胜言乎！”②田房契约一项收入就不下千金，也可见杂税陋规收入相当之可观。

按照海瑞《兴革条例》所讲，陋规收入除了上交知府份额之外，知县得其中的一半，所以“不贪不滥，一年三万”③。其余则给佐贰官、首领官及吏胥等。县送府的陋规，是按知县所得呈送，知府除按例交布政司份额之外，则按照知府得一半，其余分给佐贰官、首领官及吏胥等。一个府辖数县，这是十万雪花银的收入。

这些逐级上交的部分称为“常例”，“今之部院诸臣，有志者难行，无志者听令，是部院乃为内阁之府库矣。今之监司苞苴公行，称为常例，簠簋不饰，恬然成风，是监司又为部院之府库矣。抚字心劳，指为拙政，善事上官，率与荐名，是郡县又为监司之府库矣”④。所有这些都取

---

① 韦庆远：《论清代的“皇当”——清代典当制度研究之一》，载《明清史辨析》，中国社会科学出版社，1989年，第73~74页。

② （清）黄六鸿：《福惠全书》卷8《杂课部·田房税》，康熙三十八年（1699）种书堂刊本。

③ （清）王闿运：《湘潭县志》卷6《赋役》：“湘潭湖外壮县也，财赋甲列，县民庶繁殖，官于此者，恒欣然乐饶，民间为之语曰：不贪不滥，一年三万。嗜利者不知足，见可以多取，辄增取之。自承平以来，屡以钱漕讼，然公私悦利，穰穰尤盛。城外沿湘十余里，皆商贾列肆及转移执事者，肩摩履错，无虑数十万人，其土著农甿，合巨亿计。”清光绪十五年（1889）刻本。

④ （明）陈子龙等辑：《明经世文编》卷177载张孚敬《应制陈言》，中华书局影印本，1962年，第1802页。

自于民，也不能入朝廷府库，是富了官员，穷了百姓，亏了朝廷。

一些研究认为："州县衙门在诉讼刑狱方面存在着大量陋规。仅就经济方面的勒索也足以令人惊讶。"[1]这种勒索是法律所不允许的。虽然勒索行为在当时社会普遍存在，但毕竟不能与陋规相提并论。因为陋规属于"惯例性收费"，"它也在法律的默许之内。但是我们不要把它与贿赂或别的形式的贪污腐败混淆，后者是非法的、被禁止的。然而在某些情况下，在收取'陋规'和贪贿之间并没有一个明确的界限"[2]。因此，也容易被人们混淆，将陋规与贪污受贿等同起来，反而弄不清陋规与贪污受贿的关系。如黄宗智所讲："讼案收费便成为衙门各种开支的主要来源。"[3]固然府县官们"取于词讼者，莫甚于私罚赎银"[4]，但超过界限则为法律所不容，一旦查出，总会被法办的，更何况所取于词讼的是赃罚银两还要上报的，虽然府州县可以隐瞒一些，但要用于公事，才不至于获罪。如海瑞筑城"所费过万金"，大部分取自纸赎，因"淳民喜讼，本县于词讼中酌处帮助，通以二年中为之，似或可以使民不觉劳费"[5]。当然，府县官在司法审判中贪赃枉法的事件并不少见，但这类事情风险很大，因为当事人不服上诉，往往会影响到府州县官的前程。所以稍有理智的府州县官，绝不在司法审判中谋利。这也是海瑞将刑名纳入县政十之一事务之内，而又与教化均分的原因。

---

① 李映发：《清代州县陋规》，《历史档案》，1995年第2期。

② 瞿同祖：《清代地方政府》（修订译本），范忠信、晏锋、何鹏译，法律出版社，2003年，第47页。

③ 黄宗智：《清代的法律、社会与文化：民法的表达与实践》，上海书店出版社，2007年，第174页。

④ （清）《清世祖实录》卷125，顺治十六年闰三月庚寅条，中华书局影印本，1985年，第3册第968页。

⑤ 陈义锺编校：《海瑞集》上编《筑城申文》，中华书局，1962年，第157页。

除了陋规之外，就是送礼，称为“年规”“节规”，涉及范围相当广泛。府州县官们对上司，“乃年节一见，端午一见，中秋一见，重阳、辞年又数数见；生日一见，考满一见；上司凡有家庆，自己欲效殷勤，有常常时见”[①]。这种年节规礼为时人所重，特别是“京都最重冬年节贺礼，不问贵贱，奔走往来者数日，家置一册，题名满幅”[②]，乃是“残年节礼送纷纷，尽是豪门与富门”[③]。府州县官们送礼的技巧是高超的，如“云南有一州守，具币送该府，内有金杯二副。该府难之，州应曰：老大人认此当金，非也，敝省原有此等铜，连工价，每副不过一钱六分。倘不弃菲，姑留以送乡亲。府笑收之”[④]。府州县官奉迎上司则是为了自己的政治经济利益，以至于“致令民不堪命，人有乱心”[⑤]。府州县官与上级及属下吏胥乃至绅民之间的关系，在金钱利益面前已经不可能按照统治者设计的模式而正常发展了。

① （明）张萱：《西园闻见录》卷96《政术·前言》引张涛曰，哈佛燕京学社，1940年。

② （明）叶盛撰，魏中平校点：《水东日记》卷1《京都贺节礼》，中华书局，1980年，第6页。

③ （明）郎瑛：《七修类稿》卷34《诗文类·元末僧》，中华书局，1959年，第517页。

④ （明）张萱：《西园闻见录》卷97《恤民·前言》引乔应甲曰，哈佛燕京学社，1940年。

⑤ （明）张萱：《西园闻见录》卷96《政术·前言》引申时行曰，哈佛燕京学社，1940年。

法律制度编

《周易》的犯罪学说

犯罪学是近代才兴起的学科，虽然中国古代没有专门的犯罪学说，但犯罪问题始终被历代统治者和思想家们所重视。《周易》作为先秦经典，其中关于犯罪问题的学说与观点，应该被予以足够的重视。综观《周易》，其中隐含了一条针对犯罪问题的逻辑脉络，在对卦辞和爻辞进行交互分析便会发现，《周易》对于什么是犯罪、犯罪产生的原因以及犯罪的惩治，是有系统而深入阐发的。

一

《周易》诸卦中隐含着一条关于罪的学说体系，这一体系有其逻辑脉络，[①]主要相关的卦包括讼、师、夬、蒙、大有、损、益等。

---

① 在阐发整套犯罪体系之前，需要交代易学的相关术语，以便明白“易理”统摄下的犯罪。“易理”是由许多专业术语构成。“爻”是组成卦的基本单位，分为“阴爻”和“阳爻”。阳爻的符号是—，阴爻的符号是--，用文字表示时，阳爻称“九”，阴爻称“六”。进一步讲即是“爻位”，每一个卦都有六个爻位，从下往上数分别是：初九（初六）、九二（六二）、九三（六三）、九四（六四）、九五（六五）、上九（上六）。“比”用来描述相邻两爻之间的关系，具体而言分为同性称为相斥、阴凌阳、阳据阴、阴承阳。如果二爻（初对四、二对五、三对六）是“异性”，则谓“有应”或“比应”，若为“同性”则称“失应”或“敌应”。“位”是三卦中又一重要术语。一般而言，分为“当位”与“不当位”或“得位”与“失位”二种。“往”与“来”则是诸多关系中最为灵活多变的一组。上卦为内，下卦为外，由内向外是“往”，由外向内是“来”。在明白了“易理”之后，则可以进入周易的卦爻辞中，去体悟其中所蕴含的犯罪之理。

首先，罪开始于恶念，抑或说是人的趋利避害本性。《周易》帛书《系辞》言："动作以利言，吉凶以请（情）迁。是故爱恶相攻，而吉凶生，远近相取，而悔吝生，请（情）伪相钦而利害生。"阐明人的本性是好利恶害的，若放纵它，就会不择手段地损人利己、损公肥私，最终导致作奸犯科，受到法律制裁，所以结果为"凶"。犯罪的不同形态分别出现在不同阶段，蕴含不同程度的主观恶念，这在《系辞》中多有阐明，如"善不责不足以成名，恶不责不足以灭身。小人以小善为无益也，而弗为也；以小恶为无伤而弗去也。故恶责而不可盖也，罪大而不可解也"。这里说明犯罪的发生是一个量变的过程。

其次，关于犯罪所实行的处罚原则。帛书《昭力》言："教之义，付之刑，杀当罪而人服。"[①]这里主张先教而后刑，"教"在于明义理，"刑"在于服人心。除"刑"与"教"这两种犯罪的他律手段之外，还需要修德以自律，也就是具有"元、亨、利、贞"四德，即"元者善之长也，亨者嘉之会也，利者义之和也，贞者事之干也"[②]。四德乃是善、嘉、义、事的综合，彼此相互影响。

再次，诉讼与理讼的原则。《讼卦》九二爻辞中"不克讼"表明"下讼于上，少讼于长，卑讼于尊，贱讼于贵"[③]，这是越分而争，低位与高位相抗衡，终如以卵击石，应心怀戒惧逃回本邑可免除灾祸，方能不获罪。如果依据强国而有谋逆之心，不仅自身犯"悖逆之罪"，而且处以"连坐"之刑。非但"无眚"，反而得咎。[④]针对犯罪，作为统众者的"师"刚刚

---

① 参见崔永东：《简帛文献与古代法文化》，湖北教育出版社，2002年，第153~159页。

② 李学勤：《十三经注疏·周易正义》（标点本），北京大学出版社，1999年，第12页。

③ 胡瑗：《周易口义》（卷二），文渊阁四库全书本。

④ "讼"卦九二爻辞：不克讼，归而逋其邑。人三百户，无眚。载李学勤：《十三经注疏·周易正义》（标点本），北京大学出版社，1999年，第50页。

上任之初，申严法令以为纪律。所谓“师贵律，律贵臧。令顺人心，简而易行，斯善矣。若立法不善，而以法滋扰，则律亦足以致凶，故法不可不慎也”[1]。刚刚上任统众，应依法行事。如若不然，虽“有功”，但也同于“无功”，结局不“吉”，反为“凶”。进一步讲：“执事顺成为臧，逆为否。”[2]正因为以柔质处于刚位，故需用法律来约束众人，否则，失去法律的威慑力，民众便涣散。[3]在用律统众的前提下，还应慎用刑罚，切不可轻易征伐。正如《师卦》六五爻辞所言，当戎夷猾夏、寇贼奸宄祸害甚大，在不能怀柔以化之时，方可奉辞以讨之。这好比野兽在田，侵害庄稼才能捕猎。此明刑是不得已而用之之意。

此外，刑罚需要讲求尺度。《夬卦》下卦是天，上卦是兑。泽本在天之下，现在反而上位于天，其势必不居。君子观此象，有所取有所忌。在量刑中要讲求依据情节断案，则是应明取舍之道。夬是决断之义，以五刚决一柔，君子去小人而不足虑。“无刚暴之失而有和柔之善，故吾不彼疾而彼不吾忌，邪正之辨，黑白之分，脱然而解，不相疑也。”去小人贵用公道，否则便是李训之谋的惨痛教训。“昔李训之谋去宦官也，而假甘露以赤其族，此盗贼之谋也。以盗贼之谋去小人，小人不可去，徒炽其焰而逞其毒尔。”但去小人不可暗地处理，应“孚其大号以警戒于众，使知以此之甚”，就像虞舜诛杀四凶而天下皆服，若隐其诛则非光彩之事。圣人治理小人必先从自身修德开始，以己之善道胜革之，并且慎用兵戎（也就是大刑）。然去小人一定要坚持到底，否则余孽未亡，祸胎犹在，终为众君子之患，因此要求执法者有决断之能。

---

① 乾隆二十年奉敕撰：《御纂周易述义》（卷一），文渊阁四库全书本。

② 吴澄：《易纂言》，（卷一），文渊阁四库全书本。

③ “师”卦初六爻辞：师出以律，否臧凶。载李学勤主编：《十三经注疏·周易正义》（标点本），北京大学出版社，1999年，第50、53页。

《夬卦》六爻不但描述了决断的渐进性，而且阐发了用法者所应具备的品质。初九爻表明去小人需要先众而动以决，去在上之小人，决意而往未有咎；倘若轻浮冒进，祸害自身。九二爻以阳居阴，任人之责而暂行决柔之事，应内怀警惕，外严诫号而后可以无忧，且不可败露谋划、无所准备，否则反被小人所害。九三爻以阳居阳，又处乾健之极，不患刚决之不足而患之太过。此时与小人相对，虽有愠忧之心，但以无咎为善。九四爻以阳居阴位，刚决之心不足却怀疑畏之心，见义之勇消，故圣人诫之。九五爻是以阳德居阳位又藉众阳之助，为刚决之主，必贵于中行而后无过咎，倘若有刚过之失而无和柔之善，虽然借助天下之力，小人亦难除。上六爻是小人道消之时，此时不应斩尽杀绝，应留小人改过自新之路，才是用法之宗旨。①

还有，明确教化与刑罚的关系。《蒙卦》初六爻处蒙之初，久在蒙昧不能通明，必得在上圣贤之君申严其号令，设张其教化以开示众人，使民晓悟律法之义，故称发蒙。倘若民性识至昧，虽得号令教化以启发，尚不通晓于心，反善趋恶，犯君之教化，则贤明之君当用刑罚以决正，故称“利用刑人”。然初九在蒙昧之时，不知礼义，不知教化，过而犯罪，以至遭受桎梏之苦，开始晓悟而自悔，那么圣贤之君则应赦免其罪。此爻明刑法“小惩而大戒，刑一而劝百，使天下之人皆迁善而远罪，是不得已而用之”。“且刑人之道乃贼害于物，是道之所恶；以利用刑人者，以正其法制不可不刑矣，故刑罚不可不施于国，鞭扑不可不施于家。”②《周官·大司寇》以圜土聚教罢民，对于那些不能改过的犯人便施加杀

① 卦爻辞详见李学勤主编:《十三经注疏·周易正义》(标点本)，北京大学出版社，1999年，第176~184页。此段论述参见王宗传:《童溪易传》(卷二十)，文渊阁四库全书本。

② 王弼、陆德明、孔颖达:《周易注疏》(卷二)，文渊阁四库全书本。

罚；又以嘉石惩治犯罪，对于不知改悔者才施加桎梏之刑。这正与尚书中所倡导的“明于五刑，以弼五教”，“刑期于无刑，民协于功，时乃功”①暗合。

最后，诸卦爻辞在“易理”的统摄下，明确了犯罪的逻辑关系，即由“欲”（位、分、德）而致“罪”（咎、凶）或致“功”（吉），而“罪”与“功”皆由欲始。再联系相关诸卦爻辞，又可以进一步阐释为：由“不克讼”而致罪，由罪而致刑（人三百户：连坐；桎梏；甲兵；长子帅师），刑需由执法者依律决断（夬卦：以刚决柔，君子去小人之道；师卦：大人师出以律）。简明而言，如下图所示：

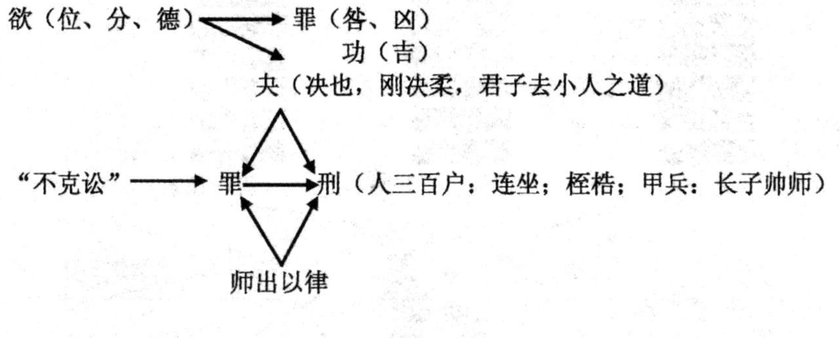

欲（位、分、德）→ 罪（咎、凶）
功（吉）
夬（决也，刚决柔，君子去小人之道）
“不克讼” → 罪 → 刑（人三百户：连坐；桎梏；甲兵：长子帅师）
师出以律

二

在“易理”统摄下的犯罪说，可以概括为由“大有”“损”“益”“解”“丰”“旅”“中孚”“噬嗑”“贲”“离”“临”“观”诸卦构成的逻辑结构。

① 江灏、钱宗武译注，周秉钧审校：《今古文尚书全译》，贵州人民出版社，1990年，第40~41页。

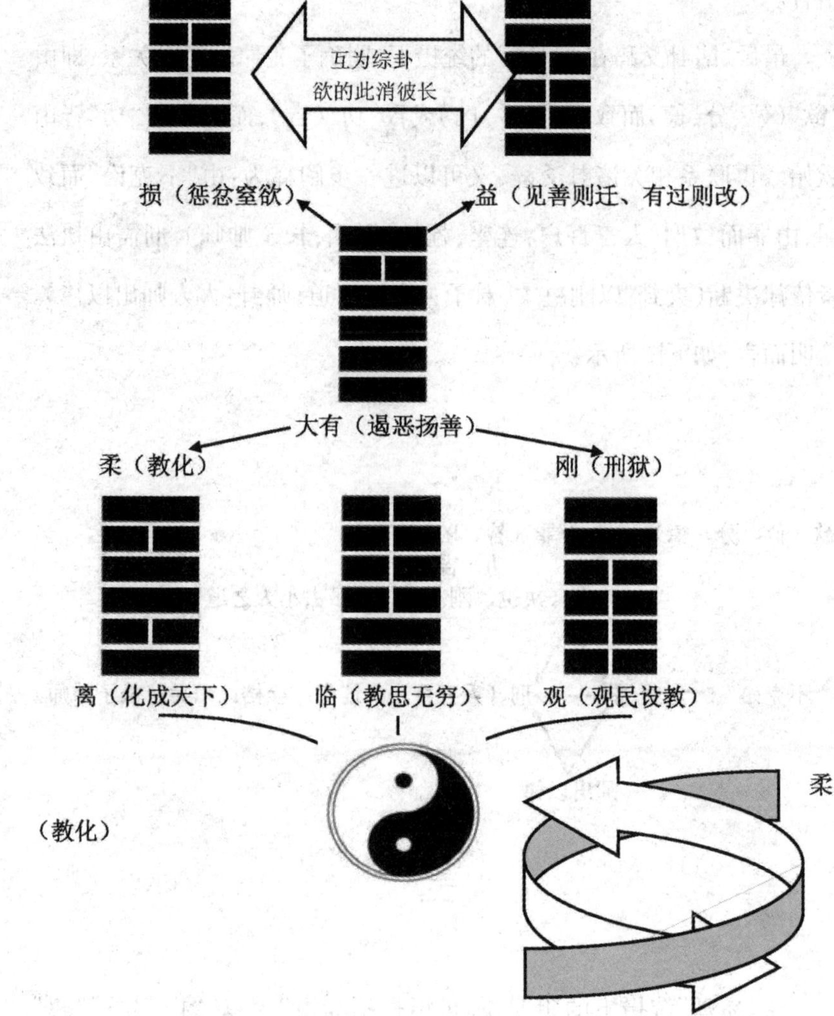
互为综卦
欲的此消彼长
损（惩忿窒欲）
益（见善则迁、有过则改）
大有（遏恶扬善）
柔（教化）
刚（刑狱）
离（化成天下）
临（教思无穷）
观（观民设教）
（教化）
柔

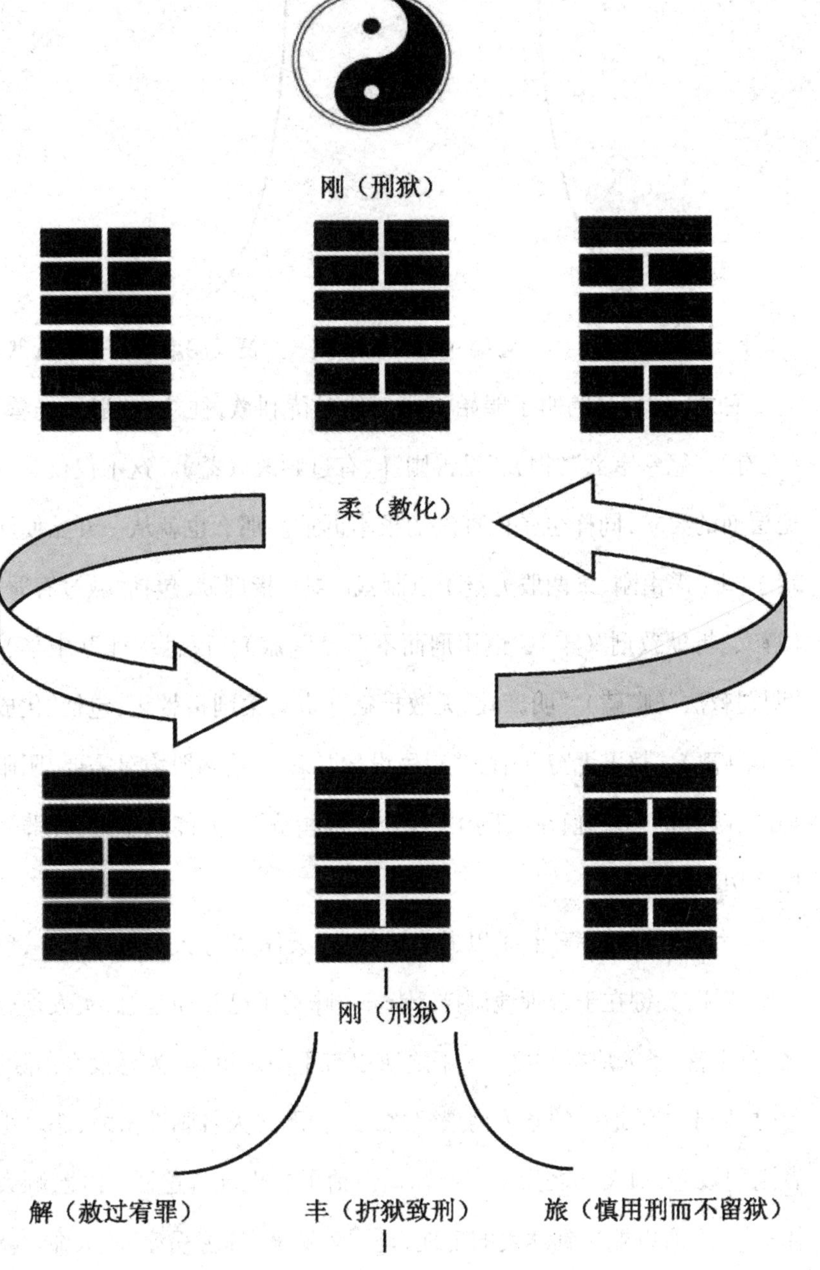
刚（刑狱）
柔（教化）
刚（刑狱）
解（赦过宥罪）
丰（折狱致刑）
旅（慎用刑而不留狱）

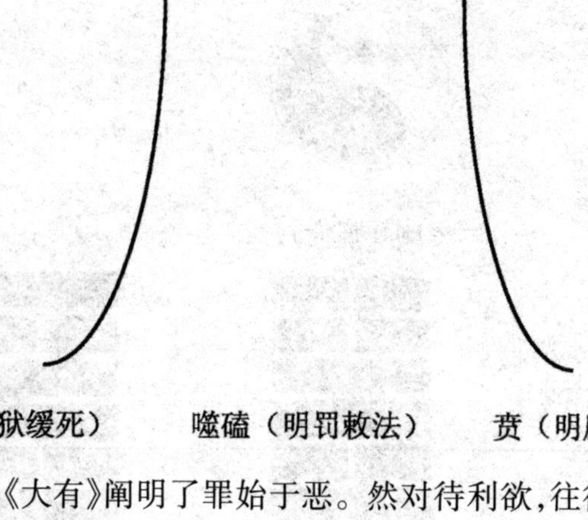

总之,《大有》阐明了罪始于恶。然对待利欲,往往应“遏恶扬善”(大有)、“惩忿窒欲”(损)、“见善则迁、有过则改”(益)。这不仅仅是道德层面的要求,同样也是伦理法的根本诉求。那么也就从一开始便注定了“罪”需由刚、柔两股力量予以制裁。刚是指刑狱,包括“赦过宥罪”(解)、“折狱致刑”(丰)、“慎用刑而不留狱”(旅)、“议狱缓死”(中孚)、“明罚敕法”(噬磕)、“明庶政、无敢折狱”(贲);柔则指教化,包括“化成天下”(离)、“教思无穷”(临)、“观民设教”(观)。这两股力量需要“阴阳动静、两者贵乎兼施;虚实刚柔、各处求得相济”。方能成王道,开辟万世之功。

《大有》卦的象辞“君子以遏恶扬善,顺天休命”。人欲无所谓好,也无所谓坏,关键在于合理地调控。倘若一味追求己私便是恶,圣人须遏之;对于善,圣人应扬举之。天下之所以有不明之世,因为恶没有消除。此时,处于统治地位的圣人需遏绝之。对于恶之大者则诛击之,恶之小者则刑戮之,则天下之为恶者便知道惧怕了。也唯有这样,才能“顺天休命”。之所以能达到休美的境地,是因为顺从“福善祸淫”的天命。善是天下人所爱,恶是天下人所恶。善必善加于天下,恶必恶加于天下。遏恶扬善以顺天下心,是为顺天。天人之心本自一致,天心眷佑和气致

福，休命之来莫可止，人君大业也将永久不替。而《尚书》中有云：天命有德，五服五章哉！天讨有罪，五刑五用哉！”“作善降之百祥，作不善降之百殃。”[①]这就是天的休命。“圣人代天理物，则刑赏之行，岂能违反天道、逆乎天心？”[②]

《损卦》的象辞“君子以惩忿窒欲”，则阐明人欲是致人犯罪的根源，故而需要加以惩治。人情感物而动，然境有顺逆，故情有忿欲。泽在山下，是损泽益山，损下益上之象。君子观此象，可损之事在于忿欲，有忿则加以惩戒，有欲则加以窒塞，可损之善莫善于此。[③]之所以应该惩忿窒欲，因为血气过盛容易导致犯罪，故戒之在斗。对居于上位的统治者而言，控制自己的欲念尤为重要。所谓“峻宇雕墙本于宫室，酒池肉林本于饮食，淫酷残忍本于刑罚，穷兵黩武本于征讨。凡人欲之过者皆本于奉养，其流之远则为害矣。先王制其本者，天理也。后人流于末者，人欲也。损之义，损人欲以复天理而已”[④]。

犯罪之后，法不贵惩治，贵在让犯人“见善则迁，有过则改”。此也正是《益卦》象辞所指。改过自新并不困难，关键在于是否从心底悔悟。“凡善即迁，当如风雷之疾。有过则改，当如风雷之疾。如此则获益，人谁无好善之心，往往多自谓己不能为而止。人谁无改过之心，往往多自以难改而止。凡此二患皆始于意，意本于我。”[⑤]故惩治犯罪的核心在于惩心，也就是心刑。它使人知荣辱、明事理，则胜于残害身体的肉刑，虽

① 江灏、钱宗武译注，周秉钧审校：《今古文尚书全译》，贵州人民出版社，1990年，第54、133页。

② 参见李光：《读易详说》（卷三），文渊阁四库全书本。

③ 参见胡瑗：《周易口义》（卷七），文渊阁四库全书本。

④ 参见程子：《伊川易传》（卷三），文渊阁四库全书本。

⑤ 参见杨简：《杨氏易传》（卷十四），文渊阁四库全书本。

没有天罚对大恶惩治的严酷，却也效力持久。

对待犯罪一般要“折狱致刑”，这在《丰卦》象辞中已明确阐明。雷电是由阴阳二气相交而成的，雷电至天下，天下万物无不兴起，故成丰大之象。然兴起后必定生事，正如序卦中所讲的那样，丰是表物之盛大，但在当丰之时，天下可谓无事，那为什么还要称多事呢？这是因为天下唯有事，然后知无事之为安，及其无事之时，又将生事以为乐，虽然如此，亦是形势所逼，不得不然。《尚书》也说过：“位不期骄，禄不期侈”，小民刚满足口腹之欲，不会生事。人民逐渐过上了小康富足的生活，有田有食又有房屋以自处，若有贪欲则纷争四起。对于国家而言，也是如此。当丰之时，应“丰其德，丰其典礼，丰其贤才，丰其法度，则本益固，而末益茂。苟为不然，丰其宫室，丰其货利，丰其女子，丰其便嬖，则其所以自丰，乃所以自蔽也”[①]。

“折狱致刑”的前提是“明罚敕法”。《噬嗑卦》的卦象是上雷下电，雷电大作，迅疾异常，二者并用，威力巨大，此就像牙齿一噬一嗑，“电先雷掣使人知惧而修省，先王以之先明其刑罚，敕其法令以示人，使人预知所畏，迁善远罪而不犯有司。不然专以用狱为能，则电雷之威亦亵矣”[②]。用刑贵一视同仁，求得齐整。雷震故得情实，奸伪分明，彰而不隐，先王明其罪，告其法，然后诛之而民莫怨其上。[③]“此以制刑言明罚者，明墨、劓、剕、宫、大辟、流宥、鞭朴、金赎之罚，原事情以定罪，本天伦以制刑，当墨者墨，当劓者劓，剕、宫、大辟以下皆然，使刑必当其罪，罚必利于事，轻重毫厘之间各有攸当。若此者所以振法度以警有众，使

① 参见林栗：《周易经传集解》（卷二十八），文渊阁四库全书本。

② 参见王申子：《大易缉说》（卷五），文渊阁四库全书本。

③ 参见卜子夏：《子夏易传》（卷三），文渊阁四库全书本。

人不敢犯也，舜典象以典刑，流宥五刑，鞭作官刑，朴作教刑，金作赎刑，吕刑五刑之属三千即是此意。”①

惩治犯罪除了严惩之外，也应该注意“赦过宥罪”，这便是《解卦》的象辞。天下初解，百废待兴，此时应施行仁政。君子处乱但不改其度，小人不为非者甚少。退而诛之，更起天下之难，并非化解世道之恶，因此用法者对于过误者赦而不问，对于有罪者宥而从轻。但应特别注意的是，这里的“赦过宥罪”处于平难之时，刑人杀人出于一时之权，非能折狱而致刑，明罚而勅法，不可以训后世。最有说服力的事例，便是汉初的约法三章，然后世每岁都赦免犯罪便不合经义。为什么王朝建立初期才能施行这一用刑原则呢？这是因为“上失其道，民散已久，难解之后，岂能以一朝而革之哉？张其纲纪，敷其教化，优柔宽缓，日渐月渍，使之迁善远罪而不自知，是君子缓民之道也”②。此卦象还表明君生仁之心，法天之威而用刑，法天之泽而恤刑，则有赦过宥罪之典。故周武王云：“百姓有过在予一人。”尚汤亦云：“万方有罪，罪在朕躬，赦过宥罪。”③乃是反身修德之意，不然则是姑息养奸，难称君子之道。

除了“赦过宥罪”这一惩治犯罪的仁爱原则之外，用刑者还可“议狱缓死”，则见于《中孚卦》象辞。泽上有风，风行泽上无所不周；这就好比信义普及万物，无所不至，君子观察此象则知中信之世犯过失为辜，也就是过失犯罪，情在可恕，故而应“议狱缓死”。④因为水在湖泽中，微风拂过水面，水草借此蕃滋，虫鱼以此生息，“风之所化，王者当天地长

① 参见林希元：《易经存疑》（卷四），文渊阁四库全书本。
② 参见林栗：《周易经传集解》（卷二十），文渊阁四库全书本。
③ 参见刁包：《易酌》（卷七），文渊阁四库全书本。
④ 参见王弼、陆德明、孔颖达：《周易注疏》（卷十），文渊阁四库全书本。

养之时，禁民毋覆巢，毋伐木，毋竭川泽，毋漉陂地，毋焚山林草木”[1]，鸟兽鱼鳖都保全生命，人类才能享用不尽，倘若一味捕杀，便有枯竭之险。用法者执法就好比厨师宰杀牲畜，并不是乐于杀生，是不得已为之。故而在用刑时，凡是犯罪人员被判处刑罚之后，都应商议、斟酌，且不能草率行事，这也正是《周官》八议制度设计的初衷。君子体此以用狱，应当狱之未成时用议，以期盼使判重刑的人能减轻刑罚，死中能求生，足见仁君哀矜恻怛之心。

在处理具体案件时，执法官还应明察秋毫，“慎用刑而不留狱”，这便是《旅卦》象辞所阐发之旨。“火在山上，逐草而行，势不久留”，描述的是《旅卦》卦象。执法者当明慎用其刑罚而无留滞其狱。因为刑罚断人肌肤、伤人骨髓，“死者不可复生，断者不可复续，故君子当明审慎而用刑罚，辨其情伪，正其枉直，使无至于失法，又不可重伤其民，使系狱者无至于留滞。”[2]能做到“慎用刑而不留狱”，执法者应怀有一颗悲天悯人之心，故此“明慎者，君子之仁也；不留者，君子之义也。仁义并用而治狱之道尽矣。义而不仁则伤于暴而滥及于无辜，仁而不义又伤于懦而威阻于强梗，必如君子然后可当折狱之任而天下无冤民”[3]。

《周易》思想中不仅要求惩治犯罪，而且主张预防犯罪，其最佳途径便是施加教化。《离卦》由于上下卦皆是离，可谓光明无比。“离”在此卦中是美丽、附着之义，“日月丽乎天，百谷草木丽乎土，重明以丽乎正，乃化成天下”。“日月得天，故能长守其明。百谷草木得乎附土，故能

① 参见林栗：《周易经传集解》（卷三十一），文渊阁四库全书本。

② 参见胡瑗：《周易口義》（卷九），文渊阁四库全书本。

③ 参见纪昀：《日讲易经解义》（卷十三），文渊阁四库全书本。

永保其种。”君主统众应以贞正为本,这样“上下皆明,咸安其处”[①],方能亨通天下。

《临卦》象辞云:“君子以教思无穷,容保民无疆”。点明“教”对于统众的作用。教之所以备受推崇,其原因便是刑罚过暴,民怨沸腾,“民不畏死,奈何以死惧之?”[②]柔教之法可以减少反抗的阻力,使民悦顺而归化。故而“设庠序学校,既以礼教之,又以乐教之。礼又防其伪,乐又防其淫。又政以行其教,以防其患,刑以辅其教,以禁其非”。这些都是顺民之性,是圣王之道。“天地以此建立日月,以此照临万物,以此生成君,以此尊臣,以此卑父,以此慈子,以此孝夫妇,以此别长幼,以此序朋友。”[③]如此则万世之功业可立。

国家统治秩序的构建需要“教”与“化”,二者奠定在民情与民俗的基础上,也是《观卦》象辞的大旨。“先王观此之象,以省察四方之利害。观视万民之善恶而设仁义之教,以行于天下,使一民一物皆得遂其生成而不失其所。”[④]为了便于天子观察民俗,特意制定了巡狩制度。虞舜在嗣位之初,每年二月东巡狩至于岱宗,五月南巡狩至于南岳,八月西巡狩至于西岳,十有一月朔巡狩至于北岳。观察四方民风之后,协调历法,统一器物规制,自此以往五年一次巡狩。后又改为六年巡狩四岳。在诸侯层面,又各朝于方岳。看上去此种制度设计颇为繁琐,然不这样规定不足以观览民风。“天子适诸侯曰巡狩,巡狩者巡所守也。诸侯朝于天子曰述职。述职者,述所职也,无非事者。春省耕而补不足,秋省敛而助不给。”通过上下、中央与地方之间的制度相辅,可见圣人设教之

① 参见卜子夏:《子夏易传》(卷三),文渊阁四库全书本。

② 沙文海、徐子宏译注:《老子全译》,贵州人民出版社,1989年,第148页。

③ 参见杨简:《杨氏易传》(卷八),文渊阁四库全书本。

④ 参见胡瑗:《周易口義》(卷四),文渊阁四库全书本。

大旨。[①]

有关教化与刑罚之间的关系，《贲卦》提出："君子以明庶政，无敢折狱。"庶政以教化为先，不得已才用刑罚，"明刑以弼教"。庶政是指治理国家要修礼乐，繁文饰；无敢折狱则是因为狱讼之情至幽至隐，其间奸诈万状，情伪万端，必有刚明之德才能辨明冤枉，决其是非而其情可得而见。然治国之道不可专于刚，刚则暴；不可专于柔，柔则懦；刚柔相济，然后治道可成。因为"兵革所以御侮而不可久玩，刑罚所以止奸而不可独用，必有仁义礼乐文章教化以文饰之，则天下大通矣"。"观乎天文以察时变，观乎人文以化成天下。"圣人上观乎天文以察时之变，若东作西成，南讹朔易，雨旸风燠，灾祥之类尽在眼中。圣人观乎人文，使君明臣忠，父慈子孝，兄弟有礼，长幼有序，各得其正，所以制作礼乐施为政教，以化成天下而成天下之治。[②]

三

诸卦爻与爻之间、卦与卦之间在"易理"统摄之下，所阐发的治罪之"道"则是浑然一体。正所谓"散之在理，则有万殊；统之在道，则无二致"[③]。概括起来，治罪之道分为"德道""中道""正道"。"德道"主要说明处在不同位上的人应如何"守分"才能"大有"，核心则是对人欲的认识。"中道"强调对"度"的把握，细分起来便是对"人欲"的"损""益"得当，便不会获罪；惩治"罪"则应把握好处断的分寸。"正道"则重点是论

① 参见王宗传：《童溪易传》（卷十），文渊阁四库全书本。

② 参见胡瑗：《周易口義》（卷四），文渊阁四库全书本。

③ 朱熹：《周易本义》，武汉市古籍书店，1988年，第1页。

执法者心正才能不偏私、不废公。

首先，周易中“德道”概括起来可以表达为“元、亨、利、贞”这四个字。爻辞中的德道主要表现为“合位”“守分”。每个爻均代表一个位，位随时而变，整体而言就是“时空”。不同的“位”又处于不同的“势”，只有以“德”为“资”，方能获吉。只有位与德相称才能大行其道。“位”从礼制上讲是“尊卑贵贱”的象征，用现代语言描述则是社会角色。“位”的内核则是统众者对处于不同位上的人的道德要求，概括起来便是“六顺”；“不当位”“越位”则被认为“逆”，对应起来便是“六逆”。①

“位”呈现出来的便是“等级”。天子、诸侯、卿大夫是等级，诸侯、卿大夫再分等级，在天子这个塔尖之下，分为九命、八命、七命、六命、五命、四命、三命、两命、一命。伴随政治等级制度而来的便是经济利益等一系列“配套附属设施”的等级化，以《周礼》较为详尽地体现出“命”与“数”之间的紧密联系，以及等级观念在社会各方面制度设计中的灵活运用。②

对待“位”需要有睿智的哲学思辨。首先要“定位”，然后去“求位”，等“即位”之后要用德来“守位”，否则就会“失位”。当才能不称位，或才能高于位时，便不能“妄居其位”，此时就要“更位”“复位”“归位”，或主动“释位”。这一整套的动态过程反映了“位”的变动性，所以统称为“合位”。在国典朝章中规定的则是“常位”。君有君位，臣有臣位，父有父位，子有子位，兄有兄位，弟有弟位，夫有夫位，妻有妻位，万事万物各安其位，才能和谐共存。

① 参见李学勤主编：《十三经注疏·春秋左传正义》（上、中、下），北京大学出版社，1999年，第81页。六顺：君义、臣行、父慈、子孝、兄爱、弟敬；六逆：贱妨贵、少陵长、远间亲、新间旧、小加大、淫破义。

② 参见柏桦：《宫省智道》，中国社会出版社，2012年，第73~74页。

在找到每个人的位之后，才能知道自己的分在哪里。用现代语言来讲就是社会责任。分表明一定的节，每一个人都有自己的“常分”，不能“犯分”，否则便会获罪。

为了巩固自己的“位”，便设置了“名”。在实际运作当中对处于不同位置上的人的道德要求便是“分”。“位”动，“名”变、“分”也变；“位”正，“名”嘉、“分”也宜。“位”“名”“分”三者协调一致，整合在一起便是“礼”。而三者之间的这种“蜜月”关系是很短暂的，现实当中由于“人欲”这个任何人都无法摆脱的自然属性，使得“位”“名”“分”的矛盾叠出。“人”与“礼”“人情”与“礼教”，忽远忽近，若即若离，纠缠不休。

其次，中道的“中庸”是重要哲学概念。在《周易》当中，“九”与“六”均代表数，事物产生之后，便会显露出物象，再由一个变为一群，进而呈现滋生之象。象代表着物体刚初生的状态，数则代表着物体滋生之情貌。数与度相比较而言，实际上大同小异。度代表限制，数反映多少，均是谈尊卑等不同地位之间的等级差异，概括来讲便是“节数”。“度”可细化为“分、寸、尺、丈、引”，用来测量长短。“量”可用“龠、合、升、斗、斛”用来称量。“权”则用“铢、两、斤、钧、石”用来表示轻重。“度”“量”“权”只是在揭示本义时才会有上述迥然不同的解释，实际上，在法律制度的制定与执行上，三者则可混同为一体。“度”拿捏得当表现出来便是“政和”，也就是政治清平、人和之象。政治宽平百姓便生怠慢之心，统众者便会施加刑罚以惩治，过度便会害民，然后又重新变为柔和的教化。在宽与猛之间来回游移，政治才能达到和乐的境地。[①]

“中道”的第一层含义则是“执两用中，允执厥中”。从空间上看，三

① 参见李学勤主编：《十三经注疏·春秋左传正义》（上、中、下），北京大学出版社，1999年，第147、335、512、513、1407页。

爻和四爻组成的人道，确实位于下卦的“中间”和上卦的“中间”。在天、人、地三爻组成的一卦当中，人也位于“中间”，则很容易将“中道”与“中间”联系起来，甚至等同起来，进而得出“为人臣者事君、执法，既不能太温亦不能太火，永远保持适中的程度”这一结论。实际上，“执两用中”的“中”，非“中间”之义，虽然从空间上看人位于天地之间，但实际上“中”是“命中”的意思，进一步追问，“命中”什么？答案很简单就是“理”，即“合乎理”，也就是大家经常说的“合理”。然惩治犯罪的方法之一便是作制，而制度便是依理而作，这里的理是法理；一旦制定出来投入实际操作，需要进行阶段性调整以期合理，而这里的理则是情理。制度本身是执法的一把尺，有上限也有下限，中间会有一定的浮动原则。用法者需要牢固地抓牢这把标尺酌情衡量，以求法尽其用，而不是任何案件的司法裁量全是不走极端，只走中间，那样是模棱两可，不是中道，这也是古代法律有“官司出入人罪”条的根本，要尽量避免此种现象的发生，减少因执法不合理所造成的对法制的破坏。

“中道”的第二层面便是“过犹不及”。从哲理上讲，“世俗言之则过犹于不及，由礼义以观之则过犹不及而已。是故贤者过之，不肖者不及，而道之不明一也；智者过之愚者不及，而道之不行一也；墨翟之兼爱，杨朱之为我，其于害道一也；单豹之养内，张毅之养外，其于伤生一也。或失之多，或失之寡，皆学者之弊；或徐而甘，或疾而苦，皆输人之患。华无实，实无华，皆不足以为礼；事胜辞，辞胜事，皆不足以为经。然则过与不及，岂相远哉？”[①]从法理上讲，“执两用中，允执厥中”，强调标准的重要性，也就是法律制度的必要性和实际操作中的灵活性。那么

① 陈祥道：《论语全解》（卷六），文渊阁四库全书本。

“过犹不及”强调的则是“度”，即刑罚的轻重。所谓“度，法制也”[①]。不同的罪承担不同的刑罚，“上罪梏拲而桎，中罪桎梏，下罪梏”[②]。度经常会被强调，但越是强调往往越难做到，赏僭和刑滥，都是不重视度的表现，繁刑和省刑均需要拿捏。“度量衡之法，起于黄钟之九寸，黄钟坎位也，《尔雅》曰：坎，律，铨也。”[③]“律”因与“铨”相连，故本身便带有极强的“度”的成分，因此衡量“度”的标准便是“公义”，即符合“道义”的价值追求——凭良心、讲道德、重伦理。

再次，“正道”是一种“贞”道，而“贞”实际上是一种“守”。只有把分拿捏好才能将位摆正，进而处理好每一个人的大有之欲，就不会获罪；大人公正执法也能使民弃恶从善。而“贞正”指的是“心”要“守正”，一个“守”字凝聚了多少坚韧、多少辛酸、多少无奈、多少痛苦与挣扎。用以约束人欲的“礼”“法”制度根植于“心”。心之所向，乃是“礼”“法”的内在价值所在。

能调节人欲使其不获罪的根本，在于“心”，良心便是其中的重中之重。所谓“良心”则是多种德性的结合物。具体而言，“敬是一点兢业之心，信是一点真确之心，节用是一点惜费之心，爱人是一点恻怛之心，时使是一点爱养民力之心。心即在政上见，不是空空个心。敬字不是一心在事上，只是心常存而事不苟，君子因事以治心，未尝役心以应事”[④]。圣人之所以能作制，盖其存有一片善心。因此所作之“物”才被称为备受推崇的“礼”与“法”，以兴教化，成万世功业。

① 许慎：《说文解字》，岳麓书社，2005年，第65页。
② 李学勤主编：《十三经注疏·周礼注疏》（上、下），北京大学出版社，1999年，第959页。
③ 赵采：《周易程朱传义折衷》（卷五），文渊阁四库全书本。
④ 陆陇其：《四书讲义困勉录》（卷四），文渊阁四库全书本。

四

《周易》阐发的治罪之道、治罪之理，是一种玄思。《道德经》首章云："道可常，非常道；名可名，非常名。无，名天地之始；有，名万物之母。故常无，欲以观其妙；常有，欲以观其侥。此两者，同出而异名，同谓之玄。玄之又玄，众妙之门。"因此"玄"至深、至远，必须要深思熟虑，才能体会其中之妙。也就是说人的思考进至玄思的时候，境界就会提高。初步的思考是逻辑的思考，逻辑的思考是平常的思考，并不玄思。玄思的境界一定比逻辑思考高，依《道德经》言玄之意义，其层次在逻辑思考之上。

玄是深奥的意思。天地玄黄，玄者黑也。水本来很清，一点不黑，为什么看起来黑呢？因为深嘛。[①]故而在此境界下，爻所表现出来的"合位""守分"便是控制人欲的最好筹码，也是预防犯罪的先导与根本。而作为惩治犯罪的两种手段——"教化"与"刑狱"，则是以教化为本，以刑狱为辅，是一种明刑弼教的关系。正如《贲卦》彖传所言："观乎天文，以察时变；观乎人文，以化成天下。"这里的"文"不是文章的文，是文饰的文，当动词用。"天文"是中国的老名词，"天文"是自然的调理、秩序，阴阳刚柔之道是自然的道理。光讲自然秩序不成，自然秩序要加以人的力量，所以观乎人文，才能化成天下，才能移风易俗。《中庸》讲："参天地，赞化育"，也就是化成天下。然"化成天下"便是鼓励人们"向善"，也就是"尽心知性知天"。"善"的世界最基本的概念就是"应当"，而这

① 牟宗三：《周易哲学演讲录》，华东师范大学出版社，2004年，第3~5页。

也就是“经为训”的题中之义。

构建在“玄思”基础上的思考，是《周易》的高深之处，但这种“玄思”又不是没有所本。以《周易》犯罪学说而言，其罪的产生在于人的恶念，在恶念下的行为破坏社会秩序，因此需要惩处，惩处的原则是德主刑辅。《周易》除了肯定“刑”与“教”具有遏制犯罪的作用之外，还提倡修德自律，也就是将国家与社会融为一体，彼此之间是一种互动的关系。应该避免不同等诉讼，理讼必须依法行事，刑罚必须把握尺度，也要求执法者有决断之能。在教化以开示众人，刑罚要惩恶扬善。这些在“易理”的统摄下的逻辑，不但阐发了治罪之道，而且区分为德、中、正道。德道关注人的欲念，中道要在度的基础上关注损益，正道是不偏私、不废公，这些在今天依然有重要的意义。

洪武年间《大明律》编纂与适用

> 洪惟我太祖高皇帝，膺天眷命，奄有万方，君临天下，慨彼前元纪纲沦替，彝遵倾颓，斟酌损益，聿新一代之制作，大洗百年之陋习。始著《大明令》以教之于先，续定《大明律》以齐之于后，制《大诰》三编以告谕臣民，复编礼仪定式等书，以颁示天下，即孔子所谓道之以德，齐之以礼，道之以政，齐之以刑之意也。当时名分以正教化，以明尊卑，贵贱各有等差，无敢僭越，真可以远追三代之盛，而非汉唐宋之所能及矣。①

这是明人颂扬朱元璋在法律方面的建树，认为立法超过汉唐宋。朱元璋深知国无法则不立，于法律之事非常关心，以其在位31年间，亲自过问与参与了《大明律》的编纂，前后颁行至少5次，最终完成有明一代没有改易的《大明律》定本。朱元璋的立法气势也是前无古人的，声称："凡我子孙，钦承朕命，无作聪明，乱我已成之法，一字不可改易，非

① （明）马文升：《马端肃奏议》卷10《申明旧章以厚风化事》，台湾商务印书馆影印文渊阁四库全书本，1986年，第427册，第3页。

但不负朕垂法之意，而天地祖宗亦将孚佑於无穷矣！”[1]“祖制”不能擅自更改，子孙改者则废弃不置，官员改者则夷其九族，所以经过朱元璋勒定的《大明律》终明代而不改，而清代又大体延续，成为实施500多年不变的根本法。

关于《大明律》的编纂经过，目前学界多依据《明史·刑法志一》：“盖太祖之于律令也，草创于吴元年，更定于洪武六年，整齐于二十二年，至三十年始颁示天下”的记载，认为其从草创到定型，历时三十年，其中涉及吴元年（1367）、洪武六年（1373）、洪武二十二年（1389）、洪武三十年（1397）等4个阶段，而对1373—1389年间修订律的情况少有论及。对于此，台湾学者吴彰健[2]，国内学者杨一凡、徐晓庄等[3]，都曾经提到过洪武十八九年行用律，而对洪武九年胡惟庸修律也有所涉及，但都语焉不详，究其原因，都是因为没有完整律文存在，但考证修律的经过，这段时间是至关重要的。

一、吴元年律令

吴元年（1367）律令，是以左丞相李善长为总裁官，参知政事杨宪、

① 《明太祖实录》卷82，洪武六年五月壬寅条。

② 参见黄彰健：《明清史研究丛稿》，台湾商务印书馆，1977年。

③ 参见杨一凡：《明太祖与洪武法制》，载《中国法制史考证续编》（第13册），社会科学文献出版社，2009年；《洪武三十年〈大明律〉考》，《学习与思考》，1981年第5期；《〈大明律〉修订始末考》，《政法论坛》，1990年第2期。徐晓庄：《〈大明律〉之特点琐谈》，《天中学刊》，2006年第3期；《〈大明律〉论》，《天中学刊》，2001年增刊第1期；《〈大明律〉与中华法系“自首”制度》，《天中学刊》，2005年第1期。此外还有俞美玉：《刘基与〈大明律〉刍议》，《浙江工贸职业技术学院学报》，2006年第2期；陈戍国：《〈大明律〉与明代礼制以及相关问题》，《湖南大学学报》，2002年第3期；张伯元：《〈大明律集解附例〉“集解”考》，《华东政法学院学报》，2000年第6期；王振安：《从〈大明律〉的制定看朱元璋的法制思想》，《新疆社科论坛》，1991年第6期；张显清：《从〈大明律〉和〈大诰〉看朱元璋的“锄强扶弱”政策》，载《明史研究论丛》（第2辑），江苏人民出版社，1983年。

傅瓛，御史中丞刘基，翰林学士陶安等28人为议律官的法典编纂班子完成的，因为是在当年十二月颁行，次年便改元为“洪武”，所以又称洪武元年律。

早在1356年，朱元璋刚刚当上吴国公时，便设立提刑按察使司。1357年则采取大赦的形式，将在狱的罪囚赦免。1358年春，又命提刑按察司佥事分巡郡县录囚，所依据的还是元代法律，凡是笞刑都释放，杖刑减半，重囚杖七十，赃罪免于追赃。对于这种行为，当时左右劝说：“去年释罪囚，今年又从末减用。法太宽，则人不惧法。法纵弛，无以为治。”而朱元璋的看法则是：“用法如用药。药本以济人，不以毙人。服之或误，必致戕生；法本以卫人，不以杀人，用之太过，则必致伤物。百姓自兵乱以来，初离创残。今归于我，正当抚绥之。况其间有一时误犯者，宁可尽法乎？大抵治狱以宽厚为本，少失宽厚，则流入苛刻矣。所谓治新国用轻典，刑得其当，则民自无冤。抑若执而不通，非合时宜也。”①在朱元璋看来，此时正在征战中，争取民心是最重要的，但也反映出他对法律的基本认识。

在法律方面使用轻典，还是使用重典，朱元璋虽然有一定的认识，但在戎马倥偬之时，似乎还没有考虑制订为自己所用的法律，而元朝户部尚书，宛平人张昶的到来，因为“智识明敏，熟于前代典故”，被授予参知政事，在朱元璋草创国家制度方面起到重要作用，但他“劝上重刑法，破兼并之家，多陈厉民之术，欲上失人心，阴为元计”时，被朱元璋发现破绽。后来都事杨宪从张昶卧榻偷出其手书有“身在江南，心思塞北”②，因此将其诛杀。这个事件出现以后，朱元璋对于法律的制定更

① 《明太祖实录》卷6，戊戌年（1358）三月己酉条。

② 《明太祖实录》卷24，吴元年六月癸酉条。

加关注，所以对臣下讲用刑的问题："刑本生人，非求杀也。苟不求其情，而轻用之，受枉者多矣。故钦、恤二字，用刑之本也。"[①]正是在"钦恤"的方针下，朱元璋认识到制定法律的重要性。

吴元年(1367)九月，对元朝法律粗有了解的朱元璋与当时的中书省臣李善长、傅瓛、杨宪等有次对话。先是朱元璋认为"连坐"之法不符合先王之政，要求取消连坐，而参政杨宪则认为"元政姑息"，应该采取重治。朱元璋批评杨宪见识太浅："民之为恶，譬犹衣之积垢，加以浣濯，则可以复洁。污染之民以善导之，则可以复新。夫威以刑戮，而使民不敢犯，其为术也浅矣。且求生于重典，是犹索鱼于釜，欲其得活难矣。故凡从轻典，虽不求其生，自无死之道。"[②]因此制定法律，轻典应该是吴元年(1367)律令的编纂方针。

吴元年(1367)十月，以左丞相李善长为总裁官的律令编纂班子组成，朱元璋训示道："立法贵在简，当使言直理明，人人易晓。若条绪繁多，或一事而两端，可轻可重，使奸贪之吏得以夤缘为奸，则所以禁残暴者反以贼良善，非良法也。务求适中，以去烦弊。夫网密则水无大鱼，法密则国无全民。卿等宜尽心参究，凡刑名条目，逐日来上，吾与卿等面议斟酌之，庶可以为久远之法。"[③]朱元璋认为唐、宋皆有成律断狱，惟元不仿古制，取一时所行之事为条格，胥吏易为奸弊，因此这次编定律条的原则是建立成法。依照朱元璋训示精神，律令编纂大张旗鼓地展开。朱元璋非常关注修律工作，不但常常召见他们讨论条目，而且对编纂的各条都能说出自己的见解。《明实录》仅选择一个比较有代表性

---

① 《明太祖实录》卷24，吴元年六月甲戌条。

② 《明太祖实录》卷25，吴元年九月戊寅条。

③ 《明太祖实录》卷26，吴元年十月甲寅条。

的见解，以说明朱元璋关注律令制定的认真态度，那就是关于“七杀”之说。朱元璋认为：“近代法令极繁，其弊滋甚。今之法令，正欲得中，毋袭其弊，如元时条格烦冗，吏得夤缘，出入为奸，所以其害不胜。且以七杀言之，谋杀、故杀、斗殴杀，既皆死罪，何用如此分析？但误杀有可议者，要之与戏杀、过失杀，亦不大相远。今立法正欲矫其旧弊，大概不过简严，简则无出入之弊，严则民知畏而不敢轻犯，尔等其体此意。”①通检洪武二十二年(1389)律，“七杀”依然存在，但就朝鲜引进《大明律》的情况来看，高丽朝在1380年翻译了《大明律》，但“苦于没有现存资料，也无法确定其是否确实存在过”②。因此有关吴元年(1367)律的内容已经很难见到，而朝鲜所翻译的是洪武六年(1373)，还是洪武九年(1376)律，也无从考察，但洪武二十二年(1389)《大明律直解》在朝鲜翻译并印行100本。

在律法编纂过程中，朱元璋曾经与议律官进行讲论，但在讲论过程中，凡是有争议的问题，只要朱元璋一发表意见，所有的议律官都持赞同意见，连朱元璋也认为太过分了。对于刑法这样重要的事情，如果制定不好，不但会使人无所措手足，更何谈垂法于后世？本来没有颁布律令的打算，但在起居注熊鼎的劝解下，朱元璋还是同意先编成，然后再修订。律法编纂完毕，朱元璋与众大臣们共同阅视之，其中“去烦就简，减重从轻者居多”③。最终确定了令145条，其中吏令20条，户令24条，礼令17条，兵令11条，刑令71条，工令2条；而律则根据唐律来进行增删，最终确定为285条，其中吏律18条，户律63条，礼律14条，兵律32

① 《明太祖实录》卷27，吴元年十一月壬寅条。

② 文亨镇：《〈大明律〉传入朝鲜考》，《中央民族大学学报》，2000年第5期。

③ 《明太祖实录》卷28上，吴元年十二月甲辰条。

条,刑律150条,工律8条。

285条律至今没有发现有存,但可以确定,这个律贯穿朱元璋轻刑思想。正如明人丘濬讲:“洪武元年即为《大明令》颁行天下,盖与汉高祖初入关约法三章,唐高祖入京师约法十二条,同一意也。”①

这个律令在吴元年(1367)十二月“命颁行之”,参与编纂律令的人都得到赏赐。律令是以六部顺序编定,虽然在体例上是模仿《元典章》的六部顺序,但一改以前法典编纂体例,创造新的模式,也有聿新一代制作的意义。在颁行律令的同时,朱元璋对群臣发表自己的见解,认为凡是读书人读书都是为明白事理,但是要保持自己身家性命就要守法。做官者要成为“循良之吏”不在于以威严驭下,而在于尊奉法律和遵循事理。众位官员虽然都读书,但不能不明白法律,因为一般犯法的人,都违反事理,作为君子因为遵守事理,所以不犯法,而小人因为轻视法律,所以陷于重刑。他要求官员们明白这个道理,为官应该谨慎,不要轻触法网,“令卿等各有官守,宜知所谨”②。众官员唯唯听命,却不知道帮助朱元璋编纂的律令,犹如一张大网。

1367年颁行的律条,后人对其内容也无法知其详,但参与此次编纂律令的共计29人,有些人则是依据此律条被朱元璋处置的,不能说他们是自投罗网,却也是自制罗网而将自己网住。如议律官参知政事杨宪,在编纂律令时,因为有连坐之条,朱元璋认为该律太重,古代先王对于一般犯罪都是罪止及其身,而不是牵连后嗣,下令以后凡是民有犯罪者,不要再施行连坐。杨宪却认为:古代先王用刑轻重是根据实际情况而定的,现在是因为元王朝为政不力,姑息养奸,所以人民轻易

---

① (清)《续文献通考》卷136《刑考二》,浙江古籍出版社,2000年,第4014页。

② 《明太祖实录》卷28上,吴元年十二月甲辰条。

就触犯法律,如果现在不从重处置,以后犯法的人会更多。杨宪的论点遭到朱元璋的批驳,认为立法还是应该从轻典,使人民“虽不求其生,自无死之道”①。律令虽然是从轻典,但“峻法以绳之”仍然是1367年律的主导。杨宪追求重典,其死也在重典。1370年,刚刚被提拔为中书左丞的杨宪,看风使舵,了解到朱元璋对开国第一功臣李善长有所不满,便开始联合江南的一些文人,纷纷弹劾李善长,并有取而代之的意念,殊不知朱元璋善于吃一观三,能把握全局,正好一石二鸟,在杨宪与李善长互揭隐私的情况下,将杨宪以“谋反”罪处以极刑,因为有连坐之条,杨宪家人当然不能幸免,而他所联合的江南文人,如凌说、高见贤、夏煜等人,也因为连坐之法而先后被处以死刑。李善长则因为忧郁成疾,身有疾病,正好给朱元璋以“养病”的借口,于是给他一定的赏赐,将之赶回凤阳去将养,以后也免不得以“谋反”罪被满门抄斩。正所谓:是秦人不暇自哀,而使后人哀之;后人哀之而不鉴之,亦使后人而复哀后人也。

二、洪武六年律

洪武六年(1373)律,也称洪武七年(1374)律,是六年开始编纂,七年完成并颁布实行的。1367年律令颁布以后,虽然说明王朝有了可以依据断罪的法律,但在具体实施过程中,仍然存在许多不足,尤其是“尚有轻重失,亦有乖中典”。按照古代经书确定的原则:刑新邦用轻典,刑平邦用中典,刑乱邦用重典。也就是说,对新征服的地区用轻典,对已经占有的地区及政治稳定的地区用中典,对有反叛势力及人民反

① 《明太祖实录》卷25,吴元年九月戊寅条。

抗的地区用重典。中典乃是持久的法律，要想维持长治久安，只有中典才能保持社会的长期稳定，这对于希望江山稳固、万世一系的朱元璋来说，当然是理想追求。以“中典”为方针的修律活动，在1367年律令颁布以后就紧锣密鼓地展开。先是在洪武元年（1368），朱元璋命令4名儒臣会同刑部官员来为他讲《唐律》，儒臣每天写20条送进，并解释律文的内涵，朱元璋选择其中可以适合本王朝的律文，听从刑部编入律令之内，如果他发现有些轻重失宜，便亲自加以损益。[①]经过学习与评议《唐律》，朱元璋的法律知识不断增加，臣下再谈到法律问题时，也就不再仅发表原则性的见解，而是据理明令臣下遵守。如洪武二年（1369），监察御史睢稼以《周礼》与《礼记》所讲“悬法象魏”“乡饮读法”之说，希望朱元璋能开展读律与讲律的运动，务必使全国人民通晓律令，这样便可以“人皆知畏法而犯者寡矣”。朱元璋却不以为然，认为读律固然可以起到禁民为非的效用，但要使民不犯法，应该从根本的问题去解决，因为“威人以法者，不若感人以心”[②]。提倡信义廉耻，提高人民的道德水平才是根本，而法律则是维护道德的，是“刑以辅治”，不是“刑以威人”。从经典的《尚书》中，就可以看出设置刑法的目的不是为了使用刑法，而是为了不使用刑法，是“刑期于无刑”，更重要的是民不犯法，这才是王朝设立刑法的要点所在，而不是向人民宣示刑法的威严。

在朱元璋既定的方针下，律条编纂工作一直在有条不紊地进行，洪武四年（1371），朱元璋任命刘惟谦为刑部尚书，并专门发表上谕，要他学习汉代名臣张释之、于定国，不要“专务刑罚”[③]。不久，刘惟谦被发

① 《明太祖实录》卷34，洪武元年八月己卯条。

② 《明太祖实录》卷44，洪武二年八月戊子条。

③ 《明太祖实录》卷61，洪武四年二月戊午条。

往四川行中书省为参政，因为他曾经是1367年律令的议律官，所以在洪武六年(1373)，又被调回为刑部尚书，并主持律条的编纂工作，同年八月率先“更定亲属相容隐律”[1]，十一月全面进行编纂。朱元璋对此一直关注，每完成一篇，便让刘惟谦等缮写送入宫内，贴在宫殿墙壁，朱元璋亲自加以裁定。[2]次年二月钦定本《大明律》，由翰林学士宋濂作表，由刘惟谦领衔，将之呈上，由朱元璋批准颁行全国。

洪武七年(1374)律，一改1367年律令的编纂体例，完全仿照《唐律》而成，共计有《名例》《卫禁》《职制》《户婚》《厩库》《擅兴》《盗贼》《斗讼》《诈伪》《杂律》《捕亡》《断狱》12门。其中有已经颁行的旧律288条，后续颁行的律128条，由1367年的“令”改为律的36条，因某些事而制定的律31条，从《唐律》选取以补遗漏的123条，共计606条。这完全是《唐律》的翻版，但也增加了许多适合当时社会情况的内容，体现出“因时制治”的特点。

洪武七年(1374)律，现在已经很难见到，从该律颁布以后的司法情况来看，虽然去掉1367年律中一些较为严酷的条文，但在朱元璋“重典治国”的立法精神下，依然很严厉，以至于朱元璋不得不用诏令谕旨来进行补充。如洪武八年(1375)，朱元璋饬令刑官，将杂犯死罪的人全部免死，让他们劳役终身，在“以全其生”的前提下，希望通过劳役使他们“悔罪改过，复为善人”。在“明主治吏不治民”的原则下，朱元璋对官吏的处罚尤为从重，对于贪赃枉法的官吏往往是严惩不贷。洪武七年律，使官吏更容易触法网，以至于杀不胜杀。为此，朱元璋在洪武八年

① 《明太祖实录》卷84，洪武六年八月辛巳条。

② 《明太祖实录》卷86，洪武六年十一月己丑条。

(1375),对“官吏受赃及杂犯私罪者”[①],都发往凤阳去屯种,不到一年,因罪发往凤阳屯种的官员就达1万多人,按照当时的职官设置,在从九品以上的官,也就是2万多人,一年之间,居然有近50%的官犯法,可见洪武七年律的严酷细密。值得一提的是,领衔呈上洪武七年(1374)律的刘惟谦,自己也陷入法网之中,不久便被免官,发往凤阳而不知所终,又一位作茧自缚者。

三、洪武九年律

洪武七年(1374)律颁行之后,朱元璋并没有一劳永逸的想法,而是经常披阅,对于其中不妥之处,也时常发表见解,也感觉到该律仍然“轻重失宜”,很难成为“贵得中道”的法律而传之于后世。洪武九年(1376),朱元璋召见中书左丞相胡惟庸、御史大夫汪广洋等,讲自己翻阅洪武七年(1374)律的看法,先以古代先王为例,认为:“古者风俗厚而禁网疏,后世人心漓而刑法密”,所以圣明之主立法贵得中道,其目的是在于“服人心而传后世”,因此现在的法律还有不合乎圣王之道者,要胡惟庸、汪广洋等“详议更定,务合中正,仍具存革者以闻”[②]。根据朱元璋的指示,胡惟庸、汪广洋等不敢怠慢,不久便将厘定的《大明律》呈上来,其中详加考订厘正者有13条,总共还有446条,这就是所谓的洪武九年(1376)律。

洪武九年(1376)律具体内容也难以得知,相关史料也少,其修订是以吴元年(1367)律令,还是洪武六年(1373)律,也很难确定,但从总

① 《明太祖实录》卷97,洪武八年二月甲午条。

② 《明太祖实录》卷110,洪武九年十月辛酉条。

共还有446条来看，应该是依照吴元年（1367）律颁布以后陆续颁行的律为基准，因此洪武九年（1376）律，应该是按照名例、吏、户、礼、兵、刑、工分部的。按照一般惯例，主持制定法律的人被治罪谪发凤阳，其制定的法律也会受到牵连，胡惟庸等人不采用洪武六年（1373）律，按照此前陆续颁行的律进行修订，应该是顺理成章的。

对洪武九年（1376）律的内容多为猜测，尤其是厘正13条究竟是什么，更是成为了谜。如果仔细研读1376年前后的历史，就会发现“奸党”的罪名是这时增加的。按照后来定本的《大明律》，“奸党”罪名是由“奸党”“交结近侍官员”“上言大臣德政”3条律所构成。正是因为有了“奸党”罪，厘定法律的胡惟庸、汪广洋等又是作茧自缚。

“胡惟庸奸党案”是非常有名的事件，1934年吴晗先生在《燕京学报》上发表《胡惟庸党案考》一文，各种谈及明代历史的著作，似乎都不能忽略该案，大多数都是认为是以朱元璋为代表的“君权”与以胡惟庸为代表的“相权”之间的斗争，因为胡惟庸被杀后，朱元璋废除丞相制度，由皇帝直接统领六部，使中央集权制度得到进一步加强。但是当人们讨论“胡惟庸奸党案”时，因为该案辗转株连，从洪武十三年（1380）开始，到洪武二十三年（1390）颁布《昭示奸党录》，在长达10余年的时间里，有多达3万余人受到牵连，其中开国功臣如李善长、南雄侯赵庸、荥阳侯郑遇春、永嘉侯朱亮祖等公侯一级的人物22人都被处死，大多数都被“族诛”。曾经为朱元璋的笔杆子、诸王子的老师的宋濂，其儿子宋璲、孙子宋慎也被一并杀死，宋濂受到株连，要不是马皇后与皇太子求情，尤其是马皇后，陪朱元璋吃饭，命令撤去酒肉，以素斋来表明她要“为宋先生作福事”[①]，才使朱元璋免宋濂一死，流放到茂州（今四川

① 《明史》卷113《太祖孝慈高皇后传》，第3506页。

茂汶羌族自治县)。洪武十四年(1381)五月,71岁的宋濂,拖着老病的身躯,有"尊宗二氏"之称的宋濂,信奉佛、道二教,在拜过佛之后,便睡下难以起床,不由得叹惜道:"佛书多取譬之言,果可尽征乎!"也就是说"佛书报应之类的说法,看来都是骗人的呀!"于是便断然绝食,于该寺院与世长辞,要不是该地方长官慕他的文名,将之葬在莲花山下,宋濂可能会曝尸山野。当然,朱元璋的后世子孙为宋濂平反,不但得以改葬,还在1513年追加"文宪公"的谥号。

正因为朱元璋在处置"奸党"时绝不手软,学界才认为朱元璋置当时法律于不顾,在法律之外任意采取各种刑罚,以至于滥刑诛杀。如果不是滥杀,就应该有法律依据。如沈家本所言擅勾属官、官吏给由、奸党、交结近侍官员、上言大臣德政等,"当定于胡惟庸乱政之后,所谓亡羊补牢也"[①]。沈家本这种猜度之语,实际上不符合中国古代传统,因为杀人定罪必然依法,如果没有法律,以君主诏令谕旨定罪而将之列入法律的范围也是正常的,更何况处置"胡惟庸奸党案",既有公开颁布的《昭示奸党录》,又有现在还不能找到的洪武九年(1376)律,因此朱元璋将所有"奸党"定罪,都是有依据的。胡惟庸、汪广洋等在得势之时,"附顺者拔擢,忤恨者诛灭",排斥异己,拉帮结派,正是统治阶级内部各种政治势力角逐的特征,一时得势的派别,总是根据自己的利益来权衡利弊,那么以"奸党"罪清除异己,也是他们的选择。可以确定"奸党"罪是洪武九年(1376)厘正13条的内容之一,因为这符合朱元璋对待臣下之心,如其《申诫公侯铁榜》讲:"待功臣之心皎如日月,奸臣

① (清)沈家本撰,邓经元、骈宇骞点校:《历代刑法考》(第4册),中华书局,1985年,第1829页。

不能离间。”[①]在设置通政使司时讲：“壅蔽于言者，祸乱之萌；专恣于事者，权奸之渐。”[②]隐隐约约都可以看到“奸党”罪入律的情况，更何况以后洪武十八九年（1385—1386）行用律也有“奸党”罪。殊不知胡惟庸将异己视为“奸党”，自己也陷入“奸党”的泥潭。胡惟庸等厘定的法律，却将罪名留给自己，正是自设罗网而自入之，自挖陷阱而自入之，颇有耐人寻味之处。

四、洪武十八九年行用律

台湾学者黄彰健致力于《大明律》研究，不但出版有《明代律例汇编》（台北“中央”研究院历史语言研究所，1979年），还有《明清史研究丛稿》（台湾商务印书馆，1977年），收录其研究明代法律的论文，其中《〈律解辩疑〉、〈大明律直解〉及〈明律集解附例〉三书所载明律之比较》，提到洪武十八九年有行用律，也就是当时适用的法律，认为该律已经是460条。经过比较，可以看出洪武十八九年行用律规定的刑罚较重，而这个时期正是朱元璋将《大诰》颁行全国而大力推行之时。

对于洪武十八九年行用律是洪武九年律，还是在洪武九年以后陆续修订的律，都是以洪武十九年（1386）署名何广的《律解辩疑》为根据，但该书不是洪武原刻本，摘录的律文又多有删节，因此法史学界还有争议。黄彰健在将各版本的《大明律》比较过程中，发现《律解辩疑》有7条改动比较大，量刑标准轻重不一，总体上还是变化不大。

从1380年朝鲜典法司中有“应参照《大明律》来改正本朝之律”的

① 《明太祖实录》卷74，洪武五年六月乙巳条。

② 《明太祖实录》卷113，洪武十年七月甲申条。

记载来看，应该是根据洪武九年（1376）律来改正的，此律对“《朝鲜经国典》产生了巨大的影响”[①]。以后朝鲜翻译的《大明律》则是以洪武二十二年《大明律直解》为底本，因此可以推定如果洪武十八九年行用律确实存在，也应该是在洪武九年（1376）律基础上增添的，从原来的446条，增加到460条。因为从洪武十一年（1378）始制牙牌，“私相借者论如律”[②]；洪武十五年（1382）颁军法定律29条“皆参酌律意，颁行遵守”[③]，后来《大明律·兵律》分“宫卫”19条，“军政”20条，所参酌的当是“兵律”；洪武十六年三月，“命刑部尚书开济议定诈伪律条”[④]。九月“磨勘司奏增朝参牙牌律”[⑤]等情况来看，律条是在不断增添修订的。

五、洪武二十二年律

1389年，朱元璋命翰林院同刑部官再次更定《大明律》，其具体方法是“取比年所增者，以类附入”，这就是洪武二十二年（1389）律。该律以《名例律》冠于篇首，然后仿照《元典章》编纂体例，按六部官制，分为吏、户、礼、兵、刑、工六律，计名例47条；吏律分职制15条，公式18条；户律分户役15条，田宅11条，婚姻18条，仓库24条，课程19条，钱债3条，市廛5条；礼律分祭祀6条，仪制20条；兵律分宫卫19条，军政20条，关津7条，厩牧11条，邮驿18条；刑律分盗贼28条，人命20条，斗殴22条，骂詈8条，诉讼12条，受赃11条，诈伪12条，犯奸10条，杂犯11条，捕亡8条，断

① 文亨镇：《〈大明律〉传入朝鲜考》，《中央民族大学学报》，2000年第5期。

② 《明太祖实录》卷117，洪武十一年三月丁酉条。

③ 《明太祖实录》卷143，洪武十五年三月乙丑条。

④ 《明太祖实录》卷153，洪武十六年三月壬申条。

⑤ 《明太祖实录》卷156，洪武十六年九月癸卯条。

狱29条；工律分营造9条，河防4条，计30卷，460条。此律的出现，使隋唐以来沿袭了800多年的古代法典体制结构发生了重大变化。该律刑制以“笞、杖、徒、流、死”为五刑之正。“五刑之外，徒有总徒四年，有准徒五年。流有安置，有迁徙，有口外为民，其重者曰充军”；“二死之外，有凌迟，以处大逆不道诸罪者。充军、凌迟，非五刑之正”。洪武二十二年律颁行之时，正是全国推行《大诰》的高峰时期。

就科罪量刑而言，洪武二十二年律依然保留了许多“畸重”的条款，虽然是“轻其轻罪，重其重罪”，但还体现着朱元璋“重典治国”的统治方针，以至于不久朱元璋在与皇太孙朱允炆论刑时说：“吾治乱世，刑不得不重。汝治平世，刑当自轻，所谓刑罚世轻世重也。”也就是说，在颁行洪武二十二年律的同时，朱元璋已经考虑到子孙治理稳定的社会时应该采用“中典”，因此当皇太孙朱允炆请更定律中的五条以上内容时，朱元璋欣然同意，于是朱允炆进一步提出：“明刑所以弼教，凡与五伦相涉者，宜皆屈法以伸情。”在这种原则下，律文改定了73条。由于是律与例并行，所以在洪武二十五年（1392），刑部提出律条与条例不同者宜更定，但朱元璋认为：“条例特一时权宜，定律不可改。”[①]洪武二十八年（1395），刑部又提出：“律条与律例不同者，宜更定，俾所司遵守”的问题，朱元璋依然是认为：“律者，常经也；条例者，一时之权宜也。朕御天下将三十年，命有司定律久矣，何用更定？”[②]拒绝修改律条的请求。在保持律的总体稳定的情况下，以条例来应对各种各样的问题，进而确立了明代“常经”之法与“权宜”措置并用的法制方略。

① 以上引文见《明史》卷93《刑法志一》，第2283页。

② 《明太祖实录》卷236，洪武二十八年二月戊子条。

六、洪武三十年律

洪武三十年(1397)律最后定本刊行,全律460条,以名例律为总纲,列五刑、十恶、八议、自首、合并论罪等名目;以下依次是吏律,是有关对官吏公务的规定;户律,是有关土地、户役、钱粮、市场管理和婚姻方面的规定;礼律,是关于违反礼制的刑罚处分规定;兵律,是宫卫、军政、厩牧、邮驿等有关军政事务的刑罚处分规定;刑律,是有关处罚、诉讼、捕亡、断狱等方面的规定;工律,是关于营造、河防等有关修建方面的刑罚处分规定。

《大明律》从草创到定型,历时30年之久,是朱元璋"日久而虑精,一代法始定"的成果,他命子孙守之,永世不得更改,群臣有稍议更改,即坐以变乱祖制之罪,因此一直到万历十三年(1585)合刻颁行的《大明律附例》,仅对律文中传刻差误的55字予以改正外,终明一代律之正文从未更改。

《大明律》是明王朝的刑法典,自洪武三十年(1397)正式定型以后,"中外决狱,一准三十年所颁",通行于明一代。从《大明律》的几经修订的过程来看,都是在立足于明代社会发展的现实基础上进行的,无论形式或内容都较之前代法律多有创新和发展,其以六部分目,使古来律式为之一变,与《唐律》一样是承前启后的代表之作。洪武三十年(1397),《大明律》采取律诰合编的体例,在律后将整个洪武朝所颁布实行的单行的诰、例附入其中,增强了律的实用性。在具体适用上,"其洪武元年之令,有律不载而具于令者,法司得援以为证,请于上而后行焉。凡违令者罪笞,特旨临时决罪,不著为律令者,不在此例。有司

辄引比律，致罪有轻重者，以故入论。罪无正条，则引律比附，定拟罪名，达部议定奏闻。若辄断决，致罪有出入者，以故失论”①。从明初律、令、诰、榜文、例等法律形式并存，到逐步形成和实行律例合编，律例并用，使执政者得以在保障律典长期稳定不变的前提下，更能灵活地适时立法，发挥其在治国实践中的效用。

七、《明律》在洪武时期的适用

吴彰健先生认为：“明代法律实施分为三个时期，一是洪武、永乐两朝的以榜文为主，律为辅；二是仁、宣、英、景四朝的律为主，现任皇帝所定例为辅；三是宪宗（弘治）以后的例辅律而行。”②随后则是“因律起例，因例生例，例愈繁而弊愈无穷矣”③。可以说明代的大诰、榜文、诏令、例等发挥了重要作用，但不能否定律的主导作用。王钟翰认为：“诚以律为一代不易之大法，例乃因时损益之定制，律不可不严，过严则不能垂之久远；例不可过宽，过宽又无以绳百司民人；例所以补律之不及者也。”④即便是每个时期有不同的侧重，但也不能忽略律的主导作用。

在吴元年（1367）定律令时，朱元璋就“欲颁成法，俾内外遵守”⑤。此后在处理各种犯罪时，率先考虑的就是律。如洪武元年（1368），在设置各处水马站及递运所、急递铺时强调：“若公文不即递送，因而失误

① 《明史》卷93《刑法志一》，第2284页。

② 参见黄彰健：《明代律例汇编序》，台北“中央”研究院历史语言研究所专刊之七十五，1979年。

③ 《明史》卷93《刑法志一》，第2279页。

④ 王钟翰：《清史补考·清代则例及其与政法关系之研究》，辽宁大学出版社，2004年，第91页。

⑤ 《明太祖实录》卷26，吴元年十月甲寅条。

事机及拆动损坏者，罪如律。”[①]同年八月在大赦天下时也强调：“其守御逋逃者，亦许首免，所在官司给与行粮，起遣还役；一月外不首者，论如律”，并且认为：“其有刑出军律者，未为平允。”[②]洪武三年(1370)，朱元璋接见各道按察司官时指出：“知府、知州有罪，监察御史按察司官按问得实，则于市中依律断罪”[③]，所要求的依然是以律为断罪的根本。洪武四年(1371)，对诸处领兵、镇守、屯戍诸将，“非奉制书，亦毋得辄自离职，违者论如律”[④]。洪武五年(1372)，颁布《申诫公侯铁榜》第6条规定：“凡功臣之家屯田、佃户、管庄、干办、火者、奴仆及其亲属人等，倚势凌民，夺侵田产财物者，并依倚势欺殴人民律处断。”[⑤]同年在强调农桑、学校的重要性时指出：“民有不奉天时、负地利，及师不教导，生徒惰学者，皆论如律。”[⑥]洪武六年(1373)，在更定有司申报庶务法时指出：“府、州、县轻重狱囚，即依律断决。”[⑦]洪武七年(1374)，在申定兵卫之政时，对卫所官兵违法行为都“俱论如律”[⑧]。洪武十二年(1379)，规定海舟有死亡将士，不准遗弃在海里，“违者论如弃尸律”[⑨]。洪武十四年(1381)，朱元璋“命法司论囚，拟律奏闻，从翰林院、给事中及春坊正字、司直郎，会议平允，然后覆奏论决”[⑩]。也是拟罪要以律为本，而会议平允也是依据律条。洪武十七年(1384)，朱元璋命令礼部榜示八事的

---

① 《明太祖实录》卷29，洪武元年春正月庚子条。
② 《明太祖实录》卷34，洪武元年八月己卯条。
③ 《明太祖实录》卷48，洪武三年春正月甲午条。
④ 《明太祖实录》卷60，洪武四年春正月己酉条。
⑤ 《明太祖实录》卷74，洪武五年六月乙巳条。
⑥ 《明太祖实录》卷77，洪武五年十二月甲戌条。
⑦ 《明太祖实录》卷85，洪武六年九月丁未条。
⑧ 《明太祖实录》卷92，洪武七年八月丁酉条。
⑨ 《明太祖实录》卷122，洪武十二年二月丁巳条。
⑩ 《明太祖实录》卷139，洪武十四年冬十月癸丑条。

第七事讲:“凡诸司狱讼,当详审轻重,按律决遣,毋得淹禁”[①],强调的也是按律定罪。由此可见,朱元璋虽然采取“重典治吏”,但他并没有破坏根本律法的意图,而是在修订律法过程中,一直循“中典”之路,期望能制成万世可循之法。

在处理具体案件过程中,朱元璋往往也是尊重律条。如洪武十二年(1379),古北口千户派军士8人出境伐木,为贼所杀,刑部将千户拟为死罪,而卫指挥以下7人连坐,朱元璋认为:“千户违法,擅役军致死,可论如律,余人并宥之。”[②]依照《大明律·兵律·军政·纵放军人歇役》条规定,千户这种行为最多是杖一百,罢职发边远充军,但致死3名以上是绞,因此千户难免于死,但律中有知情不知情,知情同罪,不知情不坐,朱元璋认为卫指挥等并不知情,所以不应该连坐。再如洪武十五年(1382),上海知县王瑛以选力士不称旨,刑部“以欺诳不敬论之”。给事中刘逵则认为:“贡举非人,律有定条,选力士不称而坐以不敬太重,不当律意。”朱元璋同意刘逵的看法,要法司按律定罪。如果按照“欺诳不敬”,便是死罪,而按照“贡举非其人”定罪,最多是杖八十,所以“瑛得从轻论”。[③]能严格按照律条办事,这是统治者没有破坏自己建立的法律,但专制主义中央集权制度,没有任何法律限制君主,因此统治者制定的法律,统治者率先破坏之,几乎成为规律。

律条没有规定的,往往不为罪。如洪武四年(1371),有二人由御道西偏南行走,被左右执法拿下,朱元璋则认为:“律未有禁条,命释之。”在省部臣定议新律条时,制定治罪方案,朱元璋则力排众议认为:“直

① 《明太祖实录》卷161,洪武十七年夏四月壬午条。
② 《明太祖实录》卷124,洪武十二年夏四月壬寅条。
③ 《明太祖实录》卷144,洪武十五年夏四月戊戌条。

驰中道者罪之,横度者勿论。”[①]再如,洪武十五年(1382),朱元璋命令诸司,凡是常行事务,都要如律定拟,“如律所不载,拟有未当,临时奏请者,则备书所奉旨意。法司讯谳罪人,不许预请,窥旨意所向,俟狱成,奏闻”[②]。要求法司依律定罪,不得事先请示,也就是要维护律条的尊严。

在引用律不得当的时候,则按照相关的律进行改拟,甚至直接判定无罪。如洪武十五年(1382)因为一个粮长征收夏税时,有匿捐入己的行为,刑部拟为“监守自盗”;磨勘司令俞纶在磨勘卷宗时提出刑部拟罪不当,应该按照“因公科敛财物入己”论罪,朱元璋同意俞纶的看法,予以改拟。[③]按照“监守自盗仓库钱粮”条规定,价值40贯便可以问斩罪;而按照“因公擅科敛”条规定,计赃以不枉法论,不枉法赃达到120贯以上,也最多是杖一百、流三千里。再如洪武十五年(1382),湖州民进新栗时,在中途私启封缄,但没有损坏及少送所进之栗,被所司坐以“弃毁御用物”,当杖而徙。朱元璋认为:“原其情无他,若坐以此律,是以法伤人而不究其情也”[④],因此免去湖州民的罪责。

当然,朱元璋亲裁的案件往往不依律裁断。如洪武三年(1370),户部奏:“苏州所逋税,其官吏当论如律。”朱元璋则认为:“苏州归附之初,军府之用,多赖其力。今所逋税,积二年不偿,民困可知。若逮其官,必责之于民,民畏刑罚,必倾赀以输官,如是而欲其生,遂不可得矣。其

---

① 《明太祖实录》卷64,洪武四年四月辛丑条。

② 《明太祖实录》卷149,洪武十五年冬十月庚子条。

③ 《明太祖实录》卷148,洪武十五年九月己未条。

④ 《明太祖实录》卷149,洪武十五年冬十月癸卯条。

并所逋免之”[1]。这样做是出于政策上的考虑，也是朱元璋一直奉行的“权宜”之道的体现。再如同年十二月，中书省臣言：“民有贩卖私盐者，于法当诛，请如律。”朱元璋认为：“彼皆细民，恐衣食不足，而轻犯法，姑杖之，发戍兰州。”[2]

在维护明王朝赖以存在的统治基础的情况下，朱元璋常常会因“孝”“忠”而屈法以赦免，这种事例屡见不鲜。如洪武八年（1375），杭州民有获罪，律当杖而谪戍，因为其子愿以身代，朱元璋则认为：“此美事也，姑屈法以申父子之恩，俾为世劝”[3]，便赦免其罪。洪武十五年（1382），北平民为人所诬，逮至京师，其子也到京师诉冤，刑部以“越诉”定罪，朱元璋认为：“子知父冤，其忍无词，听父诬伏，岂得为孝子？诉父枉，出其至情，不可加罪。”[4]当然，并不是所有子代父抵罪都可以得到赦免，如洪武十七年（1384），太平府民有殴伤孕妇至死，其子乞代父受刑，朱元璋就没有赦免，而是让大理寺详议。大理寺认为：“子代父死，情固可矜，然死妇系二人之命，冤曷由伸？犯人当二死之条，律何由贷？与其存犯法之父，孰若全无辜之男。”[5]朱元璋便同意处死犯法之父，而没有按照一般惯例予以减罪或赦免。如果从提倡孝道的角度看，朱元璋的做法应该无可指摘，但屈法赦免其罪，却破坏了法律的尊严，使人们只相信万能的君主，而不信既定的法律，其最终是使法律没有信任的社会基础，更不能侈谈什么法治了。

朱元璋在裁断案件时，往往是原情论理。早在1358年，身为中书省

---

① 《明太祖实录》卷54，洪武三年五月丙辰条。

② 《明太祖实录》卷59，洪武三年十二月甲子条。

③ 《明太祖实录》卷102，洪武八年十一月戊午条。

④ 《明太祖实录》卷149，洪武十五年冬十月癸卯条。

⑤ 《明太祖实录》卷169，洪武十七年十二月乙巳条。

平章的朱元璋就用药来比喻法律，药应该根据病情来用，法应该根据民情来施，因此原情是朱元璋经常采用的办法。如洪武九年（1376），有卫卒夜巡，遇二人伏草中，因为二人持杖拒绝询问，被卫卒刺死一人，法司以斗殴杀人律，论二卫卒当死，朱元璋认为："卫卒巡夜，诘奸职也。"[①]因此刺死拒绝询问者无罪，释放卫卒，但赔偿死者丧葬费。洪武十五年（1382），黄州府同知安贞擅造公宇器用，被书吏告到湖广按察司，按律拟罪上闻，朱元璋认为："安贞有犯，法司如律按之，固其职也。然原贞之情，非自私也，房宇器用之物，皆公家所需。贞若迁他官而去，必不以偕往，今乃罪之，是长猾吏告讦之风矣。"[②]朱元璋原情论理，没有处罚黄州府同知安贞，而治书吏诬告之罪。再如，洪武十七年（1384），民有与妻忿争而裂其钞，被法司以弃毁制书律定罪，朱元璋认为："彼夫妇一时私忿耳，非有意于毁钞也，宥之。"[③]洪武二十二年（1389），有军士在内库支给赏，支给数超过应得之数，被门卒发觉，"法司论当盗内府财物律"，朱元璋则认为："此司藏者之误也"[④]，而没有将军士定罪，奖励门卒忠于职守，将多给之钞赏给门卒。洪武二十三年（1390），当四川土官所属土民偷盗官粮的时候，按照律条都应该处死，朱元璋"悯其无知犯法，命释之"[⑤]。这是因俗而治，于情于理都说得过去，土民治以土法，也是统一王朝经常采取的政策。

洪武二十八年（1395），几起地方官使用非法刑讯的案件送到朱元璋手中，其中有浙江黄岩县丞余琳，打造尖刀锥子，还带有铁钩，将那

① 《明太祖实录》卷110，洪武九年十一月丁酉条。

② 《明太祖实录》卷147，洪武十五年八月壬寅条。

③ 《明太祖实录》卷163，洪武十七年秋七月乙卯条。

④ 《明太祖实录》卷196，洪武二十二年五月庚辰条。

⑤ 《明太祖实录》卷203，洪武二十三年秋七月丁酉条。

些拖欠钱粮者，都用锥子刺入人体，带出血肉；松江府华亭县知县王纪用，制造大杖，用紫檀木镶在杖头，这样便可以使杖头重量增加，因为檀木的坚硬，会使受刑人更加痛苦；山西白水县知县罗新，制作两层生牛皮的鞭子，刑讯时沾水，使受刑人皮开肉绽。看到这些，朱元璋不由得勃然大怒，认为这些刑讯手段，作为臣下，怎么敢随便使用？生杀之柄，人君操之，臣下岂能操人生死？于是颁布圣旨，要刑部衙门榜示天下。[①]按照朱元璋的看法："律载刑具明有定制，乃弃不用，而残酷如是，是废吾法也，难论常律。"[②]对于使用非法刑具的官员，他从来不按律条规定处置。按照律条规定，官员使用法定以外刑具伤人，要从重处罚，致人于死，则最重刑罚是杖一百、徒三年，加罚埋葬银两。朱元璋对于这些使用非刑的官吏，不是将他们凌迟处死，便是将之枭首示众，即便是听从行刑的衙役也不能幸免。朱元璋坦诚"律外处治"，要全国臣民都知道，并公开重处各种犯罪的原则，体现了"朕即是法"的专制主义中央集权制度的精神。

朱元璋即便是按律定罪，也会将"明刑弼教"发挥到极致。如洪武四年（1371）江苏兴化卫指挥佥事李春挖掘宋代坟墓，盗黄金等物，朱元璋"命罪之如律，仍追所盗物，敛瘗其骸，立木刻其事于墓左，以为民戒"[③]。再如洪武十四年（1381），朱元璋要求刑部："自今凡官吏有犯，宥罪复职，书其过，榜示其门，使之自省。若果能省身改过，则为除之，有不悛者，则论如律。"[④]采取先教后诛，给予一定自新的机会。

---

① 杨一凡、田涛主编：《中国珍稀法律典籍集成续编》第3册《洪武永乐榜文》，黑龙江人民出版社，2002年，第516页。

② 《明太祖实录》卷245，洪武二十九年夏四月丙午条。

③ 《明太祖实录》卷69，洪武四年十一月癸亥条。

④ 《明太祖实录》卷137，洪武十四年夏四月甲子条。

在律与例的适用方面，朱元璋也常常以律为本，只是在律不能定罪的时候，才引用例。如洪武二十四年（1391），有夫犯死罪而妻妄控，法司援引例，拟将罪妻刺字为奴，朱元璋认为："夫犯罪而妻诉之，彼但知爱其夫而来诉耳。今以其妄而并黥之，是刑罚太过，此皆足以伤天地之和也。自今宜悉依律断决，勿深文也。"①坚持以律裁断，而不用例。同年，嘉兴府通判庞安缉获私盐，按照律的规定将私盐赏与缉获人，户部却以其违例，罚他盐价，还要将之定罪。庞安不服上言："律者万世之常法，例者一时之旨意，岂可以一时之例坏万世之法？"指出："今之律即古所谓法，国家布大信于天下者也。例者即古所谓出于一时之命也。今欲依例而行，则于律内非应捕人给赏之言，自相违背，是失信于天下也。"问题提的尖锐，但讲的有道理，所以朱元璋"诏论如律"②。洪武二十五年（1392），监察御史宫俊提出"刑名不实，法司以面欺，例当斩"的问题，朱元璋认为："奏对不实，自有常律，何得一以例论？宜依律。"③洪武二十七年（1394），朱元璋近三十年更改胡俗，兴教化的成效不明显，虽然律条与《大诰》都有严厉的处罚，但朱元璋还是舍《大诰》而用律条，"比闻民间尚有顽不率教者，仍蹈袭胡俗，甚乖治体，宜申禁之，违者论如律"④。这也标志着重典向中典回归，法律也逐渐趋于稳定，因此当刑部、都察院奏请加"反逆法"时，朱元璋不同意，"但令如律"⑤。

洪武三十年（1397），历经三十多年编纂的《大明律诰》编成了，朱元璋登上午门，向天下宣布："凡榜文禁例悉除之，除谋逆并律诰该载

① 《明太祖实录》卷209，洪武二十四年六月甲子条。
② 《明太祖实录》卷212，洪武二十四年九月乙巳条。
③ 《明太祖实录》卷216，洪武二十五年二月壬子条。
④ 《明太祖实录》卷232，洪武二十七年三月癸亥条。
⑤ 《明太祖实录》卷251，洪武三十年三月甲戌条。

外，其杂犯大小之罪，悉依赎罪之例论断。”[1]自此以后，《大明律》的地位得以完全确立，但这个诏书还承认《大诰》及例的效用，也就决定《大明律》不可能是单独的法律，而令、大诰、榜文、诏令、例、告示、禁约等彼此相连的法规体系，不但成为明代的特色，对清代的法律也有深远的影响。

① 《明太祖实录》卷253，洪武三十年五月甲寅条。

朝鲜初年经国典

朱元璋在位31年间，亲自过问并且直接参与了《大明律》的编纂，前后颁行至少5次，最终在洪武三十年（1397）完成《大明律》定本，至今能见到的是洪武十八九年（1386、1387）行用律及以后的版本，而洪武九年（1376）以前的版本现在却找不到。[①]从1380年朝鲜典法司中有“应参照《大明律》来改正本朝之律”的记载来看，应该是根据洪武九年（1376）律来改正的，此律对“《朝鲜经国典》产生了巨大的影响”[②]。因此从《高丽史·刑法志》及《朝鲜经国典》所载的内容，既可以了解《大明律》传入朝鲜的情况，也可以了解《大明律》编纂的版本情况。

一

关于《大明律》的编纂经过，目前学界多依据《明史·刑法志一》：“盖太祖之于律令也，草创于吴元年，更定于洪武六年，整齐于二十二

① 参见柏桦、卢红妍：《洪武年间大明律的编纂及其适用》，《现代法学》，2012年第2期，第10~20页。

② 文亨镇：《〈大明律〉传入朝鲜考》，《中央民族大学学报》，2000年第5期，第36页。

年，至三十年始颁示天下”的记载，因此认为《大明律》编纂有四个阶段，而对1373—1389年间修订律的情况少有论及。对于此，台湾学者吴彰健[①]，国内学者杨一凡、徐晓庄等[②]，都曾经提到过洪武十八九年（1386、1387）行用律。洪武九年（1376）胡惟庸修律非常重要，因为其所修之律，是否按照洪武六年（1373）律仿照《唐律》而成的12门606条，关系到《大明律》7编体例确定的问题。

洪武九年（1376）律具体内容也难以得知，其中详加考订厘正者有13条，总共还有446条，与洪武六年（1373）律606条相差甚多。从洪武十一年（1378）始制牙牌，“私相借者论如律”[③]，洪武十五年（1382）颁军法定律29条“皆参酌律意，颁行遵守”[④]，洪武十六年（1383）三月，“命刑部尚书开济议定诈伪律条”[⑤]，九月“磨勘司奏增朝参牙牌律”[⑥]等情况来

---

① 参见黄彰健：《明清史研究丛稿》，台湾商务印书馆，1977年，第234~328页。

② 参见杨一凡：《明太祖与洪武法制》，载《中国法制史考证续编》（第13册），社会科学文献出版社，2009年；《洪武三十年〈大明律〉考》，《学习与思考》，1981年第5期；《〈大明律〉修订始末考》，《政法论坛》，1990年第2期；徐晓庄：《〈大明律〉之特点琐谈》，《天中学刊》，2006年第3期；《〈大明律〉论》，《天中学刊》，2001年增刊第1期；《〈大明律〉与中华法系“自首”制度》，《天中学刊》，2005年第1期。此外还有俞美玉：《刘基与〈大明律〉刍议》，《浙江工贸职业技术学院学报》，2006年第2期；陈戍国：《〈大明律〉与明代礼制以及相关问题》，《湖南大学学报》，2002年第3期；张伯元：《〈大明律集解附例〉“集解”考》，《华东政法学院学报》，2000年第6期；王振安：《从〈大明律〉的制定看朱元璋的法制思想》，《新疆社科论坛》，1991年第6期；张显清：《从〈大明律〉和〈大诰〉看朱元璋的“锄强扶弱”政策》，载《明史研究论丛》（第2辑），江苏人民出版社，1983年。

③ 《明太祖实录》卷117，洪武十一年三月丁酉条，台湾历史语言研究所刊本，1962年，第1290页。

④ 《明太祖实录》卷143，洪武十五年三月乙丑条，台湾历史语言研究所刊本，1962年，第2253页。

⑤ 《明太祖实录》卷153，洪武十六年三月壬申条，台湾历史语言研究所刊本，1962年，第2395页。

⑥ 《明太祖实录》卷156，洪武十六年九月癸卯条，台湾历史语言研究所刊本，1962年，第2427页。

看，洪武九年(1376)律，应该是按照名例、吏、户、礼、兵、刑、工分部的。从编纂时间与过程来看，高丽王朝在1380年引进《大明律》时，应该以此为本。

根据《高丽史·刑法志》记载："高丽一代之制，大抵皆仿乎唐。至于刑法亦采《唐律》斟酌时宜而用之。曰狱官令二条，名例十二条，卫禁四条，职制十四条，户婚四条，厩库三条，擅兴三条，盗贼六条，斗讼七条，诈伪二条，杂律二条，捕亡八条，断狱四条，总七十一条，删烦取简，行之一时，亦不可谓无据。"按照《唐律疏议》所载，有《名例》《卫禁》《职制》《户婚》《厩库》《擅兴》《盗贼》《斗讼》《诈伪》《杂律》《捕亡》《断狱》12门30卷501条，高丽王朝则在12门中选用69条，其狱官门乃是出自于唐令，则可见高丽王朝最初是依据《唐律》而定刑法。

简单的刑法则难以持久，势必在具体实施上出现问题，所以说："然其弊也，禁网不张，缓刑数赦，奸凶之徒脱漏自恣，莫之禁制。及其季世，其弊极矣。于是有建议杂用元朝《议刑易览》《大明律》以行者，又有兼采《至正条格》言行事宜，成书以进者。"①这里所讲的季世，应该是第32代、33代高丽君主王禑及王昌，《高丽史》则以"辛禑""辛昌"称之。辛禑是1375—1389年在位，在此期间修订高丽刑法，杂采了元《议刑易览》《至正条格》《大明律》等规定，所采《大明律》涉及洪武六年(1373)律、洪武九年(1376)律、洪武十八九年(1386、1387)行用律。

辛禑三年(1378)二月，"令中外决狱一遵《至正条格》"。则可见这个时候并没有关注《大明律》，到了辛禑十四年(1388)九月，典法司提出现在用前元的《议刑易览》，因为"本朝俚语与中国不通，则尤难晓

① 以上引文见[朝]郑麟趾等：《高丽史》卷84《刑法志序》，首尔大学奎章阁本，第1~3页。

之”,故此生出许多弊端,认为以《大明律》参酌《议刑易览》,“命通中国与本朝文俚者,斟酌更定训导。京外官吏一笞一杖,依律而施行之,若不按律而妄意轻重者,以其罪罪之”[①]。辛禑十四年(1388),有人认为是禑王六年(1380)[②],一个时间的差异,则会导致所采《大明律》版本不同。禑王六年(1380)则应该采用洪武九年(1376)律,辛禑十四年(1388)则采用洪武十八九年(1386、1387)行用律。

高丽王朝恭让王四年(1392),守侍中郑梦周以“《大明律》《至正条格》、本朝法令,参酌删定,撰新律以进”[③]。所参照的应该是洪武二十二年(1389)律。因为“《大明律直解》在恭让王二年(1390)以前就出版问世了”[④]。当时郑道传与郑梦周同知经筵事,编纂新律之事,郑道传应该参与了,这应该是其编纂《朝鲜经国典》的最初时间。

洪武二十二年(1389)律,以“名例”冠于篇首,然后按六部官制,分为吏、户、礼、兵、刑、工六律,有30卷460条,法典体制结构的变化,也引起高丽王朝的重视,所以听知申事李詹进讲新律的时候,“屡叹其美”,认为:“此律须要熟究删定,然后可行于世也。苟不熟审,一切判付恐有可删之条也,法律一定不可变更。”讲到“乐人倡妓为室者,杖八十,离异,政曹外调用”。恭让王认为:“世实多有此等人。”[⑤]按照定本《大明律·户律·婚姻·娶乐人为妻妾》条规定:“凡官吏娶乐人为妻妾者,杖六十,并离异。若官员子孙娶者,罪亦如之。附过,候荫袭之日降一等,于

---

① 以上引文见[朝]郑麟趾等:《高丽史》卷84《刑法志一》,首尔大学奎章阁本,第29~35页。

② 文亨镇认为是禑王六年(1380)典法司上书提出的,应该有误,见《〈大明律〉传入朝鲜考》,《中央民族大学学报》,2000年第5期,第36页。

③ [朝]郑麟趾等:《高丽史》卷117《郑梦周列传》,首尔大学奎章阁本,第11页。

④ 文亨镇:《〈大明律〉传入朝鲜考》,《中央民族大学学报》,2000年第5期,第37页。

⑤ [朝]郑麟趾等:《高丽史》卷46《恭让王世家》,首尔大学奎章阁本,第4页。

边远叙用。其在洪武元年已前娶者，勿论。”[①]则可见此罪最初刑罚是杖八十，后减轻处罚，亦可见洪武二十二年(1389)律有许多“畸重”条款。

二

朝鲜创业君主李成桂《即位诏》开列各款，有关法律之款讲：“前朝之季，律无定制，刑曹、巡军、街衢各执所见，刑不得中。自今刑曹，掌刑法、听讼、鞫诘，巡军掌巡绰、捕盗、禁乱。其刑曹所决，虽犯笞罪，必取谢贴罢职，累及子孙，非先王立法之意。自今京外刑决官，凡公私罪犯，必该《大明律》，追夺宣勅者，乃收谢贴；该资产没官者，乃没家产。其附过还职、收赎解任等事，一依律文科断，毋蹈前弊；街衢革去。”[②]这里明确讲法律依照《大明律》，革去街衢，将案件审理权收归官府。

《即位诏》撰写者应该是开国功臣郑道传，因为他是朝鲜王朝的首任宰相。郑道传(1342—1398)，字宗之，号三峰，奉化县(今韩国忠清北道)人，恭愍王壬寅年(1362)进士及第，次年为官，历任忠州司录、典校注簿、礼门祗候、成均博士、太常博士、礼仪正郎，曾经“掌铨选凡五年”。辛禑乙卯年(1375)，因反对权臣李仁任等人的亲元反明政策，被“徙于乡”，在此期间“结庐于三角山下讲学，学者多从之”。癸亥年(1383)为将军李成桂的幕僚，甲子年(1384)夏随同圣节使郑梦周去南京入朝大明，“晨夜倍道，达于金陵，及节日(朱元璋生日)进表。帝(朱元璋)嘉之，始许朝聘，行人获释”。实际上“高丽权国事王禑遣其评理郑梦周上

① 怀效锋点校：《大明律》，法律出版社，1999年，第84页。

② 《朝鲜太祖实录·总序》，壬申元年(1392)七月丁未条，韩国首尔大学奎章阁本。

二表,一请袭王爵,一请王颛谥号。上不许"[1]。

此时明王朝对高丽国内更换国主表示不满,直到次年,"高丽权国事王禑复遣门下评理尹虎、密直副使赵胖上表,献马,请袭爵,并请其故王王颛封谥。从其请"[2]。这次的表文乃是郑道传所为,得到朱元璋的赞许,"特遣谥册使张溥、周倬等,册禑赐谥"。戊辰年(1388),郑道传参与废王禑而立其子王昌之事,因此升密直副使,力主革私田,在李成桂的支持下,获得成功,但也得罪了许多势豪。己巳年(1389),帮助李成桂废王昌而迎立恭让王,成为佐命功臣。庚午年(1390)与郑梦周同知经筵事,郑道传讲"古之用人之法"。因为李成桂废其主王昌而立定昌国院君王瑶,引起朱元璋的不满,"高丽遣门下评理郑道传等奉表,贡方物,赐道传等钞人二十锭、文绮各二疋"[3],实际上"且辩诬也"。面对高丽的既成事实,明王朝也没有采取强硬措施。因郑梦周等人欲压制李成桂,再加上郑道传力主革私田,所以屡遭弹劾,以"滥受大爵,混淆朝廷"的罪名,再次被废为庶人。壬申年(1392),郑道传与南誾等人拥立李成桂,向明王朝申请改国号,朱元璋钦定为"朝鲜",郑道传也就成为朝鲜王朝的定国功臣,且主持政务。甲戌年(1394)六月,进呈《经国典》,太祖李成桂"览而嘉之"[4]。

---

① 《明太祖实录》卷165,洪武十七年九月甲寅条,台湾历史语言研究所刊本,1962年,第2543页。

② 《明太祖实录》卷174,洪武十八年秋七月癸亥条,台湾历史语言研究所刊本,1962年,第2645页。

③ 《明太祖实录》卷204,洪武二十三年九月丁未条,台湾历史语言研究所刊本,1962年,第3057页。

④ 以上未注引文见[朝]郑道传:《三峰集(下)》卷14《附录·事实》,三峰郑道传先生纪念事业会,2009年,第433~474页。

在《朝鲜经国典》除了开篇“正宝位”“国号”“定国本”“世系”“教书”为总论之外，分为治、赋、礼、政、宪、工六典，其体例法本《周礼》天地春夏秋冬“六官”。郑道传多次到南京朝贡，“盖所见益广，所造益深，而所发益以高远”①。出于对中华文化的了解，所论多本儒家经典，而制度多与明王朝有关。如“国号”中讲：“不受中国之命，自立名号，互相侵夺，虽有所称，何足取哉”。对明王朝所赐之国号推崇有加，认为：“今既袭朝鲜之美号，则箕子之善政亦在所当讲焉。”②最初李成桂权知国事的时候，欲更改国名，以“和宁”和“朝鲜”为请，朱元璋认为：“东夷之号，惟朝鲜之称最美，且其来远矣，宜更其国号曰朝鲜。”③郑道传将朱元璋比作周武王，李成桂比作箕子，认为尊崇明王朝可以长治久安，朝鲜李朝也一直遵守这个原则。

其“治典”乃是《周礼》天官冢宰之职，共8目，认为：“正己格君，乃治典之本。而知人处事，治典之所由也。”④“赋典”是《周礼》地官司徒之职，共18目，乃“军国所需之总名也。”⑤“礼典”是《周礼》春官宗伯之职，共27目，“礼之为说虽多，其实不过曰序而已”⑥。“政典”是《周礼》夏官

---

① ［朝］郑道传：《三峰集（上）》卷3《圃隐奉使稿序》，三峰郑道传先生纪念事业会，2009年，第243页。

② ［朝］郑道传：《三峰集（下）》卷7《朝鲜经国典·国号》，三峰郑道传先生纪念事业会，2009年，第5~6页。

③ 《明太祖实录》卷223，洪武二十五年闰十二月乙酉条，台湾历史语言研究所刊本，1962年，第3267页。

④ ［朝］郑道传：《三峰集（下）》卷7《朝鲜经国典·治典总序》，三峰郑道传先生纪念事业会，2009年，第13页。

⑤ 同上，第25页。

⑥ 同上，第51页。

司马之职，共15目，“独于兵典言政者，所以正人之不正也”[①]，乃是国家赖以存在的根本。“宪典”是《周礼》秋官司寇之职，共23目，因为“虑愚民无知触禁，爰命攸司将《大明律》译以方言，使众易晓，凡所断决，皆用此律，所以上奉帝范，下重民命也”[②]，故此所述与《大明律》各门相同。“工典”是《周礼》冬官司空之职，共11目，其原则是“夫不节国用，则妄费而至于财殚。不重民力，则劳役而至于力屈。财力竭而国家不危者，未之有也”[③]。

《朝鲜经国典》虽然法本《周礼》，所述制度多与明王朝有关，如惠民典药局，明洪武三年(1370)，“置惠民药局，府设提领，州县曰官医，凡军民之贫病者，给之医药”[④]。对惠民药局运作模式却很少有文献谈及，《经国典》讲：“官给药价五升、布六千匹，修备药物。凡有疾病者，持斗米匹布至，则随所求而得之。又营子利，十取其一，期至无穷，俾贫民免疾痛之苦，而济夭札之厄。”[⑤]这里所讲，应该是明初明代惠民药局运行方式，可补中国记载之不足。

① [朝]郑道传：《三峰集(下)》卷8《朝鲜经国典·政典总序》，三峰郑道传先生纪念事业会，2009年，第77页。

② 同上，第93页。

③ [朝]郑道传：《三峰集(下)》卷8《朝鲜经国典·工典总序》，三峰郑道传先生纪念事业会，2009年，第112页。

④ 《明太祖实录》卷53，洪武三年六月壬申条，台湾历史语言研究所刊本，1962年，第1040页。

⑤ [朝]郑道传：《三峰集(下)》卷7《朝鲜经国典·赋典·惠民典药局》，三峰郑道传先生纪念事业会，2009年，第49页。

三

《朝鲜经国典·宪典》除了总序之外有22门[1]，看上去比《大明律》30门少了8门[2]，实际上含括了30门的内容。其中《大明律·户律》7门，《经国典》总归于“户役”之中，此外人命、斗殴，骂詈、诉讼，受赃、诈伪，捕亡、断狱，都合而为一。

《大明律·名例》有47条，《经国典》重点论述了五刑、十恶、八议，认为：“他名例虽多，皆以恩义情法，斟酌轻重而取其中焉，盖用法之权衡也。”其中所讲“五服”，《大明律》没有专条，而以服图表明。

《大明律·吏律》有职制15条，公式18条，《经国典》并没有论述其中的内容，仅讲职制是为了防范“瘝官病民”，所以“制官刑，儆有位”。公式是“一众心防奸伪”。

《大明律·户律》有户役15条，田宅11条，婚姻18条，仓库24条，课程19条，钱债3条，市廛5条。《经国典》统以“户役”论之，认为：“其大节有七：曰户役，民力之所出，不明则有隐漏之患。曰田宅，民业之所本，不严则有兼并之事。曰婚姻，人道之所重，不谨则有淫僻之行。曰仓库，民食之所在，不备则有虚耗之弊。曰课程，曰钱债，曰市廛，皆民财之所关，不可以不察也。”这里虽然没有涉及具体条目，却提纲挈领地讲出各门的重点所在。

---

① 即：名例、职制、公式、户役、祭祀、仪制、宫卫、军政、关津、厩牧、邮驿、盗贼、人命斗殴、骂詈诉讼、受赃诈伪、犯奸、杂犯、捕亡断狱、营造、河防。

② 即：名例、职制、公式、户役、田宅、婚姻、仓库、课程、钱债、市廛、祭祀、仪制、宫卫、军政、关津、厩牧、邮驿、贼盗、人命、斗殴、骂詈、诉讼、受赃、诈伪、犯奸、杂犯、捕亡、断狱、营造、河防。

《大明律·礼律》有祭祀6条，仪制20条。《经国典》分二目论之，认为祭祀之律令就是“严其防禁以察非违，所以惩不恪也”。“仪制所以明等威辨上下，礼之大节也。”并且认为“逮夫皇明有天下，诏曰仪从本俗，法守旧章，故其弊习亦未遽除”，并以为朝鲜王国“无愧中华”。

《大明律·兵律》有宫卫19条，军政20条，关津7条，厩牧11条，邮驿18条。《经国典》按照各律分为5目。认为宫卫“但违误失度者，事干不敬，当从重典，举常宪，惩不恪”。军政之律设，“故明号令，戢暴乱”。关津之律设，“敢有私渡及留行者，各以律论，本仁政，诘奸细”。厩牧之律设，“使典守知戒焉”。“邮驿之职，掌在政典者，所以定其制也。苟不体圣意，非理作弊者，刑兹无赦。”从所讲事宜来看，含括兵律所有条目。

《大明律·刑律》有贼盗28条，人命20条，斗殴22条，骂詈8条，诉讼12条，受赃11条，诈伪12条，犯奸10条，杂犯11条，捕亡8条，断狱29条。《经国典》按照各律分为7目，其贼盗写为盗贼①，在肯定人性皆善的基础上，认为“民欲无厌，利心易炽，苟不明刑以制之，亦难禁也”。人命斗殴是“古今制律者，莫不以杀伤为重，斗殴次之，盖辟以止辟，欲并生也”。骂詈诉讼是“人情乖离，必以恶言相加，腾于口舌曰骂詈，争于官府曰诉讼，虽皆偷薄之至，而非无得失之可议”。受赃诈伪“吏之受赃贪以败官，人之为诈奸以生乱，凡为治者不可忽也”。犯奸是“帷幕不修，男女无别，人道乱而王化泯矣”。所以“婚姻之制，谨之于礼典，犯奸之令，严之于宪典”。杂犯乃“刑之细者”。捕亡断狱是“捕亡必严，断狱必恕。严则犯者不得以脱漏，恕则刑者不至于妄屈，此皆法之良者也”。由此可见《经国典》将11门合为7目，以其间关系密切而论。

---

① 中国先秦时的贼是以害人为主，盗是以偷窃为主，后来盗和贼的意思转换了，变成抢劫为盗，偷窃为贼。明律编纂法本古意，故贼在前，《经国典》则按唐以后的理念，所以盗为前。

《大明律·刑律》有营造9条，河防4条，《经国典》设目相同，认为营造之事乃是君主不得已的行为，但“其期限程督，亦不可稽也”。“河防之设，有益于人者大矣。”“然则其所以时其役而程其力者，皆有法存焉。”①

郑道传在论述刑律与国家各项制度之间的关系方面，也有独到的见解，认为：“宪典者，六典之一，而五者莫不资是以有成。故吏典之黜陟，非宪典则无以公其选。户典之征敛，非宪典则无以均其法。礼典之节度，非宪典无以肃其仪。政典之号令，非宪典则无以威其众。工典之兴作，非宪典无以省其力而合其度矣。”强调宪典的作用，因为其无乎不在，有重要的辅治功能，而宪典的核心就是刑律，这个刑律就是“一以《大明律》为据”②。

《经国典·宪典》完全按照《大明律》门类顺序叙述，简明扼要指出各门的要旨，是非常有意义的。因为明代律学家在解律注律时，只关注各条的内容，而很少论及律设各门的宗旨，《经国典》各目的述略，正好弥补了这方面的不足。

四

《经国典》是朝鲜太祖三年（1394）六月进呈的，七年（1398），朝鲜太宗李芳远发动兵变，将郑道传杀掉，并且定为“奸党”，在即位教旨中还是承认“《六典》为治之具，宜令六曹，讲求命官之意，各尽其职，毋敢

---

① 以上未注引文见[朝]郑道传：《三峰集（下）》卷8《朝鲜经国典·宪典》，三峰郑道传先生纪念事业会，2009年，第93~110页。

② [朝]郑道传：《三峰集（下）》卷8《朝鲜经国典·宪典·后序》，三峰郑道传先生纪念事业会，2009年，第110~111页。

或息”①。撰写《经国典》的人成为“奸党”，却没有影响到《经国典》成为治国的总纲，这也是中朝文化的不同之处。如朱元璋在胡惟庸党案之后，大赦天下讲道：“洪武十三年以前替间释放官员，有司遣赴京师，复叙之民间有才高志广之士愿出仕者，即礼遣赴京，告谕天下，使明知朕意。”②将胡惟庸所排挤之人重新录用，而否定其所创立的制度。永乐帝靖难功成，即位诏即申明：“建文年间上书陈言，有干犯之词者，悉皆勿论所出，一应榜文条例，普皆除毁。”③这都是全盘否定，重新构建。朝鲜王朝则不同，郑道传成为反叛逆臣，其所构建的制度却得以原封不动地保存下来。即位教旨申明：“除大逆强盗、蛊毒魇魅、谋故杀人及道传、南訚党与外，已发觉未发觉，咸宥除之。”④郑道传之党已经是不赦之罪，但郑道传所构建的制度却得以肯定，使制度保持相对的稳定。

《经国典》得以肯定，《大明律》成为朝鲜刑律也不会受到质疑。《大明律》的翻译工作在高丽王朝就已经进行了，朝鲜太祖四年（1395）二月，翻译的《大明律直解》出版，所据版本是洪武二十二年（1389）律。洪武三十年（1397）定本《大明律》颁布以后，朝鲜曾经请颁赐一份，因为建文帝以“已先太祖皇帝诏谕：本国仪从本俗，法守旧章，听其自为声教。今后彼国事务，亦听自为”⑤，所以没有给赐。朝鲜使臣曾经“请皇明礼制于礼部”，也以“中国礼制不可行于藩国”⑥，加以拒绝。即便如此，

---

① 《朝鲜太祖实录》卷14，戊寅七年（1398）九月丁亥条，韩国首尔大学奎章阁本。

② 《明太祖实录》卷136，洪武十四年三月丙辰朔条，台湾历史语言研究所刊本，1962年，第2014~2015页。

③ 《明太宗实录》卷10上，洪武三十五年秋七月壬午朔条，台湾历史语言研究所刊本，1962年，第146页。

④ 《朝鲜太祖实录》卷14，戊寅七年（1398）九月丁亥条，韩国首尔大学奎章阁本。

⑤ 《朝鲜定宗实录》卷1，乙卯元年（1399）六月甲寅条，韩国首尔大学奎章阁本。

⑥ 《朝鲜太宗实录》卷1，辛巳元年（1401）十二月癸亥条，韩国首尔大学奎章阁本。

定本《大明律》还是传入朝鲜，因为在1431年，朝鲜世宗“命舍人赵端康、少尹权克和，译解《大明律》于详定所”[①]。不过，现存的《大明律直解》，还是以洪武二十二年（1389）律为本，现在还很难找到此后的译本。

有关《大明律》在朝鲜的实施情况，韩国学者多有考证[②]，中国学者也有所论述[③]。这不是这里论述的核心问题，且就郑道传与李成桂制定《朝鲜经国典》及翻译《大明律》而言，其目的是尊明保国。

李成桂（朱元璋赐名李旦）在郑道传等人的拥立下，首创朝鲜国，一直与明王朝关系紧张。在李成桂申请更名时，朱元璋就威胁道：“区区朝鲜，不足以具朝食。”[④]并且“绝朝鲜国贡使，又命左军都督府遣人往辽东金、复、海、盖四州增置关隘，缮修城隍，发骑兵巡逻，至鸭绿江而还”[⑤]。在有大兵压境的情况下，李成桂即位，安抚国内固然是首策，稳住明王朝则是确保朝鲜安全的必要之举。李成桂得到朱元璋斥责的

---

① 《朝鲜世宗实录》卷2，辛亥十三年（1431）六月乙卯条，韩国首尔大学奎章阁本。

② 如金九镇：《大明律的编纂与传播》，《白山学报》，1984年总第29期；李茂成：《经国大典的编纂与大明律》，《历史学报》，1990年；朴秉濠：《朝鲜初期法制定的社会相》，载《国史馆论丛》（第80辑），1998年；文亨镇：《朝鲜太宗时期大明律运用情况》，载《亚细亚文化研究》（第10辑），2006年。因为不懂韩文，应该还有相关的论著，不能列举。

③ 张春海：《试论朝鲜王朝后期〈大明律〉之地位》，载《韩国学论文集》（第19辑），2011年，第61~73页；《论朝鲜王朝前期的“华化”与“土俗”之争》，《暨南学报》，2012年第11期，第137~150页；《“一遵华制”语境下的〈大明律〉——论朝鲜太宗时期〈大明律〉的适用》，《暨南学报》，2015年第4期，第128~137页。李青：《从〈大明律〉对东亚的影响看其历史地位》，《比较法研究》，2004年第3期，第28~33页。高艳林：《〈大明律〉对朝鲜王朝法律制度的影响》，《求是学刊》，2009年第4期，第123~128页。赵志晚：《〈大明律〉和朝鲜的刑事规定》，载《中华法系国际学术研讨会文集》，2006年。

④ 《明太祖实录》卷228，洪武二十六年六月壬辰条，台湾历史语言研究所刊本，1962年，第3326页。

⑤ 《明太祖实录》卷229，洪武二十六年七月辛亥条，台湾历史语言研究所刊本，1962年，第3345页。

敕书，便“遣使奉表，陈情谢罪，贡白黑布、人参及金装鞍马”[①]。即便如此，明王朝还是以各种理由进行威胁，并且扣留朝鲜使臣，索要郑道传赴明治罪。朝鲜以郑道传有病为托词，将撰表人郑总、卢仁度、金若恒三人送往南京。朱元璋释放朝鲜使臣柳珣等，将郑总等“留之京师，别授微职”[②]。朱元璋要礼部晓谕朝鲜，“如郑道传等，乃小人之尤者，在王左右，岂能助其为善？苟使郑总、卢仁度、金若恒仍在，朝鲜又郑道传之羽翼。今总等既不免，王不精审，又将假手于人矣”[③]。朱元璋的挑拨离间之计获得成功，也给李芳远诛杀郑道传提供了道义上的支持。

朝鲜王国初建之时，内有原高丽王朝的反对力量，外有明王朝强兵屯聚，选择明王朝制度乃是安内攘外的国策，最初也没有完全照搬明王朝制度，而是在安抚国内的情况下，扩充实力，欲与明王朝一争高下。李成桂曾经认为：“今大明皇帝，亦以匹夫得天下。”[④]表面尊崇明王朝，内心并没有完全服气。郑道传在朱元璋索要他的情况下，也积极谋划兴兵，“时郑道传、南誾、沈孝生等，谋兴兵出境，献议于上”[⑤]。李成桂任命郑道传为东北面都宣抚巡察使，进行积极筹备，左政丞赵浚力劝郑道传说：“万一予与阁下，率诸道之民以征，其疾视也久矣，岂肯用命乎？吾恐身亡国败，不及辽而至矣。”[⑥]最终在赵浚的力谏下，李成桂才放弃攻明计划。

---

① 《明太祖实录》卷229，洪武二十六年九月壬申条，台湾历史语言研究所刊本，1962年，第3357页。

② 《明太祖实录》卷247，洪武二十九年九月丁卯条，台湾历史语言研究所刊本，1962年，第3585页。

③ 《明太祖实录》卷250，洪武三十年三月丙戌条，台湾历史语言研究所刊本，1962年，第3616页。

④ 《朝鲜王朝太祖实录》卷1，壬申元年（1392）九月甲午条，韩国首尔大学奎章阁本。

⑤ 《朝鲜王朝太祖实录》卷10，丁丑六年（1397）六月甲午条，韩国首尔大学奎章阁本。

⑥ 《朝鲜王朝太祖实录》卷13，戊寅七年（1398）八月壬子条，韩国首尔大学奎章阁本。

郑道传所撰《经国典》及倡行《大明律》，是在安内攘外的前提下所形成的，因此仅仅是立国原则，并没有具体实施。朝鲜《经国大典》不断修订，并且于成宗二年（1471）颁行。“此《经典大国》，远据《周官》，近本《大明会典》，为李朝四百余年之根本法规。”[①]朝鲜建国之初，并没有上升到根本法规，而是逐渐确定的，则可见当时编撰《经国典》及倡行《大明律》，仅仅是一种策略，因此也不能说朝鲜王朝建立伊始便仿照了明王朝的政治法律制度。

① 杨鸿烈：《中国法律对东亚诸国之影响》，中国政法大学出版社，1999年，第101页。

明清“收养孤老”律例与社会稳定

中国社会中的慈善活动和互助行为有着悠久的历史传统。从观念形态上看，慈善意味着对受困群体的同情、怜悯和关爱，由此产生出一系列相应的救助行为和公益行为；从组织层面看，主要有四类慈善机构起着济贫帮困作用，它们是宗族慈善组织、宗教慈善组织、政府慈善组织和社会慈善组织。从国家与社会关系看，这些机构可分为政府救助机构和社会救助机构两类。从历史变迁特征看，慈善发展大致可以划分为三个时期，一是宗教慈善占主导地位的汉唐时期，二是以政府慈善救济为主的宋元时期，三是社会慈善勃发的明清时期。勃发时期的特点是王朝有“收养孤老”的法律规定，通过法律以保证社会救济制度的推行。

一

洪武元年（1368），朱元璋对中书省臣言：“中原兵难之后老稚之孤贫者多有失所，宜遣人赈恤之。”省臣曾以国用不足劝止，遭到朱元璋的训斥：“老者民之父母，幼者民之子弟，恤其老则天下之为子者悦，恤其幼则天下之为父母者悦。天下之老幼咸悦矣。苟置其困穷而不之恤

民将怃然曰恶，在其为我上也。固周穷乏者不患无余财，惟是无是心，能推是心，何忧不足？今日之务此最为先，宜速行之。”[①]所以“国初立养济院以处无告，立义冢以瘗枯骨，累朝推广恩泽。又有惠民药局、漏泽园、幡竿蜡烛二寺。其余随时给米给棺之惠，不一而足”[②]。为保证“养济院收养鳏寡孤独废疾不能自养”的措施实行，朱元璋先将其著之于令，随后编入《大明律》。朱元璋将旨在规范孤贫救济社会行为的“收养孤老”，以法律的形式加以确定，并“永为定制”。

《大明令·户令·收养孤老》：“凡鳏寡孤独，每月官给粮米三斗，每岁给绵布一疋，务在存恤。监察御史、按察司官，常加体察。”该条确立了官方救济孤贫的基本范围和标准，并责成监察御史、按察司官行使监察之责，以确保法律和政策得到推行。明洪武十八、十九年律，即《律解辩疑》所载明律，即在此基础上制定的。律云：

凡鳏寡孤独及笃废之人，贫穷无亲属依倚，不能自存，所在官司(应收养而不收养者，止)以监守自盗论。

该律对收养的范围进一步明确，并规定对政策贯彻不力之官员进行惩处。洪武二十二年(1389)律，即《大明律直解》对官吏渎职有了更加明确的规定：

凡鳏寡孤独及笃废之人，贫穷无亲属依倚，不能自存，所在官司应收养而不收养者，杖六十。若应给衣粮而官吏剋减者，以监守

① (明)徐学聚：《国朝典汇》《户部三·救荒》，北京大学出版社影印本，1993年。
② (明)申时行等修：《明会要》卷80《礼部·恤孤贫》，中华书局，1989年，第459页。

自盗论。

洪武三十年(1398)律中“收养孤老”条未作变动。洪武三十年律，即《大明律》被明王朝奉为“一代大法”，自颁行之日起到明末，除万历十三年(1585)合刻颁行《大明律附例》时改动55字外，内容未有变更。

清军初定燕京，但天下兵革未定，所面临的是巩固和扩大胜利的问题。在这种情况下，刚刚归顺的明朝降臣争相建言“速定律令”，为多尔衮所采纳。顺治元年(1644)，多尔衮谕令：“法司官会同廷臣详译明律，参酌时宜，集议允当，以便裁定成书，颁行天下。”①经过近三年的努力，清代第一部成文法颁布，即顺治三年(1646)的《大清律集解附例》(实际是顺治四年四月二十四日颁布)

顺治三年《大清律集解附例·户律·户役·收养孤老》：

凡鳏寡孤独及笃废之人，贫穷无亲属依倚，不能自存，所在官司应收养而不收养者，杖六十。若应给衣粮而官吏克减者，以监守自盗论(凡系监守者，不分首从，并赃论)。

该律基本沿袭了明律的基本内容，只在明律的基础上加入小注②一条，则进一步明确了对“监守自盗”的处置标准是不分首从，坐以赃罪，此后的雍正三年(1725)律，乾隆五年(1740)律，“收养孤老”律文都没有变更。

清代的律为不易法，而例却因时损益，例原以辅律，非以破律，是

① 《清世祖实录》卷5，顺治元年八月丙辰，中华书局影印本，1985年，第3册，第74页。

② 清代小注不是条例，但有时也起到条例的作用，用于疏解律义，补律文之不足。顺治律中的小注是历朝以来法司官员和刀笔吏对律的总的理解及断案时已经形成的惯例和制度。(参见郑秦：《清代法律制度研究》，中国政法大学出版社，2000年，第11页。)

所谓“例因案入，例实由律出”[1]。乾隆五年(1740)以后，还形成五年一小修，十年一大修的制度。律与例并行的用意是，“盖法者，一成不易之举矩；而情者，有曲折轻重，非可以概论者也。是故断法有律，而准情有例。律守一定，而例则因时而变通”[2]。有清一代“收养孤老”前后共增删修订有例7条[3]。

---

① 《王钟翰清史论集》第3册《清代则例及其政法关系之研究》，中华书局，2004年，第1701页。

② 《重修律例纂辑成序》。

③ 条例089.01：“鳏寡孤独，每月官给粮米三斗，每岁给绵布一疋，务在存恤。”(此条系明代旧例。乾隆五年，以孤贫口粮，按季支给，现有定例，所以将此条删除。)

条例089.02：“直省州县所属养济院，或应添造，或应修盖者，令地方官酌量修造，据实估计，报明督抚，在于司库公用银内拨给，仍不时查勘，遇有渗漏之处，即行黏补完固。倘有升迁事故，造入交代册内，取具印结送部。其正实孤贫，俱令居住院内，每名各给印烙年貌腰牌一面。该州县按季到院，亲身验明腰牌，逐名散给口粮。如至期印官公务无暇，遴委诚实佐贰官代散，加结申报上司，毋许有冒滥扣克情弊。若州县官不实力奉行者，该督抚即行查参，照例议处。”(此条系雍正十二年，户部议覆山东布政使郑宝禅条奏定例。)

条例089.03：“军流等犯，除年逾六十不能食力者，照例拨入养济院，按名给与孤贫口粮外，或年未六十而已成笃疾不能谋生者，亦一体拨给。其少壮军流各犯，实系贫穷又无手艺者，初到配所，按该犯本身及妻室子女，每名每日，照孤贫给与口粮。自到配日起，以一年为止，于各州县存贮仓谷项下动用报销。各州县有驿递之处，一切应用人夫，酌派军流少壮中无资财手艺之犯充当，给与应得工食。无驿递之州县，公用夫役，均令一体充当，逐日给与工价。仍令该督抚照各处现行章程妥协办理”。(此条系雍正十三年定。一作乾隆二年，户部议覆福建巡抚卢焯条奏定例。雍正九年定例有：“流犯年逾六十拨入养济院，给与孤贫口粮”之语，是以有“照例”二字。)

条例089.04：“京师五城各设栖流所一处，安顿贫病流民。其修理房屋工料，及衣食药饵之资，每年每城动支户部库银二百两备用，如有不敷，许其赴部具领。如或有余，留于下年备用。该城御史督率司坊等官，实心办理。如有虚冒侵蚀等弊，照例交部治罪。”(此条系雍正十三年定)

条例089.05：“老人九十以上者，地方官不时存问，其或孤寡，及子孙贫不能养赡者，州县查明赈恤，详报督抚奏闻，动用钱粮，务令得沾实惠。”(此条系乾隆五年，遵照雍正元年谕旨定例。)

条例089.06：“各省流寓孤贫，如籍隶邻邑，仍照例移送收养外，其在原籍千里以外者，准其动支公项银两，一体收养，年底造册报销。”(此条乾隆九年，户部议覆吏科给事中钟衡条奏定例。乾隆十八年一度停止，但没有明令废除。)

条例089.07：“凡被灾最重地方，饥民外出求食，各督抚善为安辑，俟本地灾祲平复，然后送回。”(此条乾隆十三年奉特旨纂为例。乾隆十八年一度停止，但没有明令废除。)

以上参见柏桦编纂：《清代律例成案汇纂》(未刊稿)，教育部人文社会科学研究重点项目相关研究成果。

二

“收养孤老”自明代入律,又经过清代的因袭发展,前后达五百余年,无论统治者重视与否,各级官吏贯彻执行情况如何,对社会的影响也应该是很大的。

“收养孤老”律在法律上保证了孤贫人口的基本生存。统治者的初衷是为了维护社会的稳定,以维护自己的统治秩序,但通过立法、执法、监督等环节所建立的社会保障体系,还是具有法制化效应的。

首先,通过国家机关的立法和执法活动,确认和保护孤贫人口得到基本救助。纵观我国古代社会救济制度的发展,统治者关注的重心始终是荒政,而对于社会弱势群体的日常救助,在制度探索和法律制定上则相对缓慢。宋朝的居养措施有了较大的进步,由临时性走向了经常性的政策,基本实现了社会救济的制度化。王朝构建了一套比较完备的社会保障体系,但对于恤养孤贫仍停留在具体政策的实施上。明朝首次把“收养孤老”写入了《大明律》,这是对社会保障法制建设的一大推动。但是明朝在法律的执行过程中,却没有形成相配套的制度体系,所以对孤贫的救济,无论是救济标准、机构建设,还是监督执行等方面都缺乏比较完善的制度。清王朝在因袭明代“收养孤老”律的基础上,以一定数量的律例、则例、章程等进行补充,使收养对象、标准、救助机构在运作方面有了比较具体的规定,与此同时,还逐步完善自上而下的监督检查体系,也就在一定程度上保障了该条法律的有效执行。政策上升为法律和制度,使政策具有了稳定性。

其次,严格要求官吏和救助对象遵守法律,从而使法律规范能发

挥其本身的功能。“收养孤老”律明确救济孤贫为官员的基本职责，应收养而不收养以及监管不力就要受到法律的制裁，这是该律的核心所在，也是确保孤贫救助事务的底线。收养孤老是地方政务之一，也是法律规定，地方官吏可以徇私舞弊，但不敢完全破坏收养孤老机构；救助对象可以改换名目而冒名顶替，但不敢不收养额定救助的人。法律规范作用应该说是明显的。

再次，“收养孤老”律在理念上虽然没有跳出历史的局限，特别是传统的人治凌驾于法律之上的当时，但是其社会意义与政治意义应该说是巨大的。民为邦本，本固邦宁，水可载舟，亦能覆舟，治大国若烹小鲜之道在于安民。历代统治者为了维护自己的统治，对于人民采取的是牧养之道。朱元璋曾讲过：“为治之道有缓急，治乱民不可急，急之则益乱；抚治民不可扰，扰之则不治。故烹鲜之言虽小，可以喻大，治绳之说虽浅，可以喻深。”[①]这是一种浅而易见，却又很高深的统治权术。尽管统治者在维护自己的利益时，不会以人民的意志为转移，但引导人民顺从统治，巩固统治基础，却是他们的治绳之道，“收养孤老”律无疑是统治者牧养治绳之道的组成部分。

明清王朝在制定“收养孤老”法律的同时，进一步发展和完善社会保障制度，保障项目也从一般的收养，扩大到医疗、丧葬、安抚等救济方面。以法律来约束和督促各级官吏，不但规范了救济行为，而且提高了救济效率。朝廷每年从财政中拨出相当份额的钱款，并调拨粮米等作为养赡孤穷之资，意在保证孤贫人口的基本生存需求。在全国广设养济院、普济堂、栖流所、留养局、育婴堂等机构，意在挽救无助的孤

① （明）余继登：《典故纪闻》（卷5），中华书局，1981年，第87页。

老、婴幼,使他们不至流离失所。从养济院、留养局等机构的规章条款及实施效果来看，确实在一定程度上限制了许多孤贫流民的活动,也在一定程度上缓解了社会由于贫穷所造成的各种问题和动乱。

养济院的设立,使一些“鳏寡孤独及笃废之人无亲属可依倚者”得到救助,他们的生存有了一定的保障。养济院兴废与章程虽然屡经蜕化,但一直发挥了应有的作用,以至在民国初期还沿用清王朝的旧制。如山东省的社会保障经费由财政厅拨给,各地的养济院也依然按照旧章运作。比如,济宁州的养济院,旧在西关文胜街东,有大门3间,房屋32间,后来倒塌,至道光(1821—1850)时,仅存房屋6间,贫民皆不住堂,只是按期赴州署支领口粮;民国初期,也没有修缮养济院,依然按旧制发放口粮。[①]明清王朝的各类救助机构,在流民安置问题上发挥着应有的作用,在一定程度上缓解了流民聚集带来的隐患。

明清两代均存在较为严重的流民问题,明清在安抚流民问题上的失误,激化了阶级矛盾,逼迫流民进行反抗。然而明清王朝利用各地的栖流所,对流民实施收容与资送,这种安抚方式虽然不能完全缓解阶级矛盾,但在维护统治秩序方面还是起到了一定作用。

应该承认,明清王朝对孤贫的救助,完全是基于维护统治秩序的目的,但在客观效果上,还是使相当一部分社会弱势人群得到救助,有了栖身之所和生存之资,哀号遍野与怨声载道的现象也有所减少。我们不能将明清王朝的孤贫救济作用无限夸大,但也应该将之作为明清王朝得以长期延续的一个因素,更重要的是,某些成败还能给我们提供一些经验教训。

① 《济宁县志》卷4《慈善篇·养济院》,民国十六年铅印本。

"收养孤老"律例没有否定民间力量参与社会救济,而明清王朝在巩固统治的过程中,对民间力量的看法也有所改变。如明朝末年,江南的各种善会的兴起,"善会是所有以行善为宗旨的社团的统称。其形式分别有同善会、一命浮图会、惜字会、恤嫠会等等,而且精神的支柱又不同程度地受到儒、佛、道三教的影响"[①]。对于这种具有民间救助性质的组织,王朝虽然没有提倡,但也没有反对,在某种程度上,一些地方官员还积极倡导。明末善会"不似宋代的救济组织,处处由中央政府或地方官领导,而以地方上无官职而有名望的人为领袖,同时被救济的人的资格并不受官方机构所订的注籍所限制"。民间力量得以进入社会救济的行列,"明末善会可说是一个前所未有的中国社会新现象"[②],这种新现象即便在发展过程中不是一帆风顺,但因为符合社会发展的需要,因此必然会越来越强大,也会得到官府的认可并提倡。

清王朝在入关之初,为防止民间力量集结成反清势力,清王朝打击民间结社活动,对民间力量参与社会救济持否定态度,而随着政治统治的巩固,对民间控制也趋于宽松,率先从江南地区兴起的私人善堂,不但得到朝廷的认可,而且地方衙门也尽力提倡。这一转折的标志是康熙四十五年(1706),当时"颁赐京城广宁门外士庶所建普济堂'膏泽回春'匾额及御制碑文,每岁恩赏崇文门税银千两,口粮银二百两,两堂地租银千两,为养赡孤贫之用"[③]。这一行动表明朝廷对民间参与社会救济开始持鼓励态度,而雍正二年(1724)的上谕,则开始在全国鼓励民间参与社会救济,将民间的救济纳入朝廷的规范。

---

① 陈宝良:《中国的社与会》,浙江人民出版社,1996年,第15页。

② 梁其姿:《施善与教化——明清的慈善组织》,河北教育出版社,2001年,第52页。

③ 《皇朝政典类纂》卷182《国用·蠲恤》,载沈云龙主编:《近代中国史料丛刊续编》(第八十九辑),文海出版社,1982年。

> 凡老疾无依之人，每栖息于此，司其事者，乐善不倦，殊为可嘉。圣祖仁皇帝曾赐额立碑，以旌好义。尔等均有地方之责，宜时加奖劝，以鼓舞之。但年力尚壮及游手好闲之人，不得借名混入其中，以长浮惰而生事端。又闻广渠门内有育婴堂一区，凡孩稚之不能养育者，收留于此，数十年来，成立者颇众。夫养少存孤，载于《月令》，与扶衰恤老，同一善举，为世俗之所难。朕心嘉悦，特颁匾额并赐白金。尔等其宣示朕怀，使之益加鼓励。再行文各省督抚，转饬有司劝募好善之人，于通都大邑，人烟稠集之处，照京师例，推而行之。其于字弱恤孤之道，似有裨益，而凡人怵惕恻隐之心，亦可感发而兴起也①。

这道诏令不但承认了地方慈善组织的合法性地位，而且要求地方官进行劝募，大力推广。新生事物往往来自民间的智慧，而其发展壮大则往往需要官方的支持和推广。“收养孤老”律例允许地方官员利用地方力量实施救助，一方面是调动民间力量的积极性及资金，另一方面也把民间力量纳入法律的约束范围。

民间善堂的建立需要得到官方的认可，凡符合建立善堂标准的各种善堂，都要得到地方衙门的批准，由官方给予执照，官方则要实施一定的查验，实质上是一种有效的监控。清王朝在防范地方力量发展壮大的同时，试图将地方力量纳入自己的轨道，虽然在一定程度上限制了民间救助事业的发展，但毕竟打开了民间救助的大门。官方需要利

① 《清世宗实录》卷19，雍正二年闰四月辛巳，中华书局影印本，1985年，第7册，第312页。

用地方资源，而地方资源也希望得到官方保护，社会救济体系的“官民合作”特色，给社会救助发展带来了生机。

明清王朝以行政力量介入民间社会慈善事业，使民间慈善事业在目标上和官方取得了一致性。由朝廷主导、官民共同参与的社会救助体系，不但整合了社会资源，也有效地整合了社会力量，共同维护着政治统治基础。民间力量参与救济事业，使救济面拓宽，救济质量提高，更多的孤贫人口在沐浴着朝廷“恩泽”时，反抗情绪也有所缓和。明清王朝的末年，由于官方对社会救助问题的轻视，在社会救助方面所发挥的作用日益减少，而民间力量参与的社会救济在日益发挥作用的同时，不但有效地弥补了官府退出所造成的空白，也使民间力量得以发展，最终使一些民间力量成为王朝的反对面。

三

任何国家的法律都不能脱离政治，而法律作为政治的一种形式，在政治上发挥着重要作用。政治的变化直接导致法律的变化，法律的变化又促进政治的变化。政治关系的发展变化对法的废止、修改和创制提出要求，法律则依据政治关系的发展变化而修订。以明清孤贫救济来说，可以按照政治发展来分阶段。毛佩琦在1993年曾经提出开创（1368—1424）、守成（1425—1505）、祸乱（1506—1566）、中兴（1567—1586）、衰敝（1587—1644）五个时期的划分①。清代至今尚没有人运用

① 参见毛佩琦：《明代分期刍议》，载《明史论文集》，黄山书社，1994年，第179~186页。许大龄先生则将明代划分为开创（1368—1449）、腐化（1450—1521）、整顿（1522—1582）、衰敝（1583—1644）四个阶段，参见其为王天有《明末东林党议》所作之《序》，上海古籍出版社，1991年。以上的时间划分是作者本人推定。

这种分期方法，但从政治发展的角度，也可以划分开创为(1644—1712)、守成(1713—1787)、祸乱(1788—1859)、中兴(1860—1897)、衰敝(1898—1911)五个阶段[①]。不过从孤贫救济角度来看,吏治虽然与孤贫救济密切相关,但吏治的衰敝却导致民间力量的介入,孤贫救济民间化开创了孤贫救济的新阶段。

开创期的特点是创造制度,勒定一朝典章制度。朱元璋生活在元末社会危机已经全面爆发,政治混乱已经达到极点的时期。他不论是在参加起义的过程中抑或是在任大明王朝皇帝后,都曾多次总结元末政局及其导致覆亡的教训,他一再说:“元之疆宇非不广,人民非不多,甲兵非不众,城郭非不坚”,但“一旦红军起于汝颍”,便“群盗遍满中原”。[②]认为主要原因在于内部的自取灭亡,所谓溃发于中,所以他坚持屏除“胡元之制”。力图仿照唐宋制度建立新的制度体系,而“收养孤老”律便在此时勒定的。清王朝初建,政局未稳,恢复社会保障体制,可以争取民心,也有利于政权的巩固。然而在八旗铁骑横扫,三藩叛乱及各地反清武装抗击的情况下,当务之急是统一国土,没有精力,也没有能力全面恢复社会保障体制,仅仅是各地方视自己的经济状况而重建毁坏了的养济院,朝廷虽然基本没有投入,但在制度和法律上还是确立了孤贫救济的地位。

守成期的制度体系总体上处于较为稳定和发展的状态,在遵循祖宗基本制度的同时,制度上也出现过一些变化。这一方面说明当时的

① 此阶段划分系作者本人的认识,并没有得到学界的认可。本人的理由:开创期截止是以康熙五十一年(1712)的滋生人丁永不加赋为标志;守成期是以台湾林爽文起义为标志;祸乱期是以此时期内忧外患接连不断为标志;中兴期是以洋务运动及所谓的“同光中兴”为依据;衰敝期以戊戌变法为起点。

② 《明太祖实录》卷66,洪武四年六月庚戌。

经济得到了较迅速的恢复，社会日趋繁荣，史称由乱入治。另一方面祖宗建立的制度在变化了的社会经济与政治条件下，有些不合时宜，不足以应对千变万化的情况，制度在某些策略上的调整也是必然的。从孤贫救济方面来看，明代弘治《问刑条例》《皇明条法事类纂》等史料中，关于孤贫救济也出现了一些新的规定，但也暴露了许多弊端。[①]清代自康熙中叶以后，清王朝的统治基本稳固，对救助孤贫的财政投入也有所增加，而雍乾隆时期对律例的修订，使“收养孤老”的法律更加完善，但暴露的问题也跃然于律例之中，而君主屡下诏书恤孤贫，并督促地方重建和完善养济院等救助机构，对贫困人口的救助事业有所发展。因为“收养孤老”没有纳入地方官政绩考核范围，所以地方衙门对此关注不够，各地救济机构年久失修，财政也缺乏保障，救助机构勉强维持，甚至取消，置孤贫流离于不顾的现象也开始普遍起来。

祸乱期基本承袭前代的事例，而本朝所颁布的新例也附制度而行。本来应该是有新例依新例，无新例依旧例，无旧例依祖制；但是新例与旧例互相矛盾，祖制与新旧例也互相冲突，何者为先，何者当革，何者当兴，没有固定规则，“以恩侵法，以私掩公”，就会“政事多乖，号令不信”。[②]这期间孤贫救济的弊端明显，而朝廷并没有应对措施。[③]清乾隆后期，人口迅速发展，土地不足以为生，大量人口涌入市镇。在商品经济并不发达的当时，进入城镇的人口谋生困难，不得不铤而走险，成为城镇不安定的隐患。这些社会因素导致了律例的变化，增加了栖

① 参见(明)戴金编次：《皇明条法事类纂》卷12《收养孤老》，载《中国珍稀法律典籍集成》(乙编第4册)，科学出版社，1994年。

② 《明史》卷188《刘蒨传》。

③ 参见《明经世文编》卷179载桂萼《应制条陈十事疏》之“革奸徒”，中华书局影印本，1962年，第1829~1830页。

留所、粥厂等机构，在就地收养外来流民的同时，尽可能地将他们遣散回籍，以减少社会不安定因素。嘉道时期，流民数量增加，他们扶老携幼，千百为群，络绎不绝，涌向城镇。辇毂重地的京师，仅沦为乞丐的流民就有十万以上，而嘉庆元年（1796）二月，一个寒冷的晚上，露宿街头冻死的就有8000人。[①]当时土地高度集中，满族内部的阶级分化也更加严重，不但流民日益增加，就连八旗兵也因兵饷不足，大量典卖旗地，渐渐沦为佃户或流民。“富者连阡陌，而贫者无立锥”[②]，社会矛盾激化，连续镇压16年白莲教大火刚刚扑灭，全国各地的星星之火又开始燃起。

此后在内外双重矛盾冲击下，清王朝的统治已经出现危机，不可能去关注社会救济，而官方的救济机构在战争与人为的毁坏下，所存无几。如山东冠县，在捻军过后，养济院的院舍就荡然无存了，普济堂原有房屋18间，也仅存6间，院中隙地也多被强邻侵占。[③]不仅仅是山东，其他地区的养济院和普济堂等救助机构也大部分荒废，土地则“欠租转佃”，转换主人，房屋则日久失修，大部分倾圮，又经“兵燹之余”，恢复实在不易。[④]在祸乱期，官方的孤贫救助往往成为个人的行为，如明代吕坤《实政录》所提倡的养济院政策，[⑤]虽然“在一定的范围之内唤起了人们对社会救济问题的关心，产生一定的影响。但是，他的养济院政策对以鳏寡孤独政策为中心的国家救济政策没有发生如何影响”[⑥]。

① 清史简编编写组：《清史简编》，辽宁人民出版社，1980年，第384页。

② （清）崔述：《崔东壁先生遗书》卷1《救荒册》，清道光四年（1824）陈履和东阳刊本。

③ 山东《冠县县志》卷5《恤政》，民国二十三年刊本。

④ （清）戴杰：《敬简堂学治杂录》卷2《重建普济堂禀》，清光绪十六年刊本。

⑤ 参见（明）吕坤：《实政录》卷2《民务》所载各条，黄山书社影印《官箴书集成》，1997年，第1册，第435~461页。

⑥ ［日］夫马进：《中国善会善堂史研究》，伍跃、杨文信、张学锋译，商务印书馆，2005年，第85页。

再如清代刘衡在四川梁山县勒定“绅捐孤贫章程十七条”“官捐孤贫章程十六条”，发布“收养孤贫劝捐告示”等，身体力行，使收养孤贫扩大到200余名，远远超过朝廷规定的收养数额[1]，也只不过是地方官的个人行为，并没有引起朝廷救济政策的变化。

当官方救助机构遭到破坏的时候，民办救助机构却蓬勃发展起来。民办救助机构的发展契机，除了地方经济发展因素之外，朝廷控制能力萎缩和民间在动乱中寻求自保有密切的关系。朝廷控制能力萎缩，不是朝廷对地方力量的失控，也不是出现所谓的“公共领域”导致官方难以介入。如清代民间在动乱中寻求自保，集结团练、民团等依附于士绅豪强，士绅豪强为笼络人心，创办各种救助机构，在一定程度上弥补了官方孤贫救助的不足。

衰敝期的制度取舍出现混乱，不但制度的弊端显现无遗，制度崩溃的征兆也显露出来。明代的衰敝期，“民心、兵心、士子之心，将吏之心，无所不坏，要皆在廷诸臣之先坏而种种因之。重贿所归，使人不知法纪；以科场为垄断，以文字为纠连；举贪官污吏之所渔猎，豪绅悍士之所诳骗，愤帅骄兵之所淫掠，聚毒于民。民心既去，国运随之”[2]。政以贿成，法纪虽存，然而人心不在。清代的衰敝期，“宫廷之般乐无度，本可以招丧亡，而官僚之庸之贪之腐，之高高在上，近于土木偶人，之收受陋规，几于公然舞弊，则当为辛亥革命之因”[3]。此时“地方官吏全无实政，废事者酒色烟赌，终日酣嬉；有余力则奔走形势，不知其他；喜事者则任用蠹役，厚结劣绅；攘夺剥削，无所不至，而民情疾苦，毫无恫念

① 参见(清)刘衡:《州县须知》，黄山书社影印《官箴书集成》，1997年，第6册，第123~128页。

② (清)谈迁:《国榷》卷103《崇祯十七年九月丁卯》引张捷曰，中华书局，1958年，第6156页。

③ 陈登原:《国史旧闻·清末三朝内政》，中华书局，2000年，第4册，第559页。

于其中"[①]。中央官吏"除去早衙签到外,闲来只是逛胡同"[②]。真是败亡之典可述,败亡之政警人。在这种情况下,官方的救助机构根本不能发挥作用,而民间的救助组织却如雨后春笋般地发展起来,"虽然一些大型善堂仍保持与政府密切的关系,但越来越多的中小型善堂就纯粹是地方组织,它们的主办人身份也有所变化;清末民初之际甚至有些善堂以地方自治的基地自居"[③],进而成为稳定社会的地方组织,以致民国以后的社会救济,也没有脱离这种模式。

四

有研究者在对社会保障实践的历史考察后指出:"一定时期内的生产力发展水平,或社会经济发展水平是决定该时期社会保障实践活动的决定性因素。"[④]从主观上来说,古代帝王都希望泽被苍生,人民安居乐业,但是主观必定受制于客观因素的制约。"历任父母非不欲举行恤孤之政,但州民复业无几,钱粮征收有数,存其心,无货于财,安能及此哉!"[⑤]社会需要救助的孤贫数量很多,而朝廷经济实力有限,是救助理想与现实之间存在的必然矛盾。每增加一名孤贫,意味着财政预算中要增加一份支出;每增加一间房舍,意味着一个艰苦的筹资过程。统治者十分清楚,社会弱者是收之不尽、养之不竭的,所以明清王朝对各地方收养孤贫限定了数额。"各州县收养孤贫,准于地丁内报销者,每

① (清)李慈铭:《祥琴堂日记》,载陈登原:《国史旧闻》,中华书局,2000年,第4册,第553页。
② (清)沈宗畸:《便佳簃杂录》,载陈登原:《国史旧闻》,中华书局,2000年,第4册,第555页。
③ 梁其姿:《施善与教化——明清的慈善组织》,河北教育出版社,2001年,第169~170页。
④ 郑功成:《社会保障学——理念、制度、实践与思辨》,商务印书馆,2001年,第111页。
⑤ 《续辑均州志》卷15《艺文》,清光绪十年(1884)均州志局刻本。

处不过数名,或十数名不等。此外或有官地官房收租或金交商生息,经费有限,而额数亦拘。”[①]孤贫的确认也有严格的条件制约,这些制约条件主要包括年龄、残疾程度、户籍、政治道德等条件,还要受到养济名额的限制。孤贫要进入养济院接受救济,首先必须取得乡约邻佑保状,经地方官员的严格审查,最终报皇帝核准。“在统治者眼里,一个名额不仅仅意味着一名孤贫,更重要地,它意味着一项钱粮的征收。”[②]养济机构的名额确立后,继任者往往因袭不变,有研究者在考察两湖大部分州县不同年代所修方志时发现,其中所载孤贫名额都是一样的,部分州县也有增额和额外收养的情况。增额意味着地方财政负担的增加,其难度较大,一般要奉上级命令或征得上级同意。

在政府财政困境加剧的情形下,官方收养孤贫的条件限制越来越严苛,“普济堂以收养贫病老人为主,而养济院则比较强调贫困的残疾之人”[③]。当政府财政困境加剧或社会动荡之际,孤贫钱常成为被裁革的对象。在没有财政支撑的情况下,即使是笃废疲隆极度困苦之人,也应该与养济院无缘。一旦财政状况好转,养济机构的堂宇又得以修建,孤贫支出重又列入预算,传统的养济救助事业就这样在时兴时废、时宽时严的过程中发展。

韦伯认为:“中世纪,家族在欧洲实际上已消失了,在中国却完好地保存着,它与经济团体一起在地方行政机构中起作用,并在某种程度上向未知的其他方面发展。”[④]中国古代国家的形成,不是因为家长

---

① 《长沙县志》卷9《赋役》,清同治十年(1871)刻本。

② 周荣:《明清养济事业若干问题探析——以两湖地区为中心》,《武汉大学学报》,2004年第5期。

③ 王卫平:《普济的理想与实践——清代普济堂的经营实态》,《江海学刊》,2000年第1期。

④ 《文明的历史脚步——韦伯文集》,上海三联书店,1988年,第84页。

制家庭关系完全解体，而是由在家长制家庭内部的血缘关系和与之相辅助而成的公社土地关系直接演变而来。因此家长制家庭关系在国家发展过程中国家化了，以婚姻为纽带的家族关系也政治化了。正如梁启超所讲："而所谓家族之组织，国家之组织，村落之组织，社会之组织，乃至风俗、礼节、学术、思想、道德、法律、宗教一切现象，仍肖然与三千年前无以异。"[①]家庭单位作为社会基本组织的形态，在中国得以长期延续，内部有着类似于国家的权力分层，具有政治和经济的双重功能。每个家庭成员在"忠孝"的规范下，服从于具有最高权威的"父家长"，这种家庭本身的稳定性，构建了整个社会的稳定秩序。这种稳定性不但削弱了社会变革的潜力，也给朝廷的施政带来了阻力。地方衙门施政得不到当地宗族的支持，不但权力难以深入到基层，而且会影响到地方的稳定。

在以家族为本位的社会中，皇帝被渲染为国家的"家长"，而社会成员则成为其子民。"中国政府就完全建立在这种伦理关系上。客观的家庭孝敬是国家的标志。中国人认为自己既属于他们的家庭，同时又是国家的儿子。在家庭内部，他们不具特性，因为他们所在的实体单位是血缘和自然的单位。在国家内部，他们同样缺少特性，因为国家内部占统治地位的是家长制。政府的任务仅仅是落实皇帝预先制定的措施。皇帝像父亲一样，掌管一切。"[②]正是这种"父"与"子"的权力关系，塑造了其在社会保障中的"施舍"理念和被动性。

与明清官府救助机构的大量出现相呼应，世家大族效法范仲淹家

① 梁启超：《饮冰室文集》卷15《新民议》。

② ［德］黑格尔：《东方世界》，载德籍华裔学者夏瑞春编：《德国思想家论中国》，江苏人民出版社，1989年，第118页。

族义庄,纷纷设立义庄。据统计,清代仅苏州就有义庄达179个,其中清代创办168个,占94%。[1]对同族贫困者进行救助是义庄的建庄原则。明清时期家族一般都拥有一定的经济基础,即以义庄为主要形式的族产。族产除了用于祭祖、修谱之外,主要用于救济困难族人。设立义庄救济族人,有利于维护社会的稳定,因此得到朝廷的支持,“立家庙以荐蒸尝,设家塾以课子弟,置义庄以赡贫乏,修族谱以联疏远”[2],成为清王朝的祖训。

这种宗法模式的传统社会结构,决定了社会保障以家庭为主的自我保障性质。在传统社会,家庭、宗族特别是宗族所设立的族田、义田等承担了保障的主要职能,但其具有较强的封闭性、狭隘性、排他性,在很大程度上限制了社会性的保障事业发展。

古代统治者将救济孤贫视为朝廷的责任,是统治者代天理物的职责所在。在早期儒家传统中就已经有了“政府应是社会福利的主要甚至是唯一提供者的想法”,所谓“天下之穷民而无告者,责令官司收养,可谓仁政矣”[3]。中国历史上的大部分时期,均以儒家思想作为治国的指导思想,“天地之大无弃物,王政之大无弃民”,这是历代统治者所标榜的“仁政”原则。

中国古代国家一直是一种家国同构的结构方式,朝廷视臣民为“子民”,百姓视朝廷为“父母”,“父母”对“子民”的生产、生活等各个方面全盘负责,被认为是十分自然的事情。明清“收养孤老”以法律的形

① 王卫平:《明清时期江南地区的民间慈善事业》,《社会学研究》,1998年第1期。

② 雍正帝:《圣谕广训·笃宗族以昭雍穆》,迪志文化出版有限公司,2001年。

③ 梁其姿:《施善与教化——明清的慈善组织》,河北教育出版社,2001年,第32页。子路曾在卫国出私财救贫,孔子止之曰:“汝之民饿也,何不白于君,发仓廪以赈之?而私以尔食馈之,是汝明君之无惠,而见已之德美矣。”

式明确了这种责任，落实到现实中。作为一种“罪”的认定，官吏不收养孤贫，就是失去“父母”的责任，要受到责罚，而百姓的孤贫被收养，官吏则尽到抚育之责，为民“父母”的政治体现在法律当中。

法律的制定需要符合社会现实，如果是法因弊立，弊由法生，循环往复的一法立而一弊生，不但法律的尊严容易受到伤害，人民也将失去对法律的尊重。明清在“收养孤老”法律的实施过程中，曾经出现过许多问题，统治者不从根本上找原因，仅因弊立法，当然也免不了陷入循环往复的怪圈。

救济孤贫所追求的是社会利益而非经济利益，其立法的真正意图应该在于构建一个稳定的社会，但统治者所着眼的仅仅是巩固统治秩序。所以朝廷在救济立法和政策制定及实施中，体现出较强的被动性和阶段性。在统治秩序面临危机的时候，统治者往往注意“施仁政”，而一旦国家安定或出现财政上的困窘时，救济孤贫又变为“非急务”。明清统治者所关注的是大规模的自然灾害所引起的社会混乱，弱势群体的日常救助责任更多的为地方所承担，在维护社会的稳定为朝廷的首要目标时，也失去了社会稳定的一个重要方面。

“收养孤老”法律的核心内容在于规范官吏的救助行为。律文明确规定官员“应收养而不收养”的行为要受到法律制裁，但又限制收养的名额，给付有限的资金，而何者应收养又没有明确的规定，这就为官员规避责任提供了便利，更没有缘由对他们实行制裁，从《刑案汇览》合刊本所收的七千六百多件来看，“收养孤老”方面没有一个刑案，则可见这条法律的实施情况。

孤贫救助虽然有“收养孤老”法律的支持，但是救助事务却取决于地方官的素质。如朱元璋认为：“若县令贤明，则赋敛平，徭役均，诉讼

简。”[1]清康熙帝曾经感叹：“有治人，无治法，但能真正任事者亦难得。”[2]雍正帝则认为：“治天下惟以用人为本，其余皆枝叶事耳。”[3]在行政权力包揽一切的当时，“人存政举，人亡政息”，所依赖的是“人治”。在“人治”的政治环境下，法律必须服从于政治，而政治则取决于主事者，在这种情况下，君主的“喜怒哀愁”与地方官的“奉上安下”紧密地联系在一起。君主的“喜怒哀愁”，使救助政策缺乏稳定和连续性；地方官的“奉上安下”，使他们只注意把和上级的关系弄好了，而置人民的利益于不顾。因此，我们对“收养孤老”法律在当时所起的作用，既不能估计过高，也不能说作用全无。

① 《明太祖实录》卷78，洪武六年正月乙巳，台北“中央”研究院史语所刊本，1962年，第1422页。

② 《清圣祖实录》卷41，康熙十二年二月癸酉，中华书局影印本，1985年，第4册，第551页。

③ 《雍正朱批谕旨·鄂尔康奏折》，雍正四年八月初六日朱批，台北文海出版社影印本，1965年。

明代宫廷法规

黄彰健先生认为:“明代法律实施分为三个时期,一是洪武、永乐两朝的以榜文为主,律为辅;二是仁、宣、英、景四朝的律为主,现任皇帝所定例为辅;三是宪宗(弘治)以后的例辅律而行。”[1]随后则是“因律起例,因例生例,例愈繁而弊愈无穷矣”[2]。可以说,明代的律、令、条例、大诰、榜文、诏令、禁例等构成的法规体系,在具体实践过程中,都曾发挥过作用。

一

有明一代,以律、令、例、诰为基本法律形式,以榜文、诏令、禁例等为辅助法律形式。其中涉及宫廷内容的法规主要包括《大明律》《问刑条例》《宗藩要例》《皇明祖训》等,还有以诏令、禁约等形式颁布的禁例。

洪武三十年(1397)律是《大明律》最后定本,全律460条,以名例律

① 参见黄彰健:《明代律例汇编序》,台北“中央”研究院历史语言研究所专刊之七十五,1979年。

② (清)张居正等:《明史》卷93《刑法志一》,中华书局标点本,1974年,第2279页。

为总纲，列五刑、十恶、八议、自首、合并论罪等名目；以下依次是吏律，是有关官吏政纪公务的规定；户律，是有关土地、户役、钱粮、市场管理和婚姻方面的规定；礼律，是关于违反祭祀、仪制的规定；兵律，是宫卫、军政、厩牧、邮驿、关津等有关军政事务的规定；刑律，是有关盗贼、人命、诉讼、捕亡、断狱等刑事犯罪方面的规定；工律，是关于营造、河防等有关修建方面的规定。

《大明律·名例》有47条，其中涉及宫廷犯罪有“十恶”“八议”“应议者犯罪”“应议者之父祖有犯”“称乘舆车马”等。因为名例律是总则，一般只是讲该罪的处置原则，不涉及具体的刑罚，而有关的刑罚在此后的分律之中。因为是总则，所以从严格意义上讲，只要涉及宫廷的犯罪，都有可能被援引。

《吏律》分“职制”与“公式”2门，共计33条，其涉及宫廷犯罪的罪名，有职制中的“奸党罪”；公式中的“制书有违”“弃毁制书印信”“上书奏事犯讳”“出使不复命” 等。在涉及宫廷的重大案件的处置过程中，“奸党罪”往往是率先考虑的问题，与宫廷政治有密切关系。

《户律》分“户役”“田宅”“婚姻”“仓库”“课程”“钱债”“市廛”7门，共计95条，其涉及宫廷犯罪的罪名，除了律文规定之外，还有田宅中的“欺隐田粮”例的“宗室置买田产”条、“盗卖田宅”例的“王府人役假借威势”条；婚姻中有“强占良家妻女”例的“投献王府”条；仓库中的“多收税粮斛面”例的“王府禄米”条、“揽纳税粮”例的“王府用强兜揽钱粮”条、“冒支官粮”例的“将军仪宾有犯”条等。

《礼律》分“祭祀”“仪制”2门，共计26条，其涉及宫廷犯罪的罪名，在祭祀有“祭享”“毁大祀丘坛”；仪制有“合和御药”“乘舆服御物”“御赐衣物”“失误朝贺”“失仪”“朝见留难”“上书陈言”等，以及一些附例。

《兵律》分“宫卫”“军政”“关津”“厩牧”“邮驿”5门，共计75条，其涉及宫廷犯罪的罪名主要是宫卫19条，如“太庙门擅入”“宫殿门擅入”“宿卫守卫人私自代替”“从驾稽迟”“直行御道”“内府工作人匠替役”“宫殿造作罢不出”“辄出入宫殿门”“关防内使出入”“向宫殿射箭”“宿卫人兵仗”“禁经断人充宿卫”“冲突仪仗”“行宫营门”“越城”“门禁锁匙”“悬带关防牌面”等及附例。

《刑律》分“盗贼”“人命”“斗殴”“骂詈”“诉讼”“受赃”“诈伪”“犯奸”“杂犯”“捕亡”“断狱”11门，共计176条，其涉及宫廷犯罪的罪名，有“盗大祀神御物”“盗内府财物”“盗城门锁”“盗园陵树木”“宫内忿争”“皇家袒免以上亲被殴”“诈称内使等官”“内侍诈称私行”“夫匠军士病给医药”“阉割火者”“失火”等及附例。

《工律》分“营造”“河防”2门，共计13条，其涉及宫廷犯罪的罪名，有“造作不如法”“带造缎匹”“侵占街道”等及附例。

当然，《大明律》其它的条文，在适合的情况下也可以应用于宫廷司法。比如刑律中的“人命”和“骂詈”“犯奸”等门，无论是内官、守卫军士，还是宗藩贵戚犯罪，都有可能援引此律量刑。

二

按照《大明律·刑律·断狱·断罪引律令》规定：“凡断罪皆须具引律令。”“律”即《大明律》，“令”即洪武元年颁布的《大明令》。明代“中央决狱，一准三十年所颁。其洪武元年之令，有律不载而具于令者，法司得援引为证，请于上而后行焉。凡违令者罪笞，特旨临时决罪，不著为律

令者,不在此例"①。这里的"违令者罪笞",乃是各种禁令所规定的制度,而"特旨临时决罪",则出于上谕及诏令,更是所有法律难以涵盖的。诏令如果"著为令",或者"著为例",则成为法规。就宫廷犯罪而言,由皇帝亲自裁决的案件较多,而案件审理多由司礼监、东厂、镇抚司办理,很少交给法司,因此事涉宫廷案件的法律适用,如果交到法司,就要按照律例来量刑定罪,若是司礼监、东厂、镇抚司办理,基本上是以皇帝旨意来量刑定罪,这是宫廷司法的特殊性。

为了应对各种特殊的情况,统治者不断地推行条例,希望可以达到"以例辅律"的效果。有些条例是"以例辅律",也有些"以例破律"。明代正德以前每个皇帝都出台有条例,但在每个新皇帝即位的时候,即位诏里都明令宣布废除前朝的条例。弘治年间制定的条例,在正德帝即位时得以承认,此后,除正德帝在位期间的条例被明令废除之外,历年颁行的条例则被汇编起来,称为《问刑条例》,最终以附律的形式,附加在《大明律》相关律文之后,称为附律条例。

条例规定的处罚,有高于律者,也有低于律者。以宫廷而言,如《大明律·名例·职官有犯》条规定:"凡京官及在外五品以上官有犯,奏闻请旨,不许擅问;六品以下,听分巡御史、按察司并分司,取问明白。议拟闻奏区处。"《问刑条例》规定:"内官、内使、小火者、阍者等犯罪,请旨提问。"这些宫内的宦官,都不是五品以上,但必须请旨提问。再如《大明律·刑律·贼盗·盗内府财物》条规定:"盗内府财物者,皆斩。"而《问刑条例》则规定:"凡盗内府财物,系乘舆服御物者,仍作真犯死罪。其余监守盗银三十两,钱帛等物值银三十两以上,常人盗银六十两,钱

① (清)张居正等:《明史》卷93《刑法志一》,中华书局标点本,1974年,第2284~2285页。

帛等物值银六十两以上，俱问发边卫永远充军。内犯奏请发充净军。”这里将内府财物区分出“乘舆服御物”“监守盗”“常人盗”，并不完全处以死刑。

朱元璋颁布的《大诰》四编，共计236条，其中有具体案例的156条。从案件性质及所涉及的罪名来看，既有《大明律》所涉及的30类460条的罪名，也有打击贪官污吏，惩治“豪强奸顽”等《大明律》所不见的罪名，凡是“不从朕教”，都是朱元璋打击的对象。以宫廷而言，如《大明律·工律·营造·冒破物料》条规定：“凡造作局院头目、工匠，多破物料入己者，计赃，以监守自盗论，追物还官”。《大诰三编·造作买办第七十七》则讲：“朝廷凡有诸色造作，文书明下有司，止许官钞买办，毋得指名要物，实不与价。果有违吾令者，许被科之民，或千、或百、或十，赍大诰拿该吏赴京，物照时估给钞，将该吏斩首，以快吾良民之心。”按照监守自盗，至少要达四十两以上才斩首，而《大诰》则不论多少，全部斩首。

榜文分为榜谕与榜示两种形式，“榜示的强制力比榜谕要强，榜示在宣布治罪方针时，具有雷厉风行的效用，有先兵后礼的寓意，法律的效力比较强。榜谕则主要在于劝诫，有先礼后兵的意味，如果不听劝诫，其法律效力也高于一般律例的规定”①。如成化六年（1470），有206名自宫者请求宫廷收用，按照《大明律·刑律·杂犯·阉割火者》条规定，这些人应该杖一百、流三千里。宪宗“命姑宥其罪，俱发回原藉当差”。然后出榜禁约，今后自宫者处死，而“隐匿之家发边远充军”②。由于榜文的时效性，其禁止的效果并不明显，在弘治年间自宫求进者日益增

① 柏桦：《榜谕与榜示：明代榜文的法律效力》，《学术评论》，2012年第2期。

② 《明宪宗实录》卷76，成化六年二月己巳条。

多，弘治五年(1492)，礼部查出千余名自宫者，将他们“编充海户，常令筑墙种菜当差”，实际上还是收用了。弘治帝命礼部榜谕：“今后敢有私自净身者，本身并下手人处斩，全家发边远充军。两邻及歇家不举首者，同罪。有司里老人等，时加访察，有即执送于官，如有容隐，亦治罪不贷。”[①]这种榜例往往比律例处罚更重，经过推行，也有可能编入条例，成为常行法律。

以皇帝名义颁布的诏令，具有最高法律效力，特别是即位诏、遗诏、册立诏、灾异宽恤诏等，都列有赦款，涉及军国大政各个方面，其中也有一些事涉宫廷方面的内容。如正德帝即位诏的赦款有“近日行取私自净身人役，五岁至十五岁赴礼部拣选者，诏书到日，即便停止”[②]。而嘉靖帝即位诏赦款则云：“私自净身人，多有在京潜住，希图收用。著锦衣卫、缉事衙门、巡城御史，严加访拿究问。今后各处军民，敢有私自净身者，本身并下手之人处斩，全家发烟瘴地面充军。两邻及歇家不举首者，俱治以罪。”[③]前者对私自净身不收用，并没有治罪，而后者则予以治罪，也可见诏令对现行律例的破坏。

禁例是禁止某种行为的条例，多以皇帝诏敕谕旨，或者相关部门颁布官府文书的形式予以公布，对一些事情及群体进行规范，违反者则按照禁例规定进行惩处。与宫廷法规相关的则是《自宫禁例》与《宗藩禁例》。

《自宫禁例》最初颁布于永乐二十二年(1424)，“令凡自宫者，以不孝论。军犯，罪及本管头目总小旗。民犯，罪及有司里老”。这个禁例比

① 《明孝宗实录》卷70，弘治五年十二月壬戌条。

② (明)傅凤翔辑，杨一凡、田禾点校：《皇明诏令》，科学出版社，1994年，第569页。

③ 同上，第611页。

较严格，以不孝论，就是属于“十恶”之罪，是要处死的，但宣德二年(1427)，“令凡自净身者，军还原伍，民还原籍，不许投入王府及官员势要之家隐藏，躲避差役。若再犯者，本犯及隐藏之家俱处死。该管总小旗、里老、邻人，知而不举，一体治罪”。自宫者只有在投入王府及官员势要之家的情况下，才会受到严惩，若投身于皇家，则不予治罪。正统十二年(1447)，“令凡自首在官阉者，送南海子种菜。其隐瞒不首及再擅净身，并私收使用者，事发，全家发辽东充军”。这样的禁例，实际上还是允许私自净身的。天顺二年(1458)，“令净身者拿问，边远充军”。这是全面禁止私自净身，但没有禁止净身者被收用的渠道，所以成化九年(1473)，“令私自净身希求进用者，本身处死，全家发烟瘴地面充军”。

这种看似严厉的禁例，实际上并没有得到落实，以至于成化十五年(1479)，“令净身人，巡城御史、锦衣卫官，督同五城兵马，逐回原籍。若该城内外容留潜住者，并火甲邻佑人等，一体究治。本身枷号一个月，满日决打一百押回。如再来京，并家下父兄人等，俱治罪”。从这个禁例来看，私自净身希求进用者依然很多，此前的处死，在逐回原籍的规定下，也就成为具文。成化二十二年(1486)，“令各王府非奉朝廷明文，擅收净身人，俱发回原籍收管，不许投托容隐”。则可见被逐回原籍的私自净身者，投身王府的情况非常普遍。弘治元年(1488)，“令锦衣卫拘审净身人，送顺天府递回原籍，官司五日一点闸，不在者即杖，并户头追回见官，不许容纵”。严格管束已经净身者，实际上是禁止王府收用，却不能阻止达官贵人收用，于是弘治五年(1492)，“令私自净身者，本身并下手之人处斩，全家发边远充军。两邻及歇家不举者同罪。有司里老容隐者，一体治罪”。

皇室需要大量的宦官，严刑禁止，也会导致净身者供不应求，所以弘治十三年(1500)奏准："先年净身人，曾经发遣，若不候朝廷收取，官司明文起送，私自来京图谋进用者，问发边卫充军"。既然有朝廷收用，说明净身人还有出路，也就不能制止私自净身。正德元年(1506)，"令直隶、顺天等府，山东、河南等布政司地方，再有私自净身者，照例本身并下手之人处死，全家发边远充军。其先已净身者，立籍点闸，不使私自逃至京师，扰害官府"。由此可见，私自净身现象还很普遍，不得不重申严厉的禁例。正德二年(1507)，"令违例私自净身人，著锦衣卫、五城兵马，著落各该地方，尽数逐去。如有潜躲在京者，拿住杀了"。本来私自净身是要处死的，这里则驱逐出京，只有潜住京师者才处以极刑。正德九年(1514)，"令今后再有私自净身者，除小幼无知者，本身免死充军，其余俱照见行事例，本身并主使下手之人处斩，全家发边远充军。里老邻佑及本管官，不行举察者，各从重治罪"。禁例排除"小幼无知"，实际上还是默许净身，所以也不能制止以净身的方式而谋求朝廷收用的现象。正德十六年(1521)，"诏私自净身人，在京潜住，希图收用，著缉事衙门、巡城御史，访拿究问。今后敢有私自净身者，本身并下手之人处斩，全家发烟瘴地面充军，两邻及歇家不举首者治罪"。一而再，再而三地重申严惩禁例，也说明禁例并没有被严格实行。嘉靖八年(1529)奏准："凡海子食粮净身男子，分别老壮造册。礼部备查各处王府并将军、中尉数目，将年壮者，斟酌多寡，派去各府供役。不堪选用者，给与印信文票，发回原籍官司收恤，免其本身差役。"新的禁例不但给予净身者以出路，实际上也默许净身的行为。万历十一年(1583)奏准："自今五年以后，民间有四五子以上，愿以一子报官阉割者听，有司

造册送部，候收补之日选用。如有私割者，照例重治。邻佑不举者，一并治罪不宥。”[1]从严刑禁止，到官府倡导民间送官府阉割，说明只要有宦官制度的存在，就不可能制止自宫净身的现象。

对于明代自宫问题，20世纪30年代，台湾王崇武先生与日本清水泰次先生就已经论及。[2]台湾邱仲麟在20世纪90年代也进行了论述，[3]国内论述明代宦官的著作也涉及自宫问题。[4]赵克生论述明代私阉之禁，[5]帅艳华、黄阿明谈到明代社会自宫风气，[6]赵玉田论明代私阉之风。[7]他们从朝廷颁布的《自宫禁例》，谈到自宫屡禁不止的原因，不但在《明实录》《明史》中寻找证据，还从文集奏疏中查找相关论述。宦官的政治特权与机构庞大，朝廷大规模地收用而有法不依，自宫非但没有受到法律制裁，还都能有出路，以至于自宫成为当时的社会风气。

应该注意，禁例只有在官府发觉以后，才能按例予以惩处，私自净身禁例虽然严厉，但没有报官惩处的途径，所以私自净身依然如故。有明一代一直没有能禁止自宫，一方面是民贫役苦，难以为生又无节制地生育，再加上宦官的权势及富有，对贫民有很大的诱惑力，即便是“自宫禁例至以不孝论死”，也不能阻止贫民逐富之心，因为“宣德、正统以来，宦臣收入渐多，及武宗之世，日益昌炽，锦衣玉食之荣，上拟王

---

① 以上引文见(明)申时行等:《明会典》卷80《礼部·自宫禁例》，中华书局，1989年，第460页。

② 王崇武:《明代宦官与自宫禁令》，载《北平晨报》，1935年3月23日；[日]清水泰次:《明代自宫宦官研究》，王崇武译，《西北论衡》，1936年12月第4卷第9期。

③ 邱仲麟:《明代自宫求用现象再论》，《淡江史学》，1994年第6期。

④ 余华青:《中国宦官制度史》，上海人民出版社，1995年，第415页。李禹阶、赵昆生等:《权力塔尖上的奴仆——宦官》，浙江人民出版社，1991年，第154~157页。

⑤ 赵克生《明代私阉之禁》，《安徽大学学报》，2002年第1期。

⑥ 帅艳华、黄阿明:《明代社会自宫风气》，《巢湖学院学报》，2005年第2期。

⑦ 赵玉田:《“时代”“名人”与明代私阉之风》，《文史知识》，2012年第4期。

者为之，弟侄者往往坐获封拜，而苍头厮养亦复纡金衣紫，是以闾阎小民，朵颐富贵，往往自残形体，以希进用”[①]。另一方面朝廷需要宦官，常常是旋禁旋收，“人见令之不信，无所畏惮，则觊觎富贵之念未免复萌，而残毁形体之事自不容已”。更何况“皇城之内，通名籍者，不止万有余人，而仓厂场库，牟利无算，蟒衣玉带，滥赏不惜。又不三五年辄有一选，选辄数千，以故无知小民，贪图富贵，入骨熏心，奈何欲以死刑禁之乎”[②]。统治者制定的禁例，统治者率先破坏之。“勋臣藩府违禁阉割，不究其罪，且收其人，是主上先置三尺于高阁矣。欲厘敝习，不亦难乎”。[③]所以自“祖宗以来，凡阉割火者，皆罪极之人，或俘获之虏。景泰以来，近畿民畏避差徭，希图富贵者，往往自宫赴礼部求进。自是以后，千百为群。禁之不能止，为国之蠹甚矣”[④]。禁例的出台与当时社会状况密不可分，针对时弊，而弊已深，再加上朝令夕改，也难免实行者观望不前，难以切实执行。

三

由于宫廷的特殊性，朱元璋订立的《皇明祖训》是经常被援引的，普遍适用于宗藩与宫廷的犯罪。

按照《皇明祖训·祖训首章》云：“皇亲国戚有犯，在嗣君自决。除谋

① （明）黄训辑：《名臣经济录》卷47引汪鋐《题为计处净身以图善后事》，台湾商务印书馆景印文渊阁四库全书，1986年，该卷21~27页。

② （明）陈子龙等辑：《明经世文编》卷418引沈鲤《议处净身男子疏》，中华书局影印本，1962年，第4545页。

③ （明）沈德符：《万历野获编补遗》卷1《阉幼童》，中华书局，1959年，第820页。

④ （明）余继登：《典故纪闻》卷14，中华书局，1981年，第251页。

逆不赦外，其余所犯，轻者与在京诸亲会议，重者与在外诸王及在京诸亲会议，皆取自上裁。其所犯之家，止许法司举奏，并不许擅自拿问。”①《祖训》所讲的原则，在《大明律》中已经体现，这里则明确了皇亲国戚犯罪处置的具体程序。

《皇明祖训·法律》涉及皇太子及诸王的法律共计15条，涉及皇太子及诸王不能拿问，只能唤回；亲王宣召必须有御宝文书及金符；诸王可以对治下文武官按律定罪；有侮慢诸王的军民人等拿赴京城问罪；亲王有过失由皇帝面谕，大罪不加刑；风宪官奏闻诸王过失不实，予以处斩；侵占诸王在京师住房者斩，家属徙边；诸王辖下臣民有罪，必明正其罪，并不许以药鸩之；诸王遣使至朝廷，不经过有关衙门而直到御前，按奸党罪处置；诸王不许延揽交结奔竞佞巧知谋之人；庶民讦诸王细故者，按奸顽斩首，家属徙边；朝廷使臣到诸王国，有触犯诸王者，必须交朝廷，由天子处置；新天子即位，诸王只能遣使奉表称贺，但要三年一朝；朝廷无皇子，一定要兄终弟及或立嫡母所生，不许越分；王国不许隐匿逃军。②在“亲亲之谊”的原则下，对亲王不能处死，但这只是朱元璋一厢情愿，其子孙是很难遵守的，宁王朱宸濠还不是在通州被处死，并且被焚尸扬灰。

有关宗藩犯罪，自《祖训》以后，陆续颁布了一些禁例，嘉靖末年汇编为《宗藩条例》，万历十年（1582）重新修订为《宗藩要例》，有封爵、之国、庆贺、朝见、庆祝、迎诏、奏事、祭祀、筵宴、乐、婚姻、宗学、府第、内官内使、奖谕、过犯16目。③宗藩禁例实际上是在《祖训》基础上发展的，

① 张德信、毛佩琦主编：《洪武御制全书》，黄山书社，1995年，第389页。

② 参见张德信、毛佩琦主编：《洪武御制全书》，黄山书社，1995年，第399~401页。

③ 参见（明）申时行等：《明会典》卷55至57《礼部》，中华书局，1989年，第346~359页。

但明确了处置标准。如《皇明祖训》规定："凡王遣使至朝廷，不须经由各衙门，直诣御前。敢有阻挡，即是奸臣。其王使至午门，直门军官火者，火速奏闻。若不奏闻，即系奸臣同党。"[①]《宗藩要例》从永乐元年（1403）规定诸王奏事必须钦准，到弘治年间宗室奏启汇总于王府，再到正德年间限制王府差来人员在京居住，最终在嘉靖年间勒定"越关奏扰"条例："郡王、将军、中尉，郡县乡君、夫人等，但有越关陈奏，情轻者，革去爵秩。情重者，送发高墙。"[②]《宗藩要例》中还有关于其它一些禁例。比如禁止各藩府派遣人员长期滞留京城；禁止各王府违例缔结婚姻；禁止宗室成员收养外人子女；禁止收容民间智能之士等，不但附有"过犯禁例"，也有处置的标准。

除宗藩之外，《祖训》中还有关于宫女与宦官的规定。如《皇明祖训·内令》规定："凡自后妃以下，一应大小妇女，及各位下使数人等，凡衣食金银钱帛，并诸项物件，尚宫先行奏知，然后发遣内官监官。监官覆奏，方许赴库关支。尚宫若不奏知，朦胧发遣，内官亦不覆奏，辄擅关支，皆处以死。"[③]按照《大明律·户律·仓库·虚出通关朱砂》条规定，这类行为要计赃，以监守自盗论罪，也就是说，在价值银40两以上才能定为死罪，而内令规定，只要宫内有此行为，不论财物多寡，皆处以死。再如《皇明祖训·内令》规定："凡私写文帖于外，写者、接者皆斩。知情者同罪，不知者不坐。"按照《大明律·刑律·诉讼·投匿名文书告人罪》条规定："凡投隐匿姓名文书，告言人罪者绞。"显然，宫廷隐秘不容泄露，其处罚也要比律例规定要重。

---

① 张德信、毛佩琦主编：《洪武御制全书》，黄山书社，1995年，第400页。

② （明）申时行等：《明会典》卷56《礼部·奏事》，中华书局，1989年，第353页。

③ 张德信、毛佩琦主编：《洪武御制全书》，黄山书社，1995年，第402页。

值得注意的是，还有一些由皇帝亲自裁决的案件，申明“不为例”，或“不为令”，但在实际处理过程中，已经超出律例的规定，这既是君主可以从权的表现，也是君主特殊的权力。以宪宗时而言，如驸马都尉马诚请将其弟录取为国子监生，“有旨许之，不为例”[①]。给肃王“税课钞岁一万五千贯，不为例”[②]。加赵王“禄米五千石，不为例”[③]。诸如此类甚多，即便是群臣反对，也无可奈何，乃是“虽特恩亦私恩也，虽不为例亦一例也”[④]。面对君主不断出台的“不为例”，臣下在无可奈何的情况下，只有感叹：“虽有后不为例之条，不足以禁，成何体统，成何世界。”[⑤]这种“不为例”“不为令”，既是君主的私恩，也破坏了现行的律例，属于最不稳定的法律，但却在现实中发挥了重要作用，特别是在宫廷司法方面，君主的“不为例”“不为令”，在网开一面的同时，已经使朝廷的法规荡然无存了。

由皇帝裁决的案件，常常以“宥之”“姑宥之”“特宥之”等形式将人犯免于治罪，一是显示恩自上出，二是体现原情定罪，乃是古代强调慎重人命的重要措置，属于宽恤恩典，但这种宽恤往往破坏了既定的法律。如嘉靖五年（1526），南京守备太监卜春与靖远伯王瑾“贪暴不法”，因为“上特宥之”[⑥]，而没有追究责任；再如嘉靖十年（1531），科道官查出御用监钱粮，发现“内府所藏象牙、画绢诸珍奇之物，为典守者所侵

---

① 《明宪宗实录》卷127，成化十年夏四月戊寅条。

② 《明宪宗实录》卷129，成化十年六月庚午条。

③ 《明宪宗实录》卷143，成化十一年秋七月癸亥条。

④ （明）陈子龙等辑：《明经世文编》卷418，载沈鲤：《秦府进封疏三》，中华书局影印本，1962年，第4540页。

⑤ （明）陈子龙等辑：《明经世文编》卷458，载孙慎行：《礼部题为圣恩决不可滥祖制决不可违事》，中华书局影印本，1962年，第5020页。

⑥ 《明世宗实录》卷63，嘉靖五年四月戊午条。

匿无算”。太监黄锦、滕祥在交结事务的时候账目不清，请将他们交法司治罪，嘉靖帝则以“更代不常，姑宥之”[①]。这种在国法已经是不可以原宥，皇帝“乃从而宥之，则国法何以伸，奸雄何所惩”[②]。不但破坏既定的法律，皇恩的滥用更使法律失去了应有的权威。

四

洪武三十年(1397)，历经三十多年编纂的《大明律诰》编成了，朱元璋登上午门，向天下宣布：“凡榜文禁例悉除之，除谋逆并律诰该载外，其杂犯大小之罪，悉依赎罪之例论断。”[③]自此以后《大明律》的地位得以完全确立，但这个诏书还承认《大诰》及例的效用，也就决定《大明律》不可能是单独的法律。以律为主、以例辅律，以榜文、诏令、禁例、成案等为辅助法律形式，不但成为明代的特色，而且成为清代律、条例、事例、则例、成案、章程、禁约、告示等法规体系的源头。

明代宫廷法规的形式多样化，也就决定事涉宫廷的犯罪在法规援引上会出现分歧。由于宫廷犯罪必须要请旨定夺，如果皇帝完全无视法律法规与正常程序，也就决定了各种法规难以实施。兹以内府盗窃案为例。

按《大明律·刑律·贼盗·盗内府财物》条规定：“盗内府财物者，皆斩。”《问刑条例》将内府财物区分出“乘舆服御物”“监守盗”“常人盗”，其处置也轻重不同。盗内府财物，本来应该交法司审讯与量刑定罪，但

---

① 《明世宗实录》卷132，嘉靖十年十一月丁丑条。

② （明）陈子龙等辑：《明经世文编》卷165，载林希元：《与黄久庵兵侍书》，中华书局影印本，1962年，第1671页。

③ 《明太祖实录》卷253，洪武三十年五月甲寅条。

在实际上，法司很难办理这类案件，法律的援引也就成了问题。如成化五年(1469)，内使杜衡“盗内府金二两，银二百两有奇”，而匠人缪谅为其携带出宫。事发以后，送都察院拟罪，这是由法司办理的案件，就应该援引律文规定，所以内使杜衡当斩，都察院却援引杂犯死罪“例得赎”的规定，想放内使杜衡一条生路，而成化帝则按照律文规定，“命皆斩之”[①]。法司顾忌宫廷，即便是律有明文，也会从轻考虑，将裁断权交给皇帝，而实际上宦官盗内府财物，往往不交法司审理。如“管广盈库监丞张栾，以盗内府布匹发南京”[②]，显然没有交法司审理，也不会援引律例。

盗内府财物，只要事涉宦官，法司通常是不能进行审拟的，不是交由锦衣卫镇抚司，便是交由司礼监审理，最终报请皇帝裁决。如嘉靖三十一年(1552)，提督光禄寺内官监太监杜泰，“干没内库银以巨万计”，光禄寺少卿马从谦将此事上奏，按照规定，应该交法司审理，但杜泰却控告马从谦“盗用大官食物，及诽谤不忠状”。嘉靖帝将他们逮赴镇抚司审讯。镇抚司明显袒护太监杜泰，认为他仅是“因公侵冒”，而马从谦是“挟私奏讦”。这种拟罪，违背了嘉靖帝的意志，以诽谤罪名将马从谦“下法司”。法司没有按照诽谤罪拟罪，“当坐盗内府物者律，杂犯死罪，应赎徒为民”，将诽谤改为“狂悖不恭”。嘉靖帝钦定马从谦“杖八十，发烟瘴充军”，结果“遂死杖下”。太监杜泰虽然干没内库银，却没有交法司处置，而是“送司礼监奏处”[③]，最终革任而已。

对于宦官盗内府财物而不交法司审拟，朝臣曾经予以反对。如嘉

① 《明宪宗实录》卷70，成化五年八月戊寅条。
② 《明世宗实录》卷38，嘉靖三年四月丁巳条。
③ (明)王世贞：《弇山堂别集》卷100《中官考十一》，中华书局，1985年，第1899页。

靖时,少监王玘等与军匠陈俊等偷盗内府财物,嘉靖帝将陈俊等送法司审拟,而将王玘等送司礼监奏请发落。刑部尚书林俊认为王玘等宦官“串同陈俊等,恣意侵盗银共二千七十九两,纻丝绢布共一千余匹,纻丝紬绢衣服共二百领,又有金纽玉束等物”,应该交法司审拟。“夫以近日内臣有犯,不付有司,犹非大盗,尚为失刑。今王玘等大盗,容不付有司邪。”身为法司的主官之一,强调朝廷法规,要求按照正常的司法程序审理,这原本是正当的要求,而嘉靖帝下旨云:“王玘等已各打五十,降小火者,发南京打更了。”[①]皇帝已经处置了,法司也只能遵旨而行。“锦衣镇抚司,上所亲信,故凡廷臣将有重谴者,民之妖言者、盗者,皆命治之。狱具,虽法司大臣,无敢出入。故朝之大狱,镇抚治之,朝之裔狱,法司治之。夫人主之势霆也,刑法之威焰也,霆之所击,无坚不枯,焰之所煽,靡濡不焦。夫臣之有诤也而激,则可罪矣;守典也而泥,则可罪矣。”[②]再加上东厂拥有司法权,事涉宫廷的犯罪,法司以律法的抗争,也就显得苍白无力了。

内臣犯罪不交法司,交由司礼监审理,在明中叶以后已经成为惯例,而司礼监经过审讯,直接奏请皇帝裁决,法司是不能染指其中的。如万历三十三年(1605),“御前偶失珍珠袍一件”。万历帝命司礼监调查与审理,司礼监掌印太监陈矩找到三个有嫌疑的内官,他们却“互讦陷之”。陈矩“再四拶鞫,了无盗袍证据”,却也因拷讯而致死一人。在没有证据的情况下,陈矩请旨,结果将另外二人“奉旨降净军”。过了几

① (明)黄训辑:《名臣经济录》卷47,载林俊:《题访获事》,台湾商务印书馆景印文渊阁四库全书,1986年,第8~10页。

② (明)陈子龙等辑:《明经世文编》卷153,载崔铣:《喻刑》,中华书局影印本,1962年,第1539页。

年，有人发现“此袍是一贵显宫女偷出，付其答应内官拆碎变卖”[1]，但死者不能复生，降者难以复职。

在宫廷内发生的犯罪，既不会交法司审理，也不会交锦衣卫镇抚司审理，都由司礼监审理，请旨定罪，也是按照宫中惯例来处置。内官重大犯罪处以死刑，有些可以经过法司裁决，但最终处置要交司礼监办理，采取赐死或秘密执行的办法，而不是押赴市曹。当然，特殊的情况除外，如刘瑾被押赴西市凌迟，就是由法司执行的。内官被判死刑，大多是要抄没财产，而降职发外闲住、充军、种菜等，往往也要抄没财产。如司礼监太监冯保有罪当诛，万历帝“念系皇考付托，效劳日久，姑从宽降奉御，发南京闲住。伊弟侄冯佑等，都革职，发原籍为民。张大受等降小火者，发孝陵司香，仍将各犯财产抄没入官”[2]。

事涉宫廷的案件需要君主裁决，而不同君主的态度，直接影响事涉宫廷犯罪的惩处。如朱元璋时，有两个内使穿干靴子在雨中行走，便：“召责之曰：‘靴虽微，皆出民力，民之为此，非旦夕可成，汝何不爱惜，乃暴殄如此？’命左右杖之。”[3]正德年间，“镇守太监进贡，有古铜器、窑变盆、黄鹰、锦鸡、猎犬、羔羊皮之类，皆假名科敛，自为取财之计。此外又有拜见银、须知银、图本银、税课司银、出办桩草银、扣除驿传银、马价银、甲首夫银、快手月钱银、河夫歇役银，动以数十万计。而左右用事之人，私于下属卖马、卖布、卖纸、卖纱、卖铺陈，又于沿河抽索客货”。此事奏闻，正德帝也不过是禁止下人科取，但还是让镇守太监“进贡如旧”[4]，并不追究相关当事人的责任。

---

① （明）刘若愚：《酌中志》卷16《内府衙门识掌》，北京古籍出版社，1994年，第105~106页。

② 《明神宗实录》卷131，万历十年十二月壬辰条。

③ 《明太祖实录》卷57，洪武三年冬十月丁巳条。

④ （明）王世贞撰，魏连科点校：《弇山堂别集》卷96《中官考七》，中华书局，1985年，第1834页。

再如，永乐年间，内使向皇太子朱高炽言："城门郎擅离所守，纵酒废事"，经核实，乃是"内使故挟私诬构"，皇太子朱高炽将内使交锦衣卫治罪之后，"仍命司礼监榜示，今后内官内使有言事不实，及挟私枉人者，悉寘重典"。[1]不允许宦官涉及朝政，但有的君主却鼓励宦官干预朝政。如正德帝信任太监刘瑾，使他得以"揣知上意，巧为迎合，乃变置大臣，日求官僚细过，深文以督责之。言官小有触犯，辄中以危祸，散遣官校，远近侦察，使人皆自救不给，莫敢进言"[2]。不但使刘瑾成为"立皇帝"，也通过刘瑾驾驭群臣。

还如，永乐帝曾经派内使李进往山西采天花，当得知"李进诈传诏旨，伪作勘合，于彼召集军民，复以采天花为名，假公营私，大为军民之害"时，当即"差御史二员，径诣山西，将李进一干为非之人，鞫问明白，械送京师，必寘重法"[3]。正德年间，大臣指出："钦差针工、巾帽二局内官六员，取占驿所夫二百五十余名，亲下乡追取佣钱，并提督织造太监吴经成造乐器袍服，左监丞林秀等行取驿递船只人夫，每月责官吏追纳佣钱，及南京尚膳监管取鲥鱼内官，取占船只人夫共一百二十名，占用所夫二百九十七名。前任该所大使李臻、李俊俱为追逼缢死，妻子流离，怨声载道"的时候，正德帝充耳不闻，以"不听"[4]的方式不了了之。

在君主专制的情况下，"君权是不能超越的，君主是神威不可测的，而人为的因素又使来自各方面的政治势力都可以染指其间。即使

① 《明太宗实录》卷99，永乐七年十二月戊申条。

② （明）王世贞撰，魏连科点校：《弇山堂别集》卷96《中官考六》，中华书局，1985年，第1811页。

③ 《明太宗实录》卷68，永乐五年六月庚子条。

④ （明）王世贞撰，魏连科点校：《弇山堂别集》卷96《中官考七》，中华书局，1985年，第1829页。

是庸才懦夫，只要借制度之便而能利用君权、控制君权、掌握君权，也能够一呼百应，为所欲为，左右当时的政治”[①]。君主对于各种政治势力的判断基本上停留在是否忠诚的层次上，其判断也未免出现误差，感情因素往往起决定作用。皇帝在宫廷之中，最为亲近的是左右之人，用近人是古代政治的特色，宦官受到重用也是在所难免。“夫洪武开国，宦官止供守门、传命、洒扫、使令之役而已，而其名无闻也。永乐中，马云、孟骥诸人闻其名矣，然犹未甚用事也。至宣庙，王瑾、刘永成诸人承宠用事矣，然犹未专政柄制国命也。迨正统初，英庙幼冲，王振掌司礼监，擅作威福，始而体统大变。自此天子深居大内，不与群臣相接议政矣。”[②]王振以后，有名的宦官如汪直、刘瑾、魏忠贤等的专权，此起彼伏，而君主才智不一，以至于在处理事涉宫廷案件的过程中，各种常规往往不具有规范效用，既定的法规不是被束之高阁，就是成为当权者手中的工具。

明代事涉宫廷的法规，属于宫、官、国、野、军法律体系中“宫”的范畴，在事关宫廷的情况下，“宫”的法律仅仅限于宫廷，事涉宫廷的犯罪则不局限于“宫”的法律，不但可以延伸到其它的法规，而且必须请旨裁定，既显示出宫廷犯罪的特殊性，也显示出普遍性，更有其局限性。在宫廷法规适用方面，既有应用的广泛性，也有应用的特殊性，更有取自上裁的任意性，在具体案例分析过程中，既不能忽略法规，也不能忽略人为因素，更不能脱离当时的政治情况，需要细致地梳理。

① 柏桦：《宫省智道》，中国社会出版社，2012年，第150页。

② （明）王鏊：《守溪笔记·王振》，载中华全国图书馆缩微复制中心：《纪录汇编》，1994年，第1250页。

明代职官有犯的诉讼

按照明代诉讼规定,“凡军民词讼皆须自下而上陈告”,这是指一般诉讼而言,而职官是特殊群体,需要通过诉讼而解决的事情,职官也不允许亲自提出诉讼,“凡官吏,有争论婚姻、钱债、田土等事,听令家人告官对理,不许公文行移,违者,笞四十”[①]。若是民人对职官,或者是职官对职官提出诉讼,则可以避开现管官而采取越诉的形式提出,即“词讼干碍司府州县官者,俱行巡抚、巡按官,就彼提勘问拟。如干碍巡抚、巡按官者,亦行彼处附近巡抚、巡按官员一体勘问”[②]。由此可见,职官有犯的诉讼是有限制的,但也提供了一些诉讼的渠道,以及法律规定的特别诉讼方式。

一、职官有犯的诉讼规定

《大明律·刑律·诉讼》门有12条律,涉及诉讼的方方面面,在诉讼

① 怀效锋点校:《大明律》,法律出版社,1999年,第180页。

② (明)戴金:《皇明条法事类纂》卷38《刑部类》,载杨一凡主编:《中国珍稀法律典籍集成》(乙编第5册),科学出版社,1994年,第547页。

原则上，凡是不公不法的事情，都必须以诉讼的方式提出，俗称告状。对于告状的要求，必须是有行为能力的人，即10—80岁之间的健康男性。老幼笃疾以及妇女有冤屈，必须由亲族的男子代告，称为“抱告”，但也允许老幼笃疾以及妇女状告“十恶”、人命、强盗等案件。诉讼也必须尊卑有序，不允许卑幼告尊长，若是控告，则是“干名犯义”。诉讼必须有书状，除官府所准的“代书人”之外，官府也可以将口诉转化为书状。严禁诬告，实行反坐，不允许使用匿名文书告人罪，不允许越诉，不允许囚犯举告，不允许教唆词讼。官员不受理诉讼有罪，该回避不回避有罪，官员诉讼由家人代告。事涉官员的诉讼，要以“约会”的形式受理，后来出台条例，要由与该官员无干碍的官员受理。

按照《大明律·刑律·诉讼·军民约会词讼》条规定：“凡军官、军人有犯人命，管军衙门约会有司检验归问。”[①]对于军官、军人而言，除了军队内部的事情，军职衙门可以自行处理之外，这种人命案件，军职衙门必须要会同文职衙门审理。这是针对武职官及军人诉讼及受理提出的特别规定，也仅仅限于与民人有关的奸盗、诈伪、户婚、田土、斗殴等案件。

《大明律》没有专门针对文职官提出诉讼的规定，在一些事涉文职官犯罪的条目内，也允许当事人提出诉讼。如“诬告”条规定：“若各衙门官进呈实封诬告人，及风宪官挟私弹事有不实者，罪亦如之。”这里可以看到各衙门官可以进呈实封实施诉讼，这种“实封”就是直接向皇帝告状，与风宪官的弹劾、上司的参奏是有区别的。弹劾是风宪官的责任，各衙门长官虽然也可以参奏下属，但不允许罗列罪名告人罪。永乐

① 怀效锋点校：《大明律》，法律出版社，1999年，第180页。

元年(1403)规定:“若官吏人等,贪赃坏法,颠倒是非,酷虐良民,及婚姻、田土、军役等事,一体职掌榜文内事理,具状自下而上陈告。如有假以实封建言,蓦越合干上司,径赴朝廷干冒者,治以重罪。”专制统治者总是心怀恐惧,官吏贪赃坏法,颠倒是非,酷虐良民,不但会引起民众的不满,也会威胁到王朝的统治,所以在特殊的历史环境下,还是鼓励民众控告官吏的。永乐十三年(1415),“令凡军民利病,及贪官污吏作弊害民者,许诸人具实奏闻”。政治统治需要构建良好的社会秩序,允许人们通过非法律规定的方式控告贪官污吏,但这实际上破坏了现有秩序,也不利于政治统治,所以在景泰四年(1453),“令建言者,该衙门详细参看,果有利国利民,可行则行。有假以言事报复雠怨者,具奏治罪”[①]。对于这种建言及实封上奏的文书,要由相关部门进行验看,不允许再以这种形式对官吏提出诉讼。

对于官员的不法行为允许用诉讼的方式提出,但有一定的限制。如“现禁囚不得告举他事”条规定:“其为狱官、狱卒非理陵虐者,听告。”[②]这是针对直接受害者而言,不是直接受害者,则不允许控告。律内没有专门告官之条,但告官的途径很多,所以相继出台一些条例予以限制。如《弘治问刑条例》规定曾经考察考核被劾人员,“所奏情词,不问虚实,立案不行”。“文武官吏人等,犯该为民等项罪名,不分已未结正,伸诉冤枉者,准行办理。”《万历问刑条例》规定:“军旗有欲陈告运官不法事情者,许候粮运过淮,并完粮回南之日,赴漕司告理。如赴别衙门挟告诈财者,听把总官就拿送问。”“各处奸徒串结衙门人役,假以上司察访为由,纂集事件,挟制官府,陷害良善,或诈骗财物,或报复

① (明)申时行等修:万历《明会典》卷80《礼部·建言》,中华书局,1989年,第459页。

② 怀效锋点校:《大明律》,法律出版社,1999年,第179页。

私仇，名为窝访者，事发，勘问得实，依律问罪。用一百二十斤枷，枷号两月发落，该徒流者发边卫充军。”“各处刁军刁民，专一挟制官吏，陷害良善，起灭词讼，结党捏词缠告，把持官府不得行事等项，情犯深重者，民发附近，军发边卫，充军，仍于本地枷号三个月发落。”[①]由此可见，对职官有犯的诉讼比较普遍，所以各种限制也相继出台，总的原则是不允许以诉讼的方式来挟制和把持官府。

对职官有犯提出诉讼，必然要涉及职官的权力，在该职官管辖之内对其提出诉讼，固然有“官司不受理”条予以保护，但也难保受理之后不进行打击报复，因此在法律上允许事涉职官有犯的诉讼，可以进行越诉。按照“越诉”条规定：“凡军民词讼，皆须自下而上陈告。若越本管官司，辄赴上司称诉者，笞五十”。越诉是有罪的，但没有讲明对本管官司提出诉讼是否算越诉，而现实中在本管官司管辖下控告本管官司，确实在情理方面难以实现。对此，明代也是出台条例，允许事涉本管官司的诉讼控告到上级衙门，特别是抚按成为制度以后，到抚按处控告则成为条例允许的行为。如“若军卫有司理断不公，方许赴合干上司诉告”；本管官司有不法行为，“许被害之人首告，悉从抚按及按察司并分巡官，应拿问者就便拿问如律”。“在外词讼干碍司府州县，行巡抚、巡按；干碍抚按者，行无碍衙门巡抚官。”[②]即便是到京师上控或叩阍，只要是事涉官员犯罪，也是允许的，因此在“越诉”条例内特别区分出“干己事”与“不干己事”。也就是说，统治者鼓励民众揭发检举官吏

① 黄彰健编：《明代律例汇编》，台北“中央”研究院历史语言研究所专刊之七十五，1979年，第871~880页。

② （明）戴金：《皇明条法事类纂》卷38《刑部类》，载杨一凡主编：《中国珍稀法律典籍集成》（乙编第5册），科学出版社，1994年，第499、536、546页。

违法行为，却禁止以自己的冤屈进行越诉。

总之，对职官有犯的诉讼，除了适用普遍规定的律文之外，还适用于条例的规定，更有则例、事例的规定。明代没有留下类似清代的则例汇编，但清沿明制。明人丘濬认为，明代的法律则兼有律、令、格、式及编敕的功能。律与令的关系是“令以教之于先，律以齐之于后”。“凡唐宋所谓律、令、格、式与其编敕皆在是也，但不用唐宋之旧名尔。”律是朝廷所当世守，“事有律不载，而具于令者，据其文而援以为证用，以请之于上可也”①。经过上请，得到皇帝的批准，在法律方面的则成为条例，一般情况下成为“事例”，与部院有关的则成为“则例”，一些事例与则例收录在《大明会典》中。②事例、则例与律例相辅相成，律例确定巡按有受理词讼的权力，但没有讲明与巡按地位相当的职官是否有受理的权力，则例就有补充规定，如巡关御史，“巡视关口，点闸军士，整饬器械，操演武艺，并受理守关人等一应词讼，就彼发落”③。“南京词讼，干系地方者，许内外守备官员受理。”④文武职官因为权责不一，诉讼所涉及的案情也有别，因此诉讼的提出方式也有不同，有职官自身的特点。

二、职官有犯的诉讼受理

《大明律·刑律·诉讼·告状不受理》规定官司受理词讼的原则：

---

① （明）丘濬：《大学衍义补》卷103《治国平天下之要·慎刑宪·定律令之制》，台湾商务印书馆景印文渊阁四库全书，1986年，第713册，第20页。

② 参见柏桦、李倩：《论明代〈诸司职掌〉》，《西南大学学报》，2014年第4期，第153~184页。

③ （明）申时行等修：万历《明会典》卷210《都察院·巡关》，中华书局，1989年，第1047页。

④ （明）申时行等修：万历《明会典》卷212《南京通政使司》，中华书局，1989年，第1059页。

一是官司不立即受理谋反、叛逆等大案要案，需承担杖一百、徒三年的刑事责任；如果因不受理的缘故而造成动乱或叛乱的事态，没有受理的官员要处斩；倘若是恶逆、杀人、户、婚、田宅等事，重者杖一百，轻者按犯人罪减二等，因犯人罪有轻重，轻者减二等则毋庸言，重者减二等则有可能超过杖刑，故此规定最高刑罚杖八十；在此过程中一旦发现有受财行为，计算所收赃物多少，以枉法罪依据相关律例从重追究。二是原告与被告在不同的辖区，要由原告提出诉讼之地的衙门受理，推故不受理者，依照前条承担刑事责任。三是对没有经过本管官司，直接到上级官司诉讼的案件，上级也要受理，但不审理，只是记录下来，设定期限，发到该管官司追问；上级对该管官司出现迟错等情况享有监督审理的权力，要举行改正，否则要与当该官吏同罪。四是本管官司不受理的诉讼，及当事人认为审理不当的案件，上级衙门必须受理；上级衙门不受理及受理以后委托下级衙门审理，也要按照不受理承担刑事责任。五是本衙门受理的词讼，必须本衙门审理，不许批委其他衙门审理，如果批委其他衙门，"随所告事理轻重，以坐其罪"，也就是说要与诉讼最终量刑结合起来，如果是死刑已经执行，就要抵死。

事涉职官有犯的诉讼，主要在第4条，即对官员审理不公提出诉讼，可以到上司衙门告理，而上司衙门必须受理，并且不许批委下级衙门审理。此诉讼原则是针对官员审理不公而言，对官员不法行为提出诉讼也适用，受理衙门要与该官员没有干碍。按照律例规定，针对地方官提起的诉讼，无干碍的主要是抚按官，若是干碍抚按官，要由别处抚按官受理。"告状不受理"规定上级衙门不得批委下级衙门审理，但《宪纲》及《巡按事宜》的规定却存在矛盾。如《巡按事宜》规定："委任府佐，

谓同知、通判皆可择贤而用，一切查盘差委，不必专属推官。”[①]这样便授予了巡按批委权力，以至于“近有不待陈告，专事访察者，亦有不经受理，转委下司者”[②]。这是在抚按官普遍设置以后的特殊情况，以至于出现“耳目太偏”之弊。[③]

事涉职官有犯的诉讼受理上司，在律内规定是各部院、监察御史、按察使、分司巡历（即分巡道），在例内增加巡按、巡抚、总督，特别授权的将军、统制、钦差，以及一些镇守太监，在官制序列上还有上下级隶属关系，在特殊的情况下还允许上控、叩阍，这也决定职官有犯诉讼的复杂性。在古代民众的意识里，状告到官职越大之处，胜诉的机会就越大，因此越诉现象非常普遍，也不得不一而再、再而三地增加条例，以至于“诉讼”律中“越诉”条下的条例最多，限制也最严。

除了“告状不受理”之外，“诉讼”律中还针对一些特殊情况规定了不能受理的范围。如“投匿名文书告人罪”条[④]，“干名犯义”条等。也就是说，官司不能受理匿名举报，虽然实际上受理现象还是相当普遍，有时候还因此形成大案要案，但总的原则是不能处理。律内规定各衙门官进呈实封告人不实，要按照“诬告”罪处置，但在实际上很少按诬告罪处置。例内规定实封不能告人罪，实际上又受理实封所告，并且泄露

① （清）孙承泽：《天府广记》卷23《都察院·巡按事宜》，北京古籍出版社，1982年，第318页。

② （清）孙承泽：《天府广记》卷23《都察院·宪纲》，北京古籍出版社，1982年，第313页。

③ （明）陈子龙等辑：《明经世文编》卷399引管志道《直陈紧切重大机务疏》，讲到巡按权重而出现民情太隔、案牍太烦、趋承太过、耳目太偏、名实太淆、宪纲太峻六弊，其耳目太偏云：“至于访拿凶恶，则宪臣委耳目于推官，推官委耳目于胥隶，各处水陆要冲，多有卖访窝家。又胥隶之耳目也，朝通赂以买入，暮通风以卖出，大奸漏网，良善被诬，酿祸匪细。”（续修四库全书本，上海古籍出版社，2013年，第1661册，第185页。）

④ 官司受理匿名文书，要杖一百；得到匿名文书不烧毁者而送入官司，杖八十。

控告的内容,完全失去了律例规定的本意。[①]

按照“告状不受理”律规定,只要是官就必须接受呈递的诉状,在自己权限范围的可以自理,不在自己权限的,移交有关衙门处置,若是本管官司不受理,或者不服判决的上诉,受理衙门应该受理,并且要求亲自裁断,如果不受理,委派其他衙门或发回原审官,都要按照“告状不受理”论罪。在事实上,委派其他官员及发回原审官,上司衙门是有决定权的,因为有关不受理及裁判不公的标准模糊,上司完全可以按照规定,“置簿立限,发当该官司追问”,只承担督促责任,不承担审问责任。如明正德时,允许镇守太监审问四品官及接受军民诉讼,吏部尚书王恕上疏反对,[②]却不能更改,而以后凡是有特殊授权的官员,都可以不按照法律规定受理词讼,有些还拥有专杀的权力,直接处决一些犯罪的官员。[③]正因为如此,针对职官有犯提起的诉讼才特别复杂,既可以按照律例规定提起,也可以到有特殊授权职官处提起,还可以上

① (明)陆容:《菽园杂记》卷9讲:“通政司所以出纳王命,为朝廷之喉舌,宣达下情,广朝廷之总明,于政体关系最重也。洪武、永乐间,实封皆自御前开拆,故奸臣有事即露,无幸免者。自天顺间,有投匿名奏本言朝廷事者,于是始有关防。然其时但拘留进本人在官候旨意,出即纵之,未尝窥见其所奏事也。后不知始于何年,乃有拆封类进及副本备照之说。一有讦奏左右内臣及勋戚大臣者,本未进而机已泄,被奏者往往经营幸免,原奏者多以虚言受祸。祖宗关防奸党,通达下情之意,至是无复存矣。可胜叹哉!”(参见中华书局,1985年,第116页。)

② (明)焦竑辑:《国朝献征录》卷24《太宰王公传》讲,当有旨镇守太监审问四品官及接受民词以后,王恕上疏云:“国家律令有云:凡在京及在外五品以上官有犯,奏闻请旨,不许擅问。按察司及有司见问公事,但有干连军官及承告官军不公不法等事,须要密切实封奏闻,不许擅自勾问。又有例不许镇守总兵等官接受民词。此祖宗之成宪,所宜遵守而不易也。今某者欲专大权,假以各贪官怠政为词,朦胧奏请提问四品以下职官,朝廷一时不察,允其所奏。又许接军民词讼。某虽有才识,可以委用,终系内廷近侍。稽之祖训条章,自有本等职掌,纠劾提刑,非其所司。今不分四品、五品,不问文职、军职,并听提问,是祖宗累世之宪章,由斯人而变革,朝廷百年之纪纲,由斯人而废坏。臣窃痛心。”这里的“斯人”乃是指刘瑾,因其专权,不敢直指其名。[参见《中国史学丛书初编》(第6册),台湾学生书局,1965年,第1001页。]

③ 参见杨虎得、柏桦:《历代便宜权的授予》,《史学集刊》,2016年第2期,第24~36页。

诉越诉提起,也使针对职官有犯的诉讼呈多样化,不但有着深刻的政治背景,也有着复杂的社会关系。

三、职官有犯的诉讼风险与补救措施

官是权力拥有者,虽然在统治者看来,他们应该是为民父母,就应该如同父母照顾子女那样尽职尽责地为民办事。由于传统伦理道德要求上下有序,尊卑有等,父母至尊的定位,也就确定了他们毋庸置疑的身份,俨然成为了主人,民众只有服从,绝不能反对,否则就是叛逆,会遭到无情打击。在这种情况下,民众针对职官有犯的诉讼就具有风险了。

针对职官有犯的诉讼, 最大的风险就是职官利用权力实施报复。职官可以利用手中的权力,钻法律的空当,千方百计地阻止民众到上司及京城控诉。因为按照法律规定,地方官在断案过程中可以使用刑讯,只要是在臀腿等用刑之处责打,即便是“邂逅致死”[①],也不承担任何刑事责任。正因为如此,在外地方官,“凡有讯鞫,不论轻重,动用酷刑,有问一事未竟,而已毙一二命,到甫暮年,而拷死十人者。轻视人命,有若草菅。如汾州知州齐宗尧,三年致死五十人;荣河知县吴朝,一年致死十七人”[②]。这仅是例举而已,致死一二人也不算什么事,民众要

---

① 《大明律·刑律·断狱·决罚不如法》条规定:“若监临之官,因公事于人虚怯去处,非法殴打,及亲自以大杖,或金刃、手足殴人,至折伤以上者,减凡斗伤罪二等;者,杖一百、徒三年,追埋葬银一十两;其听使下手之人,各减一等,并罪坐所由。若于人臀腿受刑去处,依法决打,邂逅致死,及自尽者,各勿论。”

② 《明穆宗实录》卷47,隆庆四年七月庚午条,台北“中央”研究院历史语言研究所校印本,1962年,第1171页。

控诉他们，若是被他们察觉，足以采取措施，先下手为强，甚至置诉讼者于死地。如宣德元年（1426），砀山县知县于民，因为贪污不道，该县人段恭就让侄子赴京控告，被于知县得知以后，就“诬以他事，擒其父子三人于狱。又诬其反狱，皆致之死”[①]。这个案件不是因控告成功，而是由风宪官访查得实，最终在宣德帝的亲自干预下，于知县被凌迟处死，但段恭父子三人却不能复生。又如成化三年（1467），浙江嘉善县林弘，为官贪虐，就是因为“县吏周显尝讼己（林弘）挟私诬己罪，杖杀显一家四人，并其亲属被累死者十八人，显妻孕将产，既死，孕在腹尚动，逼焚其尸”。这种残忍的手段，若不是因为林弘“为雠家所发”[②]，成化帝亲自裁决，恐怕周显等22条人命也就冤沉海底了。

朱元璋对贪官污吏的痛恨由来已久，他在回忆往事时讲道：“昔在民间时，见州县官吏多不恤民，往往贪财好色，饮酒废事，凡民疾苦，视之漠然，心实怒之。”说明他在没有当皇帝以前，就想到过重典治吏，所以即位以后就申严法禁，“但遇官吏贪污蠹害吾民者，罪之不恕”。多次警告群臣，“苟贪贿罹法，犹行荆棘中，寸步不可移，纵使得出，体无完肤矣”[③]。特别是在《大诰》颁布以后，允许百姓持《大诰》将贪官污吏绑赴京城治罪。对于朱元璋发动民众反贪的效果，许多通俗历史作品都予以肯定，他们引用《大诰》及众多野史笔记，不厌其烦地描述官员跪地向民众苦苦求饶的样子。如乐亭县主簿汪铎向民众哀求：“我十四岁

① 《明宣宗实录》卷17，宣德元年五月己酉条，台北“中央”研究院历史语言研究所校印本，1962年，第463页。

② 《明宪宗实录》卷90，成化七年夏四月丙寅条，台北“中央”研究院历史语言研究所校印本，1962年，第1754页。

③ 《明太祖实录》卷39，洪武二年二月甲午条，台北“中央”研究院历史语言研究所校印本，1962年，第800页。

读书，灯窗之劳至此，你可免我此番，休坏我前程。”[1]以为是天翻地覆，官怕百姓是亘古未有的事。但在民气高涨的时候，无法无天的现象是很普遍的，“禁官吏之贪婪，以便民生，其顽民乘禁侮慢官长；及至禁民以贵官吏，其官吏贪心勃然而起，其仁义莫知所在。呜呼！是其难治也”[2]。可见在君主专制中央集权制度的条件下，由统治者采取扶植的办法授权于民众，其最终结果是失去可以稳定社会的政治制度，破坏可以约束社会的法律，使社会变成无序而难于治理。只有借助政治法律制度予以补苴，一方面要求“文武官有虐害军民者，许被害之人一依《大明律》自下而上陈告，如所司不理，许赴按察司、巡按御史处告理，如有冤抑，方许指实赴京陈诉，不许擅自绑缚，违者罪之”[3]。另一方面则授予巡抚、巡按督察下属的权力，允许他们“诸司官吏贪赃坏法，虐害军民者，擒问解京。奉公守法，爱养军民者，具名以闻”[4]。然而难以克服的官僚政治，在崇尚身份及官僚的政治关系网络下，使针对职官有犯的诉讼渠道更加淤塞。

明代中叶以后，抚按权力高度膨胀，针对职官的诉讼多到抚按所在处告理，根据法律的授权，在外官六品以下，除府州县正官之外，他们可以取问明白，议拟罪名，五品以上则奏闻请旨，有很大的权力，由此也产生了许多弊端。明人沈德符认为：“古大帅莅事，文武官为之属

① 《大诰三编·县官求免于民第十七》，载杨一凡主编：《中国法制史考证续编》第10册《明大诰研究》，社会科学文献出版社，2009年，第35~353页。

② 《大诰三编·民违信牌第三十六》，载杨一凡主编：《中国法制史考证续编》第10册《明大诰研究》，社会科学文献出版社，2009年，第367页。

③ 《明宣宗实录》卷33，宣德二年十一月己亥条，台北“中央”研究院历史语言研究所校印本，1962年，第846~847页。

④ 《明宣宗实录》卷63，宣德五年二月已丑条，台北“中央”研究院历史语言研究所校印本，1962年，第1485页。

吏者，不过庭趋声喏。今皆蒲伏叩头，无敢言及喏矣。若抚按之待其下，惟由科目者尚得打躬，讲揖让之礼，他如州邑佐贰，俯首阶下，与隶卒无异。”[①]当时崇尚身份，“其系进士出身者，则众向之，此皆沿习已深，无可如何，甚至以罪为功。其系举人出身者，则众薄之，甚至以功为罪。上司之相临，同列之相与，炎凉盈面，可鄙可羞之甚，而皆不自顾也”[②]。进士出身是铜打铁做的官，抚按官们对他们刮目相看，“进士除者，虽横行逆施，必曲为回护；举贡除者，一有过失，即斥去”[③]。若是诉讼涉及进士出身的官员，抚按官往往不受理，即便是受理，也是发回该官审理，该官当然可以利用法律的空当，大施淫威，甚至将诉讼者杀害。如万历十二年（1584），临江知府钱若赓，杀死无辜至二百有奇，当时就有人认为：“一郡守三年杀人命如许，为抚按者所主何事，而不早觉察？”被其他人参劾以后，“人主受中贵之言，以为文吏持柄相党护，乃一郡守杀人二百，而阁臣、法司、台谏相率救之”。一个知府杀二百余人，抚按官不参奏，即便是被别人所参奏，也迟迟不能定案，“一介诸生，叨有民社之寄，视民命如草菅，是诚何心？而救之者又何心”[④]。针对职官有犯的诉讼，他们利用权力而消弭于初始，利用关系平息于已成，即便是闹到皇帝那里，还可以利用政治关系网而免于治罪，则可见职官有犯的诉讼之难。

出于对职官的不信任，皇帝则重用宦官，这些经过阉割的人，其思维方式也不是常人所能想象的。自正统时王振专权以来，向地方派遣

① （明）沈德符：《万历野获编》卷17《叉手横杖》，中华书局，1959年，第453页。

② （明）陈子龙等辑：《明经世文编》卷301引高拱《议处科目人才以兴治道疏》，续修四库全书本，上海古籍出版社，2013年，第1659册，第437页。

③ （明）张萱：《西园闻见录》卷30《资格·前言》引韩邦奇曰，哈佛燕京学社，1940年，第20页。

④ （明）于慎行撰，吕景琳点校：《谷山笔麈》卷10《明刑》，中华书局，1984年，第116~117页。

镇守太监成为制度，由他们监督抚按，形成了镇抚按三角关系，而在皇帝信任宦官的情况下，抚按之争以是否能得到镇守太监支持为制胜条件，官员们办事也难免以宦官为中心。如崇祯时，“固安县知县秦士奇，一日公退在衙，有抚按所遣推官带从人叩门而入，则都察院咨行奉旨搜察本官私宅者也。将妇女驱至闲处，据室倾倒筐箧，搜得银七百两，坐赃论戍。究其所以，乃士奇得罪于本县大珰，入毁言于上，故出其不意，而为此也”。当时刚刚诛除宦官魏忠贤及阉党，还不是宦官专权最烈之时，崇祯帝依然“传中旨令巡按御史参奏，御史迫于上命，遂胪列多款，不知县官果贪，巡方所司何事，乃待上之传谕，方登白简。若其未然，而唯诺雷同，使县官衔冤莫诉，则亦大负巡方之职矣”[①]。唯上是从，官僚病态确实影响到职官有犯的诉讼。

四、结语

明代职官有犯的诉讼途径是不畅通的，也没有专门受理职官有犯的诉讼机构，很大程度是依赖君主与长官意志。皇权至上，必然会导致权大于法，拥有绝对权力的君主，也不会被自己所制定的法律所束缚。长官拥有行政权力，在行政权力决定一切的当时，也难免权力滥用。孟德斯鸠认为：“一切有权力的人都容易滥用权力，这是万古不易的一条经验。有权力的人们使用权力一直到遇有界限的地方才休止。说也奇怪，就是品德本身也是需要界限的。从事物的性质来说，要防止滥用权力，就必须以权力约束权力。”[②]在权大于法的制度下，不但皇帝置身于

① （明）杨士聪：《玉堂荟记》（卷下），上海商务印书馆，1939年，第73页。

② ［法］孟德斯鸠：《论法的精神》（上册），张雁深译，商务印书馆，1961年，第154页。

法外，获得皇帝宠信者也无视法律，而以权力制约权力，更会导致权力的滥用。

朱元璋“酌古建官，分列六部”，对敢言复设丞相者诛杀，这乃是“立国命官之体，防微杜渐之深虑也”[①]。这种深思谋虑，是构建在皇帝必须亲政，而且必须有超强的行政能力的基础上，但也不能消除官僚政治。在官僚政治与君主专制相结合的情况下，皇帝以法律规范官员行为，迫使他们不敢过分胡为；官僚们则以种种手段欺瞒掩饰，规避法律，钻法律空子，使皇帝目昏耳聩，难以发威。法律在君主专制与官僚政治的蹂躏下，已经很难起到规范作用。“由于法律是君主一时的意志，所以那些替他表示意志的人们就必然也是象君主一样，突然地表示意志。”[②]职官有犯的诉讼固然允许避开该管官而到上级之处告理，却与“越诉”律相冲突，还特别强调不能“干己事”。当事人受到该管官的迫害，却因为是“己事”而触犯法律，要求那些不干己事的旁观者替人出头，也是法律禁止的。这种概念含混，以及可伸缩性，也就成为皇帝与官僚们充分利用来“表示意志”的借口了。

因为职官有犯的诉讼渠道不畅通，再加上官员之间的政治关系网，对职官提起诉讼变得更加困难，统治者只能扩大监察的权限，让他们进行举劾、参奏，却离不开“庇护制的网络结构”。因为“在这个结构中，在庇护者与被庇护者的关系中负担的义务比他们在政府工作中通常承担的要多一些”[③]。庇护者与被庇护者之间，招权纳贿、任人唯亲、裙带关系、师生关系、同门关系，以及用金钱为媒介的利益关系、法律

① （明）孙旬辑：《皇明疏钞》卷29载曹嘉《持公论破私党以定国是疏》，载刘兆祐主编：《中国史学丛书·第三编》（第二辑），台湾学生书局，1987年，第2149~2150页。

② ［法］孟德斯鸠：《论法的精神》（上册），张雁深译，商务印书馆，1961年，第67页。

③ ［美］费正清等编：《剑桥中国晚清史》，中国社会科学出版社，1985年，第121页。

连带责任的利害关系，也不得不使他们唯上是从，因为“中国的官僚政治之上始终凌驾着专制君主，并充当专制制度的配合物和补充物”[①]。在这种情况下，监察的功能也很难发挥，因为官僚们在官场内，不是以如何行使官的管理职能为重点，而是利用身份地位、威望财力，进一步强化、扩展社会关系网，进而构结上下、同僚的政治关系网。“官僚之间的人际关系往往凌驾于职官管理制度之上，并且成为主导这种制度的关键。在这种背景下，官僚之间的人际关系不但显得十分重要，而且成为官场生存的必要条件。”[②]官僚依托政治关系网破坏法制，在政治日渐腐朽、吏治日渐败坏的情况下，国内外各种矛盾虽然日益激化，但官官相护之积习牢不可破，使权力分配格局和政治关系网更趋复杂。君主宠信宦官，官员就以宦官为中心；宠信阁臣，便以阁臣为中心；重用抚按，也会以抚按为中心，既有正常的职务往来需求，更有权势利益交换的实质。官僚在日趋复杂的政治体制中，发展相应的政治关系网，上下通同结党营私，针对职官诉讼之难也被人们无可奈何地接受，被社会扼腕叹息而认同。

明代职官有犯的诉讼，不是没有法律规定，也不是没有制度保障，但一直置身于行政权力之下，即便是有比较完善的监察体制，也摆脱不了行政权力的干扰，脱离不开庇护制的网络结构。历史似乎告诉我们，针对职官有犯的诉讼，必须摆脱行政权力的干预，设置专门职官有犯的诉讼受理机构，专门进行审理，而避开因行政权力而形成的政治关系网，加强对职官有犯的诉讼受理与审理机构的监督，以在排除各种政治与社会关系干扰的情况下，公正地对待职官有犯的诉讼问题。

---

① 王亚南：《中国官僚政治研究》，中国社会科学出版社，1981年，第39页。

② 柏桦：《明清州县官群体》，天津人民出版社，2003年，第284页。

清王朝罪犯发遣新疆制度

清代法律规范继承明代，逐渐形成由律、条例、事例、则例、成案、章程、禁约、告示等不同法律样式组成的一整套体系。在这些不同的法律样式中，律和各种例是最主要的法律规范，章程、禁约、告示等是补充性法律规范。清王朝“八旗衙门、理藩院、内务府、步军统领衙门、军机处等衙门俱系明代所无，而这些衙门均有部分司法审判权，掌理满蒙藏司法审判事务，形成清代司法审判制度的多民族色彩”[①]。这种多民族的色彩，也就导致法规体系因袭明代而有所创新，罪犯发遣新疆例就是其一。

一

发遣刑是在流刑的基础上所增加的一个刑种，有充军和为民之分。“明代充军，将军犯充作军人，对于非军籍人而言，罪犯改变了习惯的生活方式和生活环境，终身或甚至世代承担兵役或军中劳役；对于

① 那思陆：《清代中央司法审判制度》，台北文史哲出版社，1992年，第12页。

军官军人而言，充军军官被剥夺军职，充军军人一般要承担更为艰苦的军役，若无军功，原则上，充军多具有终身的特征。”[①]这是仅次于死刑的刑罚，而除了充军之外，还有发边远及烟瘴地区为民的条例。

《弘治问刑条例》有关充军、口外为民有3条例：一是“凡真犯死罪免死，并叛逆家属子孙，及例该永远充军者，止在本房勾补，尽绝即与分豁。其余杂犯死罪，并徒流等罪，照例充军及口外为民者，俱止终本身”。二是“凡问发充军及口外为民者，免其运炭纳米等项，并律该决杖，就拘发当房家小，起发随住。其余人口，存留原籍，办纳粮差。若发边外充军者，原系边卫，发极边。原系极边，常川守哨。发口外为民者，原系口外并边境民人，发别处极边”。三是“凡问该充军者，在京行兵部定卫，在外系巡抚有行者，巡抚定卫。巡按有行者，巡按定卫。其所属自问者，有巡抚处，申呈巡抚。无巡抚处，巡按定拨。仍抄招，行兵部知会。其问该口外为民者，亦抄招，解送户部编发”[②]。雍正三年（1725）《大清律例》将之编定为“充军地方”律：“凡问该充军者，附近，发二千里；边卫，发二千五百里；边远，发三千里；极边、烟瘴，俱发四千里。如无烟瘴地方，既以极边为烟瘴，定卫发遣。充军人犯，在京、兵部定卫；在外，巡抚定卫，仍抄招知会兵部。其问该边外为民者，抄招解送户部编发。”[③]因为有律规定，发遣之刑就成为法律正式规定的刑种。

明代充军、口外为民，在《大明律》中有46款，《诸司职掌》有22款，到嘉靖《问刑条例》则有213款之多。这样“流有安置，有迁徙，去乡一千里，杖一百，准徒二年。有口外为民，其重者曰充军。充军者，明初唯边

① 吴艳红：《明代充军研究》，社会科学文献出版社，2003年，第11页。

② 黄彰健编：《明代律例汇编》，台北“中央”研究院历史语言研究所，1979年，第379~380页。

③ 田涛、郑秦点校：《大清律例》，法律出版社，1999年，第134页。

方屯种。后定制，分极边、烟瘴、边远、边卫、沿海、附近。军有终身，有永远”[①]。清初承明制，雍正三年（1725）增加“充军地方”律，先后增加两条例文，一是雍正三年（1725）例，“凡各省充军人犯，该州县仍注军籍，以该州县为专管。如有脱逃疏纵，将该府州县职名题参”。二是乾隆二十一年（1756）例，“奉天、直隶不便安插军流罪犯，嗣后各省军流，均按《五军道里表》，及《三流道里表》，分别等次改发别省。其应发奉天、直隶府州等处，永行停止”。删除原明代遗留的4条旧例。[②]“明之充军，义主实边，不尽与流刑相比附。清初裁撤边卫，而仍沿充军之名。后遂以附近、近边、边远、极边、烟瘴为五军，且于满流以上，为节级加等之用。”进而导致“司谳者每苦其纷歧，而又有发遣名目”[③]。

清初主要向东北地区发遣罪犯，先是发遣到尚阳堡（今辽宁开原县东清水河水库地）、宁古塔（今黑龙江宁安）、乌喇（今吉林市）等地，后来逐渐发遣到齐齐哈尔、黑龙江、三姓（今黑龙江依兰）、喀尔喀、科布多，以及各省驻防，按照罪责轻重，有为奴、与兵丁为奴、与打牲者为奴之分，他们被称为“流人”，“这众多的流人中，多是罚不当罪的无辜受害者。其中有广大的平民百姓，也有相当数量的官绅文人，这又和满洲贵族入主中原的特殊政治需要有关”[④]。“乾隆年间，新疆开辟，例又有发往伊犁、乌鲁木齐、巴里坤各回城分别为奴种地。咸、同之际，新疆道梗，又复改发内地充军。其制屡经变易，然军遣止及其身。苟情节稍轻，尚得放还。以明之永远军戍，数世后犹句及本籍子孙者，大有间也。

① （清）张廷玉等：《明史》卷93《刑法志一》，中华书局点校本，1974年，第2282页。

② 参见马建石、杨育堂主编：《大清律例通考校注》，中国政法大学出版社，1992年，第334~338页。

③ 赵尔巽等：《清史稿》卷143《刑法志二》，中华书局点校本，1976年，第4195页。

④ 张玉兴：《明清史探索》，辽海出版社，2004年，第805页。

若文武职官犯徒以上，轻则军台效力，重则新疆当差。成案相沿，遂为定例。此又军遣中之歧出者焉。”[1]可见罪犯发遣与文武职官发遣，完全是两个序列。

清代罪犯发遣，多发往边疆地区，最初只有为奴，后来增加种地、当差。文武职官发遣军台效力赎罪始于康熙时期，而发遣新疆军台效力及当差，乃是乾隆时期新疆纳入版图以后出台的规定。清代向新疆发遣罪犯有明确的条例规定，虽然屡有变更，也时有暂行中止，但作为一项制度，除了发遣之外，罪犯的管理也是重要的内容，更影响到当时新疆的开发与发展。

二

乾隆帝即位伊始，就关注向新疆发遣罪犯的问题。此前西北用兵，雍正帝曾经将原来应该发遣黑龙江的犯人，改发扎克拜达里克等处，种地效力赎罪。雍正帝认为：“满洲、汉军人等，不谙耕种之事，发往彼处，甚属无益。”[2]而这些罪犯可以进行耕种，既可以解决军粮，又可以发展屯田。对于这种罪犯发遣，带兵的将领不理解，但也不敢公然反对，所以当雍正帝去世之后，他们就提出：“发遣人犯，在彼种地，并无实济，且恐日久之后，人数渐多，致生事端，似应改发他处。”当即就遭到乾隆帝的指责，认为这不是理由，因为那里“现有大兵驻扎，岂有不能弹压之理”。在乾隆帝看来，雍正帝的意思是“盖以此等发遣之犯，原系身获重罪之人，今发军前种地者，乃保全之大恩，令其效力赎罪耳”。

① 赵尔巽等：《清史稿》卷143《刑法志二》，中华书局点校本，1976年，第4195页。

② 《清世宗实录》卷130，雍正十一年夏四月庚午条。

如果只是因为他们“不善开垦”，就让兵丁开垦，而兵丁也不善于开垦，就要“迁移内地之民，往耕边塞之地”，这是不可能的。发遣罪犯去开垦，不是依靠军队弹压，而在于制定相应的制度，因为“耕种本非难事，非工作技艺之可比。若肯用力，人人能之”。如今没有收到实效，“皆该管官员疏忽怠玩之所致也”①。所以坚持向西北发遣罪犯，并且要求总理事务大臣会同刑部议奏具体实施方法。

随着西北用兵，军队忙于战事，很难安置发遣罪犯，便暂时停止向军前发遣罪犯屯种之事。随着新疆的开辟，发遣人犯条例也随之制定：“发遣乌鲁木齐等处人犯，解至陕省，虽遇隆冬盛暑，不准停遣。”②此例最初是发遣巴里坤等处，刚刚实行不久，就出现问题，巴里坤领队大臣阿里衮提出：“发遣巴里坤种地人犯，现拟分屯筑堡，相度地亩，酌量安置”，并且声明已经咨行陕甘总督黄廷桂，被乾隆帝斥责为“不晓事理”。乾隆帝认为：“此等发遣人犯，原系情罪重大应死之人，因有一线可原，未即置之于死。若留之内地，徒致扰累善良，是以将各犯发往巴里坤等处种地。”这也是“笼统之辞”，并不是让他们独自种地，而是“与绿旗种地兵丁为奴，督课取力”③。也就是说，发遣新疆种地的罪犯，是在军屯种地，接受军人的监督。陕甘总督黄廷桂并没有理解，因此上奏辨明，也遭到乾隆帝的申饬，认为这是因为西陲平定才将罪犯发遣的，其目的是“给屯田绿旗兵为奴耳”。由于最初定例没有说明，所以地方督抚大员才会想到“分屯筑堡”，如今可以“酌量将此等遣犯，先赏给安西绿营兵丁为奴。俟安西赏足后，再行赏给哈密绿营兵为奴。过二三年

① 《清高宗实录》卷3，雍正十三年九月癸丑条。

② 马建石、杨育堂主编：《大清律例通考校注》，中国政法大学出版社，1992年，第317页。

③ 《清高宗实录》卷562，乾隆二十三年五月丁亥条。

后，以次再及于巴里坤、乌鲁木齐等处。伊等如安分则已，倘或滋事不法，及私行逃窜，一经拿获，即行正法”①。这样的定调，还是没有将种地与为奴区分开来，也给具体实施带来困扰。

陕甘总督黄廷桂与驻新疆各处办事大臣会商，凡是发遣新疆的罪犯，“赏给屯兵为奴，自有该兵丁督课取力。牛具籽种，毋庸另为办给，所居土屋，听自行盖造”②。对于这种安置，不但新疆各处办事大臣不能理解，在京官员也颇有非议，因此御史朱稽提出改发巴里坤人犯，不但会使递解多费口粮，还会“渐染边地习俗”，不利于新疆安定，又遭到乾隆帝的斥责。认为罪犯发遣新疆，乃是朝廷大计，“军营管理屯种之大臣等，尚未能洞悉端委，岂该御史小臣浅识，所能遥度”③。御史们并没有完全理解乾隆帝的用意，又有御史刘宗魏、李绶等提出：“巴里坤为屯田要地，不宜令薰莸共处。”乾隆帝认为这些犯人都是免死之人，把他们发遣到新疆，“即古投畀有北之意”④，也没有想让他们真正去种地，就是为了改造他们，使他们逐渐成为良民。

当时新疆新辟，交通不便利，各地发遣罪犯都要经过甘肃，且要在甘肃等候凑足人数，这给甘肃带来很大负担，所以继任陕甘总督吴达善以“发遣巴里坤人犯妻小，到甘递解，所需口粮车辆，殊多糜费，请饬令各省暂停佥解”。乾隆帝则认为这些发遣人犯都是“罪大应死之犯”，“只须就本犯撙节量予口食”就可以了，岂能“每犯计口授粮，而妻孥携带前往者，亦一一谋其养赡”。⑤可见向新疆发遣罪犯伊始，就遇到很大

① 《清高宗实录》卷563，乾隆二十三年五月丁未条。
② 《清高宗实录》卷564，乾隆二十三年六月癸亥条。
③ 《清高宗实录》卷665，乾隆二十三年六月乙亥条。
④ 《清高宗实录》卷576，乾隆二十三年十二月癸亥条。
⑤ 《清高宗实录》卷591，乾隆二十四年闰六月丁酉条。

的阻力。因为当年甘肃省歉收，部议暂时停止新疆发遣，但在乾隆帝的坚持下，发遣新疆制度还是初步建立了。

乾隆二十六年（1761），军机大臣会同刑部核定发遣巴里坤条例，得到乾隆帝的批准通行，要各省以10—20名遣犯为一起，然后分别送往西安与甘肃，由陕西、甘肃巡抚凑成一批，押赴巴里坤、乌鲁木齐、辟展等地，由该处办事大臣“严加约束，俾得尽力耕作，勿令游手滋事”[①]。原本发遣新疆种地，乾隆帝让他们成为屯兵之奴，发遣犯便成为屯兵的私人财产。若是屯兵调防，势必要将为奴遣犯带走，这显然是个漏洞，所以乾隆帝让军机大臣会同刑部会议解决办法，最终定例：“发各省驻防为奴人犯，不准典卖他所，从前发遣人犯俱随屯田兵耕作。”[②]也就是说，这些遣犯不许调动兵丁携带与变卖，依然在屯田种地，由接替的兵丁继续督促力作。

按照清代发遣例规定，一些罪重的犯人要佥妻发遣，一般都不佥妻。佥妻就要全家随行，因为新疆路途遥远，大多数遣犯都不带家属前往，这也不利于罪犯安心劳作，所以雅尔办事大臣阿桂提出：“乌鲁木齐地土肥美，招募民人，一时难以足数，且起程一切需费亦繁，不如将应遣人犯悉令携眷遣发该处。其能改过者，拟定年限，给与地亩，准入民籍。不费帑项，地方渐至富庶，日久即可编成卫所。”按照发遣例规定，罪犯由官府裁断佥妻者，给官车口粮，罪犯妻子自愿同行者，官府不负担官车口粮。为了鼓励发遣新疆罪犯携带家属，特出台条例，“凡携眷者，一并给与口粮车辆”，以后“有情愿在彼入籍者，即行文该省督

① 《清高宗实录》卷633，乾隆二十六年三月辛酉条。

② 《清高宗实录》卷656，乾隆二十七年三月壬寅条。

抚,将伊等家眷照送遣犯例,办给口粮车辆送往”。[1]从惩罚罪犯,到向新疆移民,这是重要的变化。仅仅半年,就有“情愿携眷者四百名”,乌鲁木齐副都统温福将这些发遣罪犯,“原拟死罪者,作为五年军流罪,轻者作为三年。年满无过犯者,陆续编入民册,将伊等安插昌吉河东现有之旧堡,指给地亩耕种”。[2]这样便使他们成为当地之民,照民人每亩八升纳粮。经过三五年,遣犯就可以成为民人,但在这三五年之间,遣犯病故,其家眷如何安排,也就成为问题,所以刑部定例:“如有离家窎远,或子任力作,自愿到配为民者,令地方官查明,仍解往配所安插,不令为奴。其自愿回籍者,照例递回。”[3]给家眷以一定自由选择权,有利于新疆地区的重要举措,有移民的效用,但本意并不在于移民。

三

乾隆二十三年(1758)定例将20项罪名的免死罪犯,除了老弱残疾之外,全部“发巴里坤等地种地管束”。以后逐渐增加到22项,即:①造谶纬妖书传用惑人不及众者;②师巫假邪神并一应左道异端之术煽惑人民为从者;③军民吏卒殴伤本管官者;④采生折割人已行而未伤人为从者;⑤谋叛未行为从者;⑥逃避山泽不服追唤为从者;⑦凶徒因事忿争执持军器殴人至笃疾者;⑧放火故烧人空闲房屋及田场积聚之物者;⑨聚众十人以上,带有军器兴贩私盐,拒捕伤人为从者;⑩开窑诱取妇人子女勒卖为从者;⑪强盗免死减等;⑫强盗已行而不得财者;⑬

① 《清高宗实录》卷759,乾隆三十一年四月庚申条。

② 《清高宗实录》卷768,乾隆三十一年九月壬午条。

③ 《清高宗实录》卷780,乾隆三十二年三月乙丑朔条。

强盗窝主造意不行又不分赃者；⑭窃盗临时拒捕，伤非金刃伤轻平复者；⑮积匪猾贼抢夺伤人为从者；⑯捕役豢贼一二名至五名者；⑰发掘他人坟冢见棺椁为首；⑱开棺见尸为从者；⑲窃赃数多罪应满流；⑳三次犯窃罪应充军者；㉑刨参案内人犯；㉒四川啯鲁子。乾隆帝认为条例稍多，让军机大臣与刑部删去采生折割人已行而未伤人为从者，谋叛未行为从者，逃避山泽不服追唤为从者，放火故烧人空闲房屋及田场积聚之物者，共4项罪名免于发遣新疆，[1]还剩下18种罪名。

22项罪名有6项罪名是要佥妻发往。即：①凶徒因事忿争执持军器殴人至笃疾者；②偷盗围场木植牲畜犯犯至二三次者；③旗下正身犯积匪者；④拿获逃人不将实在窝流之人之处，再行妄扳者；⑤移住拉林闲散满洲，有犯二次逃走尚未出境者；⑥派往各省驻防兵丁，临行中途脱逃者。

发遣新疆的罪名不断变化，因为发遣人多，屯田之制也是草创，导致新疆地方安置困难，有些罪名逐渐停止向新疆发遣。早在乾隆二十四年（1759），就减为12项罪名。乾隆二十六年（1761），又减为7项罪名。[2]此后一直在变化之中，“忽而改发，忽而停止，条款亦忽多忽少”，最终在咸丰年间（1851—1861）停止向新疆发遣罪犯，到同治年间（1862—1874），“遣犯遂无发往新疆者矣，此亦刑典中一大关键也”[3]。光绪以后，新疆发遣又按例而行。

---

① 参见马建石、杨育堂主编：《大清律例通考校注》，中国政法大学出版社，1992年，第317~318页。

② 强盗窝主，造意不行又不分赃者；窃盗临时拒捕，伤非金刃，伤轻平复者；抢夺伤人为从者；发掘他人坟冢见棺椁为首，及开棺见尸为从者；窃赃数多，罪应满流者；凶徒因事忿争，执持军器殴人至笃疾者；三次犯窃罪应充军者。

③ （清）薛允升：《读例存疑》卷6《名例·徒流迁徙地方》，清光绪三十一年京师刊本。

发遣到新疆的罪犯，根据罪责轻重，分为种地、当差、为奴三大类。为奴有给兵丁为奴，给厄鲁特为奴，给力能管束之回子为奴，这是由轻及重。还有远近之别，一般发遣乌鲁木齐等处，从重则发遣到伊犁等处。给厄鲁特及回子为奴，罪犯一是因为语言不通，二是不堪折磨，所以千方百计地出逃，所以在乾隆五十二年(1787)废除给厄鲁特为奴例，[①]却没有废除给力能管束之回子为奴例。当差分一般当差、当苦差、折磨差事，以示罪责轻重。

按照乾隆四十四年(1779)定例，窃赃数多罪应满流者，三犯窃盗计赃三十两至十两者，抢夺伤人为从者，杀一家三人非死罪之妻子并未同谋加功者，发掘他人坟冢见棺为首及开棺见尸为从者，强盗窝主造意不行又不分赃者，窃盗临时拒捕伤非金刃伤轻平复者，已经到配军流遣犯在配为匪脱逃者，这8项罪名是种地当差。抢窃满贯拟绞缓决一次者，窃盗三犯赃至五十两拟绞缓决一次者，积匪猾贼并回民结伙三人以上及执持绳鞭器械犯窃者，行窃军犯在配复窃者，奸妇抑媳同陷邪淫致媳情急自尽者，盛京旗下家奴为匪逃走犯至二次者，刨参人犯在配脱逃者，三犯窃盗计赃五十两以下至三十两者，这8项罪名是为奴。[②]

乾隆六年(1741)，凡是文武官员犯侵贪等罪者，都"陆续发往军台效力，以为黩货营私者之戒"[③]。最初仅仅是为了惩处贪污的文武官员，后来则有奉特旨发往军台，从重拟发军台者，也就成为文武官员犯徒

① 《清高宗实录》卷1276，乾隆五十二年三月甲戌条。"嗣后如有发遣伊犁给厄鲁特为奴人犯，著刑部发往伊犁，分给该处察哈尔及驻防满洲官兵为奴，所有从前给厄鲁特为奴之例著停止。"

② 参见马建石、杨育堂主编：《大清律例通考校注》，中国政法大学出版社，1992年，第322页。

③ 《清高宗实录》卷151，乾隆六年九月庚寅条。

罪的定例。当时所谓的“军台”，还不是专指新疆，在新疆大局已定之后，条例则明确规定发新疆军台，因此有许多文武官员被发遣到新疆效力赎罪。这些效力赎罪官员，如果所犯是革职及杖徒之罪，在军台效力三年以后，可以奏请释放回旗、回籍。若是犯军流加等治罪者，在军台效力十年以后，可以奏请释放回旗、回籍。至于是否可以回旗、回籍，要“恭候钦定”①。按照律例规定，凡是犯军流之罪，不遇大赦是不能回旗、回籍的。这样的规定，则使犯罪的文武官员三年、十年期满就可以回旗、回籍，看似加重处罚，实际上是从轻。文武官员发新疆军台效力赎罪，除了当差之外，还要缴台费，如果缴不起，或者缴不足数，要请旨处置。如果不是特许，效力期满还要按照所犯之罪量刑发落，要是查出他们“有隐匿寄顿情弊，发往乌鲁木齐永远充当苦差”②。完缴台费原本是为了加倍处罚贪官，但此例没有明确贪赃，对那些因公获咎、过误致罪者，则显得不公平，要是廉吏，如果不能完缴台费，期满之后则还要再坐台三年、五年，“似嫌太重，办理亦不画一”③。

缴纳台费，原本是针对贪官而设定的制度，若不是贪官，则未免要受无钱之累。如鉅鹿县季知县，在清查“教匪”时发现一个有两千数百人的名册，因为都是良民，季知县将名册烧毁了，结果被“褫公职，发新疆效力赎罪”，最后“竟殁于戍所”。④按照律例规定，犯罪文武官员效力赎罪算是处罚轻的，若是当差则处罚较重，当苦差要在军前枷号两个月以上，折磨差事至少要枷号半年以上。

① （清）光绪《大清会典事例》卷742《刑部·徒流迁徙地方》，台北新文丰出版公司据光绪二十五年原刻本影印，第14627页。

② 同上，第14641页。

③ （清）薛允升：《读例存疑》卷6《名例·徒流迁徙地方》，清光绪三十一年京师刊本。

④ （清）陈其元：《庸闲斋笔记》卷5《季封翁焚教匪名册》，上海文明书局，1923年，第5~6页。

四

发遣新疆的罪犯脱逃现象非常普遍，所以相继出台了严惩脱逃的条例。“发遣巴里坤及乌鲁木齐等处逃犯，经原籍及路过省分盘获者，移讯明确，即由各省督抚自行奏闻，于拿获处所正法示众。”“发遣乌鲁木齐等处逃犯，如有越狱脱逃，照遣所及中途脱逃例，拿获之日，请旨即行正法。”[①]这就是所谓的发遣新疆罪犯脱逃正法例，所采取的是特别程序。

即便是实施特别程序，也没有完全遏制发遣新疆罪犯脱逃，因此出台定例，凡是擒获新疆脱逃罪犯者，“兵役酌加赏赉”，而“疎脱及佥差不慎之各地方官，俱著分别参处”，所有新疆脱逃罪犯“即行正法，以示炯戒”。[②]在乾隆帝看来，这些发遣新疆的罪犯，“皆系作奸为匪，不可容留内地之犯，其情性本属凶狡，又惮于出口远行，不遵王法，乘间潜逃”。因此要各省从严处置，并且要求“各省将一年内发遣新疆人犯，查明有无脱逃，及已未拿获之处，于年终汇折具奏”[③]。在皇帝亲自过问的情况下，新疆脱逃罪犯比例逐年减少。如乾隆五十七年（1792），发遣乌鲁木齐人犯3200余名，最终脱逃了42名，乾隆帝还认为：“今逃犯未获至四十余名之多，皆由脱逃时，不以此为事，遂致越境远扬，久未拿获”[④]，将相关人员进行申饬，责令继续查拿。

严打固然可以威慑，但在罪犯都畏惧前往新疆的情况下，还是不

① 马建石、杨育堂主编：《大清律例通考校注》，中国政法大学出版社，1992年，第323页。

② 《清高宗实录》卷587，乾隆二十四年五月丁酉条。

③ 《清高宗实录》卷690，乾隆二十八年秋七月庚申条。

④ 《清高宗实录》卷1422，乾隆五十八年二月庚午条。

能从根本解决问题。乾隆三十五年(1770),伊犁将军伊勒图提出:“兵丁、民人发遣伊犁效力赎罪,充当苦差者,于三年期满时,能改过者,满兵驻塔尔巴哈台为兵,汉军人绿营为兵,民人为民。”经军机大臣等会议,发遣永远充当苦差之人,“如有改过奋勉者,定为十年限期。期满,该将军大臣奏明请旨”[①],由皇帝决定去留。

最初发遣新疆的罪犯,即便是种地,也是按照为奴来对待,而按照定例发遣的罪犯,又多是积匪猾贼,一旦管理不善,或者罪犯不堪虐待,铤而走险也势在必然。乾隆三十三年(1768),昌吉屯田遣犯百余人,乘夜打开昌吉城门,夺取军械库,杀死驻守通判赫尔喜、把总马维国等人,然后杀向乌鲁木齐。乌鲁木齐办事大臣温福,“随亲带兵,前往堵截。贼众结队而立,温福排列兵丁,围住擒拿。众贼抵死拒捕,随施放枪箭,杀死一百余名,生擒三十余名”。即便如此,还是有一些遣犯越山逃散。讯息传入京城,乾隆帝震怒,当即下令将生擒的首犯凌迟处死,其余全部斩首枭示,还将他们的家属,“赏此次出力兵丁等为奴,幼丁十岁以上,俱著正法”。然后下令全新疆展开搜捕,“拿获时,一面具奏,一面即行正法”[②]。“如有一名漏网,查明何处逃脱,惟该处大臣是问。”[③]经过数十天的围捕,“尚有十名未获,向北山逃走”[④],最终进入蒙古地界。这种遣犯的暴动,实际上就是刑事罪犯的暴动,“在任何的正常社会生活中都是不能合法存在的”[⑤]。这次突发事件,也必然导致清廷政策上

---

① 《清高宗实录》卷875,乾隆三十五年十二月乙未条。

② 《清高宗实录》卷818,乾隆三十三年九月甲午条。

③ 《清高宗实录》卷819,乾隆三十三年九月乙巳条。

④ 《清高宗实录》卷820,乾隆三十三年冬十月壬戌条。

⑤ 齐清顺:《一七六七年昌吉遣犯暴动不应肯定》,《新疆大学学报》(哲学社会科学版),1986年第4期,第65页。

的调整“即按大清刑律,制订有一整套发遣、管理制度和对待政策”①。

发生如此重大的案件,不得不使乾隆帝考虑修订政策。因为这些遣犯“原系生事不法之人,虽经投畀远方,岂皆尽知惩创?况居处相近,引类呼朋,尤易复萌故智,甚至酿成事端,皆势所必至”。所以要求“所有发遣积匪猾贼,以及定地问拟流徒各犯,俱责成该管官实力体察防范,毋令其彼此群集,勾结生事。如有不遵约束者,量其所犯轻重,随事查办”。②根据乾隆帝的意志,新疆各处办事大臣,加强对遣犯的管理,凡是“积匪猾贼”,都单独分配到各屯田重点管束。为了对遣犯实施有效管理,新疆还实行犯人自我管理的制度。即按照保甲编制,每10名遣犯选一个散遣头,10个散遣头中选一个总遣头, 实行连坐制度,“遇有遣犯脱逃,除主守之兵丁,及专管之员弁,仍照例办理外,即将应管之散遣头,亦照主守之例一体问拟,总遣头酌减一等治罪。如散遣头有脱逃情事,即将应管之总遣头,亦照主守例治罪。倘总遣头有脱逃情事,即将互保之总遣头,亦各照主守例治罪”。给散遣头、总遣头的优惠条件就是“如其所管遣犯,三年内并无一名脱逃滋事者,散遣头准在该处为民。如散遣头三年内并无一名脱逃滋事者,总遣头准在该处为民”③。对于不服管教的遣犯,还实行锁系铁杆及石墩的处罚,轻则锁系一年,重则永远锁系。④

除了严加管教之外,给遣犯以出路,乃是管理遣犯的必要措施。乾

① 王希隆:《清前期昌吉遣犯起事考述》,《西北史地》,1995年第1期,第52页。

② 《清高宗实录》卷823,乾隆三十三年十一月壬寅条。

③ (清)光绪《大清会典事例》卷743《刑部·徒流迁徙地方》,台北新文丰出版公司据光绪二十五年原刻本影印,第14630页。

④ (清)光绪《大清会典事例》卷734《刑部·徒流人又犯罪》,台北新文丰出版公司据光绪二十五年原刻本影印,第14545页。

隆二十八年(1763),乌鲁木齐办事大臣,因为兵丁遣犯“各奋勉耕种,甚属安分”[①],将其中191名补入绿营兵,还允许他们携带家属,随营调动。此后凡是遣犯年满无过,都可以挑选入八旗、绿营,“给与钱粮”,即便是年老不能当差者,也“给口粮一分度日”[②]。挑选兵丁给遣犯一个出路,鼓励遣犯生产,则是使他们奋勉耕种的具体措施。“伊犁屯田遣犯,每名收获细粮九石;乌鲁木齐遣犯,收获细粮六石六斗者,遣犯每名日给白面半斤。”收获超过三分之一,则“每名日给白面一斤”[③]。改善遣犯生活,可以使他们安心劳作,而给他们以出路,更有利于改造。乾隆四十二年(1777),定例在铅、铁厂打矿挖采的遣犯,可以减去发遣年限,“例应五年为民者,准其减去二年;三年为民者,减去一年;永远当苦差者,五年后即准为民,均免其挖采”[④]。后因新疆铅、铁厂规模越来越大,乾隆五十三年(1788)删除此例。

发遣新疆罪犯除了永远为奴、当差者,都是有年限的,到时候就可以为民回籍。遣犯大多数不愿意在本地为民,再加上因为安置的困难,减少发遣,后来还出现遣犯不足的事情。如嘉庆四年(1799),伊犁将军保宁就认为:“发遣伊犁人犯,节经减等,及年满回籍者甚多,现在不敷分充各营役使。”[⑤]此后增加向新疆发遣罪犯,在咸丰年间因道路阻隔,停止发遣,光绪年间又恢复发遣。

① 《清高宗实录》卷701,乾隆二十八年十二月壬寅条。

② 《清高宗实录》卷797,乾隆三十二年十月壬午条。

③ (清)光绪《大清会典事例》卷178《户部·新疆屯田》,台北新文丰出版公司据光绪二十五年原刻本影印,第7435页。

④ (清)光绪《大清会典事例》卷742《刑部·徒流迁徙地方》,台北新文丰出版公司据光绪二十五年原刻本影印,第14628页。

⑤ 《清仁宗实录》卷44,嘉庆四年五月壬戌条。

五

最初向新疆发遣罪犯，主要是协助兵丁屯田，而当时屯田草创，确实难以安插遣犯开垦，而最初定例22项罪名涉及人众，也导致大量罪犯被发遣到新疆，以至于驻新疆各大员纷纷吁请减少向新疆发遣罪犯，最终仅有8项罪名可以发遣，至嘉庆年间增加到12项。由于制度不稳定，发遣也不确定，更导致安置困难。随着发遣安置制度化，遣犯在屯田及兵营种地当差成为常态，却因为遣犯都有一定年限，到期就可以回籍，难以形成稳定的机制，可见清王朝利用遣犯发展新疆的政策是失败的。一些研究认为清王朝实行遣戍制度在于加强和巩固其在新疆地区的统治，并且“促进了包括新疆在内的边疆地区经济的发展、人口的增加、文化水平的提高”；“促进了汉族同新疆少数民族的交流与融合，增强了边疆民族对于中原的向心力”，所发挥的作用应该予以肯定。[①]但值得注意的是，他们将罪犯发遣与文武官员效力赎罪混为一谈。遣犯是刑事犯罪者，与文武“废员”不同，他们虽然都被称为流人，但两者发挥的作用却不可同日而语。“废员”在促进民族友好交往，以及对经济发展与社会文化等方面的作用毋庸置疑，而刑事犯罪者则难以与“废员”等同，一些“民族矛盾、阶级矛盾和文化冲突”，往往是他们

---

① 杨银权：《试论清代遣犯和流人群体对新疆开发的贡献》，《青海民族大学学报》（社会科学版），2010年第4期，第57页。持有遣犯对新疆发展有利的论著很多，如吴元丰：《清乾隆年间伊犁屯田述略》，《民族研究》，1987年第5期；《清乾隆年间伊犁遣屯》，《西域研究》，1991年第3期；吴元丰：《清乾隆年间伊犁屯田述略》，《民族研究》，1987年第5期；华立：《清代新疆农业开发史》，黑龙江教育出版社，1995年；王希隆：《清代西北屯田研究》，兰州大学出版社，1990年等。

所挑起，其正面作用并不明显。[①]毋庸置疑，作为刑事犯罪的遣犯，与作为效力赎罪的文武官员，是不能相提并论的。

自乾隆二十年(1755)向新疆发遣罪犯以来，所发遣的罪犯都是带有惩罚意义，从发遣罪名来看，多是素质很低的人，特别是在乾隆三十七年(1772)以后，将“积匪”及“邪教”罪犯全部发遣新疆，也给当地社会治安带来很大影响。在清统治者看来，新疆民众多信奉伊斯兰教，其余宗教很难传播，所以才将这些邪教徒发遣新疆，却不想“该犯等到彼，仍各互相交结，联络声气，甚至妄加封号。可见喀什噶尔、叶尔羌等四处邪教遣犯如此，其余回疆地方，均有邪教案内发往为奴之犯，自必在彼仍行传教煽惑”[②]。他们不断扩大影响，滥行惑众，直接威胁清王朝在新疆的统治，不但“反映了当时的民族矛盾、阶级矛盾和文化冲突”[③]，也可以看到邪教的传播能力。

清代罪犯新疆发遣制度设置本身就存在着误区，先以不便移民屯垦为由，将罪犯发往新疆佐助兵丁屯垦，又因为他们是罪犯，需要大量的兵丁看管，导致原本建立的军屯，兵丁不再劳作，而以督促罪犯生产为主。在遣犯不自愿的情况下，生产力也受到影响，以至于新疆各处军屯，“每年收粮分数，或有十分以上，亦有仅三四分者”[④]。其实在新疆当时发展民商屯田，不是不可行的。早在乾隆二十五年(1760)，廷试就有屯田策，士子议论不一，有言禁止者，也有言开放者。乾隆帝认为：“今

① 参见周轩：《清代教案与新疆流人》，《西域研究》，2004年第3期；《清代新疆流人与西域史地学》，《新疆社会科学》，2008年第3期；周轩：《清代新疆流人与民族关系》，《新疆大学学报》(哲学社会科学版)，2003年第4期。

② 《清高宗实录》卷1382，乾隆五十六年秋七月丙戌条。

③ 周轩：《清代教案与新疆流人》，《西域研究》，2004年第3期。

④ (清)官修：光绪《大清会典事例》卷178《户部·新疆屯田》，台北新文丰出版公司据光绪二十五年原刻本影印，第7437页。

乌鲁木齐、辟展各处,知屯政方兴,客民已源源前往贸易。茆檐土锉,各成聚落,将来阡陌日增,树艺日广,则甘肃等处无业贫民,前赴营生耕作,污莱辟而就食多,于国家牧民本图,大有裨益。”[①]因为新疆疆域辽阔,人口稀少,乾隆二十六年(1761),陕甘总督杨应琚就遵照乾隆帝的旨意,“在甘州、肃州、安西等处,招贫民四百余户,男妇大小一千五百余名口,送往乌鲁木齐,垦种立业”[②]。以后陆续招募,在优惠政策下,“户民陆续齐至巴里坤,因见有堡可居,有渠可灌,倍加欣喜。从此闻风接踵而至,于新疆大有裨益”[③]。民屯的发展,促进了新疆的繁荣,“迩来边外商民辐辏,风景不殊内地”。朝廷便想到“招募内地民人,前往耕种,既可以实边储,并令腹地无业贫民,得资生养繁息”。但由于内地对新疆了解不多,新疆也一直没有改变军事管理体制,因此“意存观望”者多,“争先往赴”者少,“设法劝导,令民人踊跃乐从”[④],最终也收效不大。即便是发生旱灾的甘肃省,为了安抚灾民,官府劝他们去新疆屯垦,愿意去的也不多,虽然经过大力宣传,但“愿往新疆种地者,共六百四十二户,查系无业贫民”[⑤]。应该是罪犯发遣新疆制度对民众产生了很大影响,以至于他们宁可饿死在家乡,也不愿意背上罪犯之名。

罪犯发遣新疆制度的失误,在于发遣新疆的罪犯素质低下,也在于他们期满以后回籍,没有以新疆为家的想法。清王朝初建,向东北发遣罪犯,能使“南国佳人多塞北,中原名士半辽阳”[⑥]。这些人“同驻防八

① 《清高宗实录》卷612,乾隆二十五年五月壬子条。
② 《清高宗实录》卷716,乾隆二十九年八月辛巳条。
③ 《清高宗实录》卷723,乾隆二十九年十一月是月条。
④ 《清高宗实录》卷877,乾隆三十六年正月戊辰条。
⑤ 《清高宗实录》卷1019,乾隆四十一年十月壬戌。
⑥ (清)刘献廷:《广阳杂记》(卷1),商务印书馆,1937年,第18页。

旗官兵共同繁衍、生活在东北这块土地上。他们交往日渐频繁密切，彼此渗透和影响，促使清初东北地区社会生活发生了巨大的变化”[①]。罪犯发遣新疆制度所确定的各项罪名，使有一技之长及有文化的人难以进入新疆，而种地、为奴、当差，已经将他们与当地民众隔离开来，再加上期满回籍，也使他们不愿意与当地民众交流。文武官员发遣新疆，他们多在各官府衙门内效力赎罪，也难得与当地民众交流，既不能共同促进新疆繁荣，也不能增进民族间的理解，而让力能管束之回子、厄鲁特等以强制力来管束罪犯，也加剧了民族矛盾。

按照发遣条例规定，发遣新疆当差的遣犯，主要承担各种艰苦的杂役，如挖矿、烧窑、拉纤、挖渠、筑成、护堤等。种地则主要在军屯力作，即便是在期满为民以后可以单独种地，也要接受官府管束，不是完全自由的，实际上是一种劳役刑。虽然有一些“遣屯”“犯屯”，但“在一般情况下，遣犯是不能单独为群，自然就不存在所谓的真正意义的‘遣屯’，其含义与‘兵屯、旗屯、民屯、回屯’完全不同”[②]。屯田除了在军营及军屯为奴的遣犯，给厄鲁特、回子为奴则成为他们的私人财产，便不是劳役刑了。文武官员军台效力赎罪、当差，除了要劳作之外，还要缴纳台费，是劳役刑与罚金刑并行。对于这种发遣刑，在民国时期有人认为具有开发边疆的特征，以为西北旷野万里，发遣还有实施的必要。[③]对清代以遣犯开发边疆政策不能估计过高，而研究也有一些误区，认为“从遣犯安置的方式来看‘遣屯’之说只是一个虚拟”；“从遣犯移民

① 张玉兴：《明清史探索》，辽海出版社，2004年，第583~584页。

② 胡铁球、霍维洮：《清代新疆遣犯移民研究的几个误区》，载《中国历史上的西部开发——2005年国际学术研讨会论文集》，2005年，第171页。

③ 参见百川：《清末军流徒刑执行方法之变迁与吾人应有之认识》，《法学丛刊》，1925年第3卷第1期。

的政策演化来看，遣犯后来基本上成为新疆永久居民之说，也只是个假命题"；"从遣犯的稳定性和发配数量的起伏性来看，学界往往高估移民新疆的数量"[①]。新疆开发是多方面因素构成的，而遣犯与文武官员发遣也不可以同日而语。遣犯属于刑事犯罪，文武官员获罪的原因则多种多样，彼此不在一个层次之上，更何况因为遣犯对边疆的开发，远远不如鼓励民众自愿前往收效大。如乾隆二十五年（1760），伊犁参赞大臣阿桂等制定《伊犁耕牧城守事宜》，鼓励各处回民前往伊犁屯田。[②]次年就收到效果，"春夏田功甚好，必获丰收"[③]。民屯也有可观的效益，原本远途运送军粮，如今"解送巴里坤，驮运奇台、古城、吉布库等处民屯粮石，以供满兵支用"[④]。民屯的发展也是促使新疆从军事管制体制向行政管理体制转变的重要原因，正如乾隆帝所讲："自平定西陲以来，关外耕屯日辟，商旅往来，生聚滋繁，久已共安作息，其秀民并知蒸蒸向化，弦诵相闻，渐成乐土。"[⑤]由此可见，清代新疆的开发与发展并不是遣犯所能促成的。因为自新疆发遣制度实行到清王朝灭亡，遣犯数量最多也就在10—16万之间，[⑥]能成为永久移民者不足7万人，以1911年新疆260余万人口来看，所占人口比例也很少，即便曾经发挥了一些作用，也是微乎其微的，而所带来的各种社会问题则应该引起高度重视。

---

① 胡铁球、霍维洮：《清代新疆遣犯移民研究的几个误区》，载《中国历史上的西部开发——2005年国际学术研讨会论文集》，2005年。

② 《清高宗实录》卷621，乾隆二十五年九月辛未条。

③ 《清高宗实录》卷639，乾隆二十六年六月癸未条。

④ 《清高宗实录》卷941，乾隆三十八年八月癸丑条。

⑤ 《清高宗实录》卷926，乾隆三十八年二月癸亥条。

⑥ 参见张丹、庄正风：《清代移居新疆的内地汉人》，《南京建筑工程学院学报》，2001年第1期；周轩：《清代新疆流人与民族关系》，《新疆大学学报》（哲学社会科学版），2003年第4期。

清代涉藏民刑案件研究与展望

清王朝是以满洲贵族为主体的专制主义中央集权制国家，其历史影响是巨大的。就其主要问题而言，政治、边疆与民族问题是不能忽略的，而对这些主要问题给予支持的法律问题，以及因此形成的多种途径的司法行政问题，更是研究清代法律应该关注的问题。笔者近年来一直关注清王朝涉及藏族的民事与刑事案件，对其处理的过程十分感兴趣，并试图挖掘资料，以期对多民族国家法律及司法特点进行重点研究。

一

所谓的涉藏民刑案件，主要是指藏民与汉民、藏民与蒙民、藏民与满民、藏民与其他民族发生纠纷的民事案件，出现冲突的刑事案件。这里的关键是“涉藏”问题，如果不加以明确，则难以理解研究的问题。

一般来说，“涉藏”，肯定与藏区、藏族有关。从地理区域角度看，既包括西藏地区，也包括甘肃、四川、青海、云南等藏族聚居区。中国境内的藏族分布在广袤的青藏高原上，现今藏族居住区划分为西藏自治区

和青海、四川、甘肃、云南四省的十个藏族自治州和两个藏族自治县(即:青海省海北藏族自治州、海南藏族自治州、黄南藏族自治州,果洛藏族自治州、玉树藏族自治州、海西蒙古族藏族自治州;四川省甘孜藏族自治州、阿坝藏族羌族自治州、木里藏族自治县;甘肃省甘南藏族自治州、天祝藏族自治县;云南省迪庆藏族自治州)。这一行政区划是在长期历史发展中形成的,有其地理、经济、政治等多方面的原因,更主要的是元代以来历代王朝对藏族地区实施统一行政管理的结果。①

如果从行政区划的角度,涉藏当然是涉及这些藏族地区了。但从狭义的角度来讲,"涉"的牵涉、涉及、关连等意思,可以应用到涉藏问题上,在语句里有"涉外",是指在公务上涉及外国,及与外国有关系的涉外单位。如果以这层意思来谈"涉藏",则应该是公务上涉及藏族,及与藏族有关系的涉藏部门。因此,以"涉藏"来分析清王朝在一些涉及藏族案件的处置过程,应该能够成立。

从民族的角度看,藏族不仅仅居住在西藏自治区及藏族聚集区,在全国各地或多或少都有居住,而其他民族在西藏自治区及藏族聚集区也有居住。从清王朝涉及藏族的民刑案件来看,有的发生在京师,也有的发生在内地,还有的发生在民族杂处而交往贸易地区,而更多的是在各民族交界的地方。至于发生在西藏地区腹地的案件,一般的民事纠纷和刑事案件,清王朝原则上不予审理,只有事涉重大,理藩院和驻藏大臣才进行参与。基于此,涉藏案件从民族的角度,不牵扯藏族本民族内部的民事纠纷和刑事案件,只有涉及其他民族的民事纠纷和刑事案件,才能称为涉藏案件。

---

① 参见陈庆英、冯智:《藏族地区行政区划简说》,《西藏民族学院学报》,1996年第1期。

既然涉藏案件是指涉及其他民族的民事纠纷和刑事案件，则涉藏民刑案件研究就应该审视发生在藏民与汉民、藏民与蒙民、藏民与满民、藏民与其他民族之间发生的民刑案件。可以说“清代涉藏民刑案件研究”是一个综合性的课题，既牵涉到藏区的习惯法、清代的藏区立法和司法审判制度，又包括清代对涉藏民事、刑事、反叛、宗教等案件的司法处理过程。

基于上述理由，将“涉藏民刑案件”定位为：以分析藏民与汉民、藏民与蒙民、藏民与满民、藏民与其他民族之间发生的民事纠纷和刑事案件为重点，关注藏族与汉、满、蒙、维等民族成员之间的纠纷解决，分析刑事案件审理过程，以清王朝官方处置的案件为主，从法律和政治层面解析案件处理背后的政治理念，以期对现代民族关系的和谐发展提供历史启示。

二

藏区法制研究起步较晚，而民族史研究也不可能回避藏区的法制问题。从专著来看，如黎宗华、李延恺《安多藏族史略》（青海民族出版社，1992年）一书编译了很多与法律制度相关的藏文资料。陈庆英主编的《藏族部落制度研究》（中国藏学出版社，1995年）一书用两章的篇幅来论述藏族部落的法律制度，并且将藏族部落法律归纳为生产、民事、刑事和军事，然后分别对这些法律规范进行分析。星全成、马连龙《藏族社会制度研究》（青海民族出版社，2000年）一书在论述各项社会制度时，特别对司法、惩罚、继承、婚姻、借贷等制度进行了研究。

专门以藏区法制为主要研究对象的，如徐晓光《清代蒙藏地区法

制研究》(四川民族出版社,1996年),认为清王朝在藏区立法可以分为:以地方立法为主的阶段,零散立法阶段,特别立法阶段,然后分析藏区立法的指导思想和原则。此后考察了藏区法制的基本内容,将藏区法制的特点总结为九个方面,并强调这些特点在民族地区的普遍性。作者认为:《十三法》和《十六法》应该是清朝藏区具有主导地位的基本法,而其它民事、刑事法规则被视为具体法,此外还有广泛存在的例,属于具体法中更具灵活性和实用性的部分。作者另一部著作《藏族法制史研究》(法律出版社,2001年)分别对吐蕃王朝的法律制度、唃厮啰到藏巴汗政权的法律制度、清朝对藏区的立法调整与藏族地方法、近代中央政府藏区立法与藏族部落法等,共计五个政权时间段的藏区立法进行了分析,然后总结了历史上藏族地区法制的特点,勾勒出藏区法制史的全貌。孙镇平《清代西藏法制研究》(知识产权出版社,2004年)将清代西藏法制划分为清朝治藏前期(1642—1793)、治藏中期(1793—1840)、治藏末期(1840—1911)三个发展阶段。认为治藏前期是"从俗而治",治藏中期是"从宜而治",治藏后期是"固我主权"。在分析了清朝治藏三个时期的法制状况之后,进行了综合评述,总结了发展历程、发展规律、法制特色,并且指出经验教训,以及对当今的借鉴意义。

除了以上专著之外,涉及藏族法制的论文很多,可以大致分为几类:

首先,从制度层面谈及藏族法制问题。如何峰从藏族谚语分析藏族部落制度,认为藏族谚语是藏族部落制度的反映,藏族部落制度则是对藏族谚语的最好注解,其中也涉及法律问题。[1]星全成则认为依法

① 何峰:《从藏族谚语看藏族部落制度》,《青海社会科学》,1991年第5期。

治理蒙藏地区，是清王朝治理蒙藏的方略，其成败得失，耐人寻味。[①]彭建英则认为法律化和制度化是清廷治藏的重要方略。[②]周伟洲在论述甘青藏区行政体制改革时，将“建立法规，制定律例”作为一个改革措施来论述，认为《番例六十八条》起到了维护藏区秩序稳定的作用。[③]清廷对西藏的治理，驻藏大臣的设置及职权是不容忽略的，这方面的论著较多，而在论述驻藏大臣职权时，也不可避免地谈到相关的法律。[④]理藩院是清代专门处理民族事务的机构，在分析该机构的设置沿革、职掌、行政特点及其在治理边疆过程中作用的时候，也必然会提到相关的法律。[⑤]

其次，清代在藏区的立法及立法内容，是学者们关注的重点内容之一。如对藏区法律规范中的刑法、民法、军法、诉讼法等内容进行分析，从“因俗而治”及“众建而分其势”统治政策，总结清王朝关于藏区立法的特点，认为清廷通过对藏区的立法，成功地调整了中央与藏区

---

① 星全成：《清朝治理蒙藏方略之得失》，《青海社会科学》，2007年第4期。

② 彭建英：《试论清朝的治藏方略》，《西北史地》，1997年第2期。

③ 周伟洲：《清代甘青藏区建制及社会研究》，《中国历史地理论丛》，2009年第7期。

④ 主要论文有丁实存：《清代设置驻藏大臣考》，《边政公论》，1944年第7期；王忠：《中央政府管理西藏地方的制度及发展》，《历史研究》，1959年第5期；陈鸣钟：《清朝前期中央政府对西藏地方政治制度、宗教制度的改革》，《史学月刊》，1960年第1期；王辅仁：《略论清朝前期对西藏的施政》，载《清史研究集》（第二辑），1982年；顾效荣：《清代设置驻藏大臣简述》，《西藏研究》，1983年第4期；吴健礼：《略论清朝对西藏地方的主权》，《西藏研究》，1983年第4期；吴丰培：《清朝驻藏大臣制度的建立与沿革》，《中国藏学》，1989年第1期，《清代驻藏官员的设置和职权》，《中央民族学院学报》，1981年第1期；张云侠：《略论清代驻藏大臣的设置、职权及有关问题》，《社会科学研究》，1985年第3期；申新泰：《清代中央政权对西藏行政体制和宗教制度改革述评》，《西藏民族学院学报》，1996年第1、2期；张羽新：《驻藏大臣政治地位和职权的历史考察》，《中国藏学》，1998年第2期等。

⑤ 参见吕士朋：《清代理藩院——兼论清代对蒙藏回诸族的治理》，《东海大学历史学报》，1977年第1期，《清代的理藩院》，载《中国史学论文选集》（第三辑），1979年；王钟翰《试论理藩院与蒙古》，载《清史研究集》（第三辑），1984年；赵云田：《清代治理边陲的枢纽——理藩院》，新疆人民出版社，1995年。

以及各民族间的法律关系，有效地维护了藏区社会秩序的稳定，其成败经验教训，对现代藏区管理也有裨益。①

再次，研究藏区的法制，就不可能忽略有关藏区的各种法规，诸如《理藩院则例》《蒙古例》《番例》《钦定西藏章程》《青海善后事宜》《西藏通制》等。学者从不同角度对这些法规进行分析，认为这些民族法规，既能发挥区域性法规的效用，也起到调节民族关系的效用，不但体现了清王朝治理民族地区的政治理念，而且具有很强的实践意义。②

最后，清王朝有关藏区的立法内容是学者关注的对象，而这些立法所体现的思想与理念，更是学者关心的问题，并且试图从思想到实践，总结一些特点，谈一些经验，最终提出一些有益的启示。这种宏观地分析清王朝对藏区立法的原则，总结立法特点，与那些微观及中观研究，

---

① 参见陈光国：《民主改革前的藏区法律规范述要》，《中国社会科学》，1987年第6期；王志刚：《试论清朝政府治理藏族地区的法律措施》，《西北政法学院学报》，1984年第4期；陈光国、徐晓光：《清朝对青海蒙藏民族的行政军事诉讼立法初探》，《青海民族学院学报》，1991年第2期；徐晓光、周健：《清朝政府对喇嘛教立法初探》，《内蒙古社会科学》，1988年第1期；刘志：《清政府管辖西藏地方的立法制度述评》，《青海民族研究》，2006年第2期；那仁朝格图：《试述清朝对青海蒙藏民族地方的立法》，《内蒙古社会科学》，2008年第1期；焦利：《清代对西藏地方行政管理的法律成果考察》，《国家行政学院学报》，2008年第5期等。

② 参见苏钦：《〈理藩院则例〉性质初探》，《民族研究》，1992年第2期；徐晓光、陈光国：《清朝对"蒙古例"、〈理藩院则例〉的制定与修订》，《内蒙古社会科学》，1994年第3期；史筠：《清王朝治理西藏的基本法律——〈西藏通制〉》，《民族研究》，1992年第2期；何峰：《从〈番例〉看清王朝对青海藏区的管理措施》，《青海社会科学》，1996年第6期，《〈番例〉清王朝对青海藏区的特殊法律》，《青海社会科学》，1997年第3期，《〈番例〉探析》，《中国藏学》，1998年第2期，《从〈番例〉看藏族千百户制度》，《青海民族学院学报》，1998年第2期；星全成：《〈钦定藏内章程二十九条〉及其意义》，《青海师范大学民族师范学院学报》，2005年第11期；张云：《钦定藏内善后章程二十九条的形成与版本问题》，《民族研究》，1997年第5期；卓嘎：《〈铁虎清册〉产生的背景及内容》，《中国藏学》，1992年特刊；牛绿花：《略论〈钦定西藏章程〉及其历史意义》，《青海民族研究》，2009年第1期；隆英强：《浅谈五世达赖喇嘛时期的〈十三法典〉》，《西北民族大学学报》，2005年第1期；李鹏年：《西藏摄政阿旺降白楚臣被控案与裁禁商上积弊章程》，《中国藏学》，1999年第4期；王希隆：《年羹尧〈青海善后事宜十三条〉述论》，《西藏研究》，1992年第4期等。

相得益彰，为整体把握清王朝民族立法提供了分析路径及方法。[①]

三

谈到藏区的法制，就不能忽略藏族习惯法，因为习惯法是清王朝针对藏区立法的重要法律渊源，也是历史上形成的，并且通行于藏区的，以习惯为基础发展起来的，具有广泛约束力的规则。

对于藏族习惯法的研究，可以说成果斐然，如张济民主编的“藏族部落习惯法研究丛书”中，以《寻根理枝——藏族部落习惯法通论》《诸说求真——藏族部落习惯法专论》《渊远流近——藏族部落习惯法法规及案例集录》（青海人民出版社，2002年），构成藏族习惯法的研究系列。在《寻根理枝——藏族部落习惯法通论》一书中，不仅系统地论述了藏族习惯法与藏族道德、藏族禁忌、藏族仪式、藏传佛教等的关系，而且对藏族习惯法的行政法规范、军事法规范、民事法规范、刑事法规范以及各种纠纷的解决及程序也有分析。《诸说求真——藏族部落习惯法专论》则就区域性习惯法进行了细致分析，诸如甘南藏族自治州盗抢牲畜及杀人命案的解决方式，多采用习惯法进行调解，有藏民族的特殊性。《渊远流近——藏族部落习惯法法规及案例集录》一书分为青海省范围的法规资料、兄弟省区的法规资料、案例汇编、附录、词语解释5个部分，收录一些现存的法规及案例，诸如“赔命价”“婚姻”“赘婿”等。

① 参见王立艳：《清代“从俗从宜”治理西藏的法律思想与实践》，《中央政法管理干部学院学报》，2000年第4期；田莉姝：《清朝民族立法特点之研究》，《贵州民族研究》，2003年第4期；张晋藩：《清朝民族立法经验浅析》，《国家行政学院学报》，2011年第1期等。

另外，洲塔《甘肃藏族部落的社会与历史研究》（甘肃人民出版社，1994年）一书在论述甘肃藏区社会法律规范的来源时，对该地区传统法律规范的主要内容进行分析，并且总结该地区的法律规范特点。陈庆英《藏族部落制度研究》（中国藏学出版社，2002年）一书则设专章论述藏族部落的法律制度，从生产、民事、刑事等方面讲述藏族习惯法的内容，也总结了藏族部落法律制度的特点。

此外，星全成《藏族社会制度研究》（青海民族出版社，2000年），杨士宏《藏族传统法律文化研究》（甘肃人民出版社，2004年），徐晓光《藏族法制史研究》（知识产权出版社，2004年），孙镇平、王丽艳《民国时期西藏法制研究》（知识产权出版社，2006年）等，也都用较大的篇幅论述了藏族习惯法的文化内涵、基本特征，并从婚姻和土地纠纷，人命案件等方面分析藏族习惯法在具体解决过程中发挥的作用。

最新著作当是华热·多杰《藏族古代法新论》（中国政法大学出版社，2010年）一书，作者积二十余年研究之功力，完成此书。该书3篇23章，分别对藏族古代私法、藏族古代公法、藏族传统法律观进行论述，认为藏族古代公法则以吐蕃王朝以来制定的法影响最深，在藏族古代法中占有十分重要的地位，而藏族习惯法也是法律的重要渊源之一。之所以藏族习惯法在具体纠纷处理过程中能发挥重要作用，主要是由于藏族地区地广人稀，情况复杂和法制尚不健全这两个因素决定的。对于习惯法发挥的作用，作者从草原纠纷、边界性争议、饮水和其它方面的争议，来论述纠纷的产生原因及解决的方式，对其普遍性和严重性进行解析，提出自己的思考。

有关藏族习惯法研究的论文很多，综其研究来看，主要集中在藏族习惯法的内容解析，具体应用的效果分析，以及对现代的影响方面。

内容解析是针对某些地区性习惯法的形成及传承问题进行研究。具体应用的效果分析，则对婚姻、土地纠纷的解决，人命的赔偿制度等方面进行研究，分析其适用原则。对现代的影响则从历史传承的角度，讲到民族特征的形成，在民族心理素质、风俗习惯、宗教信仰没有大的变革的情况下，藏族习惯法依然有很大的市场，因此应该给予高度重视。①

四

以清王朝涉藏民刑事案件为主要研究对象的论著比较少见，但研究藏族法制史，无论是论述藏区公法，还是藏族习惯法，都不可能忽略

---

① 参见文格：《藏族习惯法在部分地区回潮的原因分析》，《青海民族研究》，1999年第3期；杨士宏：《藏族部落习惯法传承方式述略》，《青海民族学院学报》，2004年第1期；孙镇平：《西藏“赔命金”制度浅谈》，《政法论坛》，2004年第6期；陈光国：《试论藏区部落习惯法中的刑法规范》，《西北民族学院学报》，1997年第3期；何峰：《论藏族部落的赔偿制度》，《青海民族学院学报》，1996年第4期；张济民：《浅析藏区部落习惯法的存废改立》，《青海民族研究》，2003年第4期，《藏区部落习惯法对现行执法活动的影响及对策》，《青海民族研究》，1999年第4期；白廷举：《土族习惯法探析》，《青海民族学院学报》，2002年第3期；索南才让：《藏传佛教对藏族民间习惯法的影响》，《西北民族大学学报》，2004年第2期；陈文仓：《玉树藏族部落习惯法初论》，《青海民族研究》，2004年第1期；李明香：《果洛藏族部落习惯法浅议》，《西北民族大学学报》，2004年第1期；彭宇文：《关于藏族古代法律及法律文化的若干思考》，《法学评论》，2004年第2期；唐萍：《部落习惯法对青海藏区社会生活的影响及对策分析》，《青海民族学院学报》，2003年第4期；多杰：《玉树藏族部落法规职能初探》，《青海民族学院学报》，1991年第4期，《浅谈藏区环保习惯法》，《青海民族研究》，2003年第3期，《浅谈藏族习惯法中“命价”的意义及其适用原则》，《青海民族研究》，1993年第1期，《关于藏区民间法文化现象的透析》，《青海民族学院学报》，2004第1期；牛绿花：《对藏族部落习惯法中妇女地位及财产继承权问题的探讨》，《西北民族大学学报》，2004年第6期；贾烯儒：《试论藏区部落习惯法的文化成因及其改革》，《攀登》，1997年第2期；隆英强：《本土民族法文化的价值与内涵——以藏族赔命价习惯法对我国刑事司法的贡献为视角》，《中南民族大学学报》，2011年第4期；后宏伟、刘艺工：《藏族习惯法中的神明裁判探析》，《西藏研究》，2010年第5期；辛国祥、毛晓杰：《藏族赔命价习惯与刑事法律的冲突及立法对策》，《青海民族学院学报》，2001年第1期；胡秋妍：《浅析藏族婚姻习惯法》，《四川民族学院学报》，2011年第6期；匡爱民、黄娅琴：《藏族习惯法中的惩罚性赔偿规则研究》，《中央民族大学学报》，2012年第1期等。

具体的案件，而在谈论清王朝有关藏区司法审判制度和纠纷解决机制时，也少不得要谈到一些民事纠纷解决的事例，一般民刑案件的处理原则，至于宗教犯罪、反叛犯罪等特殊刑事案件，更是研究者所关注的问题。

在清代藏区司法审判方面。牟军简述了自清朝以来西藏地方司法行政体制，对那个时期的诉讼、证据和执行等制度进行论述，虽然没有具体的案例分析，但对《法律十三条》在实际上的应用进行了分析。[①]陈柏萍对藏族传统司法制度形成、发展的历史轨迹进行描述，谈到起诉、调解、审判和执行等司法程序。[②]杨华双则在田野考察的基础上，对四川西部嘉绒藏区习惯法中现存的司法制度进行总结，认为嘉绒习惯法的司法制度主要是调处和神明裁判。调处往往由土司、守备主持，先向双方罚款，理由是“好人不做，却吵嘴”。神明裁判则主要适用于疑难案件的审理，有盟誓、神托、神罚等形式。[③]何峰分析了“天断”这一藏族传统法律中独具特色的审判制度，将天断形式归纳为起誓、视伤情、视征兆三大类，这些形式广泛地应用在疑难纠纷和案件的处理中。[④]马青连在分析清代理藩院司法管辖权时，注意到理藩院定期不定期派遣司员、理事官巡视的问题，有些少数民族与汉民族发生纠纷的案件，常常由这些巡视官会同地方土司及官员进行裁断。[⑤]

清代藏族纠纷解决机制是学者关注的重点问题。多杰从经济、政治、法律关系来分析藏族部落特征，而这些特征决定了纠纷解决的性

---

① 牟军：《近代西藏地方司法制度简述》，《现代法学》，1993年第5期。

② 陈柏萍：《藏族传统司法制度初探》，《西北民族学院学报》，1999年第4期。

③ 杨华双：《嘉绒藏区习惯法中的司法制度》，《西南民族大学学报》，2005年第4期。

④ 何峰：《论藏族传统的天断制度》，《西北民族学院学报》，1996年第4期。

⑤ 马青连：《清代理藩院之司法管辖权初探》，《思想战线》，2009年第6期。

质、类别和特点。能纳入解决的有财产纠纷、人身权纠纷、婚姻纠纷等，然后对调解模式、审判制度、特殊审判方法解决纠纷的不同进行比较，最后论述司法权的归属，认为审判是有法律规范的，调解则是动之以情、晓之以理的过程。[①]后宏伟则先论述了藏族习惯法中的调解特征，然后讲述调解纠纷解决机制的内容，也就是民间调解权威、调解评价依据、调解的强制力、调解的适用与排除、调解的维系力量等，并且分析调解纠纷的优点与不足。[②]王玉琴等则从藏族民间调解的成文法基础、宗教渊源，来论述藏族纠纷解决的历史渊源，然后在田野调查的基础上，提出新时期藏族民间调解对国家法的补充，转型时期藏族民间调解的困境，藏族民间调解的规范化等问题，希望能达到民间习惯法与国家法的良性互动。[③]佴澎从清代云南藏族纠纷解决机制的多元性谈起，分析纠纷解决机制的趋同性以及纠纷解决机制变迁的原因，以一些案例以及地方性的《团规》，讲述变迁的过程，认为云南藏族纠纷解决机制的变迁，是云南藏族固有纠纷解决机制的变迁，也是中央王朝的政策调整和变通，因此呈现出多元化和趋同性的特点，而且两套纠纷解决机制并存，在各自的领域内分别发挥解决纠纷的效用。[④]潘志成从藏族传统社会对纠纷的认识入手，谈到藏族社会传统纠纷调解制度，对历史上藏族的调解人，如官方或部落头人、领主，活佛及喇嘛，老人及其他调解者的调解方式进行解析，然后分析藏族社会传统调解制

---

① 多杰：《藏族部落纠纷解决制度探析》，《青海民族学院学报》，1999年第3期。

② 后宏伟：《藏族习惯法中的调解纠纷解决机制探析》，《北方民族大学学报》，2011年第3期。

③ 王玉琴、德吉卓嘎、袁野：《藏族民间调解的脉动》，《西藏大学学报》，2011年第4期。

④ 佴澎：《在博弈中走向和谐——清代云南藏族纠纷解决机制研究》，《云南农业大学学报》，2008年第1期。

度在现代社会的境遇，认为调解作为历史上藏族社会处理纠纷的一种最重要的方式，无论是对稳定社会秩序，还是对协调社会成员关系，都发挥了重要的作用，而将藏族社会传统调解制度有选择性地纳入当今的纠纷解决机制，乃是比较明智的做法。[①]李虹以当前藏区草场资源纠纷多发为切入点，通过调查，以案例分析的方式，解析藏区存在着多元化纠纷解决方式的优劣，认为增强多元化纠纷解决方式的层次性和结构性，明确各个纠纷解决方式的范围，保证民间调解协议的效力和行政调解的强制执行力，是解决草场资源纠纷的最佳选择。该文虽然没有谈到清代的案例，但对解析清代类似的案例，还是有所裨益。[②]熊征基于近年来有关藏牧区犯罪治理的理论争鸣，分析了藏族牧区刑事司法现状，以一些案例为支撑，提出传统刑事司法的功能失调，刑事和解之契机的问题，最后设想一种刑事和解模式。该文也没有涉及清代问题，但清代解决藏族刑事犯罪的实践，可以扩展研究视角。[③]

总之，对于涉藏民刑案件的研究开展并不充分，几乎所有的研究都局限于藏区及藏族，而对藏族与其他民族之间发生的民事纠纷、刑事案件，缺少足够的关注。如果是藏族与其他民族发生民事纠纷，其解决方式是使用藏族的调处形式呢？还是使用其他民族的调处方式呢？抑或是按照清王朝法律来裁断呢？这些问题无论是在清代，还是在现代，都是值得特别关注的问题，因此本研究具有独特之处。在刑事案件方面，学者们的研究都关注到具有民族特色的法规，并认为这些法规在实际审理过程中发挥了重要作用，然而当刑事案件涉及藏族与其他

① 潘志成：《藏族社会传统纠纷调解制度初探》，《贵州民族学院学报》，2009年第1期。

② 李虹：《藏族习惯法在藏区草山纠纷解决中的作用与困境》，2011年第4期。

③ 熊征：《藏牧区刑事和解初探——以甘南藏族自治州为例》，《西北师大学报》，2011年第6期。

民族时,是按照民族特色法规量刑?还是依据《大清律例》量刑?是由藏族部落首领负责审理?还是由地方官员负责审理?抑或是部落首领与地方官员共同审理?这些问题在以往的研究中都很少论及,这又给本研究带来更大的挑战。

五

综合上述研究,可以看出学者对于清代藏区法制史的关注,无论是资料整理、田野考察,还是文献分析、历史研究,都取得了可观的成果,值得认真关注。然而研究集中在藏区立法、司法及习惯法,纠纷解决,很难看出藏族与其它民族的关系,尤其是出现民事纠纷及刑事案件时,不同民族有不同的风俗习惯,更有特别法与整体法的区别,因此研究藏族与其他民族之间出现的民事纠纷,发生的刑事案件,分析其解决的方式,既是藏族法制史的重要内容,也是中国法制史不可或缺的部分。

通过对藏区法制史研究的梳理,可以发现清代涉藏民刑事案件研究课题的难点所在。因为所有的研究都集中在藏区和藏族,基本上没有谈到在藏区的其他民族与藏族发生民事纠纷及刑事案件是如何解决及审理的,也罕见藏族与其他民族之间发生民事纠纷及刑事案件,官府及民间是如何解决及审理的,也就使研究缺少必要的参考。但毕竟清代涉藏民刑事案件研究具有重要意义,学者们在对藏区及藏族法制史研究的基础上,会把研究重点转到涉藏问题上来,由此可以对今后的研究进行展望。

首先,清代处理不同民族的刑事案件与民事案件的法律依据是什

么？这些法律体现出哪些不同于当今法律的特点？以清代治理西藏政策而言，经历过“以蒙治藏”“以藏治藏”、派遣大臣治藏三个阶段，这仅就西藏之前藏、后藏而言，其适用的法律是西藏地方《十三法典》《法典明镜二十一条》等，以及后来的《酌定西藏善后章程十三条》《设站定界事宜十九条》《酌议藏中各事宜十条》。对于在青海、甘肃、四川、云南藏族与其他民族杂处的地方，适用的法律则主要以《大清律例》为主，而在关注各民族习惯的情况下，制定一些条例，是“以伸国家之法，以服番众之心”[①]。从清廷及地方官府插手解决的涉藏民刑案件来看，民族杂处地区发生的民事纠纷及刑事案件多由官府负责调解与审理，因此《大清律例》优先适用，又因为清王朝有关于各民族的特别法规，在具体处置过程中也必须予以考虑。由于清王朝对藏族采取的是安抚政策，在事涉藏族的案件处置过程中，也会考虑到藏族习惯法，但毕竟是王朝，所以在处置时也会有总体考虑，尤其是牵扯到其他少数民族时，也要关注其他少数民族的习惯法。不过总的来说是以安抚为主，力求达到恩威并济的效果。

其次，清代对民族冲突和纠纷的实践过程，其基本政治理念是什么？案件处理以后的政治与社会效果如何？是激化民族矛盾，还是促进民族和谐？清代满、蒙、汉、回、维等民族关系，不但是清王朝立国的基石，也是清王朝得以延续的根本。对于其他少数民族管理比较宽松，其主要原则是“治内地当先宽而剂之以严，治边夷宜先威而继之以恩”[②]，是所谓的“恩威并济”。从清廷及地方官府审理藏族与其他民族发生的纠纷来看，无时无刻地体现出这种理念。如乾隆四十四年(1779)，出现

---

① 《清世宗实录》卷30，雍正三年三月戊申条。

② 《清世宗实录》卷43，雍正四年夏四月戊子条。

藏人惨杀撒拉回民多命之案，此事涉及藏族与回族，在处理过程中，督抚仅将主犯正法。乾隆帝认为："惨杀回民五命，且敢将被杀之尸，剥皮支解，凶恶已极，自应将现获各犯严讯明确，即于番境集众正法枭示，庶足以警凶顽而戢残暴。""至该番头人，虽于事后将凶犯绑缚献出，然其平日约束不严，致所属番人凶横不法若此，自有应得之咎。"①不但处死凶手，还将头人罚赎，用罚赎来安抚回众。在处理藏汉之间的民刑案件时，往往对汉人罚重而对藏民罚轻。如乾隆五十二年，青海藏民抢掠出卡外牧放的牲畜，乾隆帝则要求地方官约束所属，毋得任意出卡，"如有违例，一经抢掠，不但不为办理，并将被掠之人治罪"②，在保证各自生存领域的同时，尽量避免民族冲突。在藏族与汉族发生纠纷时，只要是在藏区，汉人就会按"汉奸"处置。

再次，不同区域发生的民族冲突和纠纷处理存在哪些异同？其具体原则是什么？清王朝在藏民居住地区设有交易场所，并制定条例规定：不许汉民用强短价及兵役借端措勒，其或私入藏民居住地交易，要从重治罪，因此在交界之处发生涉藏案件，首先要查内地人是否有不法行为，然后再行处置。对于藏民进入内地，如果藏民违法，则按照内地的法律处置，如规定喇嘛容留犯罪盗贼者，与犯人一律科罪等。至于藏民与其他民族之间的民刑案件，则因为他们之间争讼及犯人命窃盗等事，多系罚赃减免，所以不能按照内地律例科罪，而具体的罚赎则要看各民族习惯。总之，不同区域发生涉及藏族的民刑案件，处理方式存在很大差异，但自始至终体现着政权不容侵犯与质疑，有许多值得总结和研究的价值。

---

① 《清高宗实录》卷1078，乾隆四十四年三月丁亥条。

② 《清高宗实录》卷1295，乾隆五十二年十二月乙卯条。

此外,清代对民族冲突和纠纷案件处理的程序问题。按照清代规定的案件处理程序:一般人到官府投诉,称之为"告""控告""首告""举告"。而重大刑事案件还需要呈报,即相关的责任人必须协同当事人,或直接到官府报案,称为"报""呈报""首报""举报"。此外还有自首与投首。之后有受理与缉捕、申报与审理、拟罪与执行等程序。从现在已经掌握的涉藏民刑案件来看,这些程序在实际处理过程中基本上得到应用,但在"因俗而治"的前提下,还出现许多特殊程序,与《大清律例》规定的程序不尽相同,因此分析这些特殊程序,就是深入理解涉及藏族民刑案件处理的基本原则及适用法律的重要环节。瞿同祖先生认为:"研究法律自离不开条文的分析,这是研究的根据。但仅仅研究条文是不够的,我们也应注意法律的实效问题。条文的规定是一回事,法律的实施又是一回事。某一法律不一定能执行,成为具文。社会现实与法律条文之间,往往存在着一定的差距。如果只注重条文,而不注意实施情况,只能说是条文的,形式的,表面的研究,而不是活动的,功能的研究。"[①]对涉及藏族的民刑案件处置过程的研究,就是法律条文与社会现实的问题,条文与实施的关系,也是深入研究涉及藏族的民刑案件必须关注的问题,因为有大量的案例存在,相信这方面的研究会日益得到学界的关注。

最后,在藏族与其他民族发生的民事纠纷,出现的刑事案件的案例资源日益发现的情况下,有了深入研究的基础。例如,西藏研究编辑部编辑《清实录藏族史料》(西藏人民出版社,1982年),吴丰培《清代藏事奏牍》(中国藏学出版社,1994年),金晖《中国西藏社会历史资料》(五

① 瞿同祖:《中国法律与中国社会》,中华书局,2003年,第2页。

洲船舶出版社，1995年)，陈燮章等辑《藏族史料集》(四川民族出版社，1983年)，陈乃文、吴从众《西藏门隅地区的若干资料》(中国社科院民族研究所，1978年)，王玉平译《藏文历史资料译文选》(中国社科院民族研究所民族学研究室，1984年)，西藏社会科学院西藏学汉文文献编辑室编《西藏奏疏》(中国藏学出版社，2006年)、西藏自治区档案馆《西藏历史档案荟粹》(文物出版社，1995年)，藏学中心《元以来西藏地方与中央政府关系档案史料汇编》(中国藏学出版社，1994年)，西藏社会历史调查资料丛刊编辑组编《藏族社会历史调查》(西藏人民出版社，1987年)，西南民族学院民族研究所《嘉绒藏族调查资料》(1984年)，青海省编辑组《青海省藏族蒙古族社会历史调查》(青海人民出版社，1985年)，赵云田《清代理藩院资料辑录》(全国图书馆文献缩微中心印制，1988年)，中国社科院中国边疆史地研究中心《蒙古律例·回疆则例》，周润年、喜饶尼玛译注《西藏古代法典选编》(中央民族大学出版社，1994年)，杨选第等校注《理藩院则例》，张荣铮点校《钦定理藩部则例》，赵云田点校《钦定大清会典事例·理藩院》(中国藏学出版社，2006年)和《乾隆朝内务府抄本〈理藩院则例〉》，张羽新主编《清朝治藏法规全编》，格桑卓噶等编译《铁虎清册》(中国藏学出版社，2002年)等。这些历史文献的整理出版，为深入研究奠定了基础。相信今后有关藏民与汉民、藏民与蒙民、藏民与满民、藏民与其他民族发生冲突和纠纷的刑事案件与民事案件的处理过程，将会成为学界关注的重点，期待有更多的成果出现。

清代甘青川滇藏区的行政体制

在长期的发展中，藏族一直相对集中地生活在包括西藏全境和甘、青、川、滇部分地区在内的广大区域中。历史上曾将这块辽阔地域分为“卫”“藏”“康”三个部分。西藏地区由卫藏组成，其中“卫”指的是以拉萨为中心的前藏地区，“藏”指的是后藏地区。“康”区是在吐蕃王朝中期以前对卫藏以东的地区的统称，后来被划分为“康巴”和“安多”两部分。以现在的地理区划来讲，“康区”包括西藏的昌都地区、四川的甘孜藏族自治州、云南迪庆藏族自治州和青海的玉树藏族自治州；“安多”包括青海省除玉树以外的青海藏区、甘肃省的甘南藏区和四川省西北部的阿坝藏族羌族自治州。

一

13世纪以来，元、明王朝在安多藏区均推行“因俗而治”的地方行政体制，也就是“土司制”。明代根据“土流参设，以流统土，以土治番”的原则，在藏、蒙、撒拉等族居住地区，采取了具有军事性质的卫所制，并且任命当地少数民族头人、部落首领为土官。万历四十八年（1620）

后，西蒙古厄鲁特和硕特部首领固始汗率部移牧青海地区。崇祯十五年（1642），固始汗消灭藏巴汗后，整个青藏高原地区几乎全纳入和硕特蒙古的统治范围，朝廷原有的行政建制也名存实亡。青海自固始汗建立地方政权开始，便作为和硕特部的天然牧场和根基之地，并将游牧在天山以北的和硕特属部大批迁居到此，安排“其子十人领之”[①]。实际上，《西宁府新志》中“十子”的说法不够准确，因为固始汗的长子和四子长期坐镇西藏，“余八人皆居青海，故其裔称和硕特八台吉”[②]。因此，统治青海的应当是八子。也就是说，固始汗八子各自世袭，组成了青海的领主会议。

清初恢复陕甘及青海东部地区的行政建置，设陕西行省；康熙六年(1667）又分陕西行省为陕西、甘肃行省。[③]甘肃省辖西宁卫在内的部分藏区，沿袭明代卫所制度，各土司仍其旧，原职世袭，实行“土流参治”[④]。但此时西宁以西、以南及甘南的广大藏区，仍在和硕特蒙古的统治之下，当地藏民“止知有蒙古，而不知有厅卫，不知有镇营”，“西海（蒙古）之牛羊驴马取之番，麦豆青稞取之于番，力役征调取之于番”。[⑤]康熙三十六年（1697），以固始汗幼子扎什巴图尔为首的青海和硕特众台吉到北京朝觐，康熙帝“怀之以德，震之以威”。次年正月，清廷对扎

---

① （清）杨应琚：《西宁府新志》卷20《武备》，青海人民出版社，1987年。

② 赵尔巽等：《清史稿》卷522《藩部五》，中华书局，1976年，第14451页。

③ 周伟洲：《清代甘青藏区建制及社会研究》，《中国历史地理论丛》，2009年第3期，第11页。

④ 参见《清世祖实录》卷15，顺治二年四月丁卯条。颁恩诏于陕西等处曰：“一、西番都指挥、宣慰、诏讨等司万户、千户等官，旧例应于洮、河、西宁等处各茶马司通贸易者，准照旧贸易。原有官职者，许至京朝见授职。一切政治悉因其旧。”

⑤ 参见《年羹尧奏陈平定罗卜藏丹津善后事宜十三条条折》雍正二年五月十一日，载中国藏学研究中心、中国第一历史档案馆等编：《元以来西藏地方与中央政府关系档案史料汇编》(2)，中国藏学出版社，1994年，第350页。

什巴图尔等人分别敕封为和硕亲王、贝勒、贝子等职衔。自此,青海蒙古诸台吉正式接受了清王朝的封爵,成为了近藩。《圣武记》中说:“本朝开国初,首抚固始汗,以通西藏,兼捍甘、凉、湟、洮诸边。故虽以准夷之猖獗终不敢越西陲而犯青海。”①青海蒙古由外藩到近藩的转变,与清王朝的关系也发生了改变,即由羁縻变为臣属,而对青海内部事务的管理,却仍然在各贵族的完全掌控之下。可以说,从清王朝入主中原到康熙末年,对青海的统治形式,基本上是依赖于青海八台吉的间接统治,而各台吉在自己的世袭领地有自成体系的社会组织和制度,并依此维持对封地的管理。②

清雍正初年,平定罗卜藏丹津叛乱之后,有了推行改革的契机,开始实现对青海的全面建政施治。年羹尧在平叛之后,拟定了《善后事宜十三条》及《禁约青海十二事》,得到清廷核准以后,成为了治理以青海为中心的广大地区最基本的法律制度。这两部法律文件中涉及蒙、藏民族的政治、经济、宗教、军事等多个方面的制度和政策,其批准生效,也意味着清王朝在青海全面施政的序幕拉开。在青海地区的行政体制改革主要体现在“农牧分治,二制并行”上,即根据农牧区的不同情况分别设立以“西宁办事大臣”和“西宁府”为主的管理机构。

① (清)魏源撰,韩锡铎、孙文良点校:《圣武记》(卷3),中华书局,1984年。

② 从当时的青海和硕特蒙古社会经济组织看,鄂托克是领主贵族之下的组织单位(类似千户),受其役使和保护,并承担赋役。和硕特汗和大诺颜台吉等世袭贵族的封地一般是若干个鄂托克组成的大的部落集团。鄂托克由若干爱玛克组成,而爱玛克又由血缘关系维系的若干阿寅勒组成。阿寅勒是小家庭组成的放牧圈子,其管理组织虽非氏族制度,但保留着氏族制度的遗留,其首领由年长者担任。这套自上而下的组织和管理制度保障了领主贵族对领地的政治、经济、军事等进行全面统治。

二

青海地区的广大牧区人烟稀少，蒙藏民族多为逐水草而居，其经济社会发展明显落后于内地。考虑到这种情况，清王朝并未将其纳入行省体制，而是将其视为特殊行政区域，设立西宁办事大臣进行特别管理。西宁办事大臣，全称为“钦差总理青海蒙古番子事务大臣”，最初乃是完成平叛后的善后组织。雍正二年（1724），清廷委派鄂赖赴西宁，办理蒙古事务。[①]雍正三年（1725），正式任命副都统达鼐为“钦差总理蒙古番子事务大臣”，总理青海蒙古、番子事宜，这一职官遂成为定制（乾隆元年后也称为“西宁办事大臣”）。[②]该官职由一人担任，任期三年，期满更换，人选大多在理藩院散秩大臣、八旗护军统领、副都统以及各部院侍郎内，择“其谙练蒙古事务者，开列简用”[③]。

西宁办事大臣最初的辖区主要是青海蒙古三十旗和玉树四十族的游牧之地。乾隆五十六年（1791），循化及贵德两厅所属的76个“熟户”部落，77个“生番”部落也归由西宁办事大臣调遣。[④]嘉庆十一年（1806），西宁镇、道以下官员也归入西宁办事大臣兼辖节制。[⑤]

上述蒙藏部落辖区的一切政教事务均由西宁办事大臣总管。具体而言，主要包括蒙古王公及札萨克的封爵承袭，藏族千百户头人的任

---

① 《清世宗实录》卷17，雍正二年三月丁亥条。

② 乾隆二十五年（1760）曾短暂撤销，于二十七年复设，此后，一直沿用到清末。

③ （清）会典馆编，赵云田点校：《大清会典事例·理藩院》卷976《设官》，中国藏学出版社，2006年。

④ （清）文孚著，魏明章标注：《青海事宜节略》，青海人民出版社，1993年，第14页。

⑤ 同上，第21页。

免，各大寺院活佛转世事宜；管理、控制蒙藏各旗、部的茶粮贸易；稽查各旗、部落的田亩、牲畜、户口；会同驻藏办事大臣、四川督抚及陕甘总督协调处置有关青藏、青川和甘青之间的有关事宜；管理蒙藏两族之间的各种纠纷和命盗案件；统帅军队，定期督查和主持会盟等。

为了加强对蒙古的统治，达到“众建以分其势”的目的，清王朝以八旗组织为形式，依托“鄂托克”“爱马克”等蒙古社会组织，通过封爵、封地等手段，在青海蒙古地区推行具有经济和政治等多种属性的盟旗制度。

札萨克旗是盟旗制度中旗分的一种表现形式，旗长称为扎萨克，由清廷在有功蒙古王公中任命，综揽旗内的军民司法诸权。札萨克以下设管旗章京一人，承札萨克之命，统管一旗之事。雍正三年（1725），将青海蒙古五部编为29旗：察罕诺门特别旗（喇嘛旗）与和硕特部21旗，牧地在大通河上游、布隆吉尔河、布哈河、柴集河两岸及河曲地区；土尔扈特部共4旗，牧地在河曲地区黄河东西两岸；绰罗斯（即准噶尔）部2旗，牧地在青海湖东南；喀尔喀部一旗，牧地在青海湖南岸；辉特部一旗，牧地在柴集河东。这些札萨克“或远或近，皆在青海之四面联络住牧”①。

清廷依据“分别游牧居住的方针”，采纳了年羹尧的建议，每旗以“每百户编一佐领，其不满百户者为半佐领。将该管台吉俱授为札萨克，于伊等弟兄内拣选，授为协理台吉。每札萨克俱设协领、副协领、参领各一员，每佐领俱设佐领、骁骑校各一员，领催四名。其一旗有十佐

① （清）杨应琚：《西宁府新志》卷20《武备志》，青海人民出版社，1987年。

领以上者，添设副协领一员。佐领两员，酌添参领一员”①。在实际的编旗过程中，“以百五十户为一佐领，共佐领一百一十四个半”②。

在各旗之上设盟，平时不设盟长。每年农历七月十五日，由西宁办事大臣负责召集各旗在察罕托罗海（今青海省共和县倒淌河乡境内）会盟一次（乾隆十六年后改为两年一次）。会盟在西宁办事大臣的主持和监督下进行，一般是举行祭祀青海湖神的仪式，也集中处理一年内蒙古族内部的重大事务。道光三年（1823）之后，规定环海藏族也参加祭海会盟。

在稳定和控制青海蒙古时，清王朝对青海牧区藏族的千百户制度进行整合。千百户制度是土司制度的一种形式，主要对藏族头人加以任命，“将番人心服之头目给予土司、千百户、土司巡检等职衔分管”③。雍正三年（1725），川陕总督岳钟琪细加筹划，将方案上奏朝廷，主要是添设千百户，清查户口及额定赋税。岳钟琪认为：“凡切近河、洮、岷州内地番人与百姓杂处者，向通汉语，自归诚后已令改换内地服色，无庸设立土千百户，但就其原管番目委充乡约里长，令催收赋科，久则化番为汉，悉作边地良民。其去州县卫所较远之部落，现在有地耕种者，令按亩纳粮，其黑帐房种类游走无定畜牧为生者，择可耕之地教令垦种，十年起科，仍令修造庐舍，使有恒产，不致游走。其不产五谷，无可耕种者，令酌量贡马，此种部落与切近内地者不同，自应就其原有番目给予土千百户职衔，颁发号纸，令其管束。至于纳粮贡马，近州县卫所者归

① 《青海善后事宜十三条》，载张羽新编著：《清朝治藏典章研究》，中国藏学出版社，2002年，第6页。

② （清）杨应琚：《西宁府新志》卷20《武备志》，青海人民出版社，1987年。

③ 《青海善后事宜十三条》，载张羽新编著：《清朝治藏典章研究》，中国藏学出版社，2002年，第7页。

州县卫所,近营汛者归营汛。”①这一建议是以“生番”“熟番”“野番”来进行区别的。

一般情况下,熟番以农业生产为主,管理方式与汉、回族接近,要求缴纳贡粮,但田赋量较轻;生番主要从事畜牧业,设置千百户进行管理,主要缴纳贡马银;野番由于游牧无固定地域,清廷对其管理程度不高。雍正四年(1726),西宁办事大臣达鼐、西宁总兵周开捷等遵循谕旨,具在藏族地区清查户口,划定地界,“因俗设官”②,即承认和封授土司,确立千百户制度并赐予千户、百户头衔。同时,将“历贵德、河、洮等处番人住牧之地,招来安插”,“委以千、百户、乡约,并饬地方营汛会查户口、田地,定其赋额;仍行地方官照依部式,制造仓斗、仓升,饬发各番承赋输科,归地方官管辖。”③雍正十年(1732),达鼐派员划定青藏行政区界时,也对各族游牧地界作了类似的规定,按“族内人户,千户以上,设千户一员,百户以上,设百户一员,不及百户者,设百长一员,俱由兵部颁给号纸,准其世袭。千百户之下,设散百长数名,由西宁夷情衙门发给委牌。每一百户,贡马一匹,折银八两,每年每户摊银八分”④。对于千百户土官的品级和选任,乾隆十年(1745)规定:“番族千户准戴五品顶戴,百户六品顶戴,百长九品顶戴,准其世袭。如出缺,该大臣(西宁办事大臣)报部,转奏换给执照。”⑤道光年间,那彦成“遵照《奏定章程》将察汉诺们罕旗下蒙、番查造门牌,分立千户、百户、百总、什总,

---

① (清)龚景瀚,李本源校:《循化志》卷1《建置沿革》,青海人民出版社,1981年。

② (清)嵇璜、刘墉等奉敕撰:《清朝通典》卷26《理藩院》,浙江古籍出版社,2000年,第275页。

③ (清)龚景瀚:《循化志》卷1《建置沿革》,青海人民出版社,1981年。

④ (清)不著撰人:《卫藏通志》卷15《部落》,西藏人民出版社,1982年。

⑤ (清)文孚著,魏明章标注:《青海事宜节略》,青海人民出版社,1993年,第4页。

责令该旗图萨拉克齐等官递相管束。至循、贵各族野番共总立千户十名、百户四十名、百总八十六名、什总四百名。并据该镇将循、贵野番千户、百户、百总、什总等带至西宁谒见”[①]。咸丰八年(1858)将河南八族部落移牧到青海湖四周(此即后称之“环海八族”),划分八族的游牧区域,并设总管、千户、百户等官员进行管理。通过设立千百户等土官,清王朝加强了对居地离城镇、营汛较远,以游牧为生的藏族部落的管理和控制。

三

清王朝对青海东部广大的以农业和半农半牧生产为主的地区,采取的是与内地一样的行政管理体系,即这些地方的行政事务,分别交给府、厅、州、县等各级官府管理。清初青海东部地区“画土分疆,多沿用明朝”[②],因此明朝的卫所制度得到了沿用,在以上地区最初主要由西宁卫统辖。当时继续实行卫所制度,主要出于稳定边疆、提供兵员、确保王朝疆域等军事方面的考虑。随着清王朝对边疆地区统治能力的加强,卫所制度也逐渐被行政体制所取代。

雍正初年,平定罗卜藏丹津叛乱之后,以年羹尧所奏的《青海善后事宜十三条》和《禁约青海十二事》为基础,出台了一系列对青海地区的治理措施,地区行政建制的推行乃是重点。

雍正三年(1725),清王朝对青海和甘肃的行政机构进行了较大调整:改西宁卫为西宁府(治今西宁),下辖西宁县(治今西宁市)和碾伯

① (清)那彦成著,宋挺生校注:《那彦成青海奏议》,青海人民出版社,1997年,第225页。

② 《清史稿》卷54,《地理志一》,第1891页。

县(治今青海乐都碾伯镇,由所改置);添置大通卫(治今青海门源),乾隆二十六年(1761)改大通卫为大通县(治今青海大通城关镇);添置贵德所(治今贵德,原名归德所,先后隶河州卫、临洮府,乾隆三年改隶西宁府),乾隆五十七年(1761),改为贵德厅,设抚番同知;仍设西宁抚治道,并迁西宁通判常驻盐池(治今青海湖西南盐池)。乾隆九年(1744),又增设巴燕戎格厅(治今青海化隆),置通判;乾隆二十七年(1762),移河州同知于循化营,设循化厅(治今甘肃循化),隶兰州府,道光三年(1823)又改属西宁府。道光九年(1829),特设丹噶尔厅,将原西宁县派驻丹噶尔主簿,升格为抚边同知,隶属西宁府。至此,西宁府辖三县四厅,其辖境包括东部农业区和黄南藏族自治州的大部分藏区。经过行政建制的调整完善,西宁府最终辖三县四厅,辖境包括东部农业区和黄南藏族自治州的大部分藏区。(见图示)

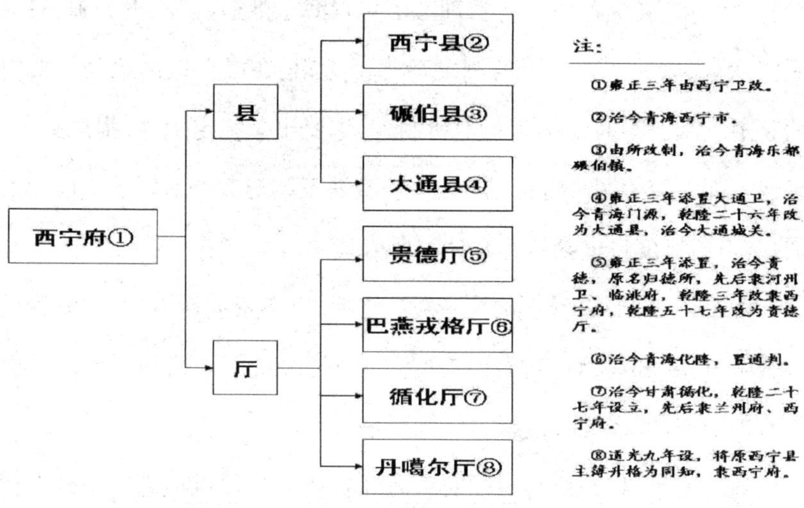

西宁府及所辖县厅示意图

四

清代甘肃、四川和云南等少数民族的管理，主要沿袭明代的土官制度。这些地区的土官制度大致可以分为两个系统：一是由军事部门管辖的，如宣抚使司、宣慰使司、安抚使司、招讨使司、长官史司等。“这些使司的长官又称为‘土司’，其下设同知、副使、佥事等官，均由该民族的各级头人世袭其职，其任免袭替由兵部武选司负责，政务归各省军事部门统率。这类使司多设在边远地区或被军事征服不久的地区，土司们拥有一定数额的土司兵，协助省军事部门维护该地区的社会秩序。”①二是由行政部门管辖的，即所谓的土府、土州、土县等，其主要长官也称土知府、土知州、土知县。这一类的土府州多设在内地各省的民族地区，土官衙门的编组略如内地府州，但比较简略。其长官均由该民族的大小头人世袭，任免世袭事务由吏部验封司负责，政务由各省布政使司负责，而由朝廷选派佐贰官协助并监督土官。随着清代对藏区统治的加强，甘川滇藏区的行政建制也发生了一些变化，接近于内地的行政管理体制。

甘肃地区行政建制方面，除对甘肃西宁府行政区划进行调整之外，在雍正二年（1724）裁撤行都司及卫所，改增甘州、凉州、宁夏三府，又改岷州卫为州，并洮州卫俱隶巩昌府，并在甘、凉、西宁等军事要地添设营汛，增加官兵。其中与甘肃藏族有关的为凉州府，下辖武威、永昌、镇番、古浪、平番（改庄浪所置）五县。

① 柏桦：《中国政治制度》（第三版），中国人民大学出版社，2011年，第229页。

四川西北部的阿坝藏区的行政建制，也随着清王朝管理政策的变化而发生了一系列的改变。清初为保障阿坝藏区的秩序稳定，王朝对该地原有土司予以认可并加封，维持其统治区域。十八世纪初，松潘、若尔盖和茂汶等地近百个大小部落头人归顺清王朝，也皆被授予土千、百户等职或承袭原职。在十八世纪中叶，清王朝在马尔康等地分设宣慰司、长官司，并于乾隆十七年(1752)设置杂谷直隶厅，以守备、千总、把总、外委等职官代替土司统治地方。在大小金川，经过改土归流后，设置美诺、阿尔古两厅，后改为懋功直隶厅，下辖五屯，设土司两名，并以臣服的藏族头人充任守备、千总、把总等职。通过设立官府机构，控制土司和委任土官等举措来实施治理。

四川西部甘孜藏区，“顺治初年沿用明制，将甘孜藏区划归雅州府(为直隶州)管辖。康熙初年，原明代长河西鱼通宁远宣慰使归附，被清王朝授以明正宣慰使职，辖安抚司六、千户一、百户四十八。雍正七年(1729)，先后授理塘正副土司、巴塘正副宣抚使，德格、邓柯、甘孜、色达等地头人为安抚司、长官司等职，并改长河西鱼通宁远宣慰使司为打箭炉厅，管理境内大小土司一百零二余员，1904年升为直隶厅，1908年升为康定府”①。

云南迪庆藏区，清初亦沿袭明制，主要由拉萨宗教首领派出宗本和神翁进行管理。康熙五十七年(1718)，蒙古和硕特部以达赖和固始汗的名义，从拉萨三大寺中选出喇嘛一名派驻中甸，对迪庆僧民进行统治和管理。康熙五十八年(1719)，清军驱逐准噶尔军队时，迪庆也是入藏要冲和补给重地。次年，藏事平息后，迪庆归云南管理。雍正元年

① 《清史稿》卷69《地理十六》，第2228页。

(1723),清廷命云南提督安抚迪庆地方。云贵总督高其倬遵旨,“令提臣郝玉麟率兵至中甸,扬威驻扎,宣布德意”[①]。雍正二年(1724),设中甸厅,派鹤庆府所属剑川州州判驻此。雍正五年(1727),设立维西厅,设置通判进行治理,归鹤庆府管辖。雍正六年(1728),在维西建立营制,设参将、守备各一、千总三、把总四、外委六,统战马步兵一千名,驻守分防各汛。雍正七年(1729),命云南、四川两省派员会勘疆界,将金沙江外中甸,江内其宗、腊普、阿墩子(德钦)等地俱划归云南统辖。乾隆二十一年(1756),中甸、维西划丽江府管辖。清末改土归流后,迪庆曾受川滇边务大臣衙门节制。[②]

雍正二年(1724),经过派遣大臣勘定川藏边界,于雍正三年(1725)决定将原属四川的巴塘、里塘、德格等地划归四川,将中甸等地划入云南;雍正九年(1731),又命西藏与青海、四川各派员会勘疆界,决定以唐古拉山为界,将山北玉树等40族划归西宁办事大臣统辖,将山以南那曲、昌都一带的39族和整个西藏划归驻藏办事大臣统辖,将昌都划归四川,且将原隶属四川的果洛藏区仍划归四川统辖。此后,又采取了分封僧俗领主、勘察川藏边界、收伏波密土王等许多安定昌都的措施,其中较有影响的是册封康区四大呼图克图(帕巴拉活佛、察雅切仓罗登西绕活佛、类乌齐帕曲活佛、八宿达察济咙活佛),确立了昌都“政教合一”的制度。经过了行政建制的改革及边界划分之后,甘、川、滇也基本形成了上有总督、巡抚,中有知府、知州、通判,下有土官,类似于内地的行政管理系统。

① 《清世宗实录》卷16,雍正二年二月丙寅条。

② 《清史稿》卷74《地理二十一》,第2327~2328页。

五

清王朝在完善甘、川、滇行政体制的同时，依然贯彻政治和宗教相结合的管理原则，实施以大寺院为中心的“政教合一”地方体制，以土司为中心的“政教合一”地方体制。从统治地方角度看，其首领总揽对属民的统治权，并且将政权和教权合二为一，具有高度的“自治性”和强烈的宗教色彩；从地方与中央关系来看，地方首领往往是通过册封得到清王朝的承认，并将核心权力通过家族世袭予以传递，而清王朝对其采用从俗从宜的政策，以实现间接统治。由于执掌政权和教权主体不同，也使这两种体制有一些不同的特点。

在元、明王朝的支持下，藏传佛教在甘青川滇藏区得到了广泛传播，各地也建立了数量繁多的寺院，形成以寺院为中心的“政教合一”体制。在众多寺院中，有一些寺院不仅拥有宗教权力，而且通过自身影响和贵族的支持，逐渐拥有了对周围地区和百姓的行政管辖权力。这种寺院建立起政教合一的组织机构，对辖区行使着政治和宗教权力。在甘肃和四川都存在这种大寺院为中心的“政教合一”体制，甘肃大夏河的拉卜楞寺和四川甘孜的理塘寺便是这种形式的典型代表。

拉卜楞寺由嘉木样活佛一世（1648—1721）于康熙四十九年（1710）在今夏河县境内创建。乾隆二十七年（1762），清王朝将河州同知移驻循化营，改置循化厅，这使得地方政权对拉卜楞寺的管理较先前大大削弱，加上河南蒙古亲王的大力扶持，拉卜楞寺迅速发展起来。经过一至五世嘉木样活佛的不断扩建，拉卜楞寺发展成为占地千余亩，拥有六大扎仓、四十八座经堂、五百余间僧舍的庞大寺院。其寺院喇嘛人数

和附属的藏族庄寨、部落日益增多;分寺遍于各地,甚至青海地区。[1]在拉卜楞寺的极盛时期,它管辖寺院有百余座,教区扩展到青、川、新疆、蒙古和东北地区;它直接控制的教民、神民和政民,除夏河地区外,还有碌曲、玛曲及甘南其它各地,甚至还包括青海东部和四川北部的个别地方。[2]从管辖部落方面看,乾隆以后,拉卜楞寺在发展中逐渐形成了直属的“十三庄”及依附的众多藏族部落。“十三庄”由分布于拉布楞寺周围的唐乃亥、撒禾尔、他哇、德琼四个大的部落组成,共辖二十个村庄。[3]这些部落和村庄均为“拉德”,受寺院的管理。依附拉卜楞寺的藏族部落众多,主要有:桑科部落(在今甘肃夏河桑科乡)、科才部落(在今夏河科才乡)、勒秀部落(在寺东北)、阿木曲乎部落(在今甘肃碌曲)、欧拉部落(在今甘肃玛曲)、作革尼玛部落(在玛曲)等,并且各部落又分辖一些小部落。[4]

拉卜楞寺在政务方面,最初主要体现在对察汗丹津贡献的土地和香火户“拉德”(神民)的统治和管理上。在官府和地方势力的支持下,拉卜楞寺管辖的部落和地区逐渐扩大,对所管的部落均由嘉木样活佛派去“郭哇”(头人)或“更察布”进行管理。这些头人在所管地区拥有召集部落头人开会,贯彻拉卜楞寺的各种规定,处理部落内的纠纷,逮捕、监禁、惩罚属民,为拉卜楞寺收取布施粮款等政治、经济、宗教等各类权限。在洮河流域,与之类似的还有垂巴寺僧纲及其所管辖的三小寺、十族;著洛寺僧纲及所辖堡族二十三族;麻儞寺僧纲及所辖二十一

---

① 周伟洲:《清代甘青藏区建制及社会研究》,《中国历史地理论丛》,2009年第3期。

② 王献军:《试论甘川青滇藏区政教合一制的特点》,《西藏民族学院学报》,2004年第2期。

③ 其中,唐乃亥部落辖5村,撒禾尔部落辖5村,他哇部落辖4村,德琼部落辖6村。参见周伟洲:《清代甘青藏区建制及社会研究》,《中国历史地理论丛》,2009年第3期。

④ 周伟洲:《清代甘青藏区建制及社会研究》,《中国历史地理论丛》,2009年第3期。

族;圆成寺僧正侯氏及所辖四族。[①]

四川甘孜理塘寺的"政教合一"制与拉卜楞寺类同。明万历初年,云南丽江土知府木氏相继占领今巴塘、理塘、稻城、九龙等地,万历八年(1580)邀请第三世达赖喇嘛索南嘉措前往传法,并资助其创建长青春科尔寺("长青"意为米勒,"春科尔"意为法轮),习惯称为理塘寺。[②]从建寺到清末改土归流的三百多年间,经过七十余任堪布的苦心经营,理塘寺逐步发展成拥有108座属寺,僧侣近4000人的大寺院,所辖地区逐渐扩大,最终"成为支配西康南部理塘、方城、稻城、义敦、雅江等县的宗教、政治、军事、经济、文化的社会力量和政教合一的寺院实力集团"[③]。"理塘寺拥有法庭、监狱、享有司法之权,它通过寺庙'孔村'管理地方政务。理塘雄坝乡的头人在理塘寺的控制下行事,理塘毛娅牧区,最高活佛可参与土司的一切大事,本牧区的昌托活佛可授意土司任意处置百姓"[④],甚至"喇嘛有左右人民之潜力"[⑤]。除拉卜楞寺和理塘寺外,与之类似的,集政权和教权于一体,对辖区和属民进行管理和统治的还有互助的郭隆寺(佑宁寺)、湟中的塔尔寺以及甘孜的大金寺等。

从寺院管辖的部落的组织来看,这些地区的藏族社会主要以游牧为生,其社会组织基本上沿袭了吐蕃部落的特征:组成一个大的部落的每一个基层部落,多按血缘关系,由同一氏族、族姓的群体组成。部落兼有生产、行政和军事的职能。由于这些部落远离地方政权所在地,

① (清)张彦笃主修:《洮州厅志》卷16《番族》,台北成文出版社,1970年。

② 冉光荣:《中国藏传佛教寺院》,中国藏学出版社,1994年,第106页。

③ 王献军:《试论甘川青滇藏区政教合一制的特点》,《西藏民族学院学报》,2004年第2期。

④ 杜永彬:《论德格土司的特点》,《西藏研究》,1991年第3期。

⑤ 柯象峰编:《西康社会之鸟瞰》,正中书局,1940年,第64页。

且迁徙无常，难以控制，所以采取了“从俗从宜，各安其习”[1]的治理策略，部落内部仍以千百户制度为基础，而对于部落的统治和管理以及对部落之间关系的处理，则由于王朝行政统治的相对薄弱，逐渐掌握在大寺院的手中，形成了寺院统揽政治和宗教大权的“政教合一”体制。

元、明王朝对甘青川滇等偏远藏区实施羁縻统治政策，设置数量众多的土司，命其管理各自的族群和部落，逐渐形成以土司为中心的“政教合一”体制。土司既是部落和地区的首领，又是受到朝廷委任的土官。这些土司拥有“土兵”和武器，一方面为了保障部落安全，另一方面也起到了维护地方秩序的作用。众土司多次出兵协助清军作战，屡立战功，也使其权力得以保持并有所发展。随着清王朝的管理力度减弱，其“自治”权力也不断扩大。土司一般设立土司衙门，统管辖区内兵、刑、钱、谷等事务。各土司之间不互相隶属，对各自的辖区内的事项具有至高无上的决定和处理权。藏传佛教的广泛影响，使土司意识到宗教势力对于维护辖区稳定和巩固自身统治的重要性。因此，土司和宗教势力或多或少都有某种程度的联系，但并不是所有的土司都是政教合一制的政权。综观甘青川滇藏区的土司，有的与宗教势力的关系不太密切，宗教势力对政治的影响有限，其政体还远远谈不上是政教合一的；有的土司政权虽与宗教势力有着密切的关系，但双方的关系尚未密切到“合一”的程度，顶多能说是互相利用，所以这类土司也不能说是政教合一的；但也有土司与宗教势力的关系极为密切，几乎到了密不可分的程度，土司家族成员分别控制了本辖区内的政教两权，把二者牢牢地集中到了本家族的手中，这类土司实行的就是政教合一

① 《清世宗实录》卷80，雍正七年四月辛巳条。

制。[1]此时的土司一方面是宗教领袖，另一方面其土司衙门享有行政管理和司法审判权等统治权力。在甘肃、四川、云南藏区，这种政教两权集中于土司家族的“政教合一”制体现得十分明显，其中，尤以甘肃的卓尼杨土司和四川的德格土司最为典型。

甘肃地区的卓尼杨土司，传说是吐蕃聂尺赞普的后裔，在吐蕃赞普热巴巾（815—838年在位）时，其先祖被派至安多征收赋税，以后遂留居该地，子孙繁延。[2]其祖失加谛（又作“些的”），明永乐年间，以功授官，后在正德年间，被朝廷赐姓杨氏。清初，杨氏世代世袭，多有战功，其控制范围也不断扩大。在不断的发展中，逐渐形成了土司承袭的规则：家族的长子例袭土司，管理政务；次子例袭法台，主持宗教；遇独子时，土司可以身兼法台，政教兼管；若直系缺嗣，可在杨氏家族中按序承袭。清嘉庆十九年（1814），土司杨宗基承袭，兼摄禅定寺世袭僧纲宗，之后土司僧纲合一、政教合一的体制便沿袭下来。光绪二十八年（1902），第十九代土司杨积庆嗣位时，这一土司政权已世袭五百余年，其统治区域东接武都、大水，南临四川松潘，西界青海黄南，北抵夏河、临夏、临挑，而积三万多平方千米，下辖四十八旗；属民共五百一十二族，一万一千五百九十九户；土兵共有两千名，五百为马兵，一千五为步兵；主寺禅定寺所辖寺院共三十六所，[3]成为雄踞一方的大土司之一。

四川的德格土司，其家族最早受封赐于元代，在传到第三十五世子孙时，才成为统治一方的第一代土司。自第二代土司开始，德格家族确立了长子出家为僧，既当寺主又做土司，次子娶妻繁衍后代，充当家

① 王献军：《试论甘川青滇藏区政教合一制的特点》，《西藏民族学院学报》，2004年第2期。

② （清）智观巴·贡却乎丹巴绕吉：《安多政教史》，吴均等译，甘肃民族出版社，1999年，第622~623页。

③ 参见（清）张彦笃主修：《洮州厅志》卷16《番族》，成文出版社，1970年。

主的承袭规则。后来,第七代土司向巴彭措被清王朝敕封为“僧王”(宗教领袖)。此后,土司兼僧王的政治地位,使德格土司集政教大权于一身,既成为政治首领,又具有管辖境内各教派僧人和宗教事务的至高无上的权力。与之类似的还有木里土司、绰斯甲土司以及炉霍土司等,它们均在各自领地实行这种政教合一制。

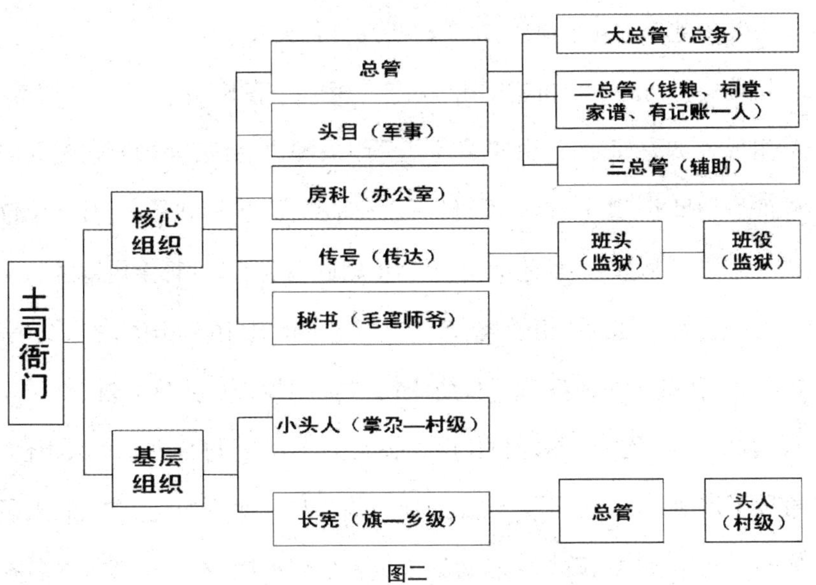

图二

为方便对土司的管理,清王朝多对其授予武官中的指挥职衔,并分别在土司下设立一定数量的守备、千总、把总、外委等土官。除了这套架构,土司建立了自己的土司衙门,以处理政教事务。例如,卓尼“土司之下设头目2人,掌握军政大权。总管3人,大总管掌握总务,二总管、三总管辅助大总管,其中,二总管管理钱粮和祠堂家谱,有记账1人。传号4人,轮流在传达室值班。传号下有班头2人,班役10人,管理监狱。土司有私人秘书1人,又叫毛笔师爷,由外地聘请文化较高的汉人担任。房科类似土司办公室,内设9人,其中掌案1人,经书、帖书各2人,负责

起草、抄写文稿"[1]。卓尼土司衙门的基层组织由16掌尕、48旗组成。掌尕相当于自然村，每个掌尕有一名小头人，由传号头目推荐，土司指定。旗是军政合一的单位，相当于乡。旗长叫长宪(黑番4旗叫副爷)，由总管推荐，土司任命，负责征收钱粮，处理一般纠纷，遇有战事，领兵出征，有能力者可逐级提升为总管、头目。[2]旗下设总管1—3人，每个总管管理几个甚至十几个村庄，每一村庄设一名头人。

德格土司的政权机构则由"涅空""相子""宗本"和村组成。"涅空"的组成人员为"涅巴"，由四大"涅巴"组成涅巴会议，处理土司辖区内外的一切事务，其中，首席涅巴(一般为军事涅巴)权利最大，其地位仅次于土司；"涅巴"下面有"相子"，分正副职，正相子主管土司辖区的全部财政收入，副相子"相子渣"管理土司内部的耗用；"相子"之下设"宗本"4人，代理土司在各"宗"行使职权；"宗"下面为村，分大村、小村和自然村。大村及自然村的村长由大头人担任，小村村长由小头人担任，隶属于该地区的"席涅"。[3]总之，通过建立自上而下的统治机制，土司实现了利用手中的政教大权对辖境进行层层控制，成为了辖区内名副其实的"土皇帝"。

六

甘青川滇藏区的行政管理体制不仅涉及四省，而且涉及农牧分治等具体制度，其特点是按照"生番""熟番"实施区别对待。

---

① 高士荣:《西北土司制度研究》，民族出版社，1999年，第152页。

② 塞外策仁(杨生华):《卓尼土司制度》，《甘南文史资料选辑》，1983年第2期。

③ 杜永彬:《论德格土司的特点》，《西藏研究》，1991年第3期。

清王朝对甘、川、青、滇藏区的行政建制改革和职官设置，充分体现了“从俗而治，从宜而治”的政治理念。在藏区的行政管理中，统治者从历史的经验教训中深刻地认识到，治理藏区只有在尊重藏族地区原有的行政制度、风俗习惯、宗教信仰与社会组织形式的情况下，因地制宜地采取统治措施，建立统治机构，才能实现中央政权的一统天下。这一点在对甘、川、青、滇藏区的行政建制和改革，以及职官的设立和选任上体现得最为明显。清王朝将藏族称为“番子”“番众”[①]，而根据藏族的汉化程度以及与官府之间关系，又将其分为“生番”“熟番”。这种划分最早见于康熙五十五年(1716)，闽浙总督觉罗满保的奏折《题报生番归化疏》，但他并没有把“生番”和“熟番”区分的标准讲清楚。次年，周钟煊在其编修的《诸罗县志》中才首次把“生番”和“熟番”划分的标准界定为：“内附输饷者曰熟番，未服教化者曰生番或曰野番。”[②]乾隆五十六年(1791)，乾隆帝谕令西宁办事大臣兼管贵德、循化番族[③]，进一步明确了“生番”和“熟番”的划分标准：“附城稍近、时来城市者，作为熟番；距城穹远、从不入城者，作为生番。”[④]这种划分有助于对藏族聚居区的藏族进行管理，但“生番”“熟番”的概念，还需要结合藏区社会组织和结构，作更进一步的诠释：清代所说的“熟番”，确切地说，应当是聚居于城镇、营汛或附近，主要从事农业或半农半牧生产的藏族；“生番”则是指聚居区远离城镇、营汛，主要以游牧为生的藏族部落。由于“生番”“熟番”社会组织和结构不同，所以行政管理方式也不同。

① “番”是历代统治者对少数民族歧视性的泛称，在清代并不特指藏族或蒙古族，但综观蒙藏史料，清王朝称呼藏区的藏族一般为“番子”，蒙古族一般为“蒙番”。

② 周钟瑄：《诸罗县志》卷8，台湾文献丛刊第141种，1962年。

③ 参见中国第一历史档案馆馆藏：《军机处上谕档》，乾隆五十六年九月十一日，第四条。

④ (清)龚景瀚：《循化志》卷4《族寨工屯》，清嘉庆年间刻本。

清廷直接将“熟番”纳入到地方政权的统治和管理范围。“熟番”之所以能够接受地方政权的统一管理，其原因主要有以下三点：第一，这些地区的藏族群体主要从事农业或半农半牧生产，并与蒙、汉、撒拉、回等民族杂居，其原有部落的血缘关系逐渐为地缘关系所取代，许多族（部落）、堡寨不仅名称被地名所取代，其原有的部落结构以及部落具有的生产、军事、行政三位一体的职能也遭到破坏。经过血缘到地缘的转变后，这些藏族部落逐渐与其它民族相融合，并成为地方政权下的“编户”，同其它民族一样向官府纳税，并接受官府的行政管理。第二，这些藏族部落中，虽然保留了“土流参治”的行政体制，设有土司、土千户等各级土官，但地方流官、营汛力量的增强，削弱了土官的职权，使之难以像以前一样拥有对部落事项的绝对权力，于是，他们也逐渐融入地方官之中，统一听从朝廷的调遣。第三，在与汉族和其它民族杂居的社会生活中，其意识形态、文化也多受汉族的影响。虽然他们仍然保持本民族的宗教信仰和生活习俗，但有逐渐融入汉族的趋势。[①]综合考虑以上经济、政治和文化方面的多种因素后，将其纳入地方政权的管辖范围也是必然的。

从整个甘、川、青、滇的行政建制来看，实施地方政权管辖的主要有甘肃的西宁府及所辖三县四厅，凉州府及所辖庄浪县（后改为平番），阶州（直隶州）及所辖文县，鹤庆府及所辖中甸厅等地。这些地方政权的行政管理原则适应于王朝的一般管理原则。

“生番”地区的藏族社会主要以游牧为生，其社会组织，基本上沿袭了吐蕃部落的特征：组成一个大的部落的每一个基层部落或组织，

① 周伟洲：《清代甘青藏区建制及社会研究》，《中国历史地理论丛》，2009年第3期。

多按血缘关系，由同一氏族、族姓的群体组成。部落兼有生产、行政和军事的职能。由于这些部落远离地方政权所在地，且迁徙无常，难以控制，强制性地推行内地的统治方式，只会造成对边疆的控制力越来越弱。因此，朝廷对这些地区采取了“从俗从宜，各安其习”[1]的治理策略。为了加强管理，清王朝也采取了明代“土流参设”“以流统土”的措施，诸如在青海设立西宁办事大臣；在藏族部落中增设千百户等土官，加强流官对土官的控制；在甘肃、四川、云南等藏区添设卫所、营汛，并配置流官；添设县、府、司等行政机关，完善地方政权的组织结构；划定地界，清查户口，纳粮贡马；制定相关律例；整顿、改革寺院制度等。多种措施的实行，给清王朝在藏区更好地行使主权铺平了道路。

① 《清世宗实录》卷80，雍正七年四月辛巳条。

清代藏区法制研究述评

清王朝统治者为了维护自己的统治，制定了一系列的治国方针、政策，并在具体的实施过程中不断加以充实、完善。在施政过程中，政治、边疆与民族问题是不能忽略的重要问题，而对此类问题给予支持的法律问题，以及由此形成的多种途径的司法行政问题，更是研究清朝法律应该关注的问题。综观清朝法制建设，加强对藏区的以法治理，是其法制发展的突出标志。[①]清王朝在治理藏区的过程中，逐步总结出一系列的统治经验，制定了许多有特色的立法和司法制度，最终实现了有效的管理和统治，并对后世产生了深远影响。清代藏区的法制研究，主要以藏区的习惯法、清代的藏区立法和司法审判制度，以及清代对藏区民事、刑事、反叛、宗教等案件的司法处理过程为主要研究对象。就目前来看，一些问题已经引起学者关注，但该领域研究深度和广

---

① 本书所说的藏区是一个地理概念，既包括西藏地区，也包括甘肃、四川、青海、云南等藏族聚居区。以现今藏族居住区的划分标准，主要包括西藏自治区和青海、四川、甘肃、云南四省的十个藏族自治州和两个藏族自治县。即青海省海北藏族自治州、海南藏族自治州、黄南藏族自治州，果洛藏族自治州、玉树藏族自治州、海西蒙古族藏族自治州；四川省甘孜藏族自治州、阿坝藏族羌族自治州、木里藏族自治县；甘肃省甘南藏族自治州、天祝藏族自治县；云南省迪庆藏族自治州。参见陈庆英、冯智：《藏族地区行政区划简说》，《西藏民族学院学报》，1996年第1期。

度还不够，因此诸多必需的研究工作仍有待进行。

一、清代藏区立法研究

藏区法制研究多散见于民族学、民族历史学、民族政治学著述中。黎宗华、李延恺的《安多藏族史略》（青海民族出版社，1992年）一书编译了很多与法律制度相关的藏文资料。陈庆英主编《藏族部落制度研究》（中国藏学出版社，1995年）以两章的篇幅来论述藏族部落的法律制度，将藏族部落法律归纳为生产、民事、刑事和军事，并分析了这些法律规范。陈光国《青海藏族史》（青海民族出版社，1997年）简述了青海藏区的法律渊源、立法文件等内容。星全成、马连龙《藏族社会制度研究》（青海民族出版社，2000年）对藏族社会制度中的司法、惩罚、继承、婚姻、借贷等制度进行了分析。

法制史的论著也对相关问题予以了关注，但涉及藏区部分较少。张晋藩主编《清朝法制史》（中华书局，1998年）第七章"民族立法"，勾勒出了清朝藏区立法的大致轮廓。刘广安《清代民族立法研究》（中国政法大学出版社，1993年）分析了《理藩院则例》《六部治藏章程》《西宁青海番夷成例》等藏区立法的制定过程和原因、主要内容及特点。

专门以藏区法制为主要研究对象，如徐晓光《清代蒙藏地区法制研究》（四川民族出版社，1996年），先将清朝藏区立法分为以地方立法为主、零散立法、特别立法三个阶段，进而分析藏区立法的指导思想和原则，考察了藏区法制的基本内容，总结了九个方面的特点，强调这些特点在民族地区的普遍性，认为《十三法》和《十六法》应该是清朝藏区具有主导地位的基本法，而其它民事、刑事法规则被视为具体法，此外

还有广泛存在的例，属于具体法中更具灵活性和实用性的部分。其《藏族法制史研究》（法律出版社，2001年）则分别对吐蕃王朝的法律制度、唃厮啰到藏巴汗政权的法律制度、清朝对藏区的立法调整与藏族地方法、近代中央政府藏区立法与藏族部落法，以五个时间段的藏区立法总结了历史藏族地区法制的特点，勾勒出藏区法制史的全貌。孙镇平《清代西藏法制研究》（知识产权出版社，2004年）分清朝治藏前期（1642—1793）、治藏中期（1793—1840）、治藏末期（1840—1911）三个发展阶段，认为治藏前期是“从俗而治”，治藏中期是“从宜而治”，治藏后期是“固我主权”，并且总结了发展规律及法制特色，指出经验教训及借鉴意义。

除了以上专著之外，涉及藏族法制的论文大致可分为三类：

首先，藏族法制的制度层面探讨。何峰从藏族谚语探讨藏族部落制度，认为藏族谚语是藏族部落制度的反映，藏族部落制度则是对藏族谚语的最好注解，并且通过对“以法惩治别人，自己须先守法”等谚语的解说，揭示了藏族部落法律制度的特点。[①]彭建英认为法律化和制度化的治藏方略，保证了清廷藏区施政的有效性。[②]焦利则认为“因俗而治，因地立法”是清王朝治藏的有力政策。[③]星全成对《酌定西藏善后章程十三条》等多部法律的地位和作用进行了分析讨论，认为“依法治理蒙藏地区”是清朝治理蒙藏地区的方略之一。[④]周伟洲在论述甘青藏区行政体制改革时，将“建立法规，制定律例”作为一个改革措施来论

① 何峰：《从藏族谚语看藏族部落制度》，《青海社会科学》，1991年第5期。

② 彭建英：《试论清朝的治藏方略》，《西北史地》，1997年第2期。

③ 焦利：《经略边疆：清代治边之法的得失》，《北京行政学院学报》，2005年第1期。

④ 星全成：《清朝治理蒙藏方略之得失》，《青海社会科学》，2007年第4期。

述。[①]清廷对西藏的治理，驻藏大臣的设置及职权是不容忽略的，在论述驻藏大臣职权时，也不可避免地谈到相关的法律。[②]此外，理藩院是清代专门处理民族事务的机构，在分析该机构的设置沿革、职掌、行政特点及其在边疆治理过程中作用的时候，也必然会提到相关的法律。[③]

其次，清代藏区立法内容的研究。如对藏区法律规范中的刑法、民法、军法、诉讼法等内容进行分析，从“因俗而治”及“众建而分其势”统治政策，总结清王朝关于藏区立法的特点，认为清廷通过对藏区的立法，成功地调整了中央与藏区以及各民族间的法律关系，有效地维护了藏区社会秩序的稳定，其成败经验教训值得探讨。[④]

---

① 周伟洲：《清代甘青藏区建制及社会研究》，《中国历史地理论丛》，2009年第7期。

② 主要论文有丁实存：《清代设置驻藏大臣考》，《边政公论》，1944年第7期； 王忠：《中央政府管理西藏地方的制度及发展》，《历史研究》，1959年第5期； 陈鸣钟：《清朝前期中央政府对西藏地方政治制度、宗教制度的改革》，《史学月刊》，1960年第1期；王辅仁：《略论清朝前期对西藏的施政》，载《清史研究集》（第二辑），1982年；顾效荣：《清代设置驻藏大臣简述》，《西藏研究》，1983年第4期； 吴健礼：《略论清朝对西藏地方的主权》，《西藏研究》，1983年第4期； 吴丰培：《清朝驻藏大臣制度的建立与沿革》，《中国藏学》，1989年第1期，《清代驻藏官员的设置和职权》，《中央民族学院学报》，1981年第1期；张云侠：《略论清代驻藏大臣的设置、职权及有关问题》，《社会科学研究》，1985年第3期； 申新泰：《清代中央政权对西藏行政体制和宗教制度改革述评》，《西藏民族学院学报》，1996年第1、2期； 张羽新：《驻藏大臣政治地位和职权的历史考察》，《中国藏学》，1998年第2期等。

③ 吕士朋：《清代理藩院——兼论清代对蒙藏回诸族的治理》，《东海大学历史学报》，1977年第1期，《清代的理藩院》，载《中国史学论文选集》（第三辑），1979年；王钟翰：《试论理藩院与蒙古》，载《清史研究集》（第三辑），1984年；赵云田：《清代治理边陲的枢纽——理藩院》，新疆人民出版社，1995年。

④ 王志刚：《试论清朝政府治理藏族地区的法律措施》，《西北政法学院学报》，1984年第4期；陈光国：《民主改革前的藏区法律规范述要》，《中国社会科学》，1987年第6期；徐晓光、周健：《清朝政府对喇嘛教立法初探》，《内蒙古社会科学》，1988年第1期；陈光国、徐晓光：《清朝对青海蒙藏民族的行政军事诉讼立法初探》，《青海民族学院学报》，1991年第2期； 刘志：《清政府管辖西藏地方的立法制度述评》，《青海民族研究》，2006年第2期；那仁朝格图：《试述清朝对青海蒙藏民族地方的立法》，《内蒙古社会科学》，2008年第1期； 焦利：《清代对西藏地方行政管理的法律成果考察》，《国家行政学院学报》，2008年第5期等。

再次，藏区立法指导思想及与实践的关系。清王朝有关藏区的立法内容是学者关注的对象，而这些立法所体现的思想与理念，更是学者关心的问题，并试图从思想到实践，总结一些特点，谈一些经验，最终提出一些有益的启示。这种宏观地分析清王朝对藏区立法的原则，总结立法特点，与那些微观及中观研究，相得益彰，为整体把握清王朝民族立法提供了分析路径及方法。①

此外，有关藏区各种法规的研究。诸如《理藩院则例》《蒙古例》《番例》《钦定西藏章程》《青海善后事宜》《西藏通制》等。学者从不同角度对这些法规进行分析，认为这些民族法规，既发挥了区域性法规的效用，也起到调节民族关系的效用，不但体现了清王朝治理民族地区的政治理念，而且具有很强的实践意义。②

---

① 王立艳：《清代“从俗从宜”治理西藏的法律思想与实践》，《中央政法管理干部学院学报》，2000年第4期；田莉姝：《清朝民族立法特点之研究》，《贵州民族研究》，2003年第4期；张晋藩：《清朝民族立法经验浅析》，《国家行政学院学报》，2011年第1期等。

② 参见苏钦：《〈理藩院则例〉性质初探》，《民族研究》，1992年第2期；徐晓光、陈光国：《清朝对“蒙古例”、〈理藩院则例〉的制定与修订》，《内蒙古社会科学》，1994年第3期；史筠：《清王朝治理西藏的基本法律——〈西藏通制〉》，《民族研究》，1992年第2期；卓嘎：《〈铁虎清册〉产生的背景及内容》，《中国藏学》，1992年特刊；王希隆：《年羹尧〈青海善后事宜十三条〉述论》，《西藏研究》，1992年第4期；何峰：《从〈番例〉看清王朝对青海藏区的管理措施》，《青海社会科学》，1996年第6期，《〈番例〉清王朝对青海藏区的特殊法律》，《青海社会科学》，1997年第3期，《〈番例〉探析》，《中国藏学》，1998年第2期，《从〈番例〉看藏族千百户制度》，《青海民族学院学报》，1998年第2期；李鹏年：《西藏摄政阿旺降白楚臣被控案与裁禁商上积弊章程》，《中国藏学》，1999年第4期；星全成：《〈钦定藏内章程二十九条〉及其意义》，《青海师范大学民族师范学院学报》，2005年第11期；张云：《钦定藏内善后章程二十九条的形成与版本问题》，《民族研究》，1997年第5期；隆英强：《浅谈五世达赖喇嘛时期的〈十三法典〉》，《西北民族大学学报》，2005年第1期；牛绿花：《略论〈钦定西藏章程〉及其历史意义》，《青海民族研究》，2009年第1期等。

二、清代藏区习惯法研究

对于藏族习惯法的研究，可以说成果斐然。张济民主编《藏族部落习惯法研究丛书》中，以《寻根理枝——藏族部落习惯法通论》《诸说求真——藏族部落习惯法专论》《渊远流近——藏族部落习惯法法规及案例集录》（青海人民出版社，2002年），构成藏族习惯法的研究系列。在《寻根理枝——藏族部落习惯法通论》中，不仅系统地论述了藏族习惯法与藏族道德、禁忌、仪式、藏传佛教等的关系，而且对藏族习惯法的行政法、军事法、民事法、刑事法等规范以及各种纠纷的解决及程序也有分析。《诸说求真——藏族部落习惯法专论》收录了数十篇论文，就藏区部落习惯法对于藏区政治、经济、文化、宗教等方面的影响进行了分析，对习惯法与立法的冲突问题高度关注。《渊远流近——藏族部落习惯法法规及案例集录》分为青海省范围的法规资料、其它藏族聚居省区的法规资料、案例汇编、附录、词语解释5个部分，收录一些现存的法规及案例，诸如"赔命价""赔血价""婚姻""赘婿"等。

另外，洲塔《甘肃藏族部落的社会与历史研究》（甘肃人民出版社，1994年）论述了甘肃藏区社会法律规范的来源、内容和特点，并着重探讨了各种法律规范在甘肃藏区的作用与影响。陈庆英《藏族部落制度研究》（中国藏学出版社，2002年）则设专章论述藏族部落的法律制度，从生产、民事、刑事等方面讲述藏族习惯法的内容，也总结了藏族部落法律制度的特点。杨士宏《藏族传统法律文化研究》（甘肃人民出版社，2004年）论及藏族习惯法的文化内涵、藏族习惯法的特征以及藏族习惯法与民主法制建设等问题。此外，星全成《藏族社会制度研究》（青海

民族出版社，2000年），徐晓光《藏族法制史研究》（知识产权出版社，2004年），孙镇平、王丽艳《民国时期西藏法制研究》（知识产权出版社，2006年）等，也都用较大的篇幅论述了藏族习惯法的文化内涵、基本特征，并从婚姻和土地纠纷、人命案件等方面分析藏族习惯法在具体解决过程中的作用。

华热·多杰《藏族古代法新论》（中国政法大学出版社，2010年）分3篇23章，分别对藏族古代私法、藏族古代公法、藏族传统法律观进行论述，认为藏族古代公法则以吐蕃王朝以来制定的法影响最深，在藏族古代法中占有十分重要的地位，而藏族习惯法也是法律的重要渊源之一。之所以藏族习惯法在具体纠纷处理过程中能够发挥重要作用，主要是由藏族地区地广人稀，情况复杂和法制尚不健全这两个因素决定的。对于习惯法发挥的作用，则从草原纠纷、边界性争议、饮水和其它方面的争议、来论述纠纷的产生原因及解决的方式，对其普遍性和严重性进行解析。

有关藏族习惯法的研究主要集中在藏族习惯法的内容解析，具体应用的效果分析，以及对现代的影响方面。内容解析是针对某些地区性习惯法的形成及传承问题进行研究。具体应用的效果分析，则对婚姻、土地、财产继承纠纷的解决，人命的赔偿制度等方面进行研究，分析其适用原则。对现代的影响则从历史传承的角度，讲到民族特征的形成，在民族心理素质、风俗习惯、宗教信仰没有大的变革的情况下，

藏族习惯法依然有很大的市场。①

三、清代藏区司法研究

目前尚未有专门论述藏区司法制度的专著，有关藏族法制史的研究，并没有将司法作为重点，因此涉及此领域的研究主要是论文。

清代藏区司法审判方面。牟军简述清朝以来西藏地方司法行政体制以后，对诉讼、证据和执行等制度进行论述，虽然没有具体的案例分

---

① 文格：《藏族习惯法在部分地区回潮的原因分析》，《青海民族研究》，1999年第3期；杨士宏：《藏族部落习惯法传承方式述略》，《青海民族学院学报》，2004年第1期；孙镇平：《西藏"赔命金"制度浅谈》，《政法论坛》，2004年第6期；陈光国：《试论藏区部落习惯法中的刑法规范》，《西北民族学院学报》，1997年第3期；何峰：《论藏族部落的赔偿制度》，《青海民族学院学报》，1996年第4期；张济民：《浅析藏区部落习惯法的存废改立》，《青海民族研究》，2003年第4期，《藏区部落习惯法对现行执法活动的影响及对策》，《青海民族研究》，1999年第4期；白廷举：《土族习惯法探析》，《青海民族学院学报》，2002年第3期；索南才让：《藏传佛教对藏族民间习惯法的影响》，《西北民族大学学报》，2004年第2期；陈文仓：《玉树藏族部落习惯法初论》，《青海民族研究》，2004年第1期；李明香：《果洛藏族部落习惯法浅议》，《西北民族大学学报》，2004年第1期；彭宇文：《关于藏族古代法律及法律文化的若干思考》，《法学评论》，2004年第2期；唐萍：《部落习惯法对青海藏区社会生活的影响及对策分析》，《青海民族学院学报》，2003年第4期；多杰：《玉树藏族部落法规职能初探》，《青海民族学院学报》，1991年第4期，《浅谈藏区环保习惯法》，《青海民族研究》，2003年第3期，《浅谈藏族习惯法中"命价"的意义及其适用原则》，《青海民族研究》，1993年第1期，《关于藏区民间法文化现象的透析》，《青海民族学院学报》，2004年第1期；牛绿花：《对藏族部落习惯法中妇女地位及财产继承权问题的探讨》，《西北民族大学学报》，2004年第6期；贾烯儒：《试论藏区部落习惯法的文化成因及其改革》，《攀登》，1997年第2期；隆英强：《本土民族法文化的价值与内涵——以藏族赔命价习惯法对我国刑事司法的贡献为视角》，《中南民族大学学报》，2011年第4期，《藏族习惯法中的"赔命价"制度——兼论原生态藏族赔命价习惯法与中国的死刑存废问题》，《原生态民族文化学刊》，2010年第4期；张锐智、黄卫：《论藏传佛教精神与司法权威的结合——藏族"赔命价"处理模式改革探析》，《中国政法大学学报》，2011年第6期；后宏伟、刘艺工：《藏族习惯法中的神明裁判探析》，《西藏研究》，2010年第5期；辛国祥、毛晓杰：《藏族赔命价习惯与刑事法律的冲突及立法对策》，《青海民族学院学报》，2001年第1期；胡秋妍：《浅析藏族婚姻习惯法》，《四川民族学院学报》，2011年第6期；匡爱民、黄娅琴：《藏族习惯法中的惩罚性赔偿规则研究》，《中央民族大学学报》，2012年第1期等

析，但分析了《法律十三条》的应用。①陈柏萍谈及藏族传统司法制度形成、发展的同时，提到起诉、调解、审判和执行等司法程序。②杨华双对四川西部嘉绒藏区习惯法中现存的调处和神明裁判进行分析，认为调处往往由土司、守备主持，先向双方罚款，理由是“好人不做，却吵嘴”；神明裁判则主要适用于疑难案件的审理，有盟誓、神托、神罚等形式。③何峰将藏族传统“天断”形式归纳为起誓、视伤情、视征兆三大类，认为这些形式广泛地应用在疑难纠纷和案件的处理。④马青连注意到理藩院定期不定期派遣司员、理事官巡视的问题，少数民族与汉民族发生纠纷的案件，常常由这些巡视官会同地方土司及官员进行裁断。⑤

清代藏族纠纷解决机制问题。多杰从经济、政治、法律关系来分析藏族部落特征，认为财产、人身权、婚姻等纠纷，能够以调解、审判、特殊审判等方法进行解决，审判是有法律规范的，调解则是动之以情、晓之以理的过程。⑥后宏伟则论述了藏族习惯法中的调解特征，分析民间调解权威、调解评价依据、调解的强制力、调解的适用与排除、调解的维系力量等纠纷解决的优点与不足。⑦王玉琴等从藏族民间调解的成文法基础、宗教渊源，来论述藏族纠纷解决的历史渊源，然后在田野调查的基础上，提出新时期藏族民间调解对国家法补充的问题。⑧佴澎从

① 牟军：《近代西藏地方司法制度简述》，《现代法学》，1993年第5期。

② 陈柏萍：《藏族传统司法制度初探》，《西北民族学院学报》，1999年第4期。

③ 杨华双：《嘉绒藏区习惯法中的司法制度》，《西南民族大学学报》，2005年第4期。

④ 何峰：《论藏族传统的天断制度》，《西北民族学院学报》，1996年第4期。

⑤ 马青连：《清代理藩院之司法管辖权初探》，《思想战线》，2009年第6期。

⑥ 多杰：《藏族部落纠纷解决制度探析》，《青海民族学院学报》，1999年第3期。

⑦ 后宏伟：《藏族习惯法中的调解纠纷解决机制探析》，《北方民族大学学报》，2011年第3期。

⑧ 王玉琴、德吉卓嘎、袁野：《藏族民间调解的脉动》，《西藏大学学报》，2011年第4期。

清代云南藏族纠纷解决的一些案例分析，谈到地方性的《团规》，认为云南藏族固有纠纷解决机制的变迁，也是中央王朝的政策调整和变通，因此呈现出多元化和趋同性的特点。[①]潘志成对历史上藏族的调解人：官方、部落头人、领主、活佛、老人，及其他调解者的调解方式进行解析，分析了藏族社会传统调解制度在现代社会的境遇。[②]杨多才旦注意到藏区草场纠纷的成因和危害，并尝试性地提出了相应的对策。[③]李虹则通过调查，以案例分析的方式，解析藏区存在着多元化纠纷解决方式的优劣，认为多元化纠纷解决方式是解决草场资源纠纷的最佳选择。[④]冯海英对安多藏族牧区常见的草场和婚姻冲突及其解决机制的分析，提出牧区社会冲突治理的可行策略。[⑤]熊征基于近年来有关藏牧区犯罪治理的理论争鸣，分析了藏族牧区刑事司法现状，提出传统刑事司法的功能失调，刑事和解之契机的问题，设想一种刑事和解模式。[⑥]

四、清代藏区法制研究展望

总体来说，学术界对藏区法制的研究从整体研究、资料整理到研究立法、习惯法、司法逐渐细化，不仅在选题上越来越具体，而且成果

---

① 佴澎：《在博弈中走向和谐——清代云南藏族纠纷解决机制研究》，《云南农业大学学报》，2008年第1期。

② 潘志成：《藏族社会传统纠纷调解制度初探》，《贵州民族学院学报》，2009年第1期。

③ 杨多才旦：《藏区草山纠纷的成因、危害及对策》，《西藏研究》，2001年第2期。

④ 李虹：《藏族习惯法在藏区草山纠纷解决中的作用与困境》，《甘肃高师学报》，2011年第4期。

⑤ 冯海英：《传统与现代：论安多藏族牧区社会冲突治理——基于两类常见纠纷的思考》，《西藏研究》，2010年第4期。

⑥ 熊征：《藏牧区刑事和解初探——以甘南藏族自治州为例》，《西北师大学报》，2011年第6期。

逐渐丰富。由于研究者多将重点放在清朝藏区立法、藏区习惯法一般性研究上，关注立法文件的数量、内容和性质层面，而对法的作用与效力、立法效果、立法冲突与融合、立法对于司法行政的影响等则很少论及。从当前成果来看，有选取西藏这一地域研究所有范围内的立法文件，也有运用民族这一范畴研究藏族法制史，但不管哪种研究都没有对相关立法文件，或者是藏族习惯法的时间、空间、效力进行明确界定，这就使分析藏族在藏区，或者藏区之外与它民族发生法律关系时适用何种法律成为了难题。学术界侧重法律文本的宏观研究，往往忽视对立法程序的考察，注重法律的政策考察，很少论及根本性和指导性的立法原则。此外，站在当今的视角看问题，以及现代西方法概念的滥用，也给理解清朝藏区立法和司法造成了不小的困难。因此，对于藏区法制的研究仍有很大的发展空间。

嘉庆时期青海藏族与蒙古族之间抢劫牲畜案的处置

抢劫与偷盗牲畜在《大清律例·刑律·贼盗·盗马牛畜产》条规定:“凡盗民间马、牛、驴、骡、猪、羊、鸡、犬、鹅、鸭者,并计(所值之)赃,以窃盗论。若盗官畜产者,以常人盗官物论。若盗马、牛(兼官、私言)而杀者,(不计赃,即)杖一百、徒三年;驴、骡,杖七十、徒一年半。若计赃(并从已杀计赃,)重于(徒三年,徒一年半)本罪者,各加盗(窃盗,常人盗)罪一等。”[①]但是按照蒙古例规定:“凡蒙古偷盗他人马驼牛羊四项牲畜,一人盗者,不分主仆绞决,二人盗者一人绞决,三人盗者二人绞决。纠众伙盗者,为首二人绞决,为从者皆鞭一百,罚三九。其正法之盗犯妻子畜产,皆籍没给事主。”[②]这仅仅是就偷盗而言,如果是“外藩蒙古,因盗抢牛马牲畜杀死人命,照强盗例枭示”。由此可见,在游牧地区因为依赖牲畜生存,其重点保护也是势在必然,所以认为:“外蒙古人等依赖牲畜生存,并无院落,是以将严厉正法之窃贼之妻子产畜籍没给

① 田涛、郑秦点校:《大清律例》,法律出版社,1999年,第395页。

② (清)光绪《大清会典事例》卷994《理藩院·刑法·盗贼》,台北新文丰出版公司据光绪二十五年原刻本影印,第17014页。

予对方，向来可行。”[1]

这种针对游牧地区的牲畜保护所实施的严厉处置，在雍正以后有所减轻。雍正元年（1723），披甲阿纳等盗牛二头，办理土默特事务刑部郎中福柱等奏请照例应绞立决。雍正帝认为：“偷盗一二牲饩，即将蒙古立绞，人命重大。嗣后应改为拟绞监候，若从此蒙古盗案渐少，则照此例行，倘蒙古无知，法轻多玩，而盗案比往年较多，则仍照原例拟罪。”[2]经过实行，似乎取得一些效果，所以雍正五年（1727），理藩院奏准：“凡盗四项牲畜为数无多，情节甚轻者，拟绞监候，仍籍没畜产，给付事主，其妻子暂留该旗，俟本犯减等，佥解邻近盟长，给效力台吉为奴。”至乾隆五年（1740），理藩院又议准：“嗣后一二人盗牲畜者，仍照前例，若三人以上偷盗者，止将起意之一人为首，余皆以为从论。若偷盗之际分路而行，或偷盗二三处，或从前偷盗数次者，各按其情节，分别首从治罪。”至乾隆五十年（1785），理藩院奏定按照偷窃牲畜数量量刑，凡30匹以上，“不分首从绞监候”；20—30匹，“首从俱绞监候”；10—20匹，“为首者绞监候”；6—9匹，“为首者发遣云南、贵州、广东、广西烟瘴地方”；3—5匹，“为首者发遣湖广、福建、江西、浙江、江南”；1—2匹，“为首者发遣河南、山东，交驿站充当苦差”；此外，“以羊四只作牛驼马一只”。[3]即便是此，在游牧地区偷窃及抢劫牲畜，一直是从严惩处，而在具体处置上，则要看事态的发展，如果案件奏报到皇帝，具体处置就要以皇帝的旨意为准。以下是嘉庆年间发生在青海的藏族与蒙古族之间抢劫牲畜案。

---

① 李保文译：《理藩院律书》，《故宫学刊》，2004年总第1期。

② 《清世宗实录》卷4，雍正元年二月壬子条。

③ （清）光绪《大清会典事例》卷994《理藩院·刑法·盗贼》，台北新文丰出版公司据光绪二十五年原刻本影印，第17016~17019页。

嘉庆八年(1803),西宁办事大臣台布上奏称:“青海河北二十五旗(蒙古)王索诺木多尔济等,前来西宁递呈,以循、贵番贼强横,叠次抢掠,恳求办理。”虽然蒙古旗主有越诉之嫌,但此前嘉庆帝曾经对青海蒙古降有谕旨,认为蒙古应“振作自强,不得专恃内地官兵代为防护”。这样,蒙古旗主的起诉就违反了嘉庆帝的旨意,所以西宁办事大臣台布“于蒙古递呈时,当即面加驳饬”。朝廷认为台布的做法是依法行事,“固属正理”。不过,另据贝子齐默特丹巴呈报,是年三月内“有番贼前来抢掠,将伊捉住,剥去帽顶衣服,枪毙伊妻,枪伤伊媳,拿去蒙古男妇五名,并马牛羊只、俸银、缎疋、口粮等项甚多”。而索诺木多尔济等陆续具报被抢牲畜“约计马三千五百余匹,牛一万七千余头,驼五百余只,羊十九万一千余只”。这是既抢劫又杀人的大案,也事关藏族与蒙古族之间的关系,台布也就不得不将此情况奏报。

根据台布的奏报,嘉庆帝认为蒙古此举定有夸大之嫌,因为“伊等所失牲畜,焉有如许之多?其呈报数目,自未必尽确”。不过,藏族民众“剥去(蒙古)贝子帽顶衣服,伤毙伊妻,掳掠人口”①。这种行为已经不是一般抢劫牲畜案件,属于案情重大,显然是“藐法已极”,就不能不慎重对待。

台布,奇普褚特氏,蒙古正蓝旗人,乾隆六十年(1795),曾经以内阁学士在军机处学习行走,不久升为工部左侍郎,嘉庆五年(1800),调任西宁办事大臣。别看他身为蒙古人,有些想法却很古怪,上任不久,就遇到青海蒙古诸部屡受藏族的侵扰,他不积极寻求解决之道,却提出:“蒙古强实为中国之患,蒙古弱乃为中国之福,以番制蒙,诚为良

① 以上引文参见《清仁宗实录》卷111,嘉庆八年夏四月丙寅条。

策”的观点，遭到嘉庆帝的严厉批驳，“雍正年间，于该处设立办事大臣，本为保护蒙古起见，诚以番族杂居蒙古之外，而蒙古实为中国屏藩，是以蒙制番则可，以番制蒙，则属倒置矣”。指斥说：“台布从前曾在军机处行走有年，何不晓事体至此！著传旨申饬。”[①]既然台布不堪重任，又在病中，因此嘉庆帝派都尔嘉前往西宁，替换台布。

都尔嘉（1737—1805），爱新觉罗氏，为努尔哈赤五世孙，深受乾隆帝的眷顾，从护军参领加副都统衔，到任伊犁领队大臣、塔尔巴哈台领队大臣、参赞大臣，再到参与大金川之战，最终被画像紫光阁，成为功臣。此后，历任镶白旗满洲副都统、黑龙江副都统、山海关副都统、密云副都统、吉林将军、盛京将军、黑龙江将军、正黄旗护军统领、镶黄旗护军统领。嘉庆四年（1799），调乌什办事大臣，再为巴里坤领队大臣，这次被调西宁办事大臣接替台布，加授镶白旗蒙古副都统，则可见嘉庆帝对他的重用。

既然嘉庆帝有“以蒙制番”的原则，其处理这个案件也就有了先入为主的理念。首先，嘉庆帝将此案与内地州县同类案件进行了对比，说明了应当管辖的部门。认为内地州县中，如果遇到抢劫民人的案件，官府一定会加以查办的。青海藏区虽然与内地情况稍有不同，但同为王朝疆域，并且为管理地方，统辖蒙古番众，朝廷在此专门设立了西宁办事大臣，如果连这类性质恶劣、案情重大的案件都不管辖的话，“亦安用设立办事大臣为耶”。其次，嘉庆帝通过分析受理的社会效果，确定了应当谨慎处理的原因。蒙古贝子是清王朝对青海蒙古贵族所封的爵位，具有较高的社会地位和权限。此案中，青海蒙古贝子等被藏族不法

① 《清仁宗实录》卷88，嘉庆六年冬十月丙午条。

之徒如此欺凌，如果朝廷置之不办的话，将会使蒙古部落疑为袒护藏族民众，对王朝的政策寒心。同时，这也将导致藏族民众“肆行无忌，益长刁风”。于是，嘉庆帝令刚到任的西宁办事大臣都尔嘉，将所控各情是否真确详细访查，并谕令其办理此案的原则：“如果实有其事，即应严行查办。或令该番众将为首之犯献出，从严惩治。若不知畏罪，尚须慑以兵威，都尔嘉酌量再行带兵亲往督办，以儆凶顽，不可姑息了事。仍将如何办理缘由，先行具奏。”[①]同时，考虑到该案为藏族和蒙古族之间发生的较大民族纷争，并且其所涉地域也可能超出西宁办事大臣权限，因而为将案件办理得更为彻底，嘉庆帝还专门从专管民族问题的理藩院中抽调人员，“命理藩院侍郎贡楚克扎布”作为钦差大臣，“驰往甘肃、西宁一带，查办事件”[②]。

西宁办事大臣都尔嘉遵旨，一面设法查拿藏族不法之徒，“译缮告示，选派通丁，协同兵役及喇嘛等，传檄宣谕，使该番擒献凶贼原赃，一面亲身驰赴督办”。然后“传到齐默特丹巴，告以尔被番贼种种欺凌”情状，并且“具折奏闻”。为稳定蒙古之心，都尔嘉先向蒙古贵族等谕以朝恩，称：“皇上深知怜悯，特派钦差大臣前来，赍给银两缎匹抚恤，并令将此案凶犯严行缉获，处以国法，为尔申雪仇恨，尔当感激天恩，善为振作，黾勉自立，毋稍畏怯。”在没有妥善处理好蒙、藏各自生活领域的问题之前，都尔嘉也不想让蒙古贵族随同官军进入藏族游牧地区，劝说他们在避难的哈拉果勒“暂留住牧”，“俟拿获凶犯办理后，番众自不敢再出滋扰，尔当仍回原游牧处所安心乐业”。对于都尔嘉的一番处置，嘉庆帝称“所办尚是”，并且提出更为具体的要求：都尔嘉“仍督饬

① 参见《清仁宗实录》卷111，嘉庆八年夏四月丙寅条。

② 《清仁宗实录》卷112，嘉庆八年四月庚辰条。

文武，实力查拿凶犯。如于贡楚克扎布未到之先，能将正凶弋获，固属甚善。若一时未能即获，俟贡楚克扎布到后，即当会同妥商。或悬赏购线，或檄谕缉拿。如该番闻知，尚形畏惧，不烦兵力，能将正凶缚献，则当审明按律照盗案办理，即可完结。傥该番野性难驯，或竟有抗拒不法情事，势不得不慑以兵威，即据实奏明办理”①。在嘉庆帝看来，能够通过司法程序予以解决，则是最好不过的事，但也考虑到藏族不法分子的反抗，所以想到派兵镇压。

事态正如嘉庆帝所预判的那样，而处理的方式则并非在二者之间取舍，而是先后针对不同情况分别采取了谕旨中指示的措施。嘉庆八年（1803）五月，西宁办事大臣都尔嘉奏报案件的进展称：“此次野番一闻查拿紧急，俱携带眷口，逃入老山。其畏慑情状，已可概见，自无庸遽用兵力。”在他看来，通过司法程序就可以解决问题，而所派官弁，很快地就抓获了参与案件的“完纳山莫等六名”犯罪嫌疑人，都尔嘉遂对具体处理意见请旨裁夺。嘉庆帝览奏后，指示西宁办事大臣都尔嘉，对待所获的六名犯罪嫌疑人，“如实系正凶，则当于审明后，传到贝子齐默特丹巴，眼同正法。俾各蒙古咸知此案凶贼，业已拿获严办，共伸积愤。傥所获之贼，讯明尚非正犯，应一面仍饬各路员弁，上紧躧缉”②。由此可见，清王朝在对待涉藏刑事案件时“首恶必惩”的态度。后来，都尔嘉等又拿获“枪毙贝子妻室之正凶齐克他勒”，并随即对以上犯罪嫌疑人加以审讯，从其供述中，得知其同伙约几十人，首犯是“扎拉南什济及单开之隆本等七人”，于是朝廷命都尔嘉等对首恶之犯必须“按名擒获。毋任漏网”，至于惩处的方式，“该犯等罪名，虽不至于凌迟，亦当分

① 参见《清仁宗实录》卷112，嘉庆八年四月辛巳条。

② 参见《清仁宗实录》卷113，嘉庆八年五月庚戌条。

别斩枭”,并要求“传集该贝子等当面惩办,以纾积愤”①。对待已擒获的凶犯,西宁办事大臣及钦差贡楚克扎布等自然不敢懈怠,按照嘉庆帝的谕旨分别严办,但对于尚未缉拿归案的涉案人员,仍委员进行查拿,同时也鼓励藏族部落自行擒献及犯罪分子投案自首。

在缉拿其他凶犯的过程中,钦差贡楚克扎布等遇到了较大的阻碍,藏族部落拒绝擒献赃贼,并且对抗官府。在这种情况下,贡楚克扎布奏报皇帝称:“野番强悍,非仅以空言慑服,势须天兵临巢,伊等方知震惧。”嘉庆帝对钦差的意见深信不疑,当即谕令陕甘总督惠龄亲往督办西宁用兵事宜,并要求其“即驰赴该处,与贡楚克扎布、都尔嘉等会筹熟商”②。对于用兵的方式,嘉庆帝强调并非“诛锄番种”③,“犁庭埽穴,歼戮无遗”,而是“于就近营分调拨官兵一二千名,以张声势”,“或扬言大兵数千即日前来,亦无不可”,总须令声威壮盛,使野番闻风慑息”。而调兵的目的,则是通过威慑,令藏族部落“将凶犯并所抢牲畜赃物,早行献出,真心畏惧,持咒具结,再不敢复图抢掠”④,以达到一劳永逸。

陕甘总督惠龄即赴西宁,与钦差贡楚克扎布、西宁办事大臣都尔嘉等商议,进而分别带兵进剿。据贡楚克扎布奏报:“该番等亲见天兵临巢,将占住蒙古地方业已让出,搬回番境,并央同番目尖木赞来营乞恩:情愿交还赃畜,并各处访缉案内正贼,一经寻获,即当缚献。”⑤从此处记载不难看出,藏族部落不法之众扰掠蒙古贵族管辖的蒙旗,并非单纯地抢夺牲畜等物资,占据蒙旗所在的天然牧场也是其十分重要的

① 参见《清仁宗实录》卷114,嘉庆八年六月癸亥条。

② 同上,嘉庆八年六月癸酉条。

③ 《清仁宗实录》卷116,嘉庆八年秋七月乙未条。

④ 参见《清仁宗实录》卷114,嘉庆八年六月癸酉条。

⑤ 《清仁宗实录》卷118,嘉庆八年八月丙寅条。

意图之一，甚至是更为主要的目的。在占据了蒙旗牧场之后，藏族部落不法之徒当然会将蒙旗部众加以驱逐，于是出现了蒙古贵族和部众暂住哈拉果勒地方的结果。从这一点来看，都尔嘉在处理此案时，将蒙古暂住哈拉果勒地方的原因确定为"躲避番贼"，实际上是将蒙古的被逼无奈当成了主动退避，无疑是不当的。

随后，贡楚克扎布另奏："官兵一入蒙古境内，所有占居各番，闻信震惧，纷纷搬回番地，现在贵德野番已陆续交赃，并将本案正贼扎拉南什济等四人擒获。"[①]在追缉剩余凶犯过程中，"循化江什加族番藏匿罪人，阻止众番投出"，"经官兵枪箭齐发，击杀二十余人"。在官军的武力威慑之下，"该番已知畏惧服罪"，"其南木加旦木增二名，仍当设法严拿务获"。[②]最终，遵照嘉庆帝的谕旨，钦差贡楚克扎布及西宁办事大臣都尔嘉，陕甘总督惠龄等，只是"将本案起意为从，及赃证确凿之犯，严行惩治"，"分别罪名。办理完案"。对"此外各番族众，纵平素曾或为匪，而此次并未随同行劫"者，亦未遽加之罪。[③]此外，在审讯过程中，地方大员们还发现，蒙古内部还存在与藏族勾结，共同实施犯罪之人。"据该犯拉隆供称，我因不识水性，不能摆渡，有纳汉王旗下渡贼之水手拦角尔等七人，陆续渡过贼番三十余人，分得牛羊若干只等语。"而据被擒获的乙旦木交待，其即系特礼贝勒旗下蒙古。嘉庆帝据此认定："蒙古被抢之案，多系伊等属下人户，与贼番通线，为其摆渡，较之番贼等，情罪尤为可恶"，于是谕令各大臣"将数犯严拿务获，加倍惩治，使知所

① 《清仁宗实录》卷119，嘉庆八年八月丁亥条。

② 《清仁宗实录》卷120，嘉庆八年九月癸卯条。

③ 参见《清仁宗实录》卷116，嘉庆八年秋七月乙未条。

儆惧”。[①]后来，钦差贡楚克扎布等“续获抢劫贼番，及替贼牧放分赃各犯，分别办理”，“其渡贼蒙古各犯，著即责成那汉达尔济等查拿务获”。[②]

除了对涉案之人进行惩处，在审理过程中，还对被抢牲畜的数目进行了核实。嘉庆八年（1803）五月，嘉庆帝在阅读西宁办事大臣都尔嘉的奏折后，认为“索诺木多尔济等呈报被抢牲畜，辄以千万计，断无有如此之多。况臬司蔡廷衡行抵西宁时，查看丹噶尔搬来蒙古实在大小三千余口，几至形同乞丐，该蒙古如有牲畜充牣，何致顿形狼狈一至于此，可见伊等浮开赃数，其意不过希图官为追出多赃，伊等又藉得便宜”，于是谕令办案官员，对“此等虚报牲畜数目，尽可置之不问”。[③]在案件处理过程中，经官府的催缴，藏族部落陆续返还牲畜四万多只，这种情况令嘉庆帝对之前的判断作出了变更，认为：“至赃畜一项从前蒙古开报之数，未必一无虚捏，今据交出四万，为数亦已不少，其余自当责令全交”，为防止“该番等力量实有不能”而适得其反，又要求地方官员“毋庸过事逼勒，转致再生事端”[④]，“其被抢牲畜，虽应多为追给，但番贼等果能畏法，缴出赃物若干，即可就事完结，亦不必全数著追”[⑤]。贡楚克扎布等谨遵圣旨，一面“移兵循化之沙卜朗地方”，震慑藏族部落，使藏族部落“真心畏惧”，并令其赔缴其抢掠的牲畜等物资，一面命令“该处头人设咒出结，永远不生反侧”，同时，“将未经撤回之蒙古七千九百余名口，妥为劝谕，悉令移回”。[⑥]

---

① 参见《清仁宗实录》卷114，嘉庆八年六月癸亥条。

② 《清仁宗实录》卷116，嘉庆八年秋七月乙巳条。

③ 《清仁宗实录》卷113，嘉庆八年五月庚戌条。

④ 参见《清仁宗实录》卷120，嘉庆八年九月癸卯条。

⑤ 《清仁宗实录》卷114，嘉庆八年六月癸亥条。

⑥ 参见《清仁宗实录》卷119，嘉庆八年八月丁亥条。

经过钦差与各大员的会同审理，使侵占蒙旗牧地、抢掠蒙古牲畜的藏族不法之人得到了应有的惩罚，藏族部落也陆续将抢掠的大量牲畜予以返还。在官府的协助下，移牧哈拉果勒的蒙旗贵族和民众也回到原来的住牧地点生活。

应该说案件处理还算顺利，但不能保证以后不再发生类似的案件，何况蒙古族和藏族临近而牧，已经形成的藏族强、蒙古族弱的局面也不可能得到改变，所以朝廷考虑善后的问题。认为若不妥善经理，永定章程，“则番众日久玩生，难保不复行滋扰。而蒙古等一经被扰，惟知赴愬天朝，纷纭不已，亦属不成事体”。因此，嘉庆帝谕令西宁办事大臣都尔嘉于本案办竣时，“会同贡楚克扎布，及臬司蔡廷衡，酌量该处情形，悉心会议。或为划定界限，或设立卡伦，以杜侵越，及此外有无另行筹办之处，详悉定议具奏，以期青海地方，永臻宁谧”。[①]在善后措施中，清王朝最首要的举措便是安设“卡伦”[②]。经地方官员查明，蒙藏住牧交界地方，恰有大河一道，双方“春夏间系扎筏过渡，冬令则由冰桥行走”[③]，遂奏报嘉庆帝，建议沿河设立卡伦，因为“番贼等不识水性，艰于济渡，即可在彼严防，以绝番贼往来之路。但蒙古积弱已久，不能自行经理，或代为设法，即在沿河地方，令蒙古添设卡伦，驻守巡防，并将船筏概行御收，使番贼不能乘间偷渡，庶可永杜衅端”[④]。嘉庆帝采纳了这一建议，令地方官员“于河边安设卡伦数处，饬将木筏提集近蒙古之岸，毋

① 《清仁宗实录》卷112，嘉庆八年四月辛巳条。

② “卡伦”是清代治边和边防中的一种特殊设施的名称，它具备了执行巡查、稽查、防护、监督、征收或传递文书等极其广泛的管理或防御功能。

③ 《清仁宗实录》卷116，嘉庆八年秋七月乙未条。

④ 《清仁宗实录》卷114，嘉庆八年六月癸亥条。

许私渡”[①]。同时，为防止蒙古属下人等再有私通藏族偷渡窃劫之事，更订立章程，“嗣后务宜严防河岸。禁止扎筏。以绝番众往来之路。尤应严饬属下人等、毋许与番贼私相勾结”[②]，倘有勾结之事，“一经究出，除将正犯严行治罪外，并将该管之王公扎萨克等，治以不能管束之罪”[③]。

为了蒙番交界的持续稳定，嘉庆帝后来批准了侍郎贡楚克扎布的《青海蒙古野番诸制》一折，明定章程8条：“①定界设卡，以资防守。立鄂博，使不得私越。②设头目，给翎顶，使野番有所约束。③循化、贵德，两厅营令每年会哨，使知震慑。④民番交易，示定市期，以便稽察。⑤劫夺杀伤，以交踪、相验、为据，使不得捏报。⑥明示劝惩，以靖盗源。⑦不容蒙古、野番，人户混处，以绝串通。⑧两厅营定为三年更替，衡其功过，以专责成。”[④]

案件处理完毕，看似很公正，但承办官员却从中牟取暴利。后来查明西宁办事大臣都尔嘉在承办此案时，“婪索银六千余两。又因祭海指称蒙古王公等派差不公，藉端勒索蒙古贝子旺沁丹津及蒙古王公等，共银一万一千余两”。嘉庆帝“姑念都尔嘉究系宗室，著加恩免赴市曹绞决。著派左宗人永珠、刑部侍郎贡楚克扎布，将都尔嘉带至伊祖墓前，监令自缢”。收受贿赂，办理案件也就难求公正，而欺上瞒下，又不可能令人信服。此案蒙古贵族呈告被抢马3500余匹，牛17000余头，驼500余只，羊191000余只，而在追赃时，返还牲畜40000多只，没有讲明是何牲畜，如果是马牛，显然超过被抢的数量，既有勒逼藏族部落之嫌，又有归还蒙古贵族时索贿之疑。实际上，对藏族部落与蒙古各部都

① 《清仁宗实录》卷116，嘉庆八年秋七月乙未条。

② 《清仁宗实录》卷118，嘉庆八年八月丙寅条。

③ 《清仁宗实录》卷116，嘉庆八年秋七月乙巳条。

④ 《清仁宗实录》卷122，嘉庆八年冬十月丁亥条。

不公正，所以嘉庆帝认为："幸蒙古等恭顺淳谨，尚未滋事，傥彼时致滋事端，更不成事体矣。"①

此后，贡楚克扎布出任西宁办事大臣，因为有处理蒙古族与藏族之间发生的刑事案件的经验，所以在覆奏审结蒙古番子积案时，"请嗣后蒙古番子寻常命盗抢劫等案，仍照番例罚服办理，如有情节可恶者，随时奏闻"。结果遭到嘉庆帝的斥责："所奏番例有何册档可凭？情节可恶者随时奏办，是何情节方为可恶？饬容详议。"后来任西宁办事大臣文海再次提出："番民等如敢纠约多人肆行抢劫，或竟扰及内地边氓，情同叛逆，以及肆意抢劫蒙古牲畜，凶恶显著，关系边疆大局之案，自应慑以兵威，严拿首从，随时奏明请旨办理，以彰国典。其止于自相戕杀及偷盗等案，该蒙古番子等向系罚服完结，相安已久，一旦绳以内地法律，恐愚昧野番，群滋疑惧，转非抚辑边夷之意，应请仍照旧例等情。"之后"经刑部核准，奏请施行"。对于这种制度的设定，至民国时还有人认为："晚近以来，仍复相安，实为现行刑特别刑法之一种也。"②由此可见，此案处理所带来的法律变革。

① 《清仁宗实录》卷150，嘉庆十年九月丙辰条。

② 徐珂：《清稗类钞·兵刑类·番例》（第2册），中华书局，1984年，第766~767页。

清代的上控、直诉与京控

越诉是越级控诉，它不同于上控和直诉，更不同于申诉。按照现代法律，申诉是指“诉讼当事人或其他有关公民对已发生法律效力的判决或裁定不服时，依法向法院或检察机关提出重新处理的要求。亦指国家机关工作人员或政党、社团成员对所受处分不服时，向原机关（组织）或上级机关（组织）提出自己的意见”[①]，在古代则是向上级或上属机关申述情由，“今冤民仰希申诉，而令长以神自畜（难见如神也），百姓废农桑而趋府廷者，相续道路，非朝餔不得通，非意气不得见”[②]，是指向县令长申述情由。隋代“有枉屈县不理者，令以次经郡及州，至省仍不理，乃诣阙申诉。有所未惬，听挝登闻鼓，有司录状奏之”[③]，则属于向上属机关申述情由，与上控意义相同。因此，弄清上控和直诉的概念，有利于对清代诉讼制度的理解。

① 编委会：《汉语大词典》（第7册），汉语大词典出版社，1991年，第1295页。

② （南朝）范晔：《后汉书》卷49《王符传》，中华书局点校本，1965年，第1640页。

③ （唐）魏征等：《隋书》卷25《刑法志》，中华书局点校本，1973年，第712页。

一、上控

现代法学意义上的上诉是指“诉请上级法院复审下级法院判决，或者要求法院复审行政机关的命令”①。上诉的典型特点就是审判等级制，在等级制的基础上，由当事人提出的一种意思自治来引领案件继续进行。传统中国法律没有现代法学的审级概念，而且案件审理程序并不能由当事人主导或决定，因此不存在现代法学意义上的上诉。但是在不同级别审理的过程中，当事人如不满审理或判决结果，可以向上控诉，称之为上控。因此，本书使用上控的概念，以避免与现代法学中的上诉概念相混同。

中国早在西周时期就已经建立了相应的上控制度，并根据里程的远近确定了明确的上控期限：“凡士之治有期日，国中一旬，郊二旬，野三旬，都三月，邦国期(一年)，期内之治听，期外不听。”郑玄注曰：“在期内者听，期外者不听，若今时徒论决满三月不得乞鞫”(《周礼·秋官·朝士》)。由此可知，上控在汉代被称为“乞鞫”。“乞鞫”是否到上一级，在先秦两汉的史料中，还不能明确反映，“至于重审机构是原审判机构还是上一级审判机关，抑或是中央最高审级，尚难见明确的法律规定”②。

魏晋南北朝上控制度在不断完善过程中，既有因循，又有草创，至隋唐始为定制。隋文帝诏令云：“有枉屈县不理者，令以次经郡及州，至

① 《简明不列颠百科全书》中美联合编审委员会：《简明不列颠百科全书》(第7册)，中国大百科全书出版社，1985年，第101页。

② 李交发：《中国诉讼法史》，中国检察出版社，2001年，第185页。

省仍不理，乃诣阙申诉。有所未惬，听挝登闻鼓，有司录状奏之”[①]，明确规定上控必须逐级进行。唐代规定的上控程序是：“凡有冤滞不申，欲诉理者，先由本司本贯，或路远而踬碍者，随近官司断决之。即不伏，当请给不理状，至尚书省，左右丞为申详之。又不伏，复给不理状，经三司陈诉。又不服者，上表。受者又不达，听挝登闻鼓。”[②]这种制度为宋代所承袭，并放宽上控的时限，最宽时曾经5年，少亦半年，一般是3年，反映出掌有最终裁判权，具有“以敕代律”的特点。元代的上控除因循前代之外，对上控的程序规定更加严格，“诸陈诉有理，路府州县不行，诉之省部台院，省部台院不行，经乘舆诉之。未诉省部台院，辄经乘舆诉者，罪之”[③]。上控要求逐级，而不允许越级，乃至于直控。

明清两代是上控制度规定较为完备的时期，其上控程序有了一些变化，不但明确了上下的审理级别，还规定了上控的时限，并且根据上控案件情节轻重不同来确定受理机关。据《清史稿》记载：“凡审级，直省以州县正印官为初审。不服，控府、控道、控司、控院，越诉者笞。”[④]严格规定必须逐级（县、府、道、司、院）上控而不允许越诉。上控人必须在状内将控过的衙门、审过的情节开列明白，上级司法机关才能受理。对于上控案件，上级审判机关既可以提审，也可以发回原初审衙门重审，或转委所属其他州县审理。其规定的上控程序虽然详细具体，但实践中，上控案件往往发回原审判衙门审理，上控的真正意义则很难体现出来。

上控时，上控人必须于状内将控过衙门审过情形叙述明白。因此，

---

① （唐）魏征等：《隋书》卷25《刑法志》，中华书局点校本，1973年，第712页。

② （唐）玄宗御撰：《唐六典》卷6《刑部》，扫叶山房本，该卷第14页。

③ （明）宋濂等：《元史》卷105《刑法志四》，中华书局点校本，1976年，第2671~2672页。

④ 赵尔巽等：《清史稿》卷144《刑法志三》，中华书局，1977年点校本，第4211页。

上控案件的处理，上司衙门应该分别情形处理，通常有下列两种情形：

第一，应有诉讼未经本管官吏陈告，及诉讼虽陈告，但未结案者，是不允许上控的。如《大清律例·刑律·诉讼·告状不受理》条规定："若各部院、督抚、监察御史、按察使，及分司巡历去处，应有词讼，未经本管官司陈告，及[虽陈告而]本宗公事未结绝者，并听[部院等官]置簿立限，发当该官司追问，取具归结缘由勾销。若有迟错，[而部院等官]不即举行改正者，与当该官吏同罪。[轻者，依官文书稽程十日以上，吏典笞四十。重者，依不与果决，以致耽误公事者，杖八十。]"也就是说，要先经本管官司审理，如果没有审理就上控，还是要发回本管官司审理。因为置簿立限，等于是接受了上控，因此部院等官已经有了监督本管官司审理的责任，而本管官司审理也要承担迟错的责任。《大清律例·刑律·断狱·辨明冤枉》条附例规定："若命盗等案尚未成招，寻常案件尚无堂断，而上控呈词内又无抑勒画供，滥行羁押，及延不讯结，并书吏诈赃舞弊各等情，应即照本宗公事未结绝者发当该官司追问律，仍令原问官审理。该管上司，仍照例取具归结缘由勾销。"按照清代法律规定，上控不应该控告己事，所以凡是不涉及官吏作弊，依然发回本管官司审理，如果有官吏作弊，接到上控的长官就要审理了。

第二，已经在本管官吏那里陈告，本管官吏不为受理，以及本宗公事已经裁决，当事人认为理断不当，而称诉冤枉者。《大清律例·刑律·诉讼·告状不受理》条规定："其已经本管官司陈告，不为受理，及本宗公事已绝，理断不当称诉冤枉者，各[部院等]衙门即便勾问。若推故不受理，及转委有司，或仍发原问官司收问者，依告将不受理律论罪。"此种情形，则督、抚、司、道、府、州应亲行审办或发交下级衙门审办。

依照《大清律例·刑律·断狱·辨明冤枉》条附例规定：凡是事关重

大，案涉疑难，应行提审要件，或奉旨发交审办，以及民人控告官员营私枉法滥刑毙命各案。如在督抚处具控，各省督抚，俱令率同司道等亲行研审。如在司道处具控，司道等官应亲提审办，与在督抚处具控同。其余上控之件，讯系原问各官，业经定案，或案虽未定，而有抑勒画供，滥行羁押，及延不讯结，并书役诈赃舞弊情事。也就是说，有官吏舞弊情节者，其审理程序是：①如在督抚处具控，即发交司道审办；或距省较远，即发交该管处巡道审办。②如在司道处具控，即分别发交本属知府，或邻近府州县审办。③如在府州处具控，即由该府州亲提审办。④概不复交原问官，并会同原问官办理。⑤审明后，按其罪名系例应招解者，仍照旧招解；系例不招解者，即由委审之员详结。⑥其有委审之后，复经上控者，即令各上司衙门亲提研鞫，不得复行委审。

在这里涉及如何区别上控与越诉的问题。陈宏谋认为："赴上控告者，查系原未在县控告，即系越控，或予责处，或批赴县具告。"[①]也就是说，凡是没有在县提出诉讼者，来到上司衙门告状，都算是越诉。"已告而未审者，上司察核月报册内，如捏造已结，立即指名行提县承究处。"对于这种情况，虽然有越诉之罪，但要发回所属州县追究责任。"至于已审断结之事，如所告情事已无可疑，即可指明批驳不准；如尚有可疑，未甚平允，止仰某县送卷查阅。"这种情况可以定为上控，具体处理则因人而异，陈宏谋提出批驳或送回所属州县办理，是希望能够层层责成，以为这样便可以"官无滥准批查之烦，民难施呈捏词翻告之计矣"[②]。

① 陈宏谋（1696—1771），字汝咨，广西临桂人，雍正元年（1723）恩科进士，历官布政使、巡抚、总督、吏部尚书、工部尚书、协办大学士、东阁大学士。其著《五种遗规》，多是辑录前贤笔记书札而成，也反映他的看法。

② （清）徐栋辑：《牧令书》卷18《刑名中》引陈宏谋《越告》，载《官箴书集成》（第7册），黄山书社，1995年，第405页。

二、直诉（叩阍）

直诉是中国古代法律规定中的一项特殊的诉讼制度，即某些案情重大、冤抑莫伸及本地司法审判不受理者，可以打破审理级别的限制，直接向皇帝、钦差直接控诉。直诉和越诉不是同一个概念，可以说广义的越诉概念包括直诉，但律例里的"越诉"概念则是狭义的，违法的，因为它打破了逐级审理的制度。直诉是允许的，按照允许直诉的规定进行直诉，如果属实，则无罪。因为其包含该审判等级不便受理或不能受理以及不受理的因素，在某些程度上，还有统治者督察官吏，打击不法行为等政治原因。狭义的越诉则不包括直诉，因为越诉有罪，是对逐级审理制度的破坏。不过，直诉不实与不该直诉事件而直诉，也是有罪的，比附多依照越诉罪处置。因此，在研究清代诉讼问题时，无论如何也不能够回避直诉问题。

一般认为直诉起源于"欲谏之鼓""诽谤之木""司过之士""戒慎之鞀"以及肺石、路鼓、登闻鼓等。

唐时在东、西两京王城门外置有赤石，名曰"肺石"；亦有登闻鼓，凡老幼不能挝登闻鼓者，则可立于肺石之上。立于肺石诉者由左监门卫负责奏闻，这可能是古代传说对唐代制度的影响。宋代时还有人见过"长安故宫阙前有唐肺石尚在，其制如佛寺所击响石而甚大，可长八九尺，形如垂肺，亦有款志，但漫剥不可读"[①]。这些款志是否写明在什么情况下可以立肺石，抑或是有明确的规定，现在已经难以得知。北京

① （宋）沈括：《梦溪笔谈》卷19《器用》，岳麓书社，2002年，第138页。

故宫及前门前的石狮子，也有肺石的寓意，故清人诣阙告状，常常有拍打“长安门内石狮鸣冤”，或“打正阳门外石狮”，但此时的石狮已经不是诉冤的肺石，拍打者要照损坏御桥例治罪。

挝登闻鼓。登闻鼓源于“建路鼓于大寝之门外，而掌其政，以待达穷者与遽令，闻鼓声，则速逆御仆与御庶子”(《周礼·夏官·太仆》)。郑玄注：“穷谓穷冤，失职则来击此鼓以达于王者。今时上变事击鼓矣。遽，传也。若今时驿马军书当急问者，亦击此鼓，令闻此鼓声，则速逆御仆与御庶子也，太仆主令二官，使速逆穷遽者。”可见，这是建在宫殿门外便于投诉的鼓，还有专人看管。晋武帝年间，始悬鼓于朝堂和都城内，百姓可以击鼓鸣冤，有司闻而上奏，自此以后，登闻鼓遂成为历代直诉的一种重要方式。登闻鼓制度一直沿袭到清代，不过登闻鼓是设在通政使司门前，挝鼓的限制愈加严格。如顺治十七年(1660)颁布《木榜条例》，是针对当时“刁风日炽”，常常有人“持刀抹项”，因此要求对于这类人，“本人按法究惩，其妻子流尚阳堡”。之后附有5条例：

一是状内事情，必关军国重务，大贪大恶，奇冤异惨，方许击鼓。户婚田土斗殴等细事及未经告理与已经告理尚未结案，则不允许击鼓，否则，除不受理之外，还要重责三十板，而职官、举人、监生、生员等按有关规定折赎责治。二是关于无赖棍徒妄行直诉，有“希图报复”“劈鼓抹项”“持刀诈害”等行为者，定性为“无赖刁徒”，对这类人，“除原状不准外，将本人送刑部责四十板，照例于长安门外枷一月示众”。三是针对被革被降职官直诉进行限制，同时对民人假托条陈直诉进行规定。四是对告鼓状进行规范，要求必开明情节，不许黏列款单，而状后必须写明代书人姓名，否则均不准受理。五是民间冤抑，必亲身赴告，如果本身被羁押，其直系亲属可以抱告，如果不是直系亲属，则视为“奸

人”，要按照光棍例治罪。①

因为《木榜条例》的治罪严厉，也有不便执行之处，更何况登闻鼓衙门只是接受诉状，有讯取口供之责，而无实施处罚之权。所以在康熙七年(1668)申明：“以后内外官民，果有冤抑事情，著照例于通政使司登闻鼓衙门告理，叩阍之例，永行停止。”②这段话前面的“照例”，就是按照则例规定，后面的“叩阍之例”则是指《木榜条例》，而该条例后来曾经刻为石牌。

康熙十一年(1672)，还对官员去登闻鼓厅击鼓直诉作出特殊限制，即凡官员向通政使提起鼓状，审无冤枉者，罚俸六个月，若再称冤具告，降一级调用；若已经革职之官虚称冤枉诉状，交刑部议罚查办。③这

---

① (清)光绪《大清会典事例》卷1042《通政使司》，台北新文丰出版公司据光绪二十五年原刻本影印，第17497页载：“顺治十七年谕刑部：民间果有冤抑，自当据实呈告，以求伸理。乃近来刁风日炽，常有持刀抹项，故为情急，以图幸准，深为可恶。以后再有此等，除所告不与准理，本人按法究惩，其妻子流尚阳堡。尔部即遵谕传饬。

凡状内事情，必关系军国重务，大贪大恶，奇冤异惨，方许击鼓。其户婚田土斗殴等细事，及在内未经该衙门告理，在外未经督抚按三处告理，与已经告理尚未结案者，均不准封进，仍重责三十板。如系职官，送刑部折赎。举人送礼部、监生送国子监、生员送顺天府责治。

凡登闻之设，原以伸辨冤枉，近有无赖棍徒，本无冤枉，或希图报复，或受主使，劈鼓抹项，持刀诈害者，明系无赖刁徒。嗣后如有此等，除原状不准外，将本人送刑部责四十板，照例于长安门外枷一月示众。

凡设鼓原恐民间受屈于贪官污吏，及官民被陷重罪，冤枉无伸，俾得直达天听。近见辩复官职者，纷纷见告，事多虚罔，不惟长嚣陵之风，且原非国家设鼓之初意也。嗣后凡官员被革被降者，既系职官，均应赴通政使司具奏，庶蝇营之徒，不致日集都门，觊仕宦之捷径矣。至于奸民假托条陈，希图幸进，尤可痛恨，并应严禁。

凡告鼓状，必明白开具情节，不许黏列款单。如列款单，不与准理。状后仍书代书人姓名，如不书代书人姓名，亦不与准理。

凡民间冤抑，必亲身赴告，果本身羁禁，亦应的亲正身，确具籍贯、年貌保结，方准抱告，违者不准。其有奸徒代人击鼓挟骗者，即令直鼓官即时拿送五城，严讯的实，照光棍例治罪。”

② 《清圣祖实录》卷25，康熙七年三月辛酉条。

③ 《吏部处分例·呈辩》：“处分官员，控告注考官受贿侵勒者，将所告不准行，有冠带者革职，无冠带者交刑部议罪。如止呈辩本身冤抑，将所告亦不准行，有冠带者，初次罚俸九月，复控降二级调用。其控告通政使司鼓厅者，初次罚俸六月，复控降一级调用，无冠带者交刑部议罪。”

种直诉如果不关军国重务，已经具有犯罪的性质。

迎车驾，也称为邀车驾，是皇帝出巡时，于车驾行处申诉。《大清律例·兵律·宫卫·冲突仪仗》条规定："若有申诉冤抑者，止许于仗外俯伏以听。若冲入仪仗内，而所诉事不实者，绞。[系杂犯，准徒五年。]得实者，免罪。"而条例规定："圣驾出郊，冲突仪仗，妄行奏诉者，追究主使教唆捏写本状之人，俱问罪，各杖一百，发近边充军。所奏情词，不分虚实，立案不行。"要求提交诉状人远离皇帝的仪仗队，跪在护卫能够看到的地方，将状纸举过头顶，口呼"冤枉"，护卫接过状纸，在适当的机会交予皇帝，而告状人则要交该地衙门受杖罚并关押，等待皇帝批示处理。律内规定伏在边上喊冤是可以的，但要看所诉是否属实，而条例是加重处罚，不分虚实，也就除去皇帝必须审理所告御状的义务。比如康熙帝南巡到达宿迁，"夹道叩阍者甚众"，康熙帝不是没有听见，但他嘱咐身边的侍卫说："此断不可收览。民人果有冤抑，地方督抚等官尽可申诉。今因朕巡幸，纷纭控告，不过希图幸准，快其私怨，一经发审，其中事理未必皆实。地方官奉为钦件，转转驳讯，则被告与原告皆致拖累，以小忿而破身家，后悔无及矣。"以他的观点，皇帝收受御状，实际上破坏了现行的司法体制，应该以德化民，无讼才是统治者的追求，"若以多讼为喜，开争竞之风，俗疲民困，皆由于此"①。由此可见，君主对待迎车驾、告御状的态度之一斑。

历代直诉的形式很多，有些为清代所因循，有些则加以禁止，而随着社会经济的发展，还出现新的直诉形式。

如诣阙上书，是汉代的直诉制度，百姓蒙受冤狱可直接上书中央

① 《清圣祖实录》卷117，康熙二十三年冬十月辛亥条。

司法机关申冤。汉文帝时缇萦上书诉父冤，终于得到昭雪一事便是显例。据《汉书》卷30《艺文志》载："吏民上书，字或不正，辄举劾"，则可见这一时期的直诉也不是任何人都可以使用的。杜延年以给事中辅佐大将军霍光处理刑罚事务，"吏民上书言便宜，有异，辄下延年平处复奏。言可官试者，至为县令，或丞相、御史除用，满岁以状闻，或抵其罪法，常与两府及廷尉分章"。颜师古认为："抵，至也。言事之人有奸妄者，则致之于罪法。"①可见上书不但要严查格式，如果有虚妄，还要处以刑罚。此外，还有公车上书及上封事，也是统治者采取的临时措施，并非定制。清代臣民也可以上书陈言，如果想通过上书陈言而达到个人目的，也有刑罚处置，《大清律例·礼律·仪制·上书陈言》规定：

凡国家政令得失，军民利病，一切兴利除害之事，并从六部官面奏区处，及科道、督抚各陈所见，直言无隐。

若内外大小官员，但有本衙门不便事件，许令明白条陈，合题奏之。本管官实封进呈，取自上裁。若知而不言，苟延岁月者，在内从科道，在外从督抚纠察[犯者，以事应奏不奏论]。

其陈言事理，并要直言简易，每事各开前件，不许虚饰繁文。

若纵横之徒，假以上书，巧言令色，希求进用者，杖一百。

若称诉冤枉，于军民官司，借用印信封皮入递者，及借与者，皆斩[杂犯]。

除此之外，条例里还规定："不许虚文泛言"违者治罪，生员不准上

① （东汉）班固：《汉书》卷60《杜周传附子延年传》，中华书局点校本，1962年，第2664页。

书陈言，犯罪官民不许上书陈言，以至于在事例里还规定末职下僚不许上书陈言，这样一般百姓更没有资格上书陈言了。

再有武则天创建的投匦状。垂拱二年(686)，“有鱼保宗者，上书请置匦以受四方之书，乃铸铜匦四，涂以方色，列于朝堂：青匦曰‘延恩’，在东，告养人劝农之事者投之。丹匦曰‘招谏’，在南，论时政得失者投之。白匦曰‘申冤’，在西，陈抑屈者投之。黑匦曰‘通玄’，在北，告天文、秘谋者投之”[①]。此种方式盛开告密之门，并伴随着使用酷吏以坏法，最终以破坏现有的法制为代价，但有唐一代没有废除。清代虽然没有这种理匦使的设置，但类似的制度却经常为地方官所采用，如自封投柜，在县衙门的院落里摆上几只特制的木柜，柜门用封条封上，顶部开有一个小孔，“纳户自封袋口，柜吏于银袋上填明某图里某人，完纳某项某限银若干，某年月日某字第几号，收役某人。随照式登记流水收簿，眼同纳户穿连入柜，随填串票，付纳户收执”[②]。这是用于收税，为的是不让经手人从中牟利。依据这种道理，有些部门长官也设立这样的柜子，许下属与庶民揭发检举不法事。如户部衙门“有人在大堂供奉斋戒牌案上，庋置包封事件，该部堂官即将原封进呈”[③]。再如清初福建巡按御史李少文(字嗣京)，针对所属衙蠹、土豪把持衙门，发下牌票，要各州县“即便密加体访，将见役蠹恶，开具事实，星速揭报”[④]。这些庋置、柜子的设置，犹如现代的揭发箱、检举箱之类，王朝虽然没有明确规定，但使用相当普遍，也为皇帝所赞许。

还有封章密奏制，即控告人将所写诉状采用奏章的形式封口后，

① (宋)欧阳修等：《新唐书》卷47《百官志二》，中华书局点校本，1975年，第1206页。

② (清)黄六鸿：《福惠全书》卷6《钱谷部·催征》，康熙三十八年(1699)种书堂刊本。

③ 《清仁宗实录》卷46，嘉庆四年六月戊子朔条。

④ (清)李渔：《资治新书初集》，浙江古籍出版社，1990年，第45页。

奏闻皇帝。按照不同的处理方式,可区分为直接封奏与间接封奏。前者是由控告人将奏章密封后径直上呈报告给皇帝,完全避开其它机构或人员的开封启阅,以达到完全保密的目的。这种方式更多地运用在弹劾官吏的不当行为以及渎职违法犯罪,甚至于谋逆行径。而后一种方式,则必须由有关官员代为呈奏,不能由上奏章者直接上呈皇帝,清律规定只有五品以上的地方督抚、司、道官和朝内九卿、台谏官,方可采用此种方式奏报,而一般的官吏及平民百姓,则是绝对不允许采用的,否则,即便其所告属实,对其本人仍要"照冲突仪仗律拟断"。二者虽然在封好诉状和呈递皇帝方面是相通的,但在适用的范围及其程序上则有着明显的区别。嘉庆四年(1799),为了"广开言路",嘉庆帝"曾有封章言事,即以原封呈览之旨。原以在官而言,防壅蔽而达民隐,非谓民间寻常讼狱,及无稽浮言,皆可直达朕前也"。但他没有想到因此产生弊端,以致"人情险诈万端,于琐屑讼案,不向该管官吏控诉,辄匿名告奸,以期封章上闻。甚至将呈词封固投递,挟制接受官员不敢拆阅,原封入奏"。许多人蔑视官府,动辄以"封章"要挟,"实为刁诈之尤","情节尤为可恶",便勒定新例加以制止,即便是所告得实,也要"照冲突仪仗妄行奏诉例加一等,发边远充军"[①]。如果所控虚诬,则必死无疑,"封章"制度也就淡出直诉的行列。

此外还有密折制度。杨启樵曾经对清代密折制度的效用归纳为:"一、官员间相互牵制,彼此监视。二、督抚等大员不能擅权。三、人人存戒心,不敢妄为,恐暗中被检举。四、露章有所瞻顾,不敢直言,密折无此顾虑。五、有所兴革,君臣间预先私下协议,不率尔具题,有缓冲余

① 《清仁宗实录》卷263,嘉庆十七年十一月壬申条。

地。六、以朱批为教育工具,藉此训诲,开导臣工。七、臣工得朱批之鼓励,益自激励上进。八、人材之登进、陟黜,藉密折预作安排。九、自奏折中见臣工之居心制作。十、广耳目,周见闻,洞悉庶务。”[①]因为密折带有一定的机密性,有资格上密折的都是皇帝特许的部院大臣、九卿、科道和各省藩臬、总兵以上者,因此有清一代的不少大案要案,就是通过密折而加以立案审理的。这种密折虽然不应该属于直诉范畴,但也有直诉的内涵,因为其更有利于皇帝掌控全国的司法审判事务。

另外清代对于叩阍的定义是:“其投厅击鼓,或乘舆出郊,迎驾申诉者,名曰叩阍。”[②]叩阍是有严格限制的,只有出现“有机密重事或有重大冤抑,本管官不为受理者”“其事干碍州县本官,不便控告者”“词状经州县官无故不受理者”[③]等特殊情况,才允许采用此种直诉方式。

总之,清代在承袭以前各代的直诉制度之后,又有所创新。到了近代,由于报纸、杂志及电报的出现,利用这些以达到直诉目的,最终影响到案件裁决的事例逐渐增加,既扩大了直诉的内涵,也使更多的人知情,舆论监督的效用逐渐显现。

三、京控

清代关于京控的定义是:“其有冤抑赴都察院、通政司或步军统领衙门呈诉者,名曰京控。”[④]当代的研究将之与叩阍并列,甚至讲:“叩

① 杨启樵:《雍正帝及其密折制度研究》,香港三联书店,1981年,第179页。

② 赵尔巽等:《清史稿》卷144《刑法志三》,中华书局,1977年点校本,第4211页。

③ 张伟仁:《清代法制研究》,台北“中央”研究院历史语言研究所,专刊之七十六,1983年,第306页。

④ 赵尔巽等:《清史稿》卷144《刑法志三》,中华书局,1977年点校本,第4211页。

阍,又称京控,俗称告御状。”①不但将京控纳入直诉来论述,而且不加区别,其误解是明显的。因为《清史稿》已经将叩阍与京控分别定义,如果仔细分析,就可以发现二者有本质上的区别。

首先,叩阍是直接告到皇帝之处,无论是邀车驾、登闻鼓、上封章,还是建言、密奏,都是要直达最高统治者。京控则是要经过司法程序,经过有关部门审理以后再“奏闻请旨查办”,不是直接告到皇帝,也就不在直诉范围内,当然也不能够称之为叩阍或告御状。

其次,诉讼方式不同。“叩阍奏牍,果系奇冤异枉,曾经督抚问理失实,通政使司、都察院扶同蒙蔽者,当与申雪。”②从这里可以看出,叩阍是直诉到皇帝,而接受京控的通政使司、都察院,乃是一个程序,所以有“直隶各省,民有冤抑,许赴原问衙门及部院等控告。如不准行,方许叩阍”③的规定。按照乾隆三十四年(1769)议准的事例:“外省民人赴京控诉事件,如州县判断不公,曾赴该管上司暨督抚衙门控告,仍不准理,或批断失当,及虽未经在督抚衙门控告有案而所控案情重大,事属有据者,刑部都察院等衙门,核其情节,奏闻请旨查办。其命盗等案,事关罪名出入者,即将呈内事理行知各该管督抚秉公查审,分别题咨报部。如地方官审断有案,即提案核夺,或奏或咨,分别办理。若审系刁民希图陷害、捍词妄控、报复私仇,即按律治罪。其仅止户婚田土细事,则将原呈发还,听其在地方官衙门审理。”④可见,京控案件需经督抚以下各级衙门控告,各衙门或不受理,或审理不公,当事人可以赴京控诉。

---

① 张晋藩主编:《清朝法制史》,中华书局,1998年,第602页。

② 《清世祖实录》卷85,顺治十一年秋七月庚戌条。

③ 《清圣祖实录》卷11,康熙三年三月庚午条。

④ (清)光绪《大清会典事例》卷1013《都察院·宪纲·陈奏》,台北新文丰出版公司据光绪二十五年原刻本影印,第17218页。

“如未经在籍地方及该上司先行具控，或现在审办未经结案，遽行来京控告者，交刑部讯问，先治以越诉之罪。”[①]显然这是一个司法程序，应该属于上控性质，而不是直诉。

再次，京控案件要由都察院、步军统领衙门接收呈词。因此，每年由都察院会同步军统领衙门，“两次将咨交未结各案，汇开清单奏催”。光绪九年(1883)，鉴于仅步军统领衙门“每两月将京控咨交数目具奏”，“其都察院京控之案，并不知照刑部”，因此议准：“都察院及步军统领衙门每年接收京控之案，无论奏咨交审，均一律开单咨部，以凭稽核。”[②]显然接受京控以后，要咨刑部与上奏皇帝。正因为如此，容易造成京控与叩阍的混淆，更何况有些皇帝本着“凡有赴京控告者，无不钦派大臣前往审办”的态度，虽然这些钦差“间有骚扰之事，亦不肯因噎废食，不行派遣，致小民含冤莫愬也”。[③]所以许多学者将京控与叩阍等同，甚至根本不加区别，但毕竟二者存在很大的差异。

此外，京控与叩阍案件在处理程序上存在差异。除了上述讲到京控案件派遣钦差大臣前往审理之外，按照程序，有“该衙门有具折奏闻者，有咨回各省督抚审办者，亦有径行驳斥者”[④]。而叩阍则不同，如嘉庆帝出巡盛京，“跸途往返，旗民人等在道旁叩阍呈诉者，不一而足。当交军机大臣会同行在刑部，审讯录供具奏”[⑤]。显然处理程序也不同，因

---

① (清)光绪《大清会典事例》卷815《刑部·刑律·诉讼·越诉》，台北新文丰出版公司据光绪二十五年原刻本影印，第15326页。

② (清)光绪《大清会典事例》卷815《刑部·吏律·公式·照刷文卷》，台北新文丰出版公司据光绪二十五年原刻本影印，第14715~14716页。

③ 《清高宗实录》卷1368，乾隆五十五年十二月庚申条。

④ (清)光绪《大清会典事例》卷815《刑部·吏律·公式·事应奏不奏》，台北新文丰出版公司据光绪二十五年原刻本影印，第14704页。

⑤ 《清仁宗实录》卷150，嘉庆十年九月己未条。

此不能将京控与叩阍等同来论。

最后，京控与叩阍的刑罚处置不同。以投递封章而言，《大清律例·刑律·诉讼·越诉》条例规定："军民人等控诉事件，俱令向该管官露呈投递，倘敢呈递封章挟制入奏，无论本人及受雇代递者，接收官员一面将原封进呈，一面将该犯锁交刑部收禁。"薛允升认为："此条诬控之罪轻，呈递封章之罪重，故所告得实，亦拟军罪"，也就是"不准呈递之意，接收官员一概驳回可也"。[①]另外，条例还规定："擅入午门、长安等门内叫诉冤枉，奉旨勘问得实者，枷号一个月，满日，杖一百。若涉虚者，杖一百，发边远地方充军。其临时奉旨止拿犯人治罪者，所诉情词，不分虚实，立案不行，仍将本犯枷号一个月发落。""凡跪午门、长安等门，及打长安门内石狮鸣冤者，俱照擅入禁门诉冤例治罪。若打正阳门外石狮者，照损坏御桥例治罪。"而假以建言为名，突入鼓厅，妄行击鼓等，都是比附其他的罪名处罚，并没有按照越诉处置。京控则不同，《大清律例·刑律·诉讼·越诉》条例规定外省民人赴京控诉案，如果"仅止户婚田土细事，则将原呈发还，听其在地方官衙门告理，仍治以越诉之罪"。军民人等"如未经在本籍地方及该上司先行具控，或现在审办未经结案，遽行来京控告者，交刑部讯明，先治以越诉之罪"。显然是按照越诉罪来处置，即便是可以比附其他罪名，也是因为在京控过程中有过激的行为。

总之，清代律例允许京控，在一定程度上给予百姓申诉的途径，而民告官的胜诉，更加激起百姓京控的热情，也使各级司法官吏知有所畏，不敢过分地胡作非为，起到缓和社会矛盾，维护社会秩序稳定的效

① （清）薛允升：《读例存疑》卷39《刑律·诉讼·越诉》，光绪三十一年（1905）京师刊本。

用。然而统治者对于京控的偏见，以及官吏们的不作为，在京控案件日益增多的情况下，造成官民两困，也成为难以解决的社会问题。①

① (清)盛康辑:《皇朝经世文续编》卷19《吏政·吏论》引包世臣《山东东西司事宜条略》:“良由州县专以钱漕为意，于听断大都怠慢，而佐理之友更多不谙条例，玩视民瘼，虽雀角细故，常至拖延岁月，迫成上控。上控则发回本县，又迫成京控。京控又发回本省，委员与发审之友商同置之高阁，每有原告瘐毙押店，具文销息，积习至牢，交恶弥甚，及征收钱漕时，绅民连名控讦，轻则发府，重则提省，原被数十百人，拖累经年，官民两困。”光绪二十三年(1897)思刊楼刊本。

明清溺毙子女现象分析

汉代才女班昭《女诫》引鄙谚云:“生男如狼,犹恐其尪;生女如鼠,犹恐其虎。”虽然班昭是以此来论述女人应该恭顺,但也可以看到汉代,无论生男还是生女,对子女都倾注了爱的事实。不过,汉代也有鄙谚讲:“盗不过五女门。”认为一个家庭有五个女儿,教养与陪嫁的花费,必然导致家贫,所以连小偷都不光顾其家。正因为生女贫家的认识,古代许多地区有溺女的风俗。“啼声呱呱一盆水,胎发茸茸目未启。肤红皮皱手足拳,生女何心致之死。”[①]对于这种行为,官府是什么态度?法律对溺死子女有无规范呢?身为父母,为什么忍心将刚刚出生的女儿放入水盆淹死呢?社会对此行为有什么看法与做法?对这些应该予以细致分析。

一

明清时期,溺女俨然成为风俗,人们也知道是一种恶习,但大多数

---

① (清)张应昌:《清诗铎》,中华书局,1960年,第970页。

人对于这种恶习是容忍的，有些人还觉得应该提倡。在他们看来：“溺女恶习，所在有之，盖以女子方及笄许嫁时，父母必为办妆奁。富家固不论，即贫至佣力於人者，亦必罄其数年所入佣赀，否则夫壻翁姑必皆憎恶。迨出嫁，则三朝也，满月也，令节新年也，家属生日也，总之，有一可指之名目，即有一不能少之馈赠，纷至沓来，永无已时。又或将生子，则有催生之礼，子生后，则弥月、周岁、上学等类，皆须备物赠送。甚至壻或分爨，则细至椅桌碗箸，必取之妇家。女子归宁，亦必私取母家所有携之而归，稍不遂意，怨恨交作，贫家之不愿举女，良有以也。或曰大贼人道，或曰方患人满，此风宜提倡，不宜禁革。”①

由上可见，溺女不仅仅是一种恶习，还是一种风俗，而在明清时期是否予以禁革还存在争议。究其原因有三：

一是家庭经济困难，无法负担女孩子的生活抚养费用。“夫出之毛里而置之波涛者，岂得已哉！盖因贫不能自赡，而又乳哺以妨力作，襁褓以费营求，故与其为一以累二，毋宁存老而弃小。虽然，为父母者，亦忍矣。弃之中野，闻呱声而恸恻，独有可活之机；付之横流，杳孩赤以沉踪，永无再生之路。”②因为难以抚养，所以“贫民常溺女”③。

二是考虑到日后无力负担高昂的婚嫁费用。例如，“古田嫁女，上户费千余金，中户费数百金，下户百余金，往往典卖田宅，负债难偿，男家花烛满堂，女家呼索盈门，其奁维何？陈于堂者，三仙爵，双絃桌类是也。陈于室者，蝙蝠座，台湾箱类是也。饰于首者，珍珠环，玛瑙笄，白玉钗类是也。然则曷俭乎？尔曰惧为乡党讪笑，且姑姊妹女子子勃谿之声

① 徐珂：《清稗类钞·风俗类·溺女》，中华书局，1984年，第2193页。

② （清）黄六鸿：《福惠全书》，康熙三十八年（1699）金陵濂溪书屋刻本，第20~21页。

③ （明）焦竑：《澹园续集》，上海古籍出版社，1997年，第378页。

亦可畏也,缘是不得已,甫生女即溺之。他邑溺女多属贫民,古田转属富民,然则曷与人为养媳乎?曰女甫长成,知生父母,即逃归哭泣,许以盛奁,肯为某家妇,不许,誓不为某家妇"[①]。有些地区盛行财婚,嫁妆越多,越显得有气派,以至于"东家娶妇西家空,巷南巷北花幡红。前头笙歌喧两部,锦盖如云从如雨。镂金错采五十箱,罗纨绮縠裁袆裆。紫金步摇九雏凤,白玉条脱双文鸯。小珠玫瑰色,大珠明月光。珊瑚宝石文犀玛瑙一一填中央"[②]。这样奢华的陪嫁,固然是光彩照邻里,但"女儿一头珠,阿爷百石租"[③]。再如清代福建浦城县,凡是"嫁女必用蜜浸果品,以多为贵,至少亦须数百瓶。此物无买处,必须家自配制,又极费事"。为了制作蜜浸,有的"新妇在家,因竭力配制蜜浸致成痨疾者"。因此"大抵溺女之风起于吝财,而吝财之弊由于厚嫁"[④]。厚重的陪嫁,应该说是女家很大的负担,也是溺毙女儿的重要理由。

三是考虑妇女婚后给娘家带来的负担。明清妇女出嫁,年节庆典,红白喜事,都要告知娘家,乃是"前年朱门赏玉镯,今年豪宅施金簪。男家赏,女家添。意气仲诎随妆奁,万钱嫌少犹詀詀"[⑤]。"三朝三暮送茶汤,伴娘更有赤脚婢。郎来反马女回红[月内女返母家谓之回红],亲宾欵接布筵儿。肩挑果盒簇拥归,分遗诸亲老姑喜。一年三百有六旬,月无大小牙祭频。奉郎肥甘劝郎酒,郎来我家是上宾。端阳午日炎,中秋天宇碧。节物催人又除夕,携筐挈榼应时忙,馈送未丰姑不怿。女来归宁琐琐陈,画帘相对泪珠滴。回思少小鞠养勤,反为骄儿气哽逆。忍心

① (清)陈盛韶著,刘卓英标点:《问俗录》,书目文献出版社,1983年,第69~70页。

② (清)张应昌:《清诗铎》,中华书局,1960年,第838页。

③ 同上,第841页。

④ (清)梁恭辰:《北东园笔录续编》,江苏广陵古籍刻印社,1984年,第287页。

⑤ (清)张应昌:《清诗铎》,中华书局,1960年,第954页。

决意初生时，不望门楣光外宅。”[①]女儿回娘家，如果得不到娘家的馈赠，在婆家很没有面子，而馈赠少了，又怕女儿回婆家受气。清人认为：“嫁女奁具极丰厚，而独缺纱罗絺绤之衣，次岁必于端节前归宁，谓之讨夏衣。豪侈之家并及香囊纨扇，费复不赀，无怪俗之多溺女也。”[②]

可以说，贫穷与不良风气是溺女的重要原因，但社会上的嫌贫爱富以及家庭关系，也往往会促使溺女。比如：“西家老寡妇，有女四岁奇。年荒食不给，寡妇心苦悲。哥嫌小妹午索饭，嫂嫌小姑朝呼饥。高声相怨怒，安用此物为。不如卖作婢，犹得五斗粞。阿母闻此言，抱女辗转思。行出东篱门，长桥临深溪。投女急流中，免汝兄嫂嗤。归来掩户三日哭，鸺鹠夜夜当门啼。”[③]这里有家庭穷困的原因，但家庭中兄嫂的怨怒，最终促使母亲溺毙女儿，而母亲又何尝舍得？只不过不想让女儿在这个世界上受苦受罪。

风俗乃是长期形成的风尚、礼节、习惯、禁忌等，有许多行为是难以理喻的。如清人沈涛讲：“今闽中有溺女之俗，生女率多不举。按孙公《谈圃》云：闽中唯建、剑、汀、邵武四处杀子，士大夫家亦然。章郇公，建州人，生时家姬将不举，凡灭烛而复明者三，有呼于梁者曰：‘相公。’家人惧甚，遽收养之。然则宋时，闽中不惟溺女且杀子矣。”[④]士大夫家溺毙子女，应该不是贫穷所促成的，必有更深刻的历史及社会原因。在这种恶习成风的情况下，“贫固有之，富亦不免，其甚者有生而搤其颈，批其颅，备极惨毒，风俗之败，莫此为极”[⑤]。面对这种不良风俗，而且是具

① （清）张应昌：《清诗铎》，中华书局，1960年，第970页。

② （清）潘衍桐：《两浙輶轩续録》，清光绪十七年浙江书局刻本。

③ （清）陈梓：《删后诗存》，北京出版社，2000年，第121~122页。

④ （清）沈涛：《瑟榭丛谈》，广陵书社，2009年，第76页。

⑤ （清）陈庆镛：《籀经堂类稿》，九州出版社，2005年，第137页。

有罪恶性质的恶俗，明清统治者采取了哪些措施呢？

二

在历代统治者看来，溺毙子女是一种残忍的行为，也是不好的风气，更是坏风俗，但并没有认为是一种犯罪。如元至元二十七年(1290)，福建浦城县出现一起祖父母将自己刚刚出生的亲孙子，放在桶中溺死，而此前福州路闽清县尉张宁曾经呈报说："南方之民，有贫而不济，或为男女数多，初生之时，遽行溺死，浦城之风，独此为盛。"因为是一种风俗，地方官并没有采取处置，而在延佑四年(1317)，福建道肃政廉访司准分司李朝，巡按到浦城县，在照刷文卷时，发现这起溺毙子女的案件，便奏报朝廷，请求如何处置。朝廷认为："父子之恩至重，死生之节非轻，既萌人世，非命夭殇，上违天理，下灭人伦，恶莫大于此矣。"因此，要求将当事人审讯明白，由各相关上司裁断，然后令地方官"务常切丁宁诫谕细民，使知父子之道，仍多出文榜禁治。今后若有将所生男女不行举养者，许诸人告发到官，以故杀子孙论罪。邻佑、社长、里正人等，失觉察者，亦行治罪。牒请行移，合属禁治施行。准此。移牒各处官司，依上禁治施行"①。

朝廷的旨意很清楚，凡是溺毙子女者，就要按照故杀子孙论罪，而元代法律规定："诸父无故以刃杀其子者，杖七十七。诸子不孝，父与弟侄同谋置之死地者，父不坐，弟侄杖一百七。诸女已嫁，闻女有过，辄杀其女者，笞五十七，追还元受聘财，给夫别娶。诸父有故殴其子女，邂逅

① (元)佚名编，陈高华、张帆、刘晓等点校：《元典章》，中华书局，2011年，第1457~1458页。

致死者，免罪。”[1]因此，按照故杀子孙论罪，最多也就是杖七十七，而按照当时的规定，这类罪是可以纳赎的，一般情况下，都是交几个钱了事，不会受到刑杖处罚。正因为故意溺毙子孙不是重罪，所以朝廷也没有采取严厉处置，最终采取的出榜禁止的方法，充其量也就发挥了一些约束作用。

《大明律·刑律·人命·杀子孙及奴婢图赖人》条规定：“凡祖父母、父母故杀子孙，及家长故杀奴婢，图赖人者，杖七十、徒一年半。”而《大明律·刑律·斗殴·殴祖父母父母》条规定：“其子孙违犯教令，而祖父母、父母非理殴杀者，杖一百；故杀者，杖六十、徒一年。”按照这些规定，祖父母、父母故意杀死子孙的处罚，虽然较元代加重许多，但当时是民不告官不究，祖父母、父母肯定不会告到官府，而在一般人看来，祖父母、父母溺毙自己的子孙，是别人的私事，也不会揭发检举，因此官府很难得知，也只好听之任之了，以至于溺毙子女的行为，俨然成为某些地方的风俗。

成化二十一年（1485），浙江训导郑璟在建言时讲道：“浙江温、台、处三府，人民所产女子，虑日后婚嫁之费，往往溺死，残忍不仁，伤生坏俗，莫此为甚。乞令所司，揭榜晓谕。”这个建言交予都察院核议，认为：“旧尝禁约，但此弊不独三府，延及宁、绍、金华，并江西、福建、南直隶等处亦然，宜悉晓谕如璟言。”针对都察院的建议，明宪宗讲：“人命至重，父子至亲，今乃以婚嫁之累，戕思败义，俗之移人，一至于此，此实有司之责。自后民间婚嫁装奁，务称家之有无，不许奢侈，所产女子，如仍溺死者，许邻里举首，发戍远方。”[2]有关部门根据这个原则，对溺毙

---

① （明）宋濂等：《元史·刑法志四·杀伤》，中华书局，1976年，第2676页。

② 《明宪宗实录》卷264，成化二十一年夏四月己未条，台北“中央”研究院历史语言研究所校印本，1962年，第5301页。

子女的行为拟采取较为严厉的惩罚措施。但由于没有将此禁约编入律例，也就很难持久实行。

仅据明人过庭训《本朝分省人物考》、雍正《江南通志》等文献记载，自成化以后，以至崇祯时期，浙江金华、衢州，福建及江南地区，还普遍存在溺毙子女的风俗，而地方官严行禁止被称为政绩之一，也可见溺毙子女的行为并没有得到有效遏制，而鼓励邻里之间举首，也助长了诬告之风。

清代溺毙子女的行为有增无减。早在如顺治时，都察院左都御史魏裔介就提出"福建、江南、江西等处，甚多溺女之风。忍心灭伦，莫此为甚"的问题，顺治帝对此下旨云："溺女恶俗，殊可痛恨，著严行禁革。"[①]这种禁革似乎成效不大，以至于康熙三十六年(1697)，还提出"溺女相习成风，著令禁止，违者照律治罪"[②]。这是附于《大清律例·户律·户役·收养孤老》律的事例，并没有编入条例。

事例是经过皇帝核准后可以通行的，虽然没有明确规定其具有法律效力，但在具体实施过程中，却起到法律的效用；因为其时效性很强，所以是官吏在司法实践中首先要注意的。不过，时过境迁，当此风头过去，也就很少再按照事例实施了。故此，在雍正六年(1728)，福建巡抚朱纲，又提出湖南百姓有溺女之恶俗的问题。[③]

对于这种溺女的恶俗，统治者并没有想通过法律的形式予以严厉禁止，故在乾隆三十年(1767)，御史刘天成提出饬禁民间溺女，"请敕定规条，载入律例"时，乾隆帝认为："尤属繁琐。溺女本有例禁，地方官

---

① 《清世祖实录》卷125，顺治十六年闰三月丙子条，中华书局影印本，1985年，第967页。

② (清)光绪《清会典事例》，清光绪二十五年原刻本影印本，第14742页。

③ (清)雍正十年敕编：《世宗宪皇帝硃批谕旨》，台湾商务印书馆景印文渊阁四库全书本，1986年，第71~72页。

果能实力奉行，其风自息。若必责成邻族乡保，报验查究，官为经理，则凡生育之家，必致扰累，而乡保等藉端滋事，势更无所底止。”以为这种提议，“空言而不中事理”[1]。

不能在律例中明定溺毙子女之罪，也就很难根除溺毙子女的风俗，乾隆帝也心知肚明。乾隆五十七年（1792），他提出：“江西向有溺女之风，最为残忍”的问题，要求江西巡抚查明，“如尚有此等相沿恶习，即据实查办，一并严行禁止，俾士民家各知凛遵，毋得仍蹈前辙，以副惇化施仁至意。”[2]在上有政策，下有对策的当时，只追求文书往来，罕见时效，所以在一个月内，江西巡抚陈淮就上奏：“通省溺女恶习，自奉旨查禁后，现无其事。”而乾隆帝则认为办理得甚好，认为是“不动声色，以徐实为之”[3]。哪里晓得在下令不到一个月内，整个江西省的溺女恶风就已经革除了，这无疑是表面文章。

在统治者看来，溺毙子女就是一种恶俗，没有必要用法律禁止，只要能够“设法妥为化导，以革浇风而正伦纪”[4]，就可以收到实效。要是“各地方官果能行之以实，其恶习自可渐革”[5]。所以当御史黄大名条陈粤东积弊，指出“粤东向多停柩不葬，溺女不举之家，此等恶俗，均为人心风俗之害”的时候，嘉庆帝就认为：“该督当通饬各州县实力劝化，出示严禁，以挽颓风”[6]。

正因为没有明确的法律来制裁溺毙子女的行为，而统治者又将这

① 《清高宗实录》卷741，乾隆三十年七月辛卯条，中华书局影印本，1986年，第156页。
② 《清高宗实录》卷1412，乾隆五十七年九月己酉条，中华书局影印本，1986年，第1002页。
③ 《清高宗实录》卷1415，乾隆五十七年十月是月条，中华书局影印本，1986年，第1044页。
④ 《清仁宗实录》卷312，嘉庆二十年十一月己亥条，中华书局影印本，1986年，第148页。
⑤ 《清仁宗实录》卷317，嘉庆二十一年三月甲申条，中华书局影印本，1986年，第203页。
⑥ 《清仁宗实录》卷364，嘉庆二十四年十一月戊辰条，中华书局影印本，1986年，第811页。

种行为定性为风俗(虽然是恶俗),因此也不能够逼迫地方官大张旗鼓地禁革了,而革与不革,也就成为循吏是否行善政的依据了。

三

面对一种恶习,统治者并没有从法律层面予以遏制,所要求的乃是地方官移风易俗,通行禁止,也就是颁发告示禁止与打击这种行为。告示“是官府衙门宣告事情和戒律的公文。告示意在公开,务使人人尽为知晓,影响面也广”[①]。由于是出自地方官府之手,具有一定的法律效力,因此也是辅助国家律法有力实施的重要保障。例如,冯梦龙在崇祯年间任福建寿宁县知县时,就颁布了禁止溺女的告示,提出:“今后各乡各堡,但有生女不肯留养,欲行淹杀或抛弃者,许两邻举首本县,拿男子重责三十,枷号一月,首人赏银五钱。如容隐不报,他人举发,两邻同罪。”[②]这是申明朝廷的原则,也采取了鼓励收养的措施,并且要求各乡头在初一、十五汇报此事。

不能说这样的告示禁约是官样文章,很少能落在实处,但确实是

① 韦庆远、柏桦编著:《中国政治制度史》(第2版),中国人民大学出版社,2005年,第466页。

② 寿宁县正堂冯为严禁淹女以惩薄俗事:访得寿民生女多不肯留养,即时淹死,或抛弃路途。不知是何缘故,是何心肠。一般十月怀胎,吃尽辛苦,不论男女,总是骨血,何忍淹弃。为父者你自想,若不收女,你妻从何而来?为母者你自想,若不收女,你身从何而活?况且生男未必孝顺,生女未必忤逆。若是有家的收养此女,何损家财,若是无家的收养此女,到八九岁过继人家,也值银数两,不曾负你怀抱之恩。如令好善的百姓,畜生还怕杀害,况且活活一条性命,置之死地,你心何安?今后各乡各堡,但有生女不肯留养,欲行淹杀或抛弃者,许两邻举首本县,拿男子重责三十,枷号一月,首人赏银五钱。如容隐不报,他人举发,两邻同罪。或有他故必不能留,该图呈明,许托别家有奶者抱养。其抱养之家,本县量给赏三钱,以旌其善;仍给照。养大之后,不许本生父母来认。每月朔望,乡头结状中并入“本乡无淹女”等语。事关风俗,毋视泛常。须至示者。参见(明)冯梦龙:《寿宁待志》,福建人民出版社,1983年,第80~81页。

难以落实。正如明人谢肇淛讲:“上官莅任之初,必有一番禁谕,谓之通行。大率胥曹剿袭旧套以欺官,而官假意振刷,以欺百姓耳。至于参谒有禁,馈送有禁,关节有禁,私讦有禁,常例有禁,迎送有禁,华靡有禁,左右人役需索有禁,然皆自禁之而自犯之,朝令之而夕更之。上焉者何以表率庶职,而下焉者何以令庶民也。”[①]其实施的效果也可想而知了。

翻阅明清文献,不难找到这样的告示禁约,但从明代成化二十一年(1485),朝廷在浙江、江西、福建、南直隶等地,大规模实施禁止以来,一直到清光绪年间,这些地区依然是溺女成风,以至于四百年后,朝廷还在讲:“民间溺女,实为恶习,自应设法劝禁”[②]的问题,这正是:“吁嗟乎!大官告示通衢张,谁遣里甲稽村乡。”[③]一纸告示禁约贴在城门口,又有谁去落实呢?则可见其实施效果并不理想。

正因为朝廷与地方官都采取这种“通行”故套,因此溺毙子女的现象依然没有得到有效的遏制,但也不能说没有成效。许多地方志记载一些地方官雷厉风行地禁止溺女,风俗为之一变,也说明有一定效果。然而移风易俗,要从根本上解决问题。

明清时期的人们认为溺女主要是因为贫穷、陪嫁及婚后支出太多,因此解决这些问题,乃是根除溺女之俗的根本。这不是凭借地方官一己之力能够解决的问题,但可以在本身权责范围内解决一些问题,是“戒溺莫急于救溺,救溺莫急于收乳”[④]。于是,一些地方官“设立育婴堂,凡无力抚哺者,许将子女送入乳养,宁有自己骨肉,忍心害理,不为

---

① (明)谢肇淛撰:《五杂组》,上海书店出版社,2001年,第278页。

② 《清德宗实录》卷164,光绪九年六月庚申条,中华书局影印本,1986年,第311页。

③ (清)张应昌:《清诗铎》,中华书局,1960年,第970页。

④ (清)陈庆镛:《籀经堂类稿》,九州出版社,2005年,第127页。

生全，竟置死地，反不如羽毛之属，尚为顾育其儿也”①。在地方官看来，对生育女孩的家庭，先给一定的乳哺费用，让其父母抚养一段时间，其父母“顾养情深，不忍杀矣”②。这些费用，朝廷没有预算，需要地方官自筹，而地方官又有任期，前官捐俸，后官不捐，则难以持久。因此，动员社会力量，就成为地方官能否禁革溺女风俗的关键。

慈幼局创制于南宋，元明时期废除，这样官方收养弃婴的机构不复存在了。遇有灾荒之年，一些地方官曾经采取措施。如明代嘉靖年间，泗洲判官林希元就采取收养弃婴的措施。“这种作为救荒政策其中一环的育婴具有悠久的历史，大概在明代除了林希元以外的各地官僚也曾经实施过。其次，个人的、一时的慈善行为也所在多有。”③明末扬州商人蔡琏，“建育婴社，募众协举。其法以四人共养一婴，每人月出银一钱五分。遇路遗子女，收至社。所有贫妇领乳者，月给工食银六钱。每逢月望验儿给银，考其肥瘠，以定赏罚，三年为满，待人领养”。刘宗周认为：“此法不独恤幼，又能赈贫，免一时溺婴之惨，兴四方好善之心，世间功德莫此为甚。凡城邑村镇皆可仿行，为官司者循此劝导各方，利益更大。”④

“清朝当政约十年以后，第一所具规模的育婴堂在扬州成立，之后育婴堂、药局、普济堂、施棺养老等综合性善堂、收容寡妇的清节堂等

① （清）张我观：《覆瓮集》，清雍正四年（1726）刻本。

② （清）陈康祺：《郎潜纪闻初笔》卷4《阮文达公拯婴法》云：“金华贫家多溺女，阮文达抚浙时，捐清俸若干，贫户生女者，许携报郡学，学官注册，给喜银一两，以为乳哺之资，仍令一月后按籍稽查，违者惩治。盖一月后，顾养情深，不忍杀矣，此拯婴第一法。”中华书局，1984年，第87页。

③ ［日］夫马进：《中国善会善堂史研究》，伍跃、杨文信、张学锋译，商务印书馆，2005年，第182页。

④ （明）刘宗周：《人谱类记》，台湾商务印书馆景印文渊阁四库全书本，1986年，第59页。

在清三百年间渐渐布满全国,先在较大的都会,后遍及乡镇,成为前所未有独特想象。”[①]据梁其姿统计,清代从1646年开始至1911年,共创建了973个育婴堂。这些育婴堂的创建与维持,既有地方官的努力,也有社会力量的支持。

诸如,明代成化年间,福建南安知县沈诚“禁溺女,设法育婴”[②]。清康熙时的刑部侍郎高珩,因“楚俗多溺女,捐立育婴堂,语当事者严为科禁”[③]。浙江安吉州知州刘蓟植“捐俸建育婴堂,全活甚众”[④]。康熙四十四年(1705),福建巡抚李斯义“严溺女之禁,创育婴堂收养遗孩,檄行八郡,全活甚众”[⑤]。乾隆时安徽和州知府宋思仁,以“州俗多溺女不举,创建育婴堂”[⑥]。徽州府夏训导,“与族中富者共捐置育婴堂养之,而村邻溺女之风以息”[⑦]。江西安福县知县成启恩“捐建育婴堂,全活无算”[⑧]。道光时期广东英德县训导郑如松“先偕邑绅朱观泰等,醵金酌给育女贫户,嗣捐廉百金,与教谕傅鹏翀广为劝捐,共得二千六百金,移县建设育婴堂,以资日久经费,留心教化,转移风俗,邑人至今德之”[⑨]。洞庭商人葛以位,以苏州“地多溺女,仿郡城育婴堂例,收养全活无算”[⑩]。

地方官与民间行为,促使朝廷政策上的转变,从康熙四十五年(1706),左副都御史周清原“奏请直隶各省,建立育婴堂以广皇仁”[⑪],得到康熙

① 梁其姿:《施善与教化——明清的慈善组织》,河北教育出版社,2001年,第93页。
② (清)王昶:嘉庆《直隶太仓州志》,上海古籍出版社,2001年,第435页。
③ (清)王赠芳:道光《济南府志》,江苏古籍出版社,1990年,第28页。
④ (清)李瀚章:光绪《湖南通志》,岳麓书社,2009年,第16页。
⑤ (清)徐景熹:乾隆《福州府志》,台北成文出版社,1984年,第938页。
⑥ (清)李铭皖等:同治《苏州府志》,江苏古籍出版社,1991年,第225页。
⑦ (清)胡培翚:《研六室文钞》,上海古籍出版社,2001年,第481页。
⑧ (清)王赠芳:道光《济南府志》,江苏古籍出版社,1990年,第42页。
⑨ (清)额哲克:同治《韶州府志》,台北成文出版社,1985年,第37页。
⑩ (清)李铭皖等:同治《苏州府志》,江苏古籍出版社,1991年,第225页。
⑪ 《清圣祖实录》卷224,康熙四十五年三月丙戌条,中华书局影印本,1985年,第257页。

帝的批准之后，到同治五年(1866)朝廷"著各直隶督抚董饬所属地方官出示严禁，并责令各州县劝谕富绅，广设育婴处所，妥为收养，俾无力贫民，不至因生计艰难，再蹈恶习"[①]。这160年间，育婴堂建立了不少，但没有从根本上解决溺女问题。

四

溺毙子女成为恶俗，有着深刻的社会原因，它不但是在一定的社会经济文化条件下形成的，受到当时当地经济、环境等多重因素的复杂影响，而且早已熔铸在当地人们的心中，得到了广泛的认同和信守，具有稳定性。这种稳定性早已形成一种惰性，不是朝廷的禁令、官府的告示所能彻底根除的，只有通过教化，采取滴水穿石的方法，才能真正移风易俗。

教化是古代统治者所倡导的。所谓"渐也，顺也，靡也，久也，服也，习也，谓之化"[②]。化俗往往难于易俗，不但需要朝廷的政策，也需要地方官的智慧，更必须有人民大众的参与。

明代黄佐撰写的《泰泉乡礼》，成为明清时期地方官与士绅所奉行的道德教化楷模。对于溺女问题，该书讲道："凡生女多，惧贫难嫁，自行淹溺，访出，将父母送官惩治如律。近闻有等村民，自杀其女，以免费奁饰。此风渐不可长，教读及约正、约副，宜早谕之。"[③]要想教化民众，就必须用民众能听懂的语言，在这方面一些官员与士绅进行了努力。

---

① 《清穆宗实录》卷168，同治五年二月庚子条，中华书局影印本，1987年，第54页。

② 江灏、钱宗武译注，周秉钧审校：《今古文尚书全译》，贵州人民出版社，1990年，第209页。

③ (明)黄佐：《泰泉乡礼》，台湾商务印书馆景印文渊阁四库全书本，1983年，第8页。

早在南宋时，福建顺昌知县俞伟，“作《戒杀子文》，召诸乡父老为人信服者，列坐庑下，置醪醴亲酌之，出其文，使归谕乡人无得杀子，数月间活者千计”①。明弘治二年（1488），浙江平阳县知县王约，“以邑俗多溺女火葬，乃严为之禁，有《谕俗篇》”②。此后有赣州通判罗棐恭，“乃作《溺女戒文》下十邑，悉禁民之溺女者”③。浙江鄞县知县杨芳，“禁溺女陋习，为文遍谕，开示恻隐，后遂无犯者”④。浙江平阳知县伍绳武，“且作《戒溺女文》以晓谕之，俗为渐变”⑤。清乾隆时期江南仪征知县翟中策“刊《戒溺女文》，课日各授一卷，俾向村愚解说，俗为之变”⑥。福建福清知县李光祖“作《戒溺女歌》，词甚切”⑦。广东饶平教谕陈子杏，“作《溺女文》刊示，其风遂息”⑧。嘉庆时湖北建始知县杨兆杏，在“民多溺女，为文谕诫之，存活无算”⑨。道光时广东英德县训导郑如松，“刊发《戒溺女文》，以惩陋习，随禀府示严禁”⑩。

可以说，官员与士绅在教化方面发挥着重要作用，而普及的、通俗易懂的诗文歌曲，也能深入人心，以至于影响到民众的行为。从光绪《湖南通志》中，可以看到监生周禄天，“以医济人，劳不受谢，拯溺女以

① （清）陆曾禹：《钦定康定录》卷三下，国民政府军事委员会委员长南昌行营，1933年，第33页。

② （明）王光蕴等：万历《温州府志》，两淮盐政采进本。

③ （明）余之祯：万历《吉安府志》，书目文献出版社影印本，1991年，第27页。

④ （清）嵇曾筠等：雍正《浙江通志》，台湾商务印书馆景印文渊阁四库全书本，1986年，第36页。

⑤ （清）戴肇辰等：光绪《广州府志》，清光绪五年刻本。

⑥ （清）王赠芳：道光《济南府志》，江苏古籍出版社，1990年，第19页。

⑦ 同上，第28页。

⑧ （清）屠英等：道光《肇庆府志》，清光绪二年重刊本。

⑨ （清）李瀚章：光绪《湖南通志》，岳麓书社，2009年，第28页。

⑩ （清）额哲克：同治《韶州府志》，台北成文出版社，1985年，第17页。

千数”[①]。寡妇潘氏“有溺女者，辄救抚之”[②]。萧氏“里人有溺女者，萧闻，为觅妇代乳”[③]。陈氏“里俗多溺女，陈出赀活之”[④]。吴氏“里有溺女恶习，氏出赀救全者甚众”[⑤]。周氏“常劝里人勿溺女，资养之”[⑥]。蒋氏“县俗多溺女，蒋谕以礼，多存活”[⑦]。不但士绅参与救助溺女者，连妇女都参与进来，这在一定程度上起到了移风易俗的效用。

因果报应之说在明清社会有很深的影响，善有善报，恶有恶报，不是不报，时间未到。面临溺女习俗，一些文人编写一些神鬼报应的故事，确实也起到一定的教化作用。如朱国祯《湧幢小品》讲江西民连溺四女之后，“最后溺一女，瘗已月余，忽见女手出地上”。而福建龙游民妇溺死之前所生七女，最终产得巨蛇，“蟠踞屋栋一昼夜，犹连声呼妈妈索乳，径投母怀，母惊而殒，蛇亦自毙”[⑧]。类似的，在福建福安县也曾经发生过蛇啐乳事件。[⑨]有的笔记讲到安徽合肥小康农家溺死六七女以后，产下一卵，乃是蛇，“自是日饲以饭，蛇渐长大，不三年已粗如碗，十石甕藉以草蟠卧其中，日三餐必需斗米，农人家由此渐落，蛇今尚在，人多见之”。四川有村妇，因为溺女甚多，所以“忽有二蛇缘骭而上，

① （清）李瀚章：光绪《湖南通志》，岳麓书社，2009年，第48页。

② 同上，第27页。

③ 同上，第38页。

④ 同上，第57页。

⑤ 同上，第29页。

⑥ 同上，第47页。

⑦ 同上，第36页。

⑧ （明）朱国祯：《湧幢小品》，上海古籍出版社，2005年，第3870~3871页。

⑨ （明）闵文振《涉异志·蛇啐乳》：“福安俗不育女。凡有湌溺，并瘞床下，不尔终不得男。有林干妻张氏，连产六女，置木桶坎床下，产辄溺死，弃桶中，封以土。后复产女，溺杀之。张氏启封，将弃桶中，有巨蛇自桶中跃出，蟠绕张项，以首啐其乳。张击之，则痛苦不可当；抚摩之，痛稍止。移日不解，张遂死，人谓死女之报。”（明）沈节甫辑：《纪录汇编》，中华全国图书馆缩微复制中心，1994年，第2304页。

窜入前后两窽，媪骇晕倒地寻甦，此亦孽报”。这些故事编写的目的很明确，就是“可以为世之溺女者劝”①。

除了蛇为怪以外，果报的故事也很多，比如太仓沙溪镇开豆腐店的陈大，连溺四女，后来生了四个儿子，“皆出天花而死”，而“其妻发狂而死，陈大被贼杀死，一门死绝”。上海张丐头妻腹痛难产，“腹中之儿破门而出，怒目而视，仍旧钻进母腹中”。之所以会发生这样的事情，是因为“张丐头之妻，生过七女，皆溺死，故有此显报”②。江西饶州算命先生莫谭，因为在算命时劝人溺女，“而已之五子连夭其四，存者亦瞎目”。长沙农民米上西，在路边拾到一个女婴，取走随身的布一匹、银十两，没有抚养此女，却投进河中溺死，结果“未过百日，为震雷击死”③。

当然，有恶报就有好报，类似的故事也很多。比如乾隆时广东陆丰知县许懿善，在自己已经有五个女儿的情况下，收留贫家四女为养女，“婚嫁婿家，皆各能成立”。因此，得到好报，其曾孙许冠瀛，“先成进士，入翰林。荫坪亦成进士，又庆澜继登乡荐”④。这种善行被称为积阴德，可以使后代发达。再如，浙江宁波贫士袁道济，因为收养了弃婴，所以中了进士。湖北沔阳县贫士王沔妻子“张氏性慈善，邻有生女欲溺者，强抱养之，如是者再”。因此，他成为本省的解元，这是“恍然于神示之不爽云”⑤。“河南商城周姓，科甲之盛与固始吴姓相埒。”这是因为其祖先“有官安徽婺源县者，县多溺女，力劝谕之，其风竟戢”⑥。天津沈世华

① (清)许奉恩：《里乘》，江苏广陵古籍刻印社，1984年，第366页。

② (清)齐学裘：《见闻随笔》，上海古籍出版社，续修四库全书本，1997年，第344~345页。

③ (清)梁恭辰：《北东园笔录续编》，江苏广陵古籍刻印社，1984年，第283页。

④ 同上，第247页。

⑤ 同上，第283页。

⑥ 同上，第349页。

为江西巡检，“所至有惠政，尤禁溺女，剀切申谕，浇风为之一变”。因此，其儿子中举人，孙子中进士，“尚谓非天道与”[①]。陈鹏年之所以成为名宦，是因为他在西安知县任上，因县“有溺女之习，公惩劝兼施，浇俗顿革”[②]。无锡余莲村，“遇善事，必竭力成之，劝人为善，舌敝唇焦，不以为苦。遍游江浙地方，以因果戒人。如溺女、抢醮、淫杀诸事，谆谆诱掖劝化”。为此，他编写剧本，“纠会数千金，以忠孝节义事演剧，名曰善戏”，“又以《保婴》《恤嫠章程》见劝”[③]，因此被称为善人。将要被溺死的女孩，因为有鬼救，最终嫁给书生滕达，而成为进士夫人。[④]这些因果报应的广泛流传，在一定程度上遏制了溺女的恶习。

五

溺女风俗既是社会问题，也是政治问题，更是法律不能忽略的问题。无论是社会、政治、法律，凡与之相关的种种制度，都不能脱离人的本性。人的生命虽然有限，但是代代繁衍，理所应当受到重视。溺毙子女的行为，既违背人的本性，也违背了自然，所以应该引起社会的广泛关注，而政治与法律也应该保护这种人性。禁溺女等一系列制度设计归根结底是人性的回归。“物所受为性，天所赋为命。”[⑤]性命本是天赐，

① （清）陈康祺：《郎潜纪闻初笔》，中华书局，1984年，第87页。

② （清）陈康祺：《郎潜纪闻二笔》，中华书局，1984年，第88页。

③ （清）陈其元：《庸闲斋笔记》，中华书局，1989年，第173页。

④ （清）董含：《三冈识略》卷4补遗《溺女鬼救》：“山阴一小姓，家甚贫，生女欲溺之。忽闻空中鬼语曰：‘莫溺杀，莫溺杀，他的丈夫是滕达。’一家惊异，遂留之，遍访邑中，果有书生滕达者，然已娶矣。后此女及笄，滕续聘为室。中甲榜，携之赴官，竟终老焉。”辽宁教育出版社，2000年，第93页。

⑤ （明）朱熹：《周易本义》，武汉市古籍书店，1988年，第2页。

然“天地何心乎？以生物为心也。以生物为心，故曰元者善之长也。苟能恩天地之大德，则草木无知，犹方长不折，鸟兽虫鱼与人异类，犹不忍杀胎妖夭，而况于人乎？况于所生乎？”[①]统治者正是基于此，才会下大力气一次次对溺女恶俗进行惩治。

法贵顺应人性、调节情气。“仁、义、礼、智，根于道心，性也；喜、怒、哀、乐、爱、恶、欲，发于人心，情也。圣贤存心养性，故其情发而中节，是为上智。中人以下，不能率性；而纵恣其情，情之所发，皆是人欲，故为下愚。”[②]圣贤依靠自身道德修养，法律对其并无多大用处；而世间平常之人众多，欲望层出不穷，需用法律予以引导和限制。因此，禁溺女的制度设计才能根植人心，从而调整人们的行为。

禁溺女等一系列组合拳的打出，使人们摆脱了经济上的牵绊，破除了思想上的禁锢，阻断了原始的本能逻辑，使扭曲的人性得以重新拾回高于万物的灵性。正如《唐律疏议》开篇中所言：“夫三才肇位，万象斯分。禀气含灵，人为称首。”万物之中，禀受天地之气而含虚灵者，唯人为先。而现在，法律脱去了它那原本温情脉脉的意蕴，逐渐演变为面孔冷峻、满是“技术”的逻辑思维。[③]但法律引导人们向善的价值追求是永恒不变的！

① （清）汤来贺：《内省斋文集》，书目文献出版社，1988年，第640页。

② （唐）长孙无忌等：《唐律疏议》，中华书局，1983年，第20页。

③ 参见侯欣一：《广州、武汉国民政府法律制度的地位及影响》，《法学》，2008年第7期。

正法与就地正法考

“正法”在辞书中有多种词意，而“就地正法”则仅有在当地执行死刑的一种词意。从法律史的角度来看，正法指执行死刑的意思出现较晚，而就地正法则是在正法具有死刑词意以后才出现的，并且在清代形成一种制度。因此，无论是从释义看，还是从法律制度角度理解，都有考察的必要。

一

“正法”在辞书上有：①政治、法度；②公正的法度；③正当的法则；④正当的法术；⑤正法制，依法制裁和办理；⑥执行死刑；⑦佛教用语等含义。与本书相关的含义则是第五、六种。

《易·蒙第四》：“初六：发蒙，利用刑人，用说桎梏，以往吝。《象》曰：利用刑人，以正法也。”王弼注：“以正法制，故刑人。”高亨解为：“发，除去也。蒙借为矇，目生翳不明也。发蒙，医去其目翳而复明也。利用犹利于也。说读为脱。用说犹用脱。桎、梏皆刑具，在足曰桎，在手曰梏。

吝，难也。”《象》：“言君上依法律释放拘囚之刑人，以正其法律也”[①]。蒙卦又称“童蒙”，因此有人解释为：“启蒙教育的开始阶段应该严厉，不惜使用刑罚使那些不守纪律者走上正道，以根除今后桎梏加诸其身的后果。”[②]或者是“启发教化蒙昧不守正道的儿童要严格一些，可利用刑具进行整治，这叫小惩而大诫，使他不再犯错误，从而摆脱桎梏这类刑具加用于身”[③]。也有人认为蒙卦仅是通泰，所以初六是：“伐山垦荒，可以利用服罪的犯人。因为解除他们的桎梏前往，结果招来灾难。”至于《象辞》，乃是“以刑罚惩治罪人是有利的，可以以此来整肃法纪”[④]。也有说：“利用刑人，用来端正法律。”[⑤]无论何种解释，都集中在明正法制或依法制裁、办理上，与后世专门理解为执行死刑和明正典刑是有区别的。

汉昭帝即位，燕王刘旦以长子不得立，有怨望，欲发兵。朝廷派侍御史前往“责之以正法，问：‘王欲发兵罪名明白，当坐之。汉家有正法，王犯纤介小罪过，即行法直断耳，安能宽王。’惊动以文法”[⑥]。这里的“正法”是指朝廷的政治和法度。所以后汉马援在交阯曾经有书信诫告侄子说：“好论议人长短，妄是非正法，此吾所大恶也，宁死不闻子孙有此行也。”李贤注：“谓讥刺时政也。”[⑦]三国吴时，尚书郎怀叙当面詈辱校事吕壹，丞相顾雍指责怀叙曰：“官有正法，何至于此！”[⑧]这里的“正

① 高亨：《周易大传今注》，齐鲁书社，1979年，第101页。
② 周山：《易经新论》，辽宁教育出版社，1991年，第127页。
③ 徐志锐：《周易大传新注》，齐鲁书社，1989年，第42页。
④ 徐子宏：《周易全译》，贵州人民出版社，1991年，第31页。
⑤ 周振甫：《周易译注》，中华书局，1991年，第26页。
⑥ （汉）司马迁：《史记》卷60《三王世家》，中华书局点校本，1959年，第2118页。
⑦ （南朝宋）范晔：《后汉书》卷24《马援传》，中华书局点校本，1965年，第844~845页。
⑧ （晋）陈寿：《三国志》卷52《吴书·顾雍传》，中华书局点校本，1959年，第1226页。

法”是指国家有法律，不能以私怨而坏国法。

西汉京兆尹王章死于诏狱，谋士杜钦认为：“假令(王)章内有所犯，虽陷正法，事不暴扬，自京师不晓，况于远方。”希望权臣王凤彰显其功罪，以“塞争引之原”[1]。这里的“正法”则是指朝廷的法律，是官吏依法办事的根本。后汉车骑将军冯绲的监军使者“奏绲将傅婢二人戎服自随，又辄于江陵刻石纪功，请下吏案理。尚书令黄儁奏议，以为罪无正法，不合致纠”[2]。这里的“正法”是指没有适用的法条来治罪。刘瑜鉴于“今第舍增多，穷极奇巧，掘山攻石，不避时令”，要求朝廷“促以严刑，威以正法”[3]，是要增加治罪的法条以纠正当时社会的颓风。钟繇为司隶校尉时，治所在洛阳，自以威禁失督司之法，曾经上书自劾曰：“明知诏书深疾长吏政教宽弱，检下无刑，久病淹滞，众职荒顿，法令失张。邑虽违科，当必绳正法，既举文书，操弹失理，至乃使邑远诣阙廷。隳忝使命，挫伤爪牙。而(郡掾卫)固诳迫吏民，拒畿连月，今虽反悔，犯顺失正，海内凶赫，罪一由繇威刑闇弱。”[4]以不能用朝廷的正法约束下属而承担罪责。

后汉丁鸿有感于大将军窦宪专权，在所上封事中言：“臣愚以为左官外附之臣，依托权门，倾覆谄谀，以求容媚者，宜行一切之诛。”李贤注：“左官者，人道尚右，舍天子而专事诸侯为左官。外附谓背正法而附私家。”[5]这里的“正法”是指朝廷之法，“背正法”即是“背王室，向私门”。

班固在《游侠传序》中说：“古之正法：五伯，三王之罪人。六国，五

① （东汉）班固：《汉书》卷60《杜钦传》，中华书局点校本，1962年，第2678页。

② （南朝宋）范晔：《后汉书》卷38《冯绲传》，第1283页。

③ （南朝宋）范晔：《后汉书》卷57《刘瑜传》，第1856页。

④ （晋）陈寿：《三国志》卷13《魏书·钟繇传》，第394页。

⑤ （南朝宋）范晔：《后汉书》卷37《丁鸿传》，第1267页。

伯之罪人。四豪者，又六国之罪人。况于郭解之伦，以匹夫之细，窃杀生之权，其罪不容于诛也。”①这里讲的是国家的正确法则，依据这种法则建立的法律也称为“正法”。如汉元帝以“赵昭仪倾乱圣朝，亲灭继嗣，家属当伏天诛”，要“请事穷竟，丞相以下议正法”。②可见这种“正法”并不是一成不变的，是可以增删的。东汉末年，长广太守何夔“以郡初立，近以师旅之后，不可卒绳以法”。曾经上言丞相曹操说：“先王辨九服之赋以殊远近，制三典之刑以平治乱，愚以为此郡宜依远域新邦之典，其民间小事，使长吏临时随宜，上不背正法，下以顺百姓之心。”③要求在不违背国家法律的前提下，给地方长官以便宜行事的权力，得到曹操的批准，何夔也因此在长广郡树立了威信。这种“临时随宜”实际上就是下放司法权，与清代“就地正法”之制有相同之处。

沈家本根据《后汉书·陈忠传》三公曹尚书陈忠上疏讲：“自今强盗为上官若它郡所紏觉，一发，部吏皆正法，尉贬秩一等，令长三月奉赎罪；二发，尉免官，令长贬秩一等；三发以上，令长免官。”并且引李贤注曰：“部吏谓督邮、游徼也。正法，依法也。”因此，认为“正法犹言如律也，今以正法为专指斩罪者误”④。也就是说，“正法”就是按照法律办事，认为正法就是斩罪，应该是错误的认识。

固然正法在汉代具有执法如律的意思，但正法成为执行死刑的意义出现，才是这种错误认识的根源。可以说“正法”在汉魏时期基本是以国家根本法律而言，执行死刑和明正典刑的意思并不明确，但这种意思在发展过程中已经逐渐显示出来，因此考证“正法”执行死刑和明

---

① (南朝宋)范晔:《后汉书》卷40下《班固传》，第1387页。

② (东汉)班固:《汉书》卷97下《外戚孝成赵皇后传》，第3996页。

③ (晋)陈寿:《三国志》卷12《魏书·何夔传》，第380页。

④ 沈家本:《沈寄簃先生遗书·日南随笔》卷3《正法》，中国书店影印本，1990年，第285页。

正典刑出现的时间,就非常必要了。

二

“正法”具有执行死刑和明正典刑的意义,一般认为是出现于元人戏剧词语,注解则引元代白朴的杂剧《梧桐雨》中“禄山反逆,皆由杨氏兄妹,若不正法以谢天下,祸变何时得消”为源头,认为在元代时“正法”已经有执行死刑的意思。[①]也有以《易·蒙第四》的“利用刑人,以正法也”为例,认为就是“所谓的明正典刑”。[②]

引元代戏剧为例,似乎太晚;引《易》为例,从文义上有些牵强,以汉代的事例注解较为适当。如西汉湖三老上书言京兆尹王尊的功绩时讲:“长安宿豪大猾东市贾万、城西萬章、翦张禁、酒赵放、杜陵杨章等皆通邪结党,挟养奸轨,上干王法,下乱吏治,并兼役使,侵渔小民,为百姓豺狼。更数二千石,二十年莫能禽讨,(王)尊以正法案诛,皆伏其辜。”[③]这里的“正法”虽然还是指法律,但已经有执行死刑的寓意了。汉成帝责怪“红阳侯(王)立父子臧匿奸猾亡命,宾客为群盗,司隶、京兆皆阿纵不举奏正法”[④]的语言中,“正法”已经有执行刑罚的意思了。再如,南朝梁天监三年(504)冬十一月甲子的诏书讲道:“若悉加正法,则赭衣塞路。”[⑤]既然是“赭衣塞路”,正法则仅是执行刑罚,虽然有执行死刑的寓意,但还不太明确,因为那时执行死刑的语言多用“正刑”。如晋

① 编委会:《汉语大词典》(第5册),汉语大词典出版社,1990年,第314页。

② 中国文化研究所:《中文大辞典》(第18册),中国文化研究所出版部,1968年,第160页。

③ (东汉)班固:《汉书》卷76《王尊传》,第3234页。

④ (东汉)班固:《汉书》卷98《元后传》,第4025页。

⑤ (唐)姚思廉:《梁书》卷2《武帝纪中》,中华书局点校本,1973年,第41页。

张裴注律上表中讲:“论罪者务本其心,审其情,精其事,近取诸身,远取诸物,然后乃可以正刑。”①这里的“正刑”已经有执行死刑的意思了。“建兴(312—316年)中,(丞相行参军宋)挺又割盗官布六百余匹,正刑弃市,遇赦免。”②永嘉(307—312)年间,“廷尉奏殿中帐吏邵广盗官幔三张,合布三十匹,有司正刑弃市”③。“诸葛氏之诛也,士庶咸恨正刑之晚,若释桎梏焉。”④“自非大逆正刑,皆可从徙。”⑤这些都是指执行死刑。明人沈德符在讲到新建伯王承勋(王阳明之孙)之妾沙氏与人通奸并毒杀其子事件时,“乃拟沙极刑,转详中丞,至黄河中流,忽自沉洪波,不及正刑。抚按遂具狱上之朝,事得粗结。”⑥亦可见“正刑”在明代还有执行死刑的意义。

“明正典刑”的用语出现较晚,“典刑者,公柄也。在官者得施于部属之内,若非在官,又非部属,虽有私罪,必告于官。官为之理,以明不得擅行鞭捶于齐人也”⑦。“典刑”是朝廷的法律,只能由官方来实施,所以李绛面对御史的弹劾,向唐宪宗申辩之后,“伏望明示御史姓名,正之典刑”⑧。宋元之时,“明正典刑”成为执行死刑的专门用语,如绍圣(1094—1097)年间,章惇、蔡卞用事时的帮凶刘挚、梁焘,在追究他们的罪责时先死亡,“不及考验,明正典刑”⑨。王居安在论韩侂胄罪时指

---

① (唐)房玄龄等:《晋书》卷30《刑法志》,中华书局点校本,1974年,第930页。
② (唐)房玄龄等:《晋书》卷69《刘隗传》,第1836页。
③ (唐)房玄龄等:《晋书》卷75《范汪传附叔坚传》,第1989页。
④ (唐)房玄龄等:《晋书》卷85《诸葛长民传》,第2213页。
⑤ (北齐)魏收:《魏书》卷111《刑罚志》,中华书局点校本,1974年,第2875页。
⑥ (明)沈德符:《万历野获编》卷5《勋戚·嗣封新建伯》,中华书局点校本,1959年,第146页。
⑦ (后晋)刘昫等撰:《旧唐书》卷171《裴潾传》,中华书局点校本,1975年,第4449页。
⑧ (后晋)刘昫等撰:《旧唐书》卷15《宪宗下》,第442页。
⑨ (元)脱脱等撰:《宋史》卷200《刑法志二》,中华书局点校本,1977年,第5000页。

出："纵使侂胄身膏斧钺，犹有余罪，况兵衅未解，朝廷倘不明正典刑，何以昭国法，何以示敌人，何以谢天下？"[①]郑毅在南宋初年，有感于刑杀大权的失控，曾经上书言："赏罚之柄自朝廷出，国势尊矣。仍谕军法便宜，止行于所辖军伍，其余当闻之朝廷，付之有司，明正典刑。"[②]元文宗时，将诸王孛罗帖木儿及诸用事臣，"既已明正典刑，宜传首四方以示众"[③]。元顺帝时，"当时贼臣月鲁不花、也里牙已死，其以明里董阿等明正典刑"[④]。

"明正典刑"不但出现于上疏和诏书中，在戏剧中更成为了习惯用语。如元代杂剧之中的公案断语经常使用"市曹中明正典刑"一语，可见"明正典刑"就是执行死刑之意的认识已经深入民间，其影响也是深远的，以至到鸦片战争时，官方与下属及百姓的约定誓词中还使用此词。如裕谦曾经与众约："不用命者，明正典刑，幽遭神殛。"[⑤]

"正法"是执行死刑的概念，在元代时已经完全确立，如元杂剧《盆儿鬼》："你便是有官防难弹压，他杀坏了平人烧做了片瓦，死魂灵都消化。你若要正法，直将他万剐。"[⑥]《魔合罗》："泼无徒败伦伤化，押市曹正法严刑。"[⑦]《梧桐雨》："国忠谋反，贵妃不宜供奉，愿陛下割恩正法。""禄山反逆。皆因杨氏兄妹。若不正法。以谢天下。"[⑧]元人文集也讲道：

① (元)脱脱等撰：《宋史》卷405《王居安传》，第12251页。
② (元)脱脱等撰：《宋史》卷399《郑毂传》，第12122页。
③ (明)宋濂等撰：《元史》卷32《文宗纪》，中华书局点校本，1976年，第714页。
④ (明)宋濂等撰：《元史》卷40《顺帝纪三》，第857页。
⑤ 赵尔巽等：《清史稿》卷372《裕谦传》，中华书局点校本，1977年，第11525页。
⑥ 臧晋叔编：《元曲选》，文学古籍刊行社，1955年，第1408页。
⑦ 同上，第1388页。
⑧ 同上，第388页。

“罪人既已正法，州县一时信文书奉行，容有不知，何得俱以为罪。”[①]

明代的“正法”已经被官方认可为执行死刑，并多见于史册。如谷王朱橞谋反案发，群臣奏请治罪云：“伏请割恩正法，必不可宥。”[②]永乐十五(1417)年，倭寇入侵，“有捕倭寇数十人至京者，廷臣请正法”[③]。正统十一(1446)年，沙州土都指挥使锁南奔投靠瓦剌，后被捉获，“廷臣请正法，帝念其父兄恭顺，免死，徙东昌”[④]。朱寘鐇谋反，群臣奏曰：“寘鐇大逆不道，宜如诸王议，割恩正法。”[⑤]福建古田抓获强盗首领韦银豹，巡抚殷正茂具奏，“有旨：械银豹至京正法”[⑥]。这些都是执行死刑的意思，可见正法就是指执行死刑和明正典刑，不但戏剧、小说、诗歌之中经常出现，皇帝的上谕及臣僚的奏章中也经常使用。如“以后在京重大狱情，详审明确，奏请正法。”[⑦]“在内送刑部，审明正法；在外该管各地方官，奏明正法。”[⑧]“应交刑部，即凌迟正法枭示。”[⑨]诸如此类，不胜枚举，亦可见“正法”是指执行死刑，已经成为当时社会的共识。如果从

---

① (元)苏天爵：《滋溪文稿》卷一二《元故荣禄大夫御史中丞赠推诚佐治济美功臣河南行省平章政事冀国董忠肃公墓志铭》，中华书局，1997年。

② 《明太宗实录》卷181，永乐十四年十月甲申条，台北“中央”研究院历史语言研究所缩编本，1962年，《明实录》第2册，第1463页。

③ (清)张廷玉等：《明史》卷322《外国传三日本传》，中华书局点校本，1974年，第8364页。

④ (清)张廷玉等：《明史》卷330《西域传二沙州卫传》，第8562页。

⑤ 《明武宗实录》卷72，正德六年二月丙申条，台北“中央”研究院历史语言研究所缩编本，1962年，《明实录》第7册，第6918页。

⑥ 《明穆宗实录》卷58，隆庆五年六月丁未条，台北“中央”研究院历史语言研究所缩编本，1962年，《明实录》第10册，第10117页。

⑦ 《清世祖实录》卷10，顺治元年十月乙亥条，中华书局影印本，1985年，《清实录》第3册，第102页。

⑧ 《清世祖实录》卷78，顺治十年十月戊子条，中华书局影印本，1985年，《清实录》第3册，第619页。

⑨ 《清圣祖实录》卷102，康熙二十一年五月戊午条，中华书局影印本，1985年，《清实录》第5册，第31页。

元代开始就将“正法”认为是执行死刑算起，那么经过数百年的沿袭，已经为人们所认可，沈家本所谓：“今以正法为专指斩罪者误”，更证明“正法”乃是执行死刑的认识在当时已相当普遍。

三

“就地”就是在原地，如三国时的娥亲为报父仇，在“光和二年二月上旬，以白日清时，于都亭之前”与仇人李寿相遇，“寻复就地斫之，探中树兰，折所持刀”。[①]这是原地，也可以称为现场，与“正法”结合起来，就是在原地或现场执行死刑，并且寓意即时将人犯正法。这原本没有什么疑义，但问题是在有死刑复核制度的情况下，地方官员没有权力将犯人立即执行死刑，因此“就地”的意义就非常重要了。

自唐代开始，就有严格的死刑复核制度，死刑决定权由朝廷掌握，而且需要皇帝批准，如果是当即执行死刑，没有皇帝的授权，就属于擅杀，是一种犯罪，而且是重罪。古代在特殊情况下，君主可以授予臣下以专杀和征伐的权力，臣下可以依据授权，不用复核，就可以处死人犯，这是一种特殊的死刑执行程序。对于特殊情况，法律也赋予官员一定的自主权，可以先行将犯人正法，然后再奏报朝廷。不过，就地正法成为制度，却是在清代才出现的。

法律规定可以将犯人先行正法，是针对特殊情况而言。如《大明律·名例·处决叛军》条规定：“凡边境城池，若有军人谋叛，守御官捕获到官，显迹证佐明白，鞫问招承，行移都指挥使，委官审问无冤，随即依

① （晋）陈寿：《三国志》卷18《魏志·庞淯传附母娥亲传》，第539页。

律处治，具由申达兵部衙门，奏闻知会。”允许将叛军先行正法，然后再奏报朝廷。《大明律·名例·吏卒犯死罪》条规定：“凡在外各衙门吏典、祇候、禁子有犯死罪，从各衙门长官鞫问明白，不须申禀，依律处决；然后具由申报本管上司，转达刑部，奏闻知会。”允许各衙门正官先行将吏卒处决，然后再奏报朝廷。清代经过顺、康、雍、乾的发展，死刑决定权已经全部由朝廷掌控，所以乾隆五年（1740）律删除“吏卒犯死罪”条，这类人即便是犯死罪，也要奏请。也就是说，对于叛军还是可以采用先行正法的特别程序的。

被授予专杀、征伐、便宜权力的大臣，在敕书规定的权限范围内，允许采用先行正法的特别程序。如汉代的“使持节”，拥有专杀二千石以下官吏的权力，并且出台《沈命法》，“群盗起不发觉，发觉而弗捕满品者，二千石以下至小吏主者皆死”[①]。这种授予专杀权力的将帅大臣，是可以先斩后奏的，使用这种特别程序。

在正法已经成为执行死刑意义的明代，处理法律规定的先行正法之外，也有特殊授权制度，而当总督、巡抚、巡按成为制度以后，他们可以便宜行事，在制度上已经逐渐允许他们先行正法，或军前正法了。如明熹宗《即位诏》公布的条款中就有：“其交关窝访，假捏赃罪，恐吓官民，挟骗财物者，但有实迹，该抚按官即便严拿正法，重者问拟具奏。”[②]使用先行正法特殊程序，必须向朝廷申请，如天启元年（1621），援辽的宁夏兵溃败，兵部尚书王象乾就“乞敕下法司，将见获叛丁庄免先行正法”[③]。辽东巡抚喻安性，“乞敕枢辅，转行抚道各官，一面安抚众兵，一

① （东汉）班固撰：《汉书》卷90《酷吏传》，中华书局点校本，1962年，第3663页。

② 《明熹宗实录》卷1，泰昌元年秋九月庚辰条，台北“中央”研究院历史语言研究所缩编本，1962年，《明实录》第14册，第13150页。

③ 《明熹宗实录》卷10，天启元年五月辛酉条，《明实录》第14册，第13272页。

面察其首乱姓名，枭示正法”[①]。此外，允许督、抚、按，可以军前正法，如辽东巡抚张凤翼，就将“逃奔兵将各于军前正法”[②]。有了授权，“该督抚官即行正法”[③]，就成为就地正法之制的源头。

清王朝在特殊的情况下，依然还实行特别司法程序，有请旨即行正法、一面请旨一面正法、请王命正法、先行正法、立毙于杖、就地正法之分。

请旨即行正法，要先得到皇帝批准，原本是在正常司法程序下的变通，出台律例以后，便成为制度。乾隆十一年（1746），浙江处州镇总兵苗国琮奏称：“地方刁恶之徒，遇事生风，挟私鼓众，甚至塞署、罢市、抗粮、殴官。”因此，请求“照盗贼拒捕之条，杀死无论”。针对苗国琮所请，乾隆帝特别恩准：“系为惩奸除恶起见，应如该镇所请行。”[④]自此以后，凡是塞署、罢市、抗粮、殴官，以及律例中的谋反、大逆、恶逆、不道、劫狱、反狱、戕官，并洋盗、会匪、强盗、拒杀官差等罪行，经过请旨便可以按盗贼拒捕之条执行。乾隆十三年（1748），又将光棍为从例、回民结伙抢夺例、拿获军营脱逃余丁遣发例、滇省沿边关隘之禁例、伤人伙盗自首照未伤人自首例、用药迷人未经得财分别问拟例、帮丁水手聚众打抢例等纳入请旨即行正法之列。乾隆三十八年（1773），增加回民结伙十人以上请旨即行正法例。乾隆四十一年（1776），增加拿获军营脱逃余丁请旨即行正法例。乾隆四十二年（1777），增加私贩透漏消息请旨即行正法例。乾隆四十四年（1779），增加自首伤人伙盗脱逃请旨即

① 《明熹宗实录》卷62，天启五年八月戊寅条，《明实录》第14册，第13867页。

② 《明熹宗实录》卷42，天启三年十二月甲午条，《明实录》第14册，第13690页。

③ 同上，第13693页。

④ 《清高宗实录》卷277《乾隆十一年十月甲申条》，中华书局影印本，1985年，第12册，第619~620页。

行正法例。乾隆四十六年(1781),增加药方与人及复行迷窃并脱逃者请旨即行正法例。乾隆五十年(1785),增加粮船水手伙众十人以上执持器械抢夺请旨即行正法例。由此可见,请旨即行正法是法律规定的特殊处置程序,所以"今各直省督抚,遇重犯有先请王命即行正法之条,亦可谓之先斩后奏"[1],但必须在律例规定的罪名之内实施。

一面具奏一面正法。一般来说,所有的督抚都拥有此种权力,但要视情况而定。拥有此种权力的督抚也可以授权于一些地方官,以便办理者能权宜处置。如康熙六十年(1721),山东按察使在擒获盐枭孔振公以后,便以"业奉抚宪一面折奏,一面委员将孔振公首级枭示"[2]。乾隆十三年(1748),因聚众抗官事件增多,将塞署、罢市、抗粮、殴官等罪上升为一面具奏一面正法的定例之内。乾隆三十二年(1767),增加新疆地方兵丁跟役白昼抢夺杀人及为强盗一面具奏一面正法例。乾隆三十五年(1770),增加图谋不轨一面请旨一面正法例。乾隆三十九年(1774),增加啯匪一面请旨一面正法例。乾隆五十一年(1786),增加邪教一面请旨一面正法例。乾隆以后虽然没有增加一面请旨一面正法例,但其应用范围却不断扩大,如嘉庆二十四年(1819),盛京将军赛冲阿奉旨审理宗室喜福主使李康氏勒毙嫡妻一案,嘉庆帝认为:"自应遵旨一面具奏,一面即将各犯分别正法,乃犹奏请训示遵行,且系差人赍奏,不由驿递。设各犯内有闻风自尽者,岂不幸逃显戮。该将军等何糊涂不知事体轻重若此。"[3]除了斥责之外,还处分了他们。

① (清)梁章钜:《浪迹续谈》卷1《先斩后奏》,江苏广陵刻印社,1984年,《笔记小说大观》第33册,第125页。

② 韦庆远主编:《康雍乾时期城乡人民反抗斗争资料》,中华书局,1979年,第602~603页。

③ 《清仁宗实录》卷358《嘉庆二十四年五月壬午条》,中华书局影印本,1986年,《清实录》第32册,第729页。

恭请王命正法，是明代以来形成的制度，当时有使节及金牌。使节“黄色三檐宝盖，长二尺，黄纱袋笼之。又制丹漆架一，以节置其上。使者受命，则载以行。使归，则持之以复命”[①]。“军中调发符牌，用铁，长五寸，阔半之，上钑二飞龙，下钑二麒麟，首为圜窍，贯以红丝绦。尝遣官赍金牌、信符诣西番，以茶易马。其牌四十一，上号藏内府，下号降各番，篆文曰‘皇帝圣旨’，左曰‘合当差发’，右曰‘不信者斩’。”[②]这就是“王命旗牌”，授予钦差专使。明代督抚是奉有皇命在外负责方面事务的大员，按制度应该授予使节，拥有一定的专断权力。如嘉靖四十三年(1564)，万恭为佥都御史，巡抚山西，在朔州击败入侵敌寇五万，“事闻，赍银幣，巡抚故无旗牌，(万)恭请得之”[③]。这样督抚便拥有了使节和旗牌双重凭信，可以恭请王命正法。清代的督抚虽然不再持有使节，但所用凭信是临时派遣官员用的长方形“关防”，依然视为临时派遣的官员，在沿袭明制的情况下，也常常授予“王命旗牌”。乾隆时期，有些条例已经明确规定了“恭请王命正法”，督抚们也被明确授权，还可以委员办理。封疆大吏们拥有了“恭请王命，即行正法”的权力，处置律例中所载的斩绞立决以上的罪犯，也就可以不按照正常的死刑复核程序执行。

先行正法是根据情况先将人犯处死，然后再行上奏，处死与上奏有一定的时间限制。当然，如果犯不该死而处死，执行者要承担一定的责任，视情节轻重给予申饬、降级、革职留任、革职、交部议处等处罚，乃至承担刑事责任。乾隆十三年(1748)，发生乡民聚众殴差事件，乾隆

---

① (清)张廷玉等撰：《明史》卷68《舆服志四·符牌条》，中华书局点校本，1974年，第1667页。

② 同上，第1664页。

③ (清)张廷玉等：《明史》卷223《万恭传》，第5872页。

帝允许督抚先行正法,勒定"直省刁民"先行正法例。乾隆十四年(1748),勒定四川啯匪先行正法例。乾隆二十九年(1754),勒定洋盗先行正法例。乾隆三十七年(1762),勒定情罪重大强盗先行正法例。乾隆五十八年(1793),勒定粤省及闽浙洋盗、盗官府、漕船、拒捕伤兵之盗,伙众十人以上之盗,连劫多次的惯盗先行正法例。嘉庆十六年(1811),勒定伙盗脱先行正法例。道光十六年(1836),勒定粮船水手行劫杀人先行正法例。道光二十五年(1845),勒定盗犯勒赎先行正法例。先行正法是督抚在题奏之前将案犯正法,所省略的仅是死刑审核程序"题奏等待覆核"这一环节。

立毙杖下是将情实人犯于杖下处死，所依据的乃是明清律中的"故禁故勘平人"条规定:"不服招承,明立文案,依法拷讯,邂逅致死者,勿论"。以及"若因公事干连人犯,依法拷讯,邂逅致死,或受刑之后,因他病而死者,均照邂逅致死律勿论"[①]的条例。承审官对已经犯有斩绞以上死刑的人犯,不但有权立毙杖下,而且还不承担"故勘"的责任,因为"故勘"的罪名是基于勘问"平人"。立毙杖下实际上已经授予地方官以专杀之权,因此地方官可以实施各种手段以处置所谓的"盗匪"。如乾隆时期在甘肃任知县的鄂山,地方势力根本就没有把他放在眼里,认为:"藐书生能若是强耶!"公开违反他的禁令。于是,鄂山"立毙杖下者五人,遂皆畏惧"。这样嗜杀成性的人,后来被嘉庆帝发现,称其为"奇才也",不到四年便从知州升到陕西巡抚。[②]因为拥有立毙杖下权,各级承审官滥施刑罚,乃至杀人,都披上"合法"的外衣。

① 杨一凡主编:《中国珍稀法律典籍集成》(丙编第1册),中国科学出版社,1994年,第454~455页。

② (清)昭梿:《啸亭续录》卷5《鄂中丞》,中华书局点校本,1980年,第534页。

就地正法是在晚清引起广泛争议的重大司法问题。但对就地正法之制并非始于晚清，而是清代刑事审判制度组成部分的这一点尚没有统一认识。[1]道光二年(1822)谕："呢玛善等奏，果洛克、唐凹等寨番贼，素称强悍，近年纠抢分赃之案甚多，经呢玛善等调集汉土官兵，叠次擒获土目父子，及著名凶贼，悉行就地正法，各路土目番众，咸知畏惧。"[2]此外，《清宣宗实录》还有很多次提到武官剿贼，实施就地正法。这些武官，或是奉命进剿之将军，或为统辖一方之提镇，都是拥王命旗牌的高级武将，所针对的乃是在军事对抗中抓获的反叛势力。道光二十八年(1848)，一项针对普通百姓的"就地正法"定例出现了，即林则徐奏请云南迤西一带匪犯毋庸解省审转，经刑部议覆的条例，"如有党羽众多匪犯，准其批解该管道府，于审明移交臬司具详督抚核准后，就地正法，以儆凶顽"[3]。咸丰初年，将适用于云南迤西的"就地正法"程序，推向全国，并且适用更加广泛，也就是所谓的"就地正法"之制。

---

① 参见李贵连：《晚清"就地正法"考论》，《中南政法学院学报》，1994年第1期；邱远猷：《太平天国与晚清 "就地正法之制"》，《近代史研究》，1998年第2期，《晚清政府何时何地开始实行 "就地正法之制"》，《历史档案》，2000年第4期； 王瑞成：《就地正法与清代刑事审判制度——从晚清就地正法之制的争论谈起》，《近代史研究》，2005年第2期；林盛：《"就地正法"：滥杀者的"仁政"》，《浙江人大》，2005年第11期；张世明：《清末就地正法制度研究》，《政法论丛》，2005年第1、2期；娜鹤雅：《清末"就地正法"操作程序之考察》，《清史研究》，2008年第6期；刘彦波：《晚清两湖地区州县"就地正法"述论》，《暨南学报》，2012第2期；韩广道：《"就地正法"辨析》，《濮阳教育学院学报》，2012年第2期；黄波：《从"就地正法"说起》，《雨花》，2012年第12期。

② 《清宣宗实录》卷43，道光二年十月甲子条，中华书局影印本，1986年，《清实录》第33册，第770页。

③ 《清宣宗实录》卷459，道光二十八年九月辛巳条，中华书局影印本，1986年，《清实录》第39册，第792页。

四

最初的“就地正法”程序，要经州县审结，押解道府亲审，道府审结之后以文案申详臬司、督抚批准，即可行刑。咸丰三年（1853）发布上谕云：“现当剿办逆匪之时，各处土匪，难保不乘间纠伙，抢劫滋扰。若不严行惩办，何以安戢闾阎。著各直省督抚一体饬属随时查访，实力缉拿。如有土匪啸聚成群，肆行抢劫，该地方官于捕获讯明后，即行就地正法，以昭炯戒。并饬各属团练、绅民，合力缉拿，格杀勿论。”①谕旨规定“啸聚成群，肆行抢劫”的案犯才能就地正法，而地方官及团练绅民也可以“随时拿获，格杀勿论”。人们常常把此谕中的“格杀勿论”与“就地正法”混在一起，认为“就地正法”的含义包括了“格杀勿论”，这是不恰当的。“格杀勿论”是“对顽抗拒捕或罪大恶极的犯人，按刑律规定，击杀致死不论及执行者的罪行”，或者“指把拒捕、行凶或违反禁令的人当场打死而不以杀人论罪”。可见“格杀勿论”有当场杀死的含义，却不是就地正法，因为没有“讯明”的程序。

咸丰三年（1853）以后，就地正法程序的主要变化就是地方官讯明以后就可以正法，没有明确州县审结、道府复审、申详臬司、督抚批准的程序，以至于在执行过程中有很大的随意性。“乃军兴以来，因剿办土匪定有就地正法章程，从此各省相沿，即寻常盗案，亦不待审转覆核，概行就地惩办。题奏之件，十无一二，而成例遂成虚设。”②因为有了

① 《清文宗实录》卷88，咸丰三年三月丁巳条，中华书局影印本，1986年，《清实录》第41册，第165页。

② 光绪《清会典事例》卷850《刑部·刑律·断狱·有司决囚等第》，台北新文丰出版公司据光绪二十五年原刻本影印，第15695页。

就地正法之制，不但督抚掌握了生杀大权，就连地方官及团练、土豪劣绅都可以操人生死。

司法的一般程序与特别程序，一个立足于公正，一个立足于效率。一般程序使中央牢固地把握生杀之权，对地方审理案件起到强有力的监督作用，在有效避免假错案方面大有裨益；但是一般程序中间审批环节过多，来回解审，反复驳查，耗费巨大的人力物力，而且案件久悬不结，事主多受拖累。在特别情况下，实施特别程序，在一定程度上解决了一般程序环节过多、耗时过长的弊端，但是却形成了不受监督的司法权力。

清代一直有请旨即行正法、一面请旨一面正法、请王命正法、先行正法、立毙于杖等特别司法程序，虽然赋予督抚乃至州县以很大的权力，但还可以严格控制，而《就地正法章程》出台以后，虽然还规定州县应当申详上司，由道府覆审，或督抚委员会审，督抚批准以后才可以执行死刑。然而“委员会审者，不过一公禀销差；道府覆讯者，不过空详塞责”[①]。更何况“各省办理未能划一，竟有地方官拿获盗犯，竟行处决始行详报”[②]。没有监督或监督薄弱是司法大忌，清代州县一级，既无体制内的监察机构，又无体制外的监督渠道，仅对君主和上司负有政治责任，“州县官只要得到君主和上司的青睐，就没有办不成的事。把主要精力用于奉上、用于编结自己的政治关系网，乃是一种非常普遍的官场现象”[③]，所以君主与上司也很容易“被其蒙蔽”[④]。在这种情况下，冤

① 朱寿朋等编：《光绪朝东华录》，光绪八年四月丁巳，刑部覆奏，引御史陈启泰语，中华书局，1958年，第1316页。

② 朱寿朋等编：《光绪朝东华录》，光绪八年二月丙寅，丁宝桢覆奏语，第1288页。

③ 柏桦：《明清州县官群体》，天津人民出版社，2003年，第100页。

④ （清）刚毅：《牧令须知》卷1《居官》，载《官箴书集成》（第9册），黄山书社，1997年，第216页。

假错案是不可避免的，因此“就地正法之章程一日不停，则此一日冤杀吾民者不知凡几”[①]。就地正法之制，乃是牺牲正义换效率，最终是上危皇权，下害黎民，实是得不偿失。

清王朝灭亡了，但“就地正法”之制在中国并没有消失。北洋军阀时期，袁世凯、吴佩孚、段祺瑞、冯国璋、曹锟、张勋、孙传芳、张敬尧等，都曾经广为采用。从记录那个时代的照片上可以看到：地上跪着无辜的百姓，或被枪毙，或被斩首，其后都有数名军人，或执长短枪支，或执大刀利刃，或用铡刀斧头。有的照片上还有军人手持令牌，有一米多长，有的上面还清晰可见“就地正法”的字样。蒋介石数次围剿中央红军，在苏区搞了大量的秋后算账，杀人如麻，震慑人民，也采取的是“就地正法”。中国正在逐渐走向法治化社会，希望这种视人民如鱼肉、视人命如草芥、无视人权的法权时代和现象，永远不要再出现了。但我们也应该了解那个时代的制度，了解当时人们的观念和现实社会生活。因此无论是从名词上还是从法律制度上，抑或是实施效果，都有必要进行全面考察，更重要的是在进行制度评价的同时，分析利弊，总结经验教训。居安而思危，这既是国家和民族前进发展的重要原动力，也是研究历史政治法律制度者的责任。

① 朱寿朋等编：《光绪朝东华录》，光绪八年四月丁巳，刑部覆奏，引御史谢谦亨语，第1317页。

枭首与死刑制度

死刑，在古代被称为“极刑”“大辟”。在“明刑弼教”的指导原则下，死刑乃是在公开场合执行。“杀人于市”，通过残忍的方式将人犯处死，以使人们知道儆戒，“刑期于无刑”是以刑罚来警告人们，使之畏法而不犯法，达到刑罚悬而不用的目的。统治者所期望的是没有犯罪、没有诉讼，使人们遵循朝廷倡导的道德，遵守朝廷制定的法律。德主刑辅，在以严刑峻法维护道德的理念下，曾经出现过许多残忍的处死方式。诸如凌迟、车裂、炮烙、刳胎、镬烹、抽肋、锯颈、醢脯等，其中最常用的就是“枭示”，也称为“枭首”。从古代墨、劓、剕、宫、辟“五刑”，到隋唐以后笞、杖、徒、流、死“五刑”，最终确定斩、绞二等死刑，但枭首与凌迟并没有从法律上完全予以废除。“枭首”能在中国存在五千年，即便是清末法律变革以后，法律上明文废除枭首，这种现象依然普遍存在，特别是北洋军阀、国民党统治时期，人头高悬于城门之上的现象还非常普遍，现在也能看到许多这样的历史照片。因此，探讨枭首的历史渊源，反思这种死刑方式所带来的社会影响，为构建社会主义法治社会提供一些借鉴，就十分必要了。

一

枭是一种鸟的名称，别名流离、鸺鹠、旧留、鹠鷅。因为此鸟鸣叫声音凄厉，古人视之为恶鸟，如果听到该鸟的鸣叫，就被认为是“不祥之兆”。正因为枭是恶鸟，古人将之比喻为奸佞之人。“懿厥哲妇，为枭为鸱”，也就是说“可叹此妇太逞能，她是恶鸟猫头鹰”。“枭，相传长大后食母的恶鸟。鸱（chī痴），猫头鹰。古人认为猫头鹰是不祥之鸟。”[①]“鸱枭鸱枭，既取我子，无毁我室。”乃是“猫头鹰啊猫头鹰！你已抓走我娃娃，不要再毁我的家”。“古人认为这种鸟是恶鸟，所以诗人用它比喻坏人。”[②]

人们通过对这种恶鸟的痛恨，引申到对奸恶之人的痛恨。汉武帝时，有人提议：“古者天子常以春解祠，祠黄帝用一枭破镜。”孟康注云：“枭，鸟名，食母。破镜，兽名，食父。黄帝欲绝其类，使百物祠皆用之。破镜如貙（chū）而虎眼。或云直用破镜。”如淳注云：“汉使东郡送枭，五月五日为枭羹以赐百官。以恶鸟，故食之。”[③]这种提议被采纳，汉代“祀黄帝用一枭破镜”[④]，也成为制度。张晏认为：“枭，恶逆之鸟。方士虚诞，云以岁始祓除凶灾，令神仙之帝食恶逆之物，使天下为逆者破灭讫竟，无有遗育也。”颜师古云：“解祠者，祠祭以解罪求福。”[⑤]将这种恶鸟作为牺牲，祭祀黄帝，寓意将奸恶之人斩尽杀绝，也直接影响到“枭首”的定义。许慎《说文解字》云：“不孝鸟也。故日至捕枭磔之。”段玉裁注：“不

---

① 程俊英译注：《诗经译注》，上海古籍出版社，1985年，第611、614页。

② 同上，第272~274页。

③ （西汉）司马迁：《史记》卷12《孝武本纪》，中华书局，1959年，第456~457页。

④ （西汉）司马迁：《史记》卷28《封禅书》，中华书局，1959年，第1386页。

⑤ （后汉）班固：《汉书》卷25上《郊祀志上》，中华书局，1962年，第1219页。

入鸟部，而入木部者，重在磔之于木也。仓颉在黄帝时，见黄帝磔此鸟，故制字如此。”[①]磔枭鸟以悬于木，历史久远，而将奸恶之人首级悬挂于木，也是枭示的主要表现方式。

所谓的枭首，就是将犯人的头颅砍下来，悬挂于木杆之上而展示，故此也称为“枭示”。随着社会发展，枭首的形式也愈发多样，既可以悬于杆首；也可以装在木笼之中张挂在各种建筑物及树木上；还可以让人拿着到各处去展示，称为“传首”；更有将人犯头颅用油漆涂抹，以铁线、绳索、木棍等物穿起来展示，甚至多个头颅穿在一起。

枭首不仅仅是一种死刑执行方式，也是一种祭祀礼仪。在夏商周三代时期，每逢大祭祀，都要以人为牺牲，将一些俘虏或奴隶的首级砍下来，或摆在牺牲祭台，或悬挂在旗杆之上，特别是古代军礼要祭旗纛，不是杀俘虏，就是杀罪犯以祭祀，称为“祃祭”。《礼记·王制》：“天子将出征，类乎上帝，宜乎社，造乎祢，祃于所征之地。受命于祖。受成于学，出征执有罪，反释奠于学，以讯馘告。”郑玄注：“祃，师祭也，为兵祷，其礼亦亡。”孔颖达疏：“为师祭造军法者，祷气势之增倍也。其神盖蚩蚘，或曰黄帝。”“谓出师征伐，执此有罪之人。还反而归，释菜奠币在于学，以可言问之讯，截左耳之馘，告先圣先师也。”“讯是生者，馘是死而截耳者。”[②]这里实际上是讲祃祭要用有罪之人祭旗，直到明清，尚有这种祭礼，如努尔哈赤的使臣出使蒙古，“察哈尔林丹汗，已斩(使者)之祭旗矣”[③]，努尔哈赤便将林丹汗的使者也杀了。注和疏都认为“馘”是截耳，而古字有“馘”“聝”“䤋”等，都具有砍下某部分的意思，“馘”是

① (汉)许慎撰，(清)段玉裁注：《说文解字注》，上海古籍出版社，1981年，第271页。

② (清)阮元等校刻：《十三经注疏》，中华书局影印本，1980年，第1333页。

③ 《清太祖实录》卷7，天命五年正月丙申条，中华书局影印本，1986年，第1册，第96页。

砍首,“聝”是截耳,“馘”杀敌酋,“脦”是割肉。先秦之时杀死敌人多以首级记功,故用“馘”字,后来因为战争规模越来越大,首级携带不方便,才截耳以记功,便以“聝”而代之。

这种杀人祭祀,现代考古发掘已经可以证明,在夏商周三代乃是常见现象。由祭祀转变为刑罚,并且带有羞辱性质的,一般始于传说时期黄帝杀死蚩尤,将蚩尤头颅砍下并悬挂于辕门前。“蚩尤个人既被杀,他的族人总有不少为黄帝所虏,蚩尤族人仍可称蚩尤,所以能使‘居前’。因为蚩尤战败,所以部落联盟的首领,风伯、雨师等全在战胜者前后奔走,所以能使他们或进扫,或洒道。”[①]神话传说中能有一些真实的历史存在,正如摩尔根所讲:“无论罗马那七位所谓的国王究竟真有其人或是神话人物,无论归功于他们的任何立法活动究竟实有其事或是出自虚构,这对本文所研究的问题来说,均无关紧要。”因为“人类进步的事件不依靠特殊的人物而能体现于有形的记录之中,这种记录凝结在各种制度和风俗习惯中,保存在各种发明与发现中”[②]。摩尔根的论述是解读古代神话传说的一把钥匙,且不管传说多么神奇,但传说中的某些内容,确实是在以后的制度与风俗习惯中体现出来。

“夏有乱政,而作禹刑;商有乱政,而作汤刑;周有乱政,而作九刑。”[③]都是五刑之属三千,即“大辟二百,劓辟三百,宫辟五百,髌、墨各千”[④]。具体内容现在已经难以得知,但从商纣王“醢九侯”“脯鄂侯”“剖比干之心”“炮烙之法”等极其残酷的处死方式来看,当时的刑罚是很残酷的,枭首应该也是被经常使用的处死方式。如周武王伐纣,“遂斩

① 徐旭生:《中国古史的传说时代》,广西师范大学出版社,2003年,第113页。

② [美]路易斯·亨利·摩尔根:《古代社会》,杨东莼等译,商务印书馆,1977年,第302页。

③ (清)阮元等校刻:《十三经注疏·左传·昭公六年》,中华书局影印本,1980年,第2044页。

④ (清)阮元等校刻:《十三经注疏·尚书正义·吕刑》,中华书局影印本,1980年,第249页。

纣头，县(悬)之[大]白旗，杀妲己”①。据说妲己也被武王斩头，“悬于小白旗，以为亡纣者是女也”②。这种枭首以示功，枭示以惩恶的做法，也被后世所因袭。如“竖牛之祸”的竖牛，是鲁叔孙穆子与庚宗妇所生之子，名牛。古人将13岁以下的男孩称为“竖”，因为与庚宗妇一起杀嫡立庶，最终被“孟、仲之子杀诸塞关之外，投其首于宁风之棘上”③。宁风乃是齐国地名，也就是将竖牛之头悬挂在荆棘之上。荆轲刺秦王，为了取得秦王信任，欲借樊于期之首，樊自刎，“乃遂收盛樊于期之首，函封之”④。战国时期，七雄征战，斩首万级以上的记录就有十余次，最多是白起伐赵，斩首45万。这些首级除了报功，也向秦国人展示功绩，更威吓战败国人。悬挂首级则是经常的事情，有时候还采取“京观”的方法威吓与国之民。如晋楚邲之战，楚臣潘党提出：“收晋尸以为京观。臣闻克敌必示子孙，以无忘武功。”这种京观是将尸体堆积成山，既可以向国人展示武功，又可以威吓敌国。楚庄王认为：“古者明王伐不敬，取其鲸鲵而封之，以为大戮，于是乎有京观，以惩淫慝。今罪无所，而民皆尽忠以死君命，又可以为京观乎。”⑤楚庄王拒绝将晋兵尸体立为京观，却讲到古明王用京观“以惩淫慝”，则可见这种展示由来已久，枭首示众则更不在话下了。

---

① (西汉)司马迁：《史记》卷3《殷本纪》，中华书局，1959年，第108页。

② (汉)刘向撰，张涛译注：《列女传译注》卷7《孽嬖妲己传》，山东大学出版社，1990年，第257页。

③ (清)阮元等校刻：《十三经注疏·左传·昭公五年》，中华书局影印本，1980年，第2040页。

④ (东汉)高诱注：《战国策》卷31《燕三》，世界书局，1936年，第292页。

⑤ (清)阮元等校刻：《十三经注疏·左传·宣公十二年》，中华书局影印本，1980年，第1882页。

二

枭首之刑已发展成为一种固定的处死方式，至少在秦代就已经出现了。沈家本认为："枭首在秦汉时惟用诸夷族之诛，六朝梁、陈、齐、周诸律，始于斩之外别立枭名。自隋迄元，复弃而不用。今之斩枭，仍明制也。"①沈家本所讲"夷族之诛"，乃是指秦始皇时嫪毐作乱之后，"卫尉竭、内史肆、佐弋竭、中大夫令齐等二十人皆枭首。车裂以徇，灭其宗"②。刘邦以彭越谋反，"夷三族。已而枭彭越头于雒阳下"③。所谓："汉兴之初，虽有约法三章，网漏吞舟之鱼。然其大辟，尚有夷三族之令。令曰：'当三族者，皆先黥，劓，斩左右止（趾），笞杀之，枭其首，菹其骨肉于市。其诽谤詈诅者，又先断舌。'故谓之具五刑。彭越、韩信之属皆受此诛。"④这种"具五刑"的杀人方式，在吕太后主政时予以废除，实际上也还存在。

其实秦汉时期枭首并不仅限于"夷族"。如楚汉战争时，刘邦"枭故塞王欣头栎阳市"⑤。汉武帝时，梁平王刘襄的大母李太后有淫行，"乃削梁八城，枭任王后首于市"⑥。"皇后陈氏废。捕为巫蛊者，皆枭首。"⑦"丞相（刘）屈氂下狱要斩，妻枭首。"⑧汉哀帝时，有人诬告丞相薛宣妻敬武

① 赵尔巽等：《清史稿》卷143《刑法志二》，中华书局，1977年，第4199页。
② （西汉）司马迁：《史记》卷6《秦始皇本纪》，中华书局，1959年，第327页。
③ （西汉）司马迁：《史记》卷58《栾布列传》，中华书局，1959年，第2733页。
④ （后汉）班固：《汉书》卷23《刑法志》，中华书局，1962年，第1104页。
⑤ （西汉）司马迁：《史记》卷8《高祖本纪》，中华书局，1959年，第377页。
⑥ （西汉）司马迁：《史记》卷58《梁孝王世家》，中华书局，1959年，第2088页。
⑦ （后汉）班固：《汉书》卷6《武帝纪》，中华书局，1962年，第164页。
⑧ 同上，第210页。

长公主与薛宣子薛况淫乱，王太后“使者迫守（敬武长公）主，遂饮药死。（薛）况枭首于市”[①]。东汉时，这种枭首处死常常见于史册。曹魏在参酌汉律的基础上，制定《魏律》18篇，“至于谋反大逆，临时捕之，或污潴，或枭菹，夷其三族，不在律令，所以严绝恶迹也”。《晋泰始律》增为20篇，“减枭斩族诛从坐之条”，但还有“王者立此五刑”的原则，即“枭首者恶之长，斩刑者罪之大，弃市者死之下，髡作者刑之威，赎罚者误之诫”[②]。

由上可见，沈家本认为枭首乃是秦汉“夷族之诛”的一种形式，似乎不能成立。至于枭首入刑始于六朝，则据北魏孝文帝时定律，“凡八百三十二章，门房之诛十有六，大辟之罪二百三十五，刑三百七十七；除群行剽劫首谋门诛，律重者止枭首”[③]，以及《隋书·刑法志》所述，南朝梁“弃市已上为死罪，大罪枭其首，其次弃市”。《北齐律》12篇，其五刑，“一曰死，重者轘之，其次枭首，并陈尸三日；无市者，列于乡亭显处。其次斩刑，殊身首。其次绞刑，死而不殊。凡四等”。北周《大律》25篇，规定的死刑，“一曰磬，二曰绞，三曰斩，四曰枭，五曰裂”。磬是敲击致死，而枭首为死刑第四等，仅次于车裂。隋文帝杨坚，“蠲除前代鞭刑及枭首轘裂之法。其流徒之罪皆减从轻。唯大逆谋反叛者，父子兄弟皆斩，家口没官”。不过，在隋炀帝时，杨玄感反叛，也“罪及九族。其尤重者，行轘裂枭首之刑。或磔而射之。命公卿已下，脔啖其肉”[④]。枭首在非常时期也经常使用，但已经不是常刑了。

沈家本认为：“自隋除枭首之法，唐、宋二代，此事遂希。”并且列举

① （后汉）班固：《汉书》卷83《薛宣传》，中华书局，1962年，第3398页。

② （唐）房玄龄等：《晋书》卷30《刑法志》，中华书局，1974年，第925、927、931页。

③ （北齐）魏收：《魏书》卷111《刑罚志》，中华书局，1974年，第2877页。

④ （唐）魏征等：《隋书》卷25《刑法志》，中华书局，1973年，第698、705、708、711、717页。

宋代几个事例，认为宋代“亦偶行之，非常法也”①。唐宋没有将枭首列入常法，但契丹太祖耶律阿保机，“又为枭磔、生瘗、射鬼箭、炮掷、支解之刑。归于重法，闲民使不为变耳”②。这里将枭首列入死刑中的一种，而辽穆宗应历十三年(963)，“杀鹿人弥里吉，枭其首以示掌鹿者”③。这是针对普通人，非谋反大逆之罪中的“非常法”可比。

隋至元除了辽代以外，枭首作为非常刑存在，特别是针对谋反、大逆案件，还有比枭首更残酷的处死方式，都属于律外用刑。朱元璋勒定《大明律》，虽然也没有将枭首列入常刑，但后世在条例中则明确规定有8种罪名是可以枭示的。④清代乾隆年间增加到12种罪名要枭

① (清)沈家本撰，邓经元、骈宇骞点校：《历代刑法考》，中华书局，1985年，第124页。

② (元)脱脱等：《辽史》卷61《刑法志》，中华书局，1974年，第937页。

③ (元)脱脱等：《辽史》卷6《穆宗纪上》，中华书局，1974年，第78页。

④ (1)杀一家非死罪三人，及支解人为首，监故者，仍剉碎死尸，枭示。(2)凡豪强盐徒，聚众至十人以上，撑驾大船，张挂旗号，擅用兵仗响器，拒敌官兵，若杀人及伤三人以上者，比照强盗已行得财律，皆斩。为首者，仍枭首示众。其虽拒敌，不曾杀伤人，为首者，依律处斩。若止十人以下，原无兵仗响器，遇有追捕拒敌，因而伤至二人以上者，为首坐以斩罪。(3)若打造违式海船，卖与外国人图利者，比依将应禁军器下海因而走泄事情律处斩，仍枭首示众。(4)强盗杀人，放火烧人房屋，奸污人妻女，打劫牢狱、仓库，及干系城池衙门，并积至百人以上，不分曾否伤人，俱随时奏请审决，枭首示众。(5)响马强盗，执九弓矢军器，白日邀劫道路，赃证明白，俱不分人数多寡，曾否伤人，依律处决，于行劫处所，枭首示众。(6)各处无藉之徒，引贼劫掠，以复私雠，探报消息，致贼逃窜，比照奸细律处斩，本犯枭首。(7)各处无藉之徒，引贼劫掠复雠，探报消息，致贼逃窜者，本犯枭首。(8)各边仓场，若有故烧系官钱粮、草束者，拿问明白，正犯枭首示众。以上参见黄彰健编：《明代律例汇编》，台北“中央”研究院历史语言研究所专刊之七十五，1979年。

示,[①]以后不断修例,可以枭首的罪名不断增加,特别是在乾隆以后,授权督抚大员以恭请王命即行正法的权力,枭首之刑往往不受律例的约束。特别是咸丰三年(1853)《就地正法章程》颁布,这种枭首之刑更不是朝廷所能控制的了。如两广总督叶名琛在咸丰四年(1854)闰七月至咸丰五年(1855)六月这一年间,处决了30808名人犯。当时"广州城内的刑场上'无首之尸,纵横遍地','地上之土吸血既饱,皆坐赭色','空气恶劣如毒雾','令人欲作三日呕',真是惨不忍睹。不难想象,外地府县刑场上当然也是同样的景象"[②]。即便是有律例规定的罪名可以枭示,但在这种情况下,已经不能约束地方官,乃至团练、民团、土豪劣绅滥杀无辜了,以至于城门村镇到处悬挂被斩首的人头,人们生活在恐慌之中。

---

① (1)杀一家非死罪三人,及支解人为首,监故者,仍剉碎死尸,枭示。(2)凡豪强盐徒,聚众至十人以上,撑驾大船,张挂旗号,擅用兵仗响器,拒敌官兵,若杀人及伤三人以上者(为首者枭示)。伤二人者为首之人。(3)奸豪势要及军民人等私造海船,带违禁货物下海,前往番国买卖,潜通海贼,同谋结聚,及为乡道劫掠良民者[枭示]。(4)闽省不法棍徒在沿海地方引诱偷渡之人,包揽过台,中途谋害,死者,不分首从[枭示]。(5)强盗杀人,放火烧人房屋,奸污人妻女,打劫牢狱仓库,及干系城池衙门,并积至百人以上者[枭示]。(6)响马强盗,执九弓矢军器,白日邀劫道路,赃证明白,俱不分人数多寡,曾否伤人,依律处决[枭示]。江洋行劫大盗[枭示]。(7)行劫罪囚,不论曾否得囚,有无伤人,为首之人。伤人者之伙犯。有杀人者,为首之人及伙犯[枭示]。(8)黔、楚红苗聚众抢夺,人数至五十名,杀人,为首者。聚众百人,虽不杀人,为首者。聚众至百人,杀人,为首者[枭示]。(9)出哨兵弁遇商船在洋遭风,尚未覆溺,及著浅不致覆溺,不为救护,反抢取财物,拆毁船只者,不分首从[枭示]。(10)各处无藉之徒引贼劫掠以复私雠,探报消息,致贼逃窜者[枭示]。(11)故烧系官钱粮草束者[枭示]。(12)凶徒纠众谋财放火,故烧官民房屋、公廨、仓库系积聚之物,并街市镇店,人居稠密之地,延烧抢夺财物者,不分首从。杀伤人者[枭示]。有因焚压致死者,为首之人[枭示]。参见田涛、郑秦点校:《大清律例》,法律出版社,1999年,第897~907页。

② [澳]黄宇和:《两广总督叶名琛》,区鉷译,中华书局,1984年,第43页。

三

清末法律变革，沈家本延请东西各国学者及律师人等，开始进行修律。沈家本《删除律例内重法折》言："请将凌迟、枭首、戮尸三项，一概删除，死罪至斩决而止。"得到圣旨恩准，即将"凌迟、枭首、戮尸三项永远删除"。1908年的《大清现行律例》则仅有斩决，但"时虽有死刑唯一之议，以旧制显分等差，且凌迟、枭首等项甫经议减，不敢径行废斩也"。更何况自《就地正法章程》实行以来，"沿及国变，而就地正法之制，讫未之能革"[①]。可以说，终清之世，一直没有废除枭首之刑。

北洋政府沿用清末法律，仅仅把"帝国"改为"民国"，把"臣民"改为"人民"，把"覆奏"改为"覆准"，删除有关皇帝特权的条文而已。南京政府的刑法历经修订，1935年7月1日实施的《中华民国刑法》有2编47章357条。无论是北洋政府，还是南京政府，死刑的唯一方式就是枪决。这种法律的出台，从法理上取消了枭首制度，但在军阀混战、"剿共清匪"、抗日战争、三年内战的情况下，不但军人经常杀戮，地方官也经常不走什么司法程序就将犯人处死，就连会党、土匪、民团、土豪劣绅、保甲长也可以随便杀人。

军阀混战时期，"在许多地方，有组织的军队行为还不如在乡下游荡、抢劫农民的大群无人管束的无纪律的士兵。1930年，即军阀时期被认为结束的两年，南满铁路的一项研究估计，在山东省，有310000无组织的军队和土匪，再加上192000正规军队，都以农村为生。盗匪活动盛

① 赵尔巽等：《清史稿》卷143《刑法志二》，中华书局，1977年，第4200、4202~4203页。

行于全国各地，抢劫暴力行为成了常事”[①]。“各地红会与各会派之间互相仇杀之例甚多，会与会间，界线分明，严若鸿沟，稍有侵犯，冲突遂起，杀人盈野，习以为常。”[②]在国民党统治时期，农民以抗税抗捐的形式发起运动，被称为“动乱”，“在大多数的情况下，一场动乱迅速被摧毁，接踵而来的是同样迅速的镇压。如在扬州，镇压通常是严酷无情的，但也是有选择的；领导者（或者，如果不能确定，则是那些被宣布为领导者的人）会被处死，其余的全部释放”[③]。这种在不确定的情况下就被宣布为是领导者的情况，致使许多无辜者被杀。为了以儆效尤，这些被杀了的所谓“领导者”的头颅往往被悬挂起来。残酷的行为并不能解决问题，以牙还牙，以血还血，被无情镇压的人们满怀仇恨，也实施报复，“从而也有了组织‘人头会’的习惯，它预示着（通常这是从相反的方向）诗人普雷韦尔所描绘的‘人头宴’。但是在海丰没有宴会，只有把新近砍下的头穿在讲坛上方的一根绳上，为演说者激烈的言词提供一个恰如其分的布景”[④]。非常处死与残忍报复往往是相得益彰的，在这种情况下，不但国民党政府没有了理智，人民也失去了理智，亦可见一个国家必须因循法治的轨道，任何破坏法律的人和事，如果得不到法律的制裁，就会使这种失去理智的行为有市场，最终破坏社会秩序，倒霉的只有那些手无寸铁的百姓，只能在水深火热之中挣扎，还不知道什么时候灾难会降临到自己的头上。

---

① ［美］费正清编：《剑桥中华民国史》（上册），杨品泉等译，中国社会科学出版社，1993年，第354页。

② 戴玄之：《中国秘密宗教与秘密社会》，台湾商务印书馆，1990年，第463页。

③ ［美］费正清编：《剑桥中华民国史》（下册），杨品泉等译，中国社会科学出版社，1993年，第325页。

④ 同上，第355页。雅克·普雷韦尔（1900—1977），法国著名诗人和剧作家，“人头宴”之事见其所著《谈话集》，尚没有中译本。

一个有法不依，无法无天的时代，在北洋军阀残暴统治之下，人们期待统一与和平。北伐军的胜利让人们看到希望。“起初，许多中国人十分拥护南京政府，但是旧式官僚主义的恶形恶状不久就令他们大失所望。除了打压中国共产党的白色恐怖手段，国民党的警察曾对其他党和行业的各种不同人士实施攻击、镇压，有时候予以处死。”[①]在蒋介石崇尚法西斯统治的情况下，国民党试图在中国也实行法西斯主义，再与传统制度联系在一起，就具有独裁性质，而“国民党县以下行政官吏有90%以上本身就是地主富农，他们掌握着各种权力，可以通过转嫁的办法把一切负担压到农民身上，这就是中国农村为什么阶级矛盾日益尖锐，农民不断起来革命的根本原因”[②]。为了镇压中国共产党及农民革命，国民党将专制时代的保甲制度改造加工，让他们“搜捕革命者，镇压革命人民”[③]。给予保甲这种权力，也是有法律依据的。如：《惩治土豪劣绅条例》（1927年8月18日公布）、《惩治盗匪暂行条例》（1927年11月18日公布）、《暂行反革命治罪法》（1928年3月9日公布）、《共产党人自首法》（1928年10月20日公布，以后多次修订）、《惩治绑匪条例》（1928年11月21日公布）、《危害民国紧急治罪法》（1931年1月31日公布）、《惩治盗匪暂行办法》（1936年8月31日公布）、《修正危害民国紧急治罪法》（1937年9月4日公布）、《惩治汉奸条例》（1937年12月10日公布）、《限制异党活动办法》《共产党问题处置办法》《沦陷区防范共产党活动办法》（1939年1月国民党五届五中全会文件）、《非常时期维持治安紧急办法》（1940年7月公布）、《惩治盗匪条例》（1944年4月8日公

① ［美］费正清：《费正清论中国》，薛绚译，台北正中书局，1994年，第331页。

② 关海庭主编：《20世纪中国政治发展史论》，北京大学出版社，2002年，第181页。

③ 陈瑞云：《现代中国政府》，吉林文史出版社，1988年，第319页。

布)、《勘平共匪叛乱总动员令》(1947年7月公布)、《动员戡乱完成宪政实施纲要》(1947年8月公布)、《后方共产党处置办法》(1947年10月公布)、《戡乱时期危害国家紧急治罪条例》(1947年12月25日公布)、《惩治叛乱条例》(1949年6月21日公布)等,都超过刑法规定的范围。在实施中,这种特别法规优先。从那个时期的文献记载,以及一些人的回忆录中,都可以见到保甲长随便杀人,而且经常将被杀的头颅悬挂起来的记述。

四

人类是不断进步的。回顾历史,展望未来,既为生活在今天和平安定的一环境中感觉到幸福和荣耀,也感觉到肩负重任,为实现中华民族伟大复兴的中国梦而努力是每个中国人的责任。法治既是一个古老的话题,也是现代社会主义核心价值观的重要构成。从古代枭首作为祭祀,转变到以立法形式予以确认,再到法律予以废除,作为一种非常法的形式存在,又回归到法律中对某些罪名可以枭首,这是古代枭首制度演变的大致经过。进入民国,在立法上枭首制度被完全废除,而在动荡时期,不但立法不能规范社会,而且出现了更残忍的屠杀,也就不得不引起一些思考。

首先,观念上的转变。古代枭首从祭祀转变为杀戮,最初主要是纪功、惩奸匿,当法律规定死刑是一种形式时,惩奸匿则成为主要目的。自汉武帝废黜百家、独尊儒术以来,钦定的儒家政治模式一直被历代王朝所遵循。“钦定的儒家思想认为国家的主要目的是支持和维护道

德、社会和文化秩序，最终达到天下和谐、天下太平。”[①]法律支撑道德的原则，使“明刑弼教”“辟以止辟”“刑期于无刑”“以儆效尤”等理念融入司法，这样即便是法律没有枭首之刑，统治者也可以任意使用。君主专制政体，“君主的意志一旦发出，便应确实发生效力，正像球戏中一个球体向另外一个球发出时就应该发生它的效力一样”[②]。如朱元璋认为“明刑弼教”就是天理，给自己大搞律外用刑找到了依据。朱元璋能用人而不信其人，能断案而不信其案，每每先入为主，对人对事逞其纵横捭阖之能，恩威并济，所作所为往往出人意料。如他将“审出诬告情节得实，将好词讼刁民凌迟于市，枭首于住所，家下人移于化外”。一些人因为穿的靴子像官靴，便“都押去本家门首枭令了，全家迁入云南”。军官私役军人，科敛屯军，“将他凌迟处死，传首沿途号令”，“斩首，前去本卫枭令”。京城有“做贼的、掏摸的、骗人的，不问得赃多少，俱各枭令”。富民强迫良民为奴，“除将本人凌迟示众，并一家人俱刺面入官为奴。”[③]种种律外用刑，都有他的理由，都是为了明刑弼教，因此明代《问刑条例》出台，将8种罪名纳入枭首，实际上是限制统治者的任意胡为。乾隆帝认为：“明刑弼教，乃国家刑政之大纲。”[④]却一而再、再而三地授权督抚以先行正法之权，因为“观此情形，是奸顽之民，不容朕行宽大之政也”[⑤]。将稍微对王朝统治不利的人，都视为“奸顽”，这是古代律外

① 柏桦：《中国政治制度史》（第三版），中国人民大学出版社，2011年，第22页。

② ［法］孟德斯鸠：《论法的精神》（上册），张雁深译，商务印书馆，1961年，第27页。

③ 杨一凡、田涛主编：《中国珍稀法律典籍续编·洪武永乐榜文》（第3册），黑龙江人民出版社，2002年，第510、512、514~516页。

④ 《清高宗实录》卷546，乾隆二十二年九月己亥条，中华书局影印本，1986年，第15册，第948页。

⑤ 《清高宗实录》卷18，乾隆元年五月戊戌条，中华书局影印本，1986年，第9册，第547页。

用刑的重要理由。视人民如仇雠，不但是专制君主所为，也是独裁者所为，这就不难理解在民国时期还存在法外用刑了。要改变这种看法，必须关注人民，在确立执政为民的理念下，多为人民着想，法外用刑自然也就成为历史了。

其次，立法与司法的协调。孟德斯鸠认为："中国的专制主义，在祸患无穷的压力之下，虽然曾经愿意给自己带上锁链，但都徒劳无益；它用自己的锁链武装了自己，而变得更为凶暴。"[①]古代曾经把枭首之刑清除出法律之外，但统治者还是以"非常法"的形式，大规模地使用这种残酷的处死方式，即便是明清律例将枭首限定在一些罪名之内，也没有束缚统治者的手脚。如《大清律例》清清楚楚地写明可以枭首示众的罪名，乾隆帝却允许督抚根据情况，"即一面具奏，一面正法枭示，并将犯由及该犯姓名，遍贴城乡，使愚民咸知儆惕"[②]。嘉庆帝在督抚已经将抢劫犯正法枭示的情况下，仍然认为"其办理宽纵之咎，实所难辞。嗣后须留心随时查察，如有抢劫逞凶匪犯，即行严拿加重办理，不必拘泥常例请旨"[③]。连皇帝都让臣下不必按照常例办理，督抚们也只好用自己的方式处理了。法律成为具文，不但不能约束君主，连官员都不能约束了，也就使立法与司法之间失去了必然的联系。法律是法律，现实是现实，法律不能约束统治者及官吏，当然也不能约束人民。北洋政府、南京政府前后出台的法律，不能说不全面，结构也堪称严谨，但军阀与独裁者们，又何尝遵照法律呢！正如周恩来所讲："在国民党政府

① ［法］孟德斯鸠：《论法的精神》（上册），张雁深译，商务印书馆，1961年，第129页。

② 《清高宗实录》卷314，乾隆十三年五月己丑条，中华书局影印本，1986年，第13册，第152页。

③ 《清仁宗实录》卷18，嘉庆二年六月己卯条，中华书局影印本，1986年，第28册，第238页。

管辖的后方，有的是宪兵、警察、军队、法庭和监狱，他们还要用暗杀的手段来镇压手无寸铁的民主人士，真是无耻卑鄙之极。”司法不能忽略法律，立法也不能不考虑到司法，这也是建设社会主义法治社会应该注意的问题。

再次，制度变迁要跟上社会发展。提起汉文帝废除肉刑，人们就会想起缇萦。公元前167年，“齐太仓令淳于公有罪当刑，诏狱逮徙系长安。太仓公无男，有女五人。太仓公将行会逮，骂其女曰：‘生子不生男，有缓急非有益也！’其少女缇萦自伤泣，乃随其父至长安”[①]。因为缇萦上书，汉文帝下诏废除肉刑，而广为人知。人类社会不断进步，存在于野蛮时代的各种没有人道，却已经成为风俗习惯、乃至制度的做法，也逐渐在文明时代予以改变。“文明时代是社会发展的一个阶段”，标志就是国家的出现，“这时，用不着多久就又发现了一个伟大的‘真理’：人也可以成为商品，如果把人变为奴隶，人力也是可以交换和消费的”[②]。从使人不为之人，到承认人的生命，这是文明社会不断进步的标志，残酷的刑法也因此不断有所弱化。古代从墨、劓、剕、宫、辟五刑，转为笞、杖、徒、流、死五刑，可以看到历史的进步，但也应该看到在君主专制政体的条件下，这种进步太慢了一些。西方已经工业革命了，废除了以前残酷的肉刑，但清王朝还顽固地坚持“辟以止辟”的原则，不但不肯废除笞杖刑罚，在保留明代凌迟、枭首、枷号、充军、发遣等条例内的刑罚之外，还增加锁系铁杆、锁系巨石、发遣为奴等刑罚。在西方人眼里，“由于某个谋反者，整个村庄被烧毁，整个行政区遭受惩罚，整个省责

① （西汉）司马迁：《史记》卷10《孝文本纪》，中华书局，1959年，第427页。

② 恩格斯：《家庭、私有制和国家的起源》，载《马克思恩格斯选集》（第4卷），人民出版社，1972年，第172页。

令戴孝，有勋位的人剥夺某些勋章。天子就这样下达了波及广泛的处罚”①。不能跟上世界的变化，也不认可社会进步，必然会受到惩罚。在刑罚的落后及列强的威逼下，不但导致对自己的法律失去信任，还强行使中华法系中断，这都是不能跟上社会发展的缘故。从历史发展的大趋势来看，法治与人情关系、权大于法相比，是有安全感的。适合社会发展的法制，不但要遏制情人关系、防范权大于法，而且要纳入制度规范之中，在构造全新法治文化的同时，使法治深入人心。

最后，顺应人类发展的大趋势。有学者认为人类文明发展至今已经经历了五个阶段，即“文明一，始于原始的或表意文字；文明二，始于字母文字；文明三，始于欧洲的印刷术；文明四，始于电子通信技术；以及文明五，始于计算机技术”②。每一文明的发展，都是人类的进步。从中国枭首的发展历史轨迹来看，进入“文明二”之后，原来祭祀牺牲的重要性，已经被彰显功绩而惩罚奸恶所取代。在“文明三”，国家多元化使国与国之间战争更加频繁，因为国家的对外侵略与防御、对内安抚与镇压的职能存在，虽然使枭首这样残酷的处死方式在法律上被取消，但在特殊时期，还是以“非常法”的形式出现。“文明四”在血腥的世界战争及世界文化交流的情况下，极端与文明相互博弈，枭首不但在法律上予以取消，而且用“非常法”的形式，也会遭到大多数人的谴责。“文明五”，虽然计算机和互联网拉进了人们与世界的距离，但也不能消除邪恶。文明的发展，导致残酷的死刑方式已经被逐渐废弃。根据人

① [法]老尼克：《开放的中华：一个番鬼在大清国》，钱林森、蔡宏宁译，山东画报出版社，2004年，第18~19页。

② [美]威廉·麦克高希：《世界文明史——观察世界的新视角》，董建中、王大庆译，新华出版社，2003年，第3页。

类文明发展的历史,有理由相信,死刑最终会在世界范围内被取消,代之以自由和财产刑。枭首酷刑已经成为历史,但依然可以用之警示,人类高度文明发展的来之不易。

清代青海司法的“因俗而治”

“因俗而治”是历代王朝对边疆少数民族地区的治理方针。“修其教不易其俗，齐其政不易其宜”(《礼记·王制》)。即在不改变风俗的情况下实施教化，实施政令时不改变其所宜。教化顺俗，政令行禁从宜，这是古代政治的追求，也可以称为“因俗而治”。史称辽代实行南北面官制是“因俗而治，得其宜矣”[①]。清王朝在西北及蒙藏地区实行特殊管理，也是“斯皆因俗而治，得其宜已”[②]。这种因俗而治在青海地区的推行颇有特色。

一

清统治者懂得用武力征服的领土，要确定王朝毋庸置疑的统治，必须要根据不同的情况，构建不同的管理体制，因地制宜、因俗而治便成为首选的策略。清代青海除汉族外，还有蒙古、藏、回、土、撒拉等少数民族居住，各个民族在经济生活、文化传统、宗教信仰以及风俗习惯

---

① 《辽史》卷45《百官志序》，中华书局，1974年，第685页。

② 《清史稿》卷114《职官志序》，中华书局，1977年，第3263页。

等方面都自成体系，强制性地实行与内地一样的管理制度，不但会增加阻力，甚至会受到各民族的反对乃至反抗。清统治者也是少数民族，基于“华夷之辨”，与其他少数民族的关系较为密切。基于统治能力，在青海民族地区采取得其宜的因俗而治，以官府为主导，尽量将各民族吸纳进来，在不易其俗、不易其宜的情况下，以安抚为主，镇压为辅，以期“旷然更始而不惊，靡然向风而自化”[①]。这种统治政策大体上是成功的，但也存在弊端，更有统治者的偏见。

“因俗而治”是一种政治理念，强调“因俗”，但重点是“治”，这种以治理为宗旨的因俗，需要地方官府履行移风易俗责任，“凡督抚大吏，移风易俗，是其专责”[②]。要想移风易俗，必须“以不息之心，行如伤之政，久道化成可也”[③]。正因为移风易俗是长期的结果而不容易马上取得成效，因此在任期有限的情况下，地方官往往予以忽略，所以“封疆大吏未见其能正已率属，移风易俗也”[④]。统治者也知道“倘为督抚者，一有移风易俗之见，存之于心，宣之于口，朕知其不但不能移易乎风俗，而风俗且受其敝”[⑤]。孟德斯鸠认为：“一般来说，各族人民对于自己原有的习惯总是恋恋不舍的。用暴力取消这些习惯，对他们是悲惨的。因此，不要去改变这些习惯，而要引导他们自己去改变。”[⑥]不用暴力的引导，就是移风易俗，这原本与“因俗而治”并不冲突，但却给具体实施者带来困扰。

① 包文汉整理：《清朝藩部要略稿本》，黑龙江教育出版社，1997年，第2页。

② 《清高宗实录》卷270，乾隆十一年秋七月乙巳条。

③ 《清高宗实录》卷241，乾隆十年五月是月条。

④ 《清高宗实录》卷313，乾隆十三年四月己卯条。

⑤ 《清高宗实录》卷7，雍正十三年十一月癸亥条。

⑥ ［法］孟德斯鸠：《论法的精神》（上册），张雁深译，商务印书馆，1961年，第311页。

在推行“因俗而治”政策时,统治者深知“此等化导,最宜顺其习俗而晓以礼义,若拂其性而滋事,则好事不如无也”①。官员们根本不会考虑顺习俗、拂其性的问题,以为给些好处,就能收买人心,所以“携带赏银,赴番部化导”。花钱如何能得人心呢?“只有当人们得到的报酬在一定程度上取决于他们既不能控制亦无力预见的情势的时候,他们才能够自由地根据他们自己的知识并为了实现他们自己的目的去行事。”②因此,这种化导,附近者“贪图赏项”,远者“所得不偿所费”,所以“化导一事,有名无实”,还容易造成各部族之间的“互相猜疑,转启控争之渐”③。不能平等地与各民族对话,非但不能使各民族人民理解王朝政策,以金钱购买的暂时安定,又会因为人的欲望难以满足而出现新的猜疑,最终既没有因俗而治,又没有移风易俗。

官员们弄虚作假,不肯认真推行因俗而治政策,不但隐瞒实情,而且还谎报情况。如西北回民出现新旧教之争,当撒拉尔回人苏四十三等杀害兰州府知府杨士玑、河州协副将新柱以后,陕甘总督勒尔谨调兵镇压不力,以至于兰州被围,经过苦战才得以城池不失。乾隆帝特派大学士公阿桂、尚书和珅为钦差大臣查办并进行剿捕,和珅认为:“此次起衅之由,即因新旧教争杀而起,况新教即系邪教。”④正因为臣下的误报,才导致对新教的全面镇压,以至于波及深广,历时三年也没有完全平定,直到此时,乾隆帝才明白回民“有查对经卷,讲习规条者,相习为常,例所不禁,遂有红帽、白帽、新教、旧教之名”。仅仅是教派不同,

---

① 《清高宗实录》卷29,乾隆元年十月是月条。

② [英]弗里德利希·冯·哈耶克:《法律、立法与自由》(第二、三卷),邓正来等译,中国大百科全书出版社,2000年,第207页。

③ 《清高宗实录》卷469,乾隆十九年七月是月条。

④ 《清高宗实录》卷1131,乾隆四十六年五月庚寅条。

并不具有邪教性质，因此要求地方官“其余并未从逆之回人，不必更分旧教新教，皆系良民，概毋庸波及，以免株连”①。地方官并没有理解乾隆帝的意图，以至于陕甘总督勒保依然“以新教实为回教之大害”。对于这种偏见，乾隆帝认为：“新旧教回民，皆吾赤子，若新教回民果能奉公守法，即属善良，又何必官为区别，扶旧教而除新教耶！”要地方官公平对待，“总在设法化导，不可区别新旧之名，转滋掎角也”②。在这种情况下，陕甘总督勒保依然“将仍习新教之人，按名查缉，并明立条款”，采取隔绝措施，要“该管道府，随时稽查，按月禀报”③。以国家的立场来看，新旧教都奉行伊斯兰经典，没有反国家的政治纲领，“如果去认真发掘一下当时民族内部的社会经济矛盾，也就不会把这次教争看成是没有什么正义与区别的单纯教派之争了”④。当乾隆帝明白新旧教都没有威胁王朝统治的时候，大规模镇压已经持续三年，所造成的影响是巨大的，也为后来大规模动乱埋下伏笔。

君主专制政体是以家天下计而用人，大小官吏以私家权益计而入仕，官僚政治也在所难免。大小官吏有利则争，有害则避，唯恐承担责任。如乾隆五十六年（1791），青海蒙古族与藏族因争夺牧场发生冲突，清廷将管理权授予西宁办事大臣，要求“于生番内设立千户、百户、头目管束”。陕甘总督与西宁办事大臣则认为：“循化、贵德生番，居住深山，各就水草游牧，打牲插帐，搬移无定，与内地语言不通，从不肯入城见官。今欲设立头目，传谕则必躲避不前。若亲往其地，代为选择，又恐

① 《清高宗实录》卷1208，乾隆四十九年六月甲申朔条。

② 《清高宗实录》卷1341，乾隆五十四年十月甲戌条。

③ 《清高宗实录》卷1343，乾隆五十四年十一月是月条。

④ 芈一之：《论苏四十三反清斗争事件——兼论乾隆时循化教派斗争性质》，《西北民族文丛》，1983年第3期。

番性多疑，张皇惊扰。应请暂仍其旧，惟饬地方官广为化导，俾稍知法度，俟情意渐孚，然后将番众所钦服者，赏给千户百户职衔，责令管束。”化导一事不能在短期见效，而清廷也不愿意花费精力，所以乾隆帝认为：“所见是，且此时亦无暇及此。”[①]强行对这些游牧的藏族进行编组，“而该地方文武官员，因未令管辖，于交拿盗贼案件，不肯出力”[②]。力行教化，移风易俗，既是因俗而治的重要步骤，也是长治久安之道，清统治者虽然有所认识，但很难真正地落到实处。“中国的专制主义，在祸患无穷的压力之下，虽然曾经愿意给自己带上锁链，但都徒劳无益；它用自己的锁链武装了自己，而变得更为凶暴。”[③]长治久安需要持久维系，暴力统治往往立竿见影，清统治者实际上还是崇尚暴力的。

二

清王朝在青海实行“因俗而治”政策时，曾经实行过“抑蒙扶番”“扶蒙抑番”“以番制番”“以蒙治蒙”“以回治回”等策略。如雍正年间平定青海，有意限蒙抑蒙，甚至鼓励藏族使用武力，“若蒙古中有不法之徒，抢掠番人者，许番人用力抵御，不必退缩”[④]。当藏族势力逐渐扩大的时候，便采取扶蒙策略，如嘉庆七年（1802），“令西宁镇总兵保青署河州镇总兵，福宁阿拨兵驻守黄河冰桥，防护蒙旗果尔的等，番族均敛迹”。道光二年（1822），“以那彦成请，以保卫蒙旗，防御番贼”[⑤]。其它策

① 《清高宗实录》卷1393，乾隆五十六年十二月是月条。

② 《清高宗实录》卷1452，乾隆五十九年五月甲午条。

③ ［法］孟德斯鸠：《论法的精神》（上册），张雁深译，商务印书馆，1961年，第129页。

④ 《清世宗实录》卷109，雍正九年八月丁酉条。

⑤ 《清史稿》卷522《藩部五》，第14465~14467页。

略如“以番攻番之策，亦属可行”[①]。“若以蒙古官员管理，言语性情相合，自无欺隐遗累之弊。”[②]“晓谕旧教回民，令其将仍习新教之人，逐一指出。”[③]这些都是上述策略的表现，当然也会直接影响到具体的司法行为。

青海有西宁办事大臣，而上又有陕甘总督，本地的各部落、盟旗、祭海、政教合一、土司交错，这些制度的沿袭与改造，既有传统习俗的惯力，也有统治者的努力，但都脱离不了当时的政治、经济、社会、地理、历史、文化等因素，更有利益的取舍，因为不同利益的取舍是制度选择的重要原因之一。以清王朝而言，在青海实施管辖，往往是以政治解决为主，以军事征伐为辅，“惟在德足绥怀，威足临制”[④]。清王朝在青海的司法，不但允许地方官员因地制宜、因时制宜，而且具体原则往往出自上裁。如乾隆九年（1744），在处理郭罗克藏匪抢劫案件时，经朝廷发兵问罪，与抢劫案有关的部族“俱已输诚畏服，认赔抢劫物件”。在这种情况下，乾隆帝认为：“彼既悔罪，岂可穷兵，亦不能必其终不为恶。其何以令其终不致为恶，则在我之措置得宜，卿到彼因时制宜可耳。”[⑤]只要能维持当地社会的稳定，则允许地方官根据情况从宜处理，因此青海地区的司法权并非由官府衙门专门行使，而是以官府为主，根据不同情况与政教寺院、土司及其它民间力量等共同行使。在官方认可与默许的情况下，非官方裁定的案件，如果符合王朝的政治需要，一般都会被认可并产生相应效力。如果说王朝司法权的权力来源于律例等

① 《清高宗实录》卷560，乾隆二十四年四月乙丑条。
② 《清高宗实录》卷103，乾隆四年十月己亥条。
③ 《清高宗实录》卷1333，乾隆五十四年六月甲申条。
④ 《清高宗实录》卷291，乾隆十二年五月乙巳条。
⑤ 《清高宗实录》卷209，乾隆九年正月戊申条。

法规的明确规定，那么从权力来源角度看，政教寺院的权力则来源于精神信仰的约束力，土司等民间力量或间接来源于王朝的政治安排，或出于风俗习惯的自我拘束力。国家、宗教、文化，“这三个大潜能各有其特点，并且相互之间很难得到协调”①。官府的从宜，在一定程度上可以将各种力量调动起来，尽可能地予以协调，司法也就具有多元化的特点。

在处置地方突发的大规模群体性事件时，官府的协调能力尤为重要。能充分利用本地各民族的力量，以协助官府办理司法事宜，往往是地方官最佳的选择。如“青海柴达木蒙古旗人杀毙藏族头目案”发生以后，西宁办事大臣刘豫师在派官前往核实时，即以官府为主导，与左右翼正副盟长及事发地点的各藏族头目共同查办此案，因此顺利将实施杀人行为的罪犯拿获收管。考虑到两翼正副盟长及各藏族头目愿意共同为之具保，恳求免死的情况，刘豫师采取“番地情形与内地不同，自应稍顺番情办理”的办法，严惩首犯，宽免从犯，要蒙古与藏族头目“严为管束”。在“海疆蒙番，抢杀相寻，十余年来久成锢习”的情况下②，从俗从宜乃是无奈的选择，但不能从根本上解决问题。

案件处理固然要从俗从宜，善后处理更需要从俗从宜。例如，道光二年（1822），嫌犯麻木沟等，结党盘踞，假装“野番”，骑马在青海东部持械抢劫。道光帝认为：“蒙古、回民、汉奸皆能为番子衣冠，始仅勾结向导，继或冒名肆掠”，所以“甚属可虑”。③谕令陕甘总督那彦成妥善处理，特别要注意善后安排。在处理案件之后，那彦成会同西宁办事大臣

---

① ［瑞士］雅各布·布克哈特：《世界历史沉思录》，金寿福译，北京大学出版社，2007年，第25页。

② 参见吴丰培编：《豫师青海奏稿》，青海人民出版社，1981年，第149~150页。

③ 《清宣宗实录》卷42，道光二年十月己酉条。

松廷等，草拟商民与蒙古贸易章程，“凡有北口各部落，蒙古喇嘛赴藏熬茶，十人以上者，仍由原处请票，十人以下无票出口者，由西宁何处营卡行走。即责令该营卡官弁，详细查验人畜包物数目，报明青海衙门核给执照，一面移咨驻藏大臣查照，将票缴销。回时由驻藏大臣发给路票，在青海衙门查销”[1]。目的在于“恐有汉奸私贩粮茶”，限制其他民族与藏族的交往。将与蒙藏民族有往来的回族人与汉族人定义为“回奸”与“汉奸”，并严格限制他们与蒙藏民族交流，以为这样就可以杜绝回汉奸人对蒙藏民族的抢窃行为，虽然是一种因噎废食的措置，但使青海地区的社会秩序得以整肃，换得暂时的安宁。

清王朝在青海的司法，除了总结案件发生的规律之外，在案件处理程序方面也适当尊重各民族的习俗，这是因为“历代王朝，包括中央王朝和在青海或青藏高原建国的地方王国，对这里一直实行着有利于本土的特殊政策，无论在政治制度、经济政策、文化政策以及社会和法制等方面，无不贯串着‘从俗从宜’的原则”[2]。正因为从俗从宜，清王朝在青海的司法，往往在尊重各民族的习俗的基础上，以能安抚当事人为主要目的，但最终是为了保持该地区的稳定。

三

清王朝在青海“因俗而治”的司法，总体上能迅速平息事态，维持该地区的社会稳定，保持了王朝的权威，有利于各民族汇入“中华民族

① 《清宣宗实录》卷71，道光四年闰七月辛丑条。

② 芈一之：《论历代对青海地区的特殊政策——青海地区开拓史的回顾》，《青海民族学院学报》，1990年第2期。

多元一体”。也应该看到,司法过程中的因俗而治也存在许多问题。

首先,因俗而治的要求限制了官府的主导性,在具体案件处理过程中难免瞻前顾后。如清王朝在青海陆续完善行政管理体制时,既不想有过大的投入,又想维护社会稳定,因此一味姑息。虽然青海地区有地理环境、民族习惯、民族关系、宗教权威等因素,但也有难以控制的苦衷,更有财政方面的困难,所以有关中央和地方官府投放的统治成本不足。其立足于因俗而治,而忽略移风易俗,更没有从国家的角度去争取认同感。“人们从国家那里得到了他们所需要的安全感,因为他们可以确信,只要他们所熟悉的国家存在下去,那么他们将会享受安全,而不必相互为敌,拔刀自卫。”[①]没有认同感,就缺乏安全感。青海地区除了宗教有较大的自治权之外,各族部落的首领、头人、土司等也有部分治理地方的权力,而各民族的人们宁可笃信宗教与首领,也不相信官府,不但使行政权力被大大削弱了,人们更会无视于官府。对藏族寺院领袖和各民族部落的首领权力进行限制,与王朝因俗而治政策相背离,但将政治权力与管理权力予以区分,即便是青海地方行政体制已经健全,能发挥的作用也会受到限制。

与内地相比,青海地处“蛮荒”,不但难以治理,而且能获得的利益有限,被派往该地的官员大都视为畏途。清代在任官方面有繁疲冲要的缺分,边远与内地之别,青海不但繁疲难治,而且边远苦寒,官员们到此任职,多没有长远打算,无时无刻不想着返回内地做官,不但难克己奉公、尽职尽责,而且限制了地方官府权力的发挥。清统治者为体恤官员,不设定具体任期,大多一两年之内即调回,使这些官员难以熟悉

① [瑞士]雅各布·布克哈特:《世界历史沉思录》,金寿福译,北京大学出版社,2007年,第34页。

青海的风土人情。期待更好缺位的官员们，本着不生事而少惹事的原则，不求有功，但求无过，因此在司法过程中，不是措置不当，就是姑息迁就，或者是尽力隐瞒，只有在事态无法平息的时候才报知朝廷，所依恃的也是武力镇压和朝廷钦差的指挥。“官既视为传舍，苟安岁月，风土人情毫不熟悉，求其为斯土谋治安之策，盖亦难矣。”[①]官无久任抚民之心，军无绥靖地方之念，朝廷虽然期望长治久安，却没有长远打算。对宗教与各民族首领的姑息，不但容易产生隔阂，降低了地方官府的行政效能，也使各民族人民难以对国家产生认同感。

其次，官府对地方习俗认可方面，不但存在偏见，而且认识肤浅。如清王朝秉承“振兴黄教，安抚群黎”[②]的政策，在红教逐渐兴起的时候，也认识到“红教相沿已久，传习亦众”[③]，并没有反对王朝的倾向，只不过是教义上的分歧，却采取扶此抑彼的政策，不但造成宗教冲突，也加剧了民族冲突。“各个宗教的伟大之处在于，它们满足了人类对超感官东西的需求，给人类带来了他们自身无法获取的东西。”[④]虽然宗教往往与国家理想观念有密切的关系，但宗教往往与国家理想观念有相同之处，不反对国家的宗教，国家也没有理由扶植此宗教而打击彼宗教。清王朝通过扶植黄教，赋予宗教领袖治理的权力，又在“众建而分其势”的理念下，赋予部落头人、盟旗首领、土司等管理各族事务的合法权力。这种民间力量的运用，以地方官府为代表的官方权威不能体现，民间力量却能一呼百应。清代青海前后出现的大小叛乱，似乎都与

① （清）龚景翰：《循化志》卷5《官师》，青海人民出版社，1981年，第192页。

② 《清高宗实录》卷110，乾隆五年二月己卯条。

③ 《清高宗实录》卷1320，乾隆五十四年春正月庚申条。

④ ［瑞士］雅各布·布克哈特：《世界历史沉思录》，金寿福译，北京大学出版社，2007年，第34页。

这些民间力量有关联。官府通过各民族首领及宗教的权威来控制地方社会,只能算是间接控制,不但会导致地方官员平时放任自流,出事后息事宁人,而且容易使官员委罪于民间力量,推卸责任。统治者往往是在事态发展到无法收拾的地步,才会以替换官吏并追究相关人员责任的方式加以补救,有头痛医头、脚痛医脚之嫌,即便是可以暂时稳定社会秩序,但不能从根本上解决问题。对多民族地区的管理,虽然要因俗而治,但也要从其所宜,要尽量实现直接管理,即便不能实现完全管理,也不能听任各民族首领及宗教权威任意胡为,王朝与地方官府基本上没有对他们实施监督,也很难实施有效管理。

再次,清王朝在青海的因俗而治,过分重视因俗,忽略治理,人为地制造壁垒,没有对该地区进行开发和建设,制约了地方社会经济的发展。清统治者认为,社会人口流动越少,社会越安宁,采取一系列的政策,限制往来人口。内地人如果来到青海,即系“汉奸”,予以严惩。社会发展必然带来民族之间互通有无的市场,“这种‘市场’可以设计成一种宽厚的、经双方同意的力量,它会无意间最大限度地增进最好的民族利益”[①]。清王朝采取各种手段限制青海地区的贸易,并通过禁令等方式严格禁止内地其它民族来此进行交易,不但损害了青海各民族的利益,也使该地社会经济难以发展。以国家强制力来控制经济,原本就是愚蠢的行为,更给走私提供了丰厚的利润。随着青海各民族地区民众对内地茶叶、布匹、钢铁等货物需求的不断增多,走私贸易已经难以控制,适当予以开放,但也没有放松管理,清廷采取发放证照的办法,要求汉民与藏回民众贸易时,“向本地方官领照”,授权各级官府严

---

① [英]爱德华·汤普森:《共有的习惯》,沈汉、王加丰译,上海人民出版社,2002年,第317页。

查死防，监督交易整个过程，最后“带原照层次缴销，并令各衙门按次知会”[①]。申领证照有严格的资质限制，这种人为的障碍，不但限制了进入青海地区的内地人数，也为地方官吏需索提供了便利。

为了利益及避免官吏需索，一些内地民人只能秘密进入青海，以私开歇家、直接交易等方式与青海各民族进行贸易。朝廷认为内地民人潜入会破坏青海地区的社会秩序，规定又趋于严厉，如嘉庆十六年(1811)规定：“即内地民人凡有通晓番语者，私自潜往，即系汉奸，亦当普行禁止，以杜勾结。”[②]道光二年(1822)又规定：“潜往贸易者，悉属汉奸。”[③]在扩大打击面的同时，以“办理番案自必以访拿汉奸为首务”[④]。凡是来青海地区进行贸易者，将其定性为“汉奸”的理念，清王朝一直都没有放弃。在严惩“汉奸”的规定与理念下，只要是藏族、蒙古族与汉族、回族出现冲突，便将汉民、回民定为“汉奸”，即便是藏民、蒙古民杀死汉民、回民，也予以从轻处置，因为“汉奸”是有罪之人。清王朝在青海的封禁与分而治之，不但造成了民族的隔离，不利于各民族的团结和共同进步，而且不利于实现青海地区的经济发展。

此外，清王朝的因俗而治政策削弱地方官府的权力，在官僚政治的作用下，地方官员难以尽到职责，特别是在司法过程中，由于措置失当，则进一步降低了清廷在地方的权威，不利于实现对青海的全面控制。

① 《清高宗实录》卷453，乾隆十八年十二月庚子条。

② 《清仁宗实录》卷186，嘉庆十二年十月癸酉条。

③ 《清宣宗实录》卷42，道光二年十月己酉条。

④ 《清宣宗实录》卷427，道光二十六年三月戊寅条。

四

中国自古以来就是多民族的国家，论述问题就应该站在维护国家统一、促进民族和谐的立场上，即便是研究单个民族，也应该关注各民族间所存在的法律问题，进而提出恰当的策略和建议。由于清代青海的司法涉及不同民族，彼此之间的发展历史、风俗习惯、宗教信仰也不尽相同，再加上一直实行因俗而治的政策，也导致政治管理、法律制度等方面与内地存在差异。

论述清代青海司法问题，既要关注政治问题，也要关注法律问题，还要关注社会经济发展问题。在政治、政策方面，必须在关注民族区域自治原则的基础上，分析司法过程中的自治范畴及权限；也要关注国家的具体态度，还要尽量还原于“当时”而展望未来。在法律方面，无论是程序法还是实体法，均有基本原则的规定。分析清代青海司法过程，既要关注基本原则，也要结合该地区的特定情况，才能进行具体分析。在社会经济发展方面，既要看到各民族自身的发展，也要关注在民族交往过程中的相互影响，更不能忽略整个世界的发展形势。我国是统一的多民族国家，各民族均为同胞兄弟姐妹。在对待民族问题上，不应当戴有色眼镜，搞文化上、地域上、风俗习惯上的歧视（因此引出了一视同“仁”和一视同“人”的问题）。

以满洲贵族为主体的清王朝，虽然一直宣称是满汉一体、无华夷之别，但一直没有放弃夷狄之辨。如康熙帝讲：“朕抚御万邦，无分中外，一视同仁。”[①]雍正帝说：“朕为统一天下之主，凡四海生灵，一视同

① 《清圣祖实录》卷175，康熙三十五年八月甲午条。

仁，无分中外。”[①]乾隆帝声称：“朕总理天下，无分内外，一视同仁，惟期普天生灵，各得其所。”[②]特别要求在青海的官员“惟仰体朕一视同仁之意，善为抚绥，庶几所属人等，皆知守分安居，休养生息。”[③]并且申明：“朕为天下共主，外藩诸部，一视同仁，倘不遵法纪，致干罪戾者，必遣兵往讨。若彼此小有争斗盗窃，自当准情酌理，务得其平。”[④]他们所讲的一视同仁，实际上是站在王朝的立场上，并没有考虑各民族的感受。嘉庆帝讲：“朕抚临天下，综理庶务，一秉至公，于内外臣仆，有功必赏，有罪必罚。满洲、蒙古、包衣、汉人、回子、番子等，一视同仁，从无区别。”[⑤]实际上这种区别是明显的，身为君主也不能一碗水持平，所以他认为：“为人君者，皆宜尽仁尽爱也。民宜仁而物宜爱，有等差之分焉。理本一而分则殊，虽存一视同仁之心，亦不可漫无区别，流弊滋甚矣。”[⑥]声称一视同仁，但也不能漫无区别，所以在政策实际执行上，始终存在着优待满族、蒙古族、藏族，歧视汉族及其它少数民族的问题。应该承认，清王朝在青海对待不同民族的态度是随着政治形势的发展，不断发生变化的。清入关之初，因与蒙古族结为同盟，王朝遂以礼相待，将整个青藏高原授权其管理。雍正时期，因罗卜藏丹津叛乱，清王朝开始对蒙古产生反感，扶植藏族，对抗蒙古。对待藏回之间的法律案件的处理，也有类似的脉络。值得关注的是，清王朝施行民族隔离政策，禁止内地汉人任意进出藏区，否则便将其视为“汉奸”，予以严厉惩处。对待

① 《清世宗实录》卷103，雍正九年二月乙巳条。

② 《清高宗实录》卷261，乾隆十一年三月甲申条。

③ 《清高宗实录》卷511，乾隆二十一年四月癸亥条。

④ 《清高宗实录》卷613，乾隆二十五年五月庚午条。

⑤ 《清仁宗实录》卷135，嘉庆九年十月辛巳条。

⑥ 《清仁宗实录》卷303，嘉庆二十年二月己未条。

其它民族的官员，统治者也并不信任，始终存在提防的心理，并认为难堪大用，因此虽然宣称一视同“仁”，却不能一视同“人”。

孔子曾说：“仁者爱人”，而且是“己所不欲，勿施于人”。同仁便是同爱，而爱可以是单方的，也可以是双方的，还有共同的。单方的爱可以关注被爱者的感受，也可以不顾被爱者的感受。双方的爱必须在对等情况下，才能显示平等和双方自愿。共同的爱是所爱对象相同，往往能成为信仰。清王朝对待其他民族应该是一种居高临下的爱，而这种爱本身即具有极大的主观性，不会关注被爱者的感受。有爱而强加对方，也就谈不上爱，所以当其他民族的行为举止不符合统治者自身民族的要求时，所谓的“仁”也就不复存在了。如统治者对藏族的认识，常常有“番人最贪，见小利便喜”①，“番人聚众梗化”②，“番人素性凶恶”③，“番人性情，反覆靡常”④，“番人耕作久荒，资生无计，亦必心怀怨恨”⑤，“番人素性多疑”⑥，“此等番人杂处边徼，最易滋生事端”⑦，“该处番人性好偷掠”⑧，“此等顽梗番人，岂可再事姑容”⑨，“循化、贵德所属野番，常有抢掠蒙古之事”⑩。这些表述明显带有偏见，又如何能一视同仁呢？对于蒙古族、回族也是如此，如“回民自为一教，异言异服，且强悍刁

① 《清圣祖实录》卷207，康熙四十一年春正月丙午条。
② 《清世宗实录》卷30，雍正三年三月戊申条。
③ 《清世宗实录》卷73，雍正六年九月丁丑条。
④ 《清高宗实录》卷67，乾隆三年四月癸卯条。
⑤ 《清高宗实录》卷897，乾隆三十六年十一月壬戌条。
⑥ 《清高宗实录》卷1010，乾隆四十一年六月辛亥条。
⑦ 《清高宗实录》卷1149，乾隆四十七年正月癸亥条。
⑧ 《清高宗实录》卷1295，乾隆五十二年十二月乙卯条。
⑨ 《清仁宗实录》卷51，嘉庆四年九月戊辰条。
⑩ 《清宣宗实录》卷25，道光元年十月辛丑条。

顽，肆为不法”[①]，“回民犷悍成习，结党为匪”[②]，“撒拉尔回民，素性贪利，且难驾驭”[③]，“蒙古、回民、汉奸，皆能为番子衣冠，始仅勾结乡导，继或冒名肆掠”[④]。在青海司法过程中，大凡是有汉人参与，都按汉奸论处，以至于所有进入青海的汉人都冒着汉奸的罪名，很难融入当地社会。

对待民族问题，更准确的态度应当是一视同“人”，即无论哪个民族，哪个地域，哪种生产方式，哪种风俗习惯，都要从“人”的角度出发，在满足其生存权的同时，关注发展权，进而使其得到应有的尊重。只有这样，才能站在中华民族大团结的立场上，以促进民族团结为目的，以各民族共同繁荣为宗旨，最终实现中华民族的伟大复兴。

平心而论，清代处理青海地区的司法过程及原则，并不是清王朝治理多民族国家的良策。不能说存在就是合理的，但必须承认存在是必然的。一个没有构建在长治久安基础上的制度设计，固然是基于当时的社会基础，但制度应该考虑到长治久安，适应社会的发展。清王朝没有这样做，只有在矛盾激化的时候，通过战争的手段以实现慑服，却没有想到通过和平与法律的方式予以解决，也就是逐渐增强少数民族对清王朝的认同感，最终实现一视同“人”。各种人群在没被歧视的心理状态下，能得到所有人都能得到的待遇，才是长治久安之道。

① 《清世宗实录》卷80，雍正七年夏四月辛巳条。

② 《清高宗实录》卷676，乾隆二十七年十二月庚子条。

③ 《清仁宗实录》卷183，嘉庆十二年秋七月甲子条。

④ 《清宣宗实录》卷42，道光二年冬十月己酉条。

参考文献

一、古代文献

1.(东汉)班固:《汉书》,中华书局点校本,1962年。

2.(晋)陈寿撰:《三国志》,中华书局点校本,1959年。

3.(唐)房玄龄等:《晋书》,中华书局点校本,1974年。

4.(清)洪亮吉撰,刘德权点校:《洪亮吉集》,中华书局,2001年。

5.(明)焦竑编:《国朝献征录》,上海古籍出版社,2002年。

6.(唐)李白药:《北齐书》,中华书局点校本,1972年。

7.(唐)李延寿:《南史》,中华书局点校本,1975年。

8.(明)李贽:《焚书》,中华书局,1975年。

9.(明)凌云翼:《大岳太和山志》,湖北人民出版社,1999年。

10.(后晋)刘昫等:《旧唐书》,中华书局点校本,1975年。

11.(清)钱泳:《履园丛话》,中华书局,1979年。

12.(明)任自垣:《敕建大岳太和山志》,湖北人民出版社,1999年。

13.(明)沈德符:《万历野获编补遗》,中华书局,1959年。

14.(梁)沈约:《宋书》,中华书局点校本,1974年。

15.(明)申时行等:《明会典》,中华书局,1988年。

16.(元)脱脱等:《辽史》,中华书局点校本,1974年。

17.(元)脱脱等:《金史》,中华书局点校本,1975年。

18.(元)脱脱等:《宋史》,中华书局点校本,1977年。

19.(明)沈德符:《万历野获编补遗》,中华书局,1959年。

20.(明)王士性撰,吕景琳点校:《广志绎》,中华书局,1981年。

21.(北齐)魏收:《魏书》,中华书局点校本,1974年。

22.(唐)魏征等:《隋书》,中华书局点校本,1973年。

23.(清)吴敬梓:《儒林外史》,人民文学出版社,1977年。

24.(南朝梁)萧子显:《南齐书》,中华书局点校本,1972年。

25.(明)谢肇淛撰,印晓峰标点:《五杂组》,上海书店出版社,2001年。

26.(宋)薛居正等:《旧五代史》,中华书局点校本,1976年。

27.(明)严从简著,于思黎点校:《殊域周咨录》,中华书局,2000年。

28.(明)叶盛撰,魏中平点校:《水东日记》,中华书局,1980年。

29.(清)赵翼:《廿二史札记》,中国书店,1987年。

30.(清)张廷玉等:《明史》,中华书局点校本,1974年。

二、现当代文献

31.陈登原:《国史旧闻》,中华书局,2000年。

32.陈振:《宋史》,上海人民出版社,2003年。

33.邓云特:《中国救荒史》,上海书店,1984年。

34.[美]费正清等编:《剑桥中国晚清史》,中国社会科学出版社,

1985年。

35.故宫博物院明清档案部编:《清末筹备立宪档案史料》,中华书局,1979年。

36.韩庆祥:《现代性的建构与当代中国发展》,《天津社会科学》,2004年第3期。

37.怀效锋点校:《大明律》,法律出版社,1999年。

38.梁其姿:《施善与教化——明清的慈善组织》,河北教育出版社,2001年。

39.梅莉:《明清时期武当山朝山进香研究》,华中师范大学出版社,2007年。

40.王亚南:《中国官僚政治研究》,时代文化出版社,1948年。

41.[美]魏斐德:《洪业:清朝开国史》,陈苏镇、薄小莹等译,江苏人民出版社,2003年。

42.余贻泽:《明代土司制度》,中华书局,1968年。

43.浙江省地方志编纂委员会编:雍正《浙江通志》,中华书局标点本,2001年。

44.周成编纂:《慈善行政讲义》,上海泰东图书局,1922年。

后　记

2008年，曾经从2001年至2007年发表的34篇论文中，选出17篇论文结集，以《中国古代刑罚政治观》为名，由人民出版社出版；2017年，再从2008年至2011年之间发表的四十余篇论文中选出25篇论文，以《中国政治制度史论》为名，由南开大学出版社出版。虽然说不上有什么建树，却也算是每一研究阶段的总结。这次收录的是自2012年至2016年发表四十余篇论文中的26篇，分为政治制度史、法律制度史两编。论文有些是独自署名发表的，也有与自己指导的博士、硕士研究生及一起工作的同事们共同发表的。自己发表的是在教学研究过程中的体会，与博士生、硕士生一起发表的则是在指导毕业论文时候的略有见解，与同事一起发表更是共同讨论，均是以学为朋，以文结友。

这部文集之所以能够出版，是得到了南开大学周恩来政府管理学院国家重点学科项目的出版资助，书稿经过学术委员会的评审，获得通过。这里感谢本院的同仁朱光磊、吴志成、杨龙、孙晓春、谭融、程同顺、季乃礼、孙涛等诸教授的帮助，更感谢天津人民出版社郑玥编辑为本书出版付出的辛勤劳动，在此表示崇高的敬意。

本书是记载一段研究的经历，也是一段回忆。这些经历与回忆，说

不上是美好的,却也记录着努力与艰辛。说不上成功,也说不上成就,只是一个过程。既然是过程,总会有弯路,也会有不堪回首之处,而随着时间的推移,也许还会感到有些缺陷与不足,在此恳请广大读者及方家,不吝指教。

U0648412